Arnold Hinz
Psychologie der Sexualität

Arnold Hinz

Psychologie der Sexualität

Eine Einführung für Studium und Praxis sozialer Berufe

Der Autor

PD Dr. Arnold Hinz arbeitet am Institut für Psychologie an der Pädagogischen Hochschule Ludwigsburg.

Dieses Buch ist erhältlich als:
ISBN 978-3-7799-6348-6 Print
ISBN 978-3-7799-5654-9 E-Book (PDF)

1. Auflage 2021

in der Verlagsgruppe Beltz · Weinheim Basel
Werderstraße 10, 69469 Weinheim

Herstellung: Ulrike Poppel
Satz: text plus form, Dresden
Druck und Bindung: Beltz Grafische Betriebe, Bad Langensalza
Printed in Germany

Weitere Informationen zu unseren Autor_innen und Titeln finden Sie unter: www.beltz.de

Inhalt

Vorwort

„Jede Unwissenheit ist bedauerlich, aber Unwissenheit auf einem so wichtigen Gebiet wie der Sexualität ist eine ernste Gefahr", formulierte der britische Mathematiker und Philosoph Bertrand Russell. Dieses Buch möchte dazu beitragen, sexuelles Unwissen abzubauen. Dabei geht es auch um den Abbau von Sex-Mythen. Mythen wie „Sex ist nur gut, wenn er mit einem Orgasmus endet", „Gegen die Pornosucht muss man ankämpfen" oder „Guter Sex geht nur mit den Genitalien" tragen dazu bei, dass eine der erfreulichsten Lebensäußerungen zu einer Quelle des Leidens werden kann. Die menschliche Sexualität hat zwar eine in der Evolution begründete natürliche Grundlage, ist aber vor allem eine Kulturtätigkeit. Die Kultur der menschlichen Sexualität ist vergleichbar mit der Kultur der Sprache, der Musik oder des Schauspiels. Was wir mit unserer Sexualausstattung machen, ist genauso wenig vorherbestimmt wie das, was wir mit unserer Stimmausstattung machen. Wir benötigen Bildung, um uns in der Kulturlandschaft der Sexualität zurecht zu finden und unser Sexualleben gestalten zu können.

Dieses Buch will sexuelle Bildung vermitteln. Die menschliche Sexualität ist variantenreich und dies spiegelt sich auch in den Kapiteln dieses Buchs. Nach der Beschäftigung mit den Funktionen der Sexualität (Kap. 1) und der Geschichte der Sexualforschung (Kap. 2) geht es um die faszinierenden Theorien und Befunde der Evolutionären Psychologie (Kap. 3). Dabei werden evolutionär angelegte Neigungen deutlich, die „im Untergrund" wirken, aber uns nicht so bestimmen, dass wir die Sklaven unserer biologischen Anlage wären. In den folgenden Kapiteln geht es um die männliche und weibliche Sexualität (Kap. 4), um die sexuelle Orientierung (Kap. 5), um den Wandel unserer Sexualität im Lebenslauf (Kap. 6), um Prostitution (Kap. 7), Pornografie (Kap. 8), Sexualerziehung (Kap. 9) sowie um belastete Sexualität und Sexualberatung (Kap. 10).

Jedes Buchkapitel beginnt mit der Rubrik „Wahrheit oder Fiktion?". Gönnen Sie sich das Vergnügen und rätseln Sie, welche dieser Aussagen wahr oder falsch sind! Im jeweiligen Kapitel finden Sie die Antwort. Am Ende jedes Buchkapitels werden in einer Zusammenfassung die zentralen Gedanken noch einmal benannt. Zur Sicherung Ihres Lernerfolgs finden Sie Überprüfungsfragen (Lösungen hierzu auf den letzten Buchseiten). Abschließend folgen „Fragen zum Nachdenken/Übungsanregungen". Sie zielen unter anderem auf den Einsatz dieses Buchs in Seminaren und sollen Gelegenheit geben, sich kontrovers zu den jeweiligen Themen auszutauschen.

Dieses Buch möchte einen fundierten und gut lesbaren Einblick in den Stand der teilweise hochspezialisierten sexualwissenschaftlichen Forschung geben. Für jeden pädagogisch oder beraterisch Tätigen ist dies die Grundlage dafür, hilfreich zu wirken und nicht zu schädigen. Dieses Buch ist kein Sex-Ratgeber. Wenn es trotzdem dazu beiträgt, Mythen abzubauen und wenn Sie dabei zu Schlussfolgerungen kommen, die Ihnen persönlich weiterhelfen, würde mich das freuen.

Testen Sie Ihr Wissen über Sexualität

1. **Wie lange bleiben Spermien in der Vagina der Frau befruchtungsfähig?**
   a) 1 Tag
   b) 2 Tage
   c) 3 Tage
   d) 4 Tage
   e) 5 Tage

2. **Wann kann die Eizelle der Frau befruchtet werden?**
   a) in den 24 Stunden, nachdem sie in der Gebärmutter angekommen ist
   b) in den 24 Stunden nach dem Eisprung
   c) in den 7 Tagen nach dem Eisprung
   d) in den 7 Tagen, nachdem sie in der Gebärmutter angekommen ist
   e) kurz vor dem Eisprung

3. „*Vielleicht war das seine Bestimmung: die Frauen und die Liebe auf tausend Arten und in tausend Verschiedenheiten bis zur Vollkommenheit kennenzulernen*" (Hesse, 1930/1975, S. 100). **Welche Funktion der Sexualität steht hier im Mittelpunkt?**
   a) Fortpflanzungsfunktion
   b) Sozialfunktion
   c) Lustfunktion
   d) Gesundheitsfunktion
   e) Identitätsfunktion

4. **Wie viele der folgenden Sätze sind korrekt:** Heterosexuelle Prostitutionskunden sind in Deutschland im Vergleich zur Gesamtbevölkerung jünger (1). Menschliches Sexualverhalten ist vor allem ein Produkt der Kultur (2). Vergewaltigungen gibt es nicht nur beim Menschen, sondern auch bei Tieren (3). Der im Körperinneren verborgene Teil des Penis ist ungefähr genauso groß wie der sichtbare Teil des Penis (4). Die sexuelle Orientierung ist bei Frauen weniger fest als die sexuelle Orientierung bei Männern (5)?
   a) 1
   b) 2
   c) 3
   d) 4
   e) 5

5. **Warum gibt es Sex?**
   a) weil Sex das kostengünstigste Mittel der Lusterzeugung ist
   b) um Schönheit durch sexuelle Selektion zu erreichen
   c) um genetische Variabilität zu erreichen
   d) um die Langlebigkeit zu fördern (wer sexuell zufrieden ist, lebt länger)
   e) weil zwei Elternteile für die Aufzucht des Nachwuchses benötigt werden und Sex verbindet

6. **Wie viel Mal größer als die Samenzelle ist beim Menschen die Eizelle?**
   a) 85
   b) 850
   c) 8 500
   d) 85 000
   e) 850 000

7. **Wie viel Prozent aller menschlichen Kulturen erlauben die Polygynie (Vielweiberei)?**
   a) 84 %
   b) 74 %
   c) 64 %
   d) 54 %
   e) 44 %

8. **Die menschliche Penislänge liegt im weltweiten Durchschnitt im erigierten Zustand bei …**
   a) 13.12 cm
   b) 14.12 cm
   c) 15.12 cm
   d) 16.12 cm
   e) 17.12 cm

9. **Wie viel Prozent aller Syphilisübertragungen beruhen in Deutschland auf sexuellen Kontakten zwischen Männern?**
   a) 26 %
   b) 50 %
   c) 76 %
   d) 86 %
   e) 96 %

10. Die Orgasmusfähigkeit besteht bei Jungen und Mädchen …

a) spätestens vom vierten bis fünften Lebensmonat an.
b) etwa ab dem zweiten Lebensjahr.
c) etwa ab dem dritten Lebensjahr.
d) etwa ab dem fünften Lebensjahr
e) mit Beginn der Pubertät.

11. Was spricht gegen das Triebmodell der Sexualität?

(w) Sexuelle Erregung ist im Unterschied zu Hunger und Durst sehr störanfällig.
(x) Nach Sexualakten steigt der Hormonblutspiegel.
(y) Sexuelle Erregung/Reizsuche ist als solche auch ohne „Triebbefriedigung“ angenehm, was für Hunger und Durst nicht gilt.
(z) Sexuelle Enthaltsamkeit senkt auf längere Sicht das sexuelle Verlangen, sexuelle Aktivität hingegen erhöht das sexuelle Verlangen.

Was ist richtig?

a) w, y und z sind korrekt
b) w und y sind korrekt
c) w, x, y und z sind korrekt
d) w, x und y sind korrekt
e) nur y ist korrekt

12. Wie viele der folgenden Sätze sind korrekt: Männer, deren Anliegen eine chirurgische Penisverlängerung ist, haben nahezu immer eine normal durchschnittliche Penislänge (1). Makakenmännchen zahlen für die bildliche Darbietung des Hinterteils weiblicher Makaken mit Fruchtsaft (2). Der Pädagoge Campe empfahl, den Geschlechtsunterschied an Leichen beizubringen (3). Vom Reichsparteitag der NSDAP im Jahre 1936 kehrten 900 Mädchen schwanger zurück (4). Die Klitoris besteht aus Spitze, Körper, zwei Schenkeln und zwei Schwellkörpern (5).

a) 1
b) 2
c) 3
d) 4
e) 5

13. Es gibt eine positive signifikante Korrelation zwischen ehelicher Zufriedenheit und psychischer Gesundheit. Daraus kann man schließen, dass …

a) eheliche Zufriedenheit zu größerer psychischer Gesundheit führt.
b) psychische Gesundheit zu größerer ehelicher Zufriedenheit führt.
c) eine dritte Variable, vermutlich die Höhe des Einkommens, sowohl zu ehelicher Zufriedenheit als auch zu psychischer Gesundheit führt.
d) es keinen Kausalzusammenhang zwischen ehelicher Zufriedenheit und psychischer Gesundheit gibt.
e) je größer die psychische Gesundheit ist, desto größer ist im Durchschnitt die eheliche Zufriedenheit.

14. Was stimmt <u>nicht</u>?

a) Der Begriff Pornografie wurde zuerst von einem Altphilologen in Bezug auf die Ausgrabungsfunde in Pompeji benutzt.
b) Nach einem Gerichtsurteil ist die Darstellung sexueller Vorgänge einschließlich des Geschlechtsverkehrs nicht per se als pornografisch zu qualifizieren.
c) Pornografie war oft eng mit der Ausbreitung und dem Erfolg neuer Medien verbunden.
d) Zwei Kinder unter 14 Jahren schicken sich online Nacktbilder voneinander zu. Dies ist gesetzlich erlaubt.
e) Die Lehrerin möchte mit ihren 17-jährigen Schülern die Texte beim Porno-Rap diskutieren und gibt ihnen einen Internetlink zu einem pornografischen Rap-Text. Dies ist gesetzlich erlaubt.

15. Der weibliche Orgasmus …

(w) hängt mit der Fähigkeit zusammen, die Selbstkontrolle zu lockern.
(x) ist beim penil-vaginalen Geschlechtsverkehr unzuverlässiger als der männliche Orgasmus.
(y) wird bei Affen und Menschen zuverlässiger durch Selbstbefriedigung oder lesbischen Sex erreicht als durch penil-vaginalen Geschlechtsverkehr.
(z) hängt hinsichtlich seiner Zuverlässigkeit zu einem bedeutenden Anteil von den Genen ab.

Was ist richtig?

a) w, x, y und z sind korrekt
b) nur w, x und y sind korrekt
c) nur w, x, und z sind korrekt
d) nur x, y und z sind korrekt
e) nur w und x sind korrekt

16. Was stimmt nicht?

a) Jüngere Brüder sind umso häufiger schwul, je mehr ältere Brüder sie haben.
b) Es gibt nicht ein Homosexualitäts-Gen, sondern vermutlich mehrere Gene, deren Zusammenwirken zur Homosexualität beiträgt.
c) Der Sexualforscher Masters sah Prostituierten und ihren Freiern heimlich zu.
d) Vergewaltigungen gibt es bei einigen Tierarten.
e) Frauen, die während des Jugendalters onanieren, erleben beim späteren Vaginalverkehr seltener Orgasmen.

17. Was ist keine Paraphilie?

a) Nekrophilie
b) Vaginismus
c) Frotteurismus
d) Pädophilie
e) Zoophilie

18. Zur Behandlung der erektilen Dysfunktion gibt es inzwischen wirksame Medikamente. Welches Medikament gehört nicht dazu?

a) Levitra
b) Cetirizin
c) Cialis
d) Spedra
e) Viagra

Lösungsschlüssel auf S. 326

1. Einführung

Wahrheit oder Fiktion?	wahr	falsch
Der Begriff „Sexualität“ tauchte zu Beginn des 16. Jahrhunderts in der Wissenschaft auf.	❒	❒
Mit dem Begriff „Sex/Sexualität“ ist eine Bedeutungsvielfalt verbunden.	❒	❒
Die Sexualwissenschaft verstand sich ursprünglich als interdisziplinäre Wissenschaft.	❒	❒
Die Sexualwissenschaftler zu Beginn des 20. Jahrhunderts waren vorwiegend jüdischer Herkunft.	❒	❒
Es gibt auch beim Menschen die jungfräuliche Geburt.	❒	❒
Die katholische Kirche verbietet die Sterilisation.	❒	❒
Die wahre Natur der Sexualität ist die Fortpflanzung.	❒	❒
Die menschliche Sexualität ist ein Trieb.	❒	❒

Das Thema „Sexualität“ ist in der westlichen Kultur medial allgegenwärtig. Es fällt aber auf, dass es eine Diskrepanz gibt zwischen der häufigen medialen und der seltenen akademischen Beschäftigung mit ihr. Gemessen an den Ausstattungen für andere Lehr- und Forschungsgebiete ist der staatliche Aufwand für die wissenschaftliche Beschäftigung mit der menschlichen Sexualität jämmerlich.

Nahezu jeder Mensch verdankt seine Existenz der Sexualität und räumt ihr im Leben einen recht hohen Stellenwert ein. Warum dann die geringe wissenschaftliche Beschäftigung mit ihr? Ist die Zeit der Entdeckungen vorbei? Wissen wir inzwischen alles? Ein genauerer Blick zeigt, dass das Wissen über Sexualität nach wie vor gering ist. Einige Fragen seien exemplarisch genannt: Senken häufige Ejakulationen das Risiko für Prostatakrebs? Warum ist der Penis des Mannes im Vergleich zu anderen Menschenaffen so dick und lang? Führen Vergewaltigungen zu häufigeren Schwangerschaften als einvernehmlicher Sex? Gibt es eine weibliche Ejakulation? Gibt es einen G-Punkt oder noch andere Erregungspunkte in der Vagina? Schädigt Pornokonsum das Gehirn? Warum erleben manchen Frauen beim Vaginalverkehr immer einen Orgasmus und andere Frauen nie? Kann man Pädophile umpolen?

Unser Wissen über die menschliche Sexualität ist nach wie vor dürftig. Sie scheint kein forschungswürdiger Gegenstand zu sein. In Deutschland gibt es keine einzige Universitätsprofessur für die grundwissenschaftliche Beschäftigung mit der Sexualität, dafür aber dank guter Lobbyarbeit inzwischen mehr als

200 nahezu ausschließlich weibliche „Universitäts-Professx-Stellen“ für Gender Studies (Meyer, 2015). Auch weltweit kann man sich über den Stellenwert der Sexualwissenschaft nur wundern: Sowohl Kinsey als auch Masters und Johnson erhielten für ihre bahnbrechenden Forschungen keinen Nobelpreis. Stattdessen erhielt die Arbeit von Schultz et al. (1999) über Magnetresonanztomografie-Aufnahmen der männlichen und weiblichen Genitalien beim Koitus und bei der weiblichen sexuellen Erregung im Jahre 2000 den Ig-Nobelpreis für Medizin, was eine satirische Auszeichnung für lächerliche oder unwürdige („ignorabel“) Forschungsarbeiten ist. Was daran lächerlich, unwürdig oder auch nur lustig sein soll, die Genitalien beim Koitus und bei sexueller Erregung mit den Mitteln der modernen Diagnostik aufzuzeichnen, erschließt sich mir nicht.

Programmatisch und organisatorisch wurde die Sexualwissenschaft zu Beginn des 20. Jahrhunderts in Deutschland begründet, wobei es Vorläufer in der Antike, der Renaissance und der Frühen Neuzeit gab. Die wissenschaftliche Betrachtung der Sexualität unterscheidet sich von praktischen Anleitungen zum sexuellen „Tun“, angefangen von Ovids (1 v.–4 n. Chr./1992) „Ars amatoria“ über Vatsyayanas (200–300/2007) „Kamasutra“ bis hin zu neuzeitlichen Bestsellern wie van de Veldes (1926) „Vollkommene Ehe“, Schnabls (1969) Sexualratgeber „Mann und Frau intim“ (eines der meistverkauften Bücher in der früheren DDR) oder Comforts (1972/1981) „Joy of Sex“ und „More Joy of Sex“ (1982). Während diese Anleitungen unmittelbar auf eine Steigerung des sexuellen Genusses zielen, geht es in der Sexualwissenschaft um das wissenschaftliche Fundament der Liebeskunst.

Der Begriff „Sexualität“ wurde im Jahre 1820 vom Botaniker August Henschel mit dem Buch „Von der Sexualität der Pflanzen“ eingeführt (Fiedler, 2010; Sigusch, 2005). Henschel (1820) verwendete den Begriff „Sexualität“ im Sinne des Geschlechts einer Pflanze und sprach von der „Sexualität des Gewächses“ (S. XI). Der Begriff „Sexualität“ wurde abgeleitet aus den lateinischen Wörtern „secare“ (trennen, durchschneiden, siehe das Wort „Sektion“) und „sexus“ (im Mittelalter verwendet in der Bedeutung „Mann oder Frau sein“). Die Adjektive „sexuell“ und „sexual“ tauchten später als Fremdworte aus dem französischen Wort „sexuel“ auf (Duden, 1963). Im englischen Sprachraum tauchten die Begriffe „sex object“ 1901, „sex appeal“ 1904, „sex drive“ 1918 und „sexual intercourse“ 1929 auf (Duden, 1963; Online Etymology Dictionary, 2017).

Dies bedeutet natürlich nicht, dass sich vorher niemand mit Sexualität beschäftigt hätte. In der griechischen Antike wurden die Begriffe „Agape“ (spirituelle Liebe, Wohlwollen), „Philia“ (Freundesliebe, geistige Liebe) und „Eros“ (leidenschaftliches Begehren) verwendet, wobei der Begriff „Eros“ eine größere Nähe zum modernen Begriff „Sexualität“ hat. In römischer Zeit wurde die sexuelle Lust nach der mythologischen Tochter von Amor und Psyche als „Voluptas“ (mittelhochdeutsch und althochdeutsch „Wollust“ aus „wohl“ und „Lust“) bezeichnet. Mitte des 19. Jahrhunderts veröffentlichte der italienische Arzt

Mantegazza in der noch nicht „Sexualwissenschaft" genannten Forschung Bestseller mit Buchtiteln wie „Fisiologia del piacere" (Physiologie der Lust/Freude), „Fisiologia dell'amore" (Physiologie der Liebe), „Igiene dell'amore" (Hygiene der Liebe) und „Gli amori degli uomini. Saggio di una etnologia dell'amore" (Die Geschlechtsverhältnisse des Menschen) (Sigusch 2008).

Mit dem heutigen Begriff „Sex/Sexualität" ist eine Bedeutungsvielfalt verbunden.

Abbildung 1 gibt einen Überblick über die heutigen Bedeutungen des Begriffs „Sexualität", wobei vermutlich noch mehr Bedeutungen zu finden sind.

Abb. 1: Bedeutungsvielfalt des Begriffs Sex/Sexualität

1. Das generelle Prinzip der zweigeschlechtlichen/biparentalen Fortpflanzung im Unterschied zur asexuellen Fortpflanzung
2. Das biologische Geschlecht („Sex") (im Unterschied zu „Gender" als das soziale Geschlecht)
3. Die Fusion einer Eizelle mit einem Spermium/Bildung einer befruchteten Eizelle (Kutschera, 2016, S. 32)
4. Jede Tätigkeit mit Bezug auf die primären und/oder sekundären Gelschlechtsmerkmale, auch wenn das Verhalten nicht der Fortpflanzung dient („Sex haben"/Vaginalverkehr mit oder ohne Verhütung, Oralsex, Analsex, Selbstbefriedigung („mit sich selbst Sex haben"), Telefonsex, Cybersex, Camsex)
5. Ein Aspekt der Identität („seine Sexualität entdecken")
6. Die sexuelle/erotische Attraktivität („Sexyness", „Sex-Appeal", „mehr Sex im kleinen Finger haben als andere im ganzen Körper")
7. Die sexuelle Orientierung (Heterosexualität, Homosexualität, Bisexualität)
8. Das sexuelle Verlangen (Hypersexualität, Asexualität)

Nach Auffassung von Beier et al. (2001) entzieht sich die Sexualität „einem einseitigen definitorischen Zugriff" (S. 5). Die Bedeutungsvielfalt ist zumindest teilweise auch eine Folge der inflationären Benutzung dieses Begriffs durch Sigmund Freud und ist wissenschaftlich eher ungünstig.

Die Sexualwissenschaft verstand sich ursprünglich als interdisziplinäre Wissenschaft. Sie wollte die menschliche Sexualität als biologisch-medizinisches, psychologisches und soziokulturelles Phänomen erforschen. Dies formulierte *Iwan Bloch* (siehe Kap. 2.5.3) in der Vorrede zu seinem Werk „Das Sexualleben unserer Zeit":

> *Die Sexualwissenschaft muss „eingereiht werden in die Wissenschaft vom Menschen überhaupt, in der und zu der sich alle Wissenschaften vereinen, die allgemeine Biolo-*

gie, die Anthropologie und Völkerkunde, die Philosophie und Psychologie, die Medizin, die Geschichte der Literatur und diejenige der Kultur in ihrem ganzen Umfange" (Bloch, 1907/1919, S. V).

Von dieser Idee ist die Sexualwissenschaft inzwischen weit entfernt. Nach der von Sigmund Freud betriebenen Hypersexualisierung ist die Psychologie inzwischen entsexualisiert und beschäftigt sich, wenn überhaupt, nur noch mit gestörter Sexualität im Kontext sexueller Funktionsstörungen und Paraphilien, wobei sie auch dieses Gebiet nahezu ganz der Medizin überlässt. Trotz der sexuellen Revolution in den 1960er Jahren gelangte die Sexualwissenschaft kaum in die Universität. Sie gilt zwar als spannend, aber auch als unseriös. Sexualwissenschaftler gelten als von perverser Lüsternheit getrieben, zumindest aber als suspekt (Roach, 2009; Sydow, 1993).

1.1 Funktionen der Sexualität

Es gibt unterschiedliche Versuche, die Dimensionen oder Funktionen der menschlichen Sexualität zu ordnen. Selg et al. (1979) unterscheiden zwischen einer Fortpflanzungsfunktion, einer Lustfunktion und einer sozialen Funktion der Sexualität. In gleicher Weise, aber mit anderer Terminologie unterscheiden Beier et al. (2001) zwischen einer reproduktiven Dimension, einer beziehungsorientierten Dimension und einer Lustdimension. Kossat (2018) unterscheidet zwischen der Fortpflanzungs-, Lust- und Beziehungsfunktion und sieht die „Identität" in der Mitte dieser drei Dimensionen. Sielert (1993) unterscheidet zwischen einem Identitätsaspekt, einem Beziehungsaspekt, einem Lustaspekt und einem Fruchtbarkeitsaspekt der Sexualität (S. 45). Starke (2008) benennt gleich zwölf verschiedene Funktionen der Sexualität: die Betätigungsfunktion (Leistung, Anstrengung, Leibesübung), die Entspannungsfunktion, die Kompensationsfunktion (Ausgleich z. B. für Unzufriedenheit), die Tauschfunktion (Sex als Geschenk, als gegenseitiger Austausch zum beiderseitigen Nutzen oder als Ware), die Bestätigungsfunktion, die Spaßfunktion (Vergnügung und Unterhaltung), die Fortpflanzungsfunktion, die Lustfunktion, die Kommunikationsfunktion, die Relations- oder Beziehungsfunktion, die Institutionalitätsfunktion (z. B. Ehe) und die Intim- oder Nähefunktion (S. 401–403).

Die Rede von „Funktionen" der Sexualität ist aussagekräftiger als die Rede von „Dimensionen" oder „Aspekten". Mit Funktion ist der Zweck gemeint, also „wozu" die Sexualität dient. Die differenzierte Einteilung der Funktionen der Sexualität bei Starke (2008) ist interessant, enthält aber zu viele Kategorien. Die Einteilung in Kategorien soll das Verstehen erleichtern und ein mittleres Abstraktionsniveau beachten, indem das Material so zusammengefasst wird, dass die wesentlichen Inhalte erhalten bleiben. Aus diesen Gründen erscheint es sinnvoll, fünf Funktionen der menschlichen Sexualität zu unterscheiden, die *Fortpflanzungsfunktion,* die *Sozialfunktion,* die *Lustfunktion,* die *Gesundheitsfunktion* und die *Identitätsfunktion* der Sexualität.

Abb. 2: Funktionen der Sexualität

Funktionen der Sexualität
(1) Fortpflanzungsfunktion
(2) Sozialfunktion
(3) Lustfunktion
(4) Gesundheitsfunktion
(5) Identitätsfunktion

1.1.1 Fortpflanzungsfunktion

Sexualität kann bei Männern und Frauen ab der Pubertät und bei Frauen bis zur Menopause eine Fortpflanzungsfunktion haben. Nachdem die Eizelle der Frau beim etwa einmal monatlich stattfindenden Eisprung in den Eileiter gelangt ist, kann sie in einem Zeitraum von maximal 24 Stunden befruchtet werden. Spermien können in der Vagina der Frau maximal bis zu sieben Tage überleben, wobei die Befruchtungsfähigkeit der Spermien jedoch nach fünf Tagen nicht mehr gegeben ist. Somit ist das sich ergebende Zeitfenster für eine Fortpflanzung eher kurz. Die Fortpflanzung ist auch ohne Vaginalverkehr/Penetration möglich, erstens durch eine Ejakulation in der Nähe oder auf der Vulva, zweitens durch Spermien, die an einem Finger oder einem Gegenstand haften und in die Vagina oder in die Nähe davon übertragen werden *(die „jungfräuliche" Geburt ist möglich),* drittens durch ungeschützten Analverkehr, wenn die Spermien herauslaufen und in die Vagina gelangen, viertens durch die verschiedenen Formen der künstlichen Insemination und fünftens durch In-Vitro-Fertilisation. Bei landwirtschaftlichen Nutztieren ist die künstliche Besamung inzwischen die häufigste Form der Fortpflanzung. Bei Sauen und Kühen/Färsen werden in Deutschland weit über 90% und bei Stuten deutlich mehr als die Hälfte künstlich besamt.

Die Fortpflanzung erfolgt bei den meisten Tieren und Pflanzen zweigeschlechtlich/biparental. Die biparentale Fortpflanzung hat sich in der Evolution durchgesetzt, weil sie durch die dadurch entstehende genetische Variabilität den besten Schutz gegen Viren, Bakterien, Umweltänderungen und schädliche Mutationen gewährleistet (siehe Kap. 3.1). Trotzdem wurde in der Tierzucht inzwischen schon vielfach auch die asexuelle Fortpflanzung durch Klonen durchgeführt (z.B. beim Klonen von sehr teuren Sportpferden). Vermutlich wird das Klonen von Menschen, also die asexuelle Fortpflanzung mit 100% Genweitergabe, in Zukunft möglich sein.

Die Fortpflanzung ist heute weitgehend von der Sexualität entkoppelt (Beier et al., 2001, S. 4), nämlich erstens durch die Verbreitung zuverlässiger Verhütungsmethoden, zweitens durch die modernen Reproduktionstechniken und drittens durch die starke Verbreitung sexueller Variationen wie Cunnilingus und Fellatio, Selbstbefriedigung mit und ohne Pornokonsum, Petting, Analsex, Telefonsex oder Cybersex.

Im Christentum war die Fortpflanzungsfunktion viele Jahrhunderte lang die einzig erlaubte Funktion der Sexualität. Es dominierte die Idee, dass die wahre Natur der Sexualität die Fortpflanzung sei und dass folglich alle anderen sexuellen Handlungen unnatürlich seien. Schon der Stoiker Seneca (41 n. Chr./1989) hatte behauptet, „die Geschlechtslust sei nicht um des Genusses willen dem Menschen gegeben, sondern zur Fortpflanzung der Art/libidinem non uoluptatis causa homini datam, sed propagandi generis“ (Ad Helviam matrem de consolatione, XIII, 3, S. 337). Diese Haltung der Stoa hatte Einfluss auf die christliche Sexuallehre. Nach ihr hat Sexualität nur den Zweck der Fortpflanzung und ist auch nur in diesem Kontext legitim („coitus legitimus“). So behauptete Augustinus (401/1949), dass die Ehe zum Zweck einer geordneten und ehrenhaften Geburt eingesetzt worden sei (De bono coniugali, 19, S. 26). „Der zur Fortpflanzung notwendige Geschlechtsverkehr ist“ nach Augustinus (401/1949) „ohne Schuld und wird als solcher allein in der Ehe vollzogen“ (De bono coniugali, 11, S. 16). Lust sei kein Gut der Ehe, sondern nur ein den Geschlechtsakt unwillkürlich begleitender Affekt. Auch innerhalb der Ehe ist für Augustinus die sexuelle Lust gefährlich, da sie für Gottesferne stehe. Problematisch ist für Augustinus auch die Liebe zum Ehepartner, da sich die Liebe allein auf Gott richten solle. Der stürmische Geschlechtsverkehr aus freier Lust innerhalb der Ehe („coitus impetuosus“) ist für Augustinus eine schwere Sünde, wird aber von den meisten mittelalterlichen Moraltheologen als mittelschwere Sünde dargestellt, wenn er dazu beitrage, „das körperliche Begehren zu beschwichtigen“ und „die viel schwerwiegendere Sünde des Ehebruchs“ (Walter, 1998, S. 84) zu verhindern.

Inzwischen werden in der katholischen Lehre die Lustfunktion und die Beziehungsfunktion der Sexualität innerhalb der Ehe positiv interpretiert. Geblieben ist aber das Primat der Fortpflanzungsfunktion, wie es Papst Paul VI. im Jahre 1968 in der Enzyklika „Humanae vitae“ festlegte. Danach muss „jeder eheliche Akt von sich aus auf die Erzeugung menschlichen Lebens hingeordnet bleiben“ (11). Ein absichtlich unfruchtbar gemachter ehelicher Akt sei in sich unsittlich, weshalb jede Form der Verhütung abgelehnt wird, nicht nur die künstliche durch Verhütungsmittel und Sterilisation, sondern auch der „coitus interruptus“ oder die Scheidenspülung. Ausdrücklich erlaubt wird in dieser Enzyklika die Nutzung unfruchtbarer Perioden, das heißt, „den ehelichen Verkehr auf die empfängnisfreien Zeiten zu beschränken“, was „zur Bezeugung der gegenseitigen Liebe und zur Wahrung der versprochenen Treue" (Humanae vitae 16) nützlich sei.

Gegen die Einengung der Funktion von Sexualität auf Fortpflanzung ist erstens anzuführen, dass beim heutigen medizinischen Stand Fortpflanzung ohne Sex möglich ist. Greely (2018) vermutet, dass in wenigen Jahrzehnten die menschliche Reproduktion nur noch künstlich durch die Verbindung von aus Stammzellen gewonnenen Eizellen mit Sperma erfolgen wird, wobei die Eltern dann über die Merkmale des Kindes mitentscheiden. Zweitens ist es aus biologischer Sicht unwahrscheinlich, dass die Sexualität nur der Fortpflanzung dient, da durchschnittlich 100 bis 1 000 Kopulationen für eine Geburt benötigt werden, was nur zum Zwecke der Fortpflanzung ein unbegreiflicher Aufwand wäre. Drittens macht die Rede von „natürlich" oder „von Natur aus" wenig Sinn, da man aus vorhandenen Körperteilen nicht eindeutig auf ihren Zweck schließen kann. Sind das Sprechen, Singen, Pfeifen und Küssen unnatürlich und pervers, weil nur Atmung und Nahrungsaufnahme natürliche Funktionen des Mundes, der Zähne, der Zunge und des Halses sind (Haeberle, 1985, S. 348)? Sind Fußballspielen, Trampolinspringen, Tanzen oder Fahrradfahren unnatürlich und pervers, weil die Beine nur zum Gehen, Laufen oder Stehen da sind? Viertens ist anzuführen, dass es beim Menschen anders als bei den meisten Tieren keine genetisch angelegten festen Zeiten für die Ausübung des Geschlechtsverkehrs gibt (Caruso et al., 2014; Fisher, 1993; Grammer, 1993; Guéguen, 2009). Es gibt auch kaum jahreszeitliche Beeinflussungen der sexuellen Aktivität (Demir et al. 2016). Die meisten Geburten je Tag erfolgen in Deutschland im September (Statistisches Bundesamt, 2020a). Dies hat nichts mit der biologischen Prägung auf die Jahreszeiten zu tun, sondern mit den Weihnachtstagen sowie mit der besonderen Nacht zwischen Silvester und dem Neujahrstag (die meisten Geburten erfolgen nach einer österreichischen Statistik am 22. September). Insgesamt fällt ins Auge, dass das Sexualverhalten des Menschen weitgehend unabhängig von genetischen Programmierungen ist. Wenn die Funktion der Sexualität nur die Fortpflanzung wäre, wäre der dafür notwendige Sex eine ungeheure Verschwendung von Zeit und Ressourcen. Auch dies spricht gegen eine Reduktion des Sinns von Sexualität auf Fortpflanzung.

1.1.2 Sozialfunktion

Eine wichtige Funktion der menschlichen Sexualität ist die Sozialfunktion. Bei unseren nächsten Verwandten, nämlich den Bonobos, ist die Sozialfunktion der Sexualität wichtiger als die Fortpflanzungsfunktion. Wenn zwei Bonoboweibchen ihre Genitalien aneinanderreiben, dient dies nicht nur dem Lustgewinn, sondern sie begründen damit auch eine soziale Verbindung. Typisch für die Bonobos ist, dass sie beinahe alle Konflikte mit Sex auflösen, insbesondere Konflikte über die Verteilung von Nahrungsmitteln. Auch Streitigkeiten zwischen verschiedenen Clans können bei Bonobos durch gemeinsamen Sex gelöst werden (siehe Kap. 3.4.5; Waal, 2015). Auch beim Menschen hat Sexualität eine Bindungsfunktion. Sie kann Liebe, Zuneigung, Nähe und Geborgenheit ausdrücken, eine besondere Form des Gemeinschaftserlebens sein, das Gemeinschaftsgefühl stärken, Zugehörigkeit ausdrücken oder ein Mittel sein zur Beziehungsstiftung oder zur Aufrechterhaltung der Beziehung. Sex kann als Kitt bei Konflikten dienen. Versöhnungssex ist sowohl bei den Bonobos als auch bei Menschen ein beliebtes Mittel zur Lösung von Beziehungsproblemen. In einer Partnerschaft kann ein Sexentzug oder ein Sexverzicht als Druckmittel oder als Demonstration von Autonomie eingesetzt werden. Natürlich kann Sex auch dem Kennenlernen dienen und ein Mittel sein, die Fähigkeiten des Partners zu beurteilen (siehe „Partnerwahltheorie", Kap. 4.2.5). Oft führt sexuelle Intimität dazu, dass man sich auch über nichtsexuelle Themen austauscht und so eine emotionale Intimität herstellt. Sex kann ein wertvolles Geschenk sein und ein Mittel zur Zielerreichung, zur Werbung sowie zum Geldverdienen oder ein Schritt bei der Karriereplanung (Selg et al., 1979). Bei vielen Tieren kann man Sex als Mittel zum Zweck beobachten, also beispielsweise zum Ergattern von Delikatessen, zum Erhalt von Dienstleistungen oder zur Gewinnung von beschützenden Freunden. Manchmal kommt es vor, dass jemand Sex hat, um den Erwartungen des Partners oder allgemeinen gesellschaftlichen Erwartungen und Normen zu entsprechen. Sex kann auch zur Machtausübung eingesetzt werden, als Waffe zur Bestrafung, als Mittel zur Demütigung und Erniedrigung, als Ausdruck von Dominanz sowie als Mittel, andere von einem abhängig zu machen. Auch dies kommt bei Tieren vor, beispielsweise bei Schimpansen, die eine Vergewaltigung zur Bestrafung oder zur Demonstration der Machtverhältnisse einsetzen.

1.1.3 Lustfunktion

Bei den meisten Menschen ist Sexualität mit Lust verbunden. Endokrinologisch entstehen Lust und Ekstase beim Sex durch die Ausschüttung von Endorphinen (körpereigene Morphine), von Dopamin (Neurotransmitter, aktiviert das Belohnungssystem im Gehirn), von Noradrenalin (dämpft Schmerzen und vertreibt Hunger und Müdigkeit) sowie von Oxytocin (Bindungshormon, wirkt angstdämpfend und beruhigend). Es gibt Körperteile wie die weibliche Klitoris und die männlichen Brustwarzen, die ausschließlich dem Lustempfinden dienen und sonst keine Funktion haben.

An sich hat die Fortpflanzung keinen engen Bezug zum Wohlbefinden. Ein gewisses Grundwohlbefinden ist allerdings die Voraussetzung für die Fortpflanzung. So kommt es beispielsweise nach langem Hungern bei Frauen zu einem

Ausbleiben des Eisprungs. Nach erfolgter Fortpflanzung ist das Überleben der Eltern nur bei den Arten wichtig, bei denen der Nachwuchs aufgezogen werden muss. Viele Tier- und Pflanzenarten sterben direkt nach der Fortpflanzung. Die Fortpflanzung selbst ist häufig mit Risiken und Anstrengungen verbunden. In der Evolution haben sich Variationen durchgesetzt, die die Begattung mit dem Empfinden von Lust verbanden, da sich diese Tiere häufiger fortgepflanzt haben.

Die Lustfunktion ist die auffälligste Funktion der Geschlechtsorgane. Nach Häberle (1985) gab es Naturvölker, die den Zusammenhang der Geschlechtsorgane mit der Fortpflanzung nicht erkannt hatten. Die sexuelle Lust ist eine Belohnung für sexuelles Verhalten und wirkt als Antrieb für zukünftiges sexuelles Verhalten (Beier et al., 2001). Der menschliche Körper ist so ausgestattet, dass nicht nur die Fortpflanzungssexualität mit Lust belohnt wird, sondern jede Form sexuellen Handelns. Sexualität ist eines der preiswertesten und bei fehlendem Infektionsrisiko eines der gesündesten Mittel zur Erlangung von Lust und Ekstase.

Die Wollust galt im christlichen Mittelalter als eine der sieben Todsünden. Im Gegensatz dazu galt in der 1968er-Bewegung die sexuelle Lust als die Hauptfunktion der Sexualität, wobei die Sozialfunktion als unwichtig („Wer zweimal mit derselben pennt, gehört schon zum Establishment") und die Fortpflanzungsfunktion als ein zu behebendes Ärgernis betrachtet wurde (wogegen Mädchen/Frauen die „Pille" zu nehmen hatten). Wenn die Lustfunktion der Sexualität in den Mittelpunkt gestellt wird, geschieht dies häufig in Verbindung mit der Forderung, dass alle Varianten der Sexualität erlaubt sein sollten. Wenn etwas „von Natur aus" Lust bereite, müsse es auch „von Natur aus" gut sein. Dabei wird übersehen, dass aus der „Natur" kein „Sollen" abgeleitet werden kann (naturalistischer Fehlschluss). Wenn ein Sexualmord dem Täter einen Orgasmus verschafft, wird kaum jemand behaupten, dass der Sexualmord deshalb gut sei (Ausnahme: de Sade, siehe Kap. 2.5.1).

1.1.4 Gesundheitsfunktion

Sex kann durch Zwang, durch Ansteckung mit sexuell übertragbaren Krankheiten, durch eine Konzeption, durch extreme Praktiken oder durch Vorschäden im Herz-Kreislauf-System zu ernsten Erkrankungen (z. B. Syphilis, Aids, Gebärmutterhalskrebs) oder auch direkt zum Tod führen. So erlitt beispielsweise der frühere amerikanische Vizepräsident Nelson Rockefeller beim Sex mit seiner Referentin einen tödlichen Herzinfarkt. Praktiken wie der absichtlich herbeigeführte Sauerstoffmangel bei sexueller Erregung (Hypoxyphilie) enden in Deutschland für ca. 100 Personen im Jahr tödlich. Sex (zumeist der Orgasmus) kann auch die Ursache von Kopfschmerzen sein (Komisaruk et al., 2010).

Sexuelle Aktivität hat aber vornehmlich eine positive Funktion für die Gesundheit. Bereits Freud (1905/1972) führte an, dass „sexuelle Befriedigung das beste Schlafmittel" (S. 87) sei. Verantwortlich für die Wirkung als Schlafmittel sind die Hormone Oxytocin und Prolaktin und bei Männern nach dem Orgasmus das Absinken des Adrenalin- und Noradrenalinspiegels (bei Frauen allerdings gibt es einen Anstieg und damit verbunden oft auch Wachheit). Neben dem Einsatz als Schlafmittel dient Sexualität der Entspannung, dem Abbau von Angstgefühlen (jeweils durch Oxytocin; Komisaruk et al., 2010), dem Stress-, Frust- und Aggressionsabbau, als Ausgleich für Belastungen, als Zeitvertreib, als Freizeitgestaltung, als Erlebensmöglichkeit und der Befriedigung von Neugier. Der Spannungsbogen reicht von Sexualität als eine Wellnessmöglichkeit bis hin zu Sexualität als „Thrill and Adventure Seeking". Historisch lässt sich sagen, dass die dranghafte Lustfunktion, die in der sexuellen Revolution in den 1960er Jahren im Mittelpunkt stand, durch die Gesundheitsfunktion abgelöst wurde, was sich unter das Schlagwort „von der Wollust zur Wohllust" (Sigusch, 2005, S. 5) bringen lässt.

Zur Gesundheitsfunktion der Sexualität gehören auch die sportlich-medizinischen Aspekte. Sex ist eine Körperkontaktsportart, bei der das Zusehen sicher, das Mitspielen aber mehr Spaß macht (Szasz, 1980, S. 3). Bei Männern ist der Kalorienverbrauch beim Sex etwas höher als bei Frauen. Normaler Partnersex entspricht von der körperlichen Belastung her leichter Hausarbeit, besonders intensiver Partnersex dem Treppensteigen über zwei Stockwerke in einer Minute (Frappier et al., 2013; Sigusch, 2005). Es gibt Studien, die nahelegen, dass Sex das Immunsystem stärkt. Charnetski und Brennan (2001, 2004) fanden, dass sexuell normalaktive Collegestudierende (ein- bis zweimal in der Woche Partnersex) höhere Immunglobin-A-Werte im Speichel haben als sexuell weniger oder stärker aktive Studierende. Es könnte allerdings auch sein, dass die besseren Abwehrkräfte nicht direkt Resultat der sexuellen Aktivität sind, sondern sich aus einer befriedigenden langfristigen Bindung ergeben. Bei vielen Korrelationsstudien zwischen sexueller Aktivität und gesundheitlichen Daten ist der Kausalzusammenhang unklar. Sexuelle Aktivität erhöht bei Männern den Testosteronspiegel (Hsu et al., 2015), was positive Folgen hat wie eine erhöhte Fettverbrennung und ein Schutz vor Depressionen.

Bei jungen heterosexuellen Frauen konnte eine Korrelation zwischen der selbstberichteten Häufigkeit des Vaginalverkehrs und der Gedächtnisfunktion nachgewiesen werden, wobei die Zusammenhänge unklar sind (Maunder et al., 2017). Bei Frauen wurde zudem eine Korrelation zwischen sexueller Aktivität und einem niedrigeren Brustkrebsrisiko gefunden. Bei diesem Zusammenhang könnten jedoch konfundierende Variablen wie körperliche Inaktivität und Übergewicht eine Rolle spielen. Gut belegt ist hingegen ein Kausalzusammenhang zwischen Kinderlosigkeit und einem erhöhten Brustkrebsrisiko. Ebenfalls recht eindeutig ist die Kausalrichtung bei der Korrelation zwischen der Häufigkeit von Ejakulationen und dem Vorkommen von Prostatakrebs. Männer, die durchschnittlich 21 oder mehr Ejakulationen im Monat haben, haben im Vergleich zu Männern mit vier bis sieben Ejakulationen im Monat ein verringertes Prostatakrebsrisiko (Leitzmann et al., 2004). Die Wirkung konfundierender Variablen oder ein umgekehrter Kausalzusammenhang können nach den Berechnungen der Autoren den Zusammenhang nicht erklären. Häufige Ejakulationen senken also das Prostatakrebsrisiko. Eine Anschlussstudie mit größerer Stichprobe bestätigte dies (Rider et al., 2016). Giles et al. (2003) kamen bei einer australischen Stichprobe zu derselben Schlussfolgerung. Sie konnten belegen, dass eine hohe Ejakulationsfrequenz im frühen Erwachsenenalter mit einem geringeren Prostatakrebsrisiko einherging. Vermutlich haben Ejakulationen eine reinigende Wirkung für die Prostata (Die Idee einer heilenden Wirkung der Ejakulation vertraten bereits Ärzte in der Antike, siehe Kapitel 2.1).

Insgesamt legen die bisherigen Studien zum Zusammenhang zwischen sexueller Aktivität und Gesundheit nahe, dass Männer und Frauen im Sinne der Gesundheitsvorsorge zu sexuellen Aktivitäten aufgerufen werden sollten (Davey Smith et al., 1997). Da es aber keine Experimentalstudien zum Kausalzusammenhang von sexueller Aktivität und gesundheitlichen Daten gibt (außer im Tierexperiment), die physiologischen Prozesse teilweise unklar und bei Korrelationsstudien konfundierende Variablen zu beachten sind, ist der Forschungsstand noch nicht eindeutig.

1.1.5 Identitätsfunktion

Sex dient auch der Identitätsfindung, der Selbstbestätigung und der Erforschung des eigenen Körpers und der eigenen Vorlieben (Selbstentdeckung). Es macht Sinn, die Identitätsfunktion von der Sozialfunktion abzutrennen, da Selbstbestätigung und Identität auch durch Selbstbefriedigung gewonnen werden können (Dodson, 1974). „Wir definieren uns heute zu einem Gutteil über unsere Sexualität" (Mottier, 2015, S. 8). Sexuelle Erfahrungen dienen insbesondere im Jugendalter der Selbstdarstellung und der Statusgewinnung in der Peergroup. Aber auch im Erwachsenenalter ist Sexualität ein „wichtiges Element der Gesamtpersönlichkeit", wozu die gemachten sexuellen Erfahrungen gehören, „stürmische Zeiten und Durststrecken, glückliche Erfahrungen und Demütigungen" (Buddeberg, 2005, S. 16). Zur sexuellen Identität gehören das Bewusstsein des Frau-Seins, des Mann-Seins oder der Intersexualität (heutiger wissenschaftlicher Begriff: Disorders of Sex Development/DSD; heutiger juristischer Begriff: divers) oder Transidentität, das Wissen um die eigenen heterosexuellen, homosexuellen oder bisexuellen Wünsche oder um die eigene Asexualität, das Erleben der körperlichen Seite der Sexualität und die damit verbundene Beruhigung oder Verunsicherung über das eigene körperliche Funktionieren. Zur Identitätsfunktion der Sexualität gehört es auch, die sexuelle Wirkung auf andere wahrzunehmen, „Körbe“ zu verteilen oder zu kassieren, sexuelle Varianten auszuprobieren und sich mit anderen zu vergleichen. Man hat beispielsweise im Vergleich zu anderen eine geringere, größere oder genau gleiche Anzahl an Sexualpartnern gehabt und ist damit zufrieden oder unzufrieden. Oder man ist glücklich, weil man das „erste Mal“ hinter sich gebracht hat. Sexualität wird so zur „Heilquelle, [...] die narzisstische Lücken auffüllt und das Selbst abrundet“ (Sigusch, 2005, S. 154).

Die Identitätsfunktion hat einen engen Bezug zu den anderen Funktionen der Sexualität. Der Stolz, Vater oder Mutter geworden zu sein, gehört zur Identitätsfunktion der Sexualität, hat aber einen Bezug zur Fortpflanzungsfunktion. Der Stolz über die Anzahl der gewonnenen oder abgelehnten Sexualpartner (Sex als Statussymbol) hat einen Bezug zur Sozialfunktion der Sexualität. Die Zufriedenheit über die Fähigkeit zum Orgasmus hat einen Bezug zur Lustfunktion der Sexualität, und die Zufriedenheit über die sexuelle Entspannung hat einen Bezug zur Gesundheitsfunktion der Sexualität.

Sexualität ist beim Menschen sehr variationsreich, und Menschen reagieren auf sexuelle Stimuli sehr unterschiedlich. Hierzu gehören die sexuelle Orientierung, die sexuelle Reagibilität auf bestimmte Körperstimulationen, auf optische, olfaktorische (Geruch), gustatorische (Geschmack) und akustische Reize, Vorlieben hinsichtlich unterschiedlicher Sexualstellungen bei unterschiedlichen Formen des Geschlechtsverkehrs (Vaginal-, Anal-, Oralsex) sowie Vorlieben hinsichtlich Dominanz und Unterwerfung, hinsichtlich Voyeurismus, Exhibitionismus, Fetischismus, Sadismus, Masochismus, Bondage, hinsichtlich des Einsatzes sexueller Hilfsmittel, hinsichtlich des Sexualpartners (Alter, ethnische Herkunft, Haarfarbe, Körpergewicht, Muskulosität, Körpergröße, physische Attraktivität) und hinsichtlich der Anzahl der beteiligten Personen. Die je individuelle Vorliebe und das Wissen darum gehört zur sexuellen Identität und ist Teil der Persönlichkeit. Die sexuelle Identitätsfindung ist nicht irgendwann abgeschlossen, sondern erfolgt lebenslang und kann sich im Lebenslauf ändern.

1.2 Werden Sie von einem Sexualtrieb gesteuert?

Die Vorstellung von Sexualität als „Trieb“ war die herrschende Vorstellung in der Antike, im Mittelalter und in der frühen Neuzeit. Nach der kirchlichen Lehre galt es, den Sexualtrieb zu unterdrücken. Nach Meinung der frühen Sexualpädagogen sollte der „Onanietrieb“ bekämpft werden (siehe Kap. 2.4). Das Triebkonzept wurde in der Wissenschaft des 19. Jahrhunderts populär. Man dachte an einen unsichtbaren, unwiderstehlichen, blinden, tierischen, übermächtigen und willentlich nicht beeinflussbaren Trieb. Der französische Arzt Charles Féré (1899) sprach vom „l’instinct sexuel“, verglich ihn mit dem Hunger und behauptete eine intime Korrelation zwischen der Samendrüse und dem sexuellen

Antrieb („Il y a une corrélation intime entre le fonctionnement des glandes séminales et le besoin sexuel"; Féré, 1899, S. 7). Die Überdehnung der Samendrüse löse den sexuellen Appetit aus.

Das Triebkonzept wurde für viele Bereiche verwendet. Verschiedene Autoren postulierten einen Muttertrieb, Wissenstrieb, Mordtrieb, Selbstmordtrieb, Geltungstrieb, Kunsttrieb usw. Man findet den Triebbegriff bei verschiedenen Philosophen und dann auch in der damals neuen Wissenschaft „Psychologie" (Wundt, 1897).

Freud (1933/1982) postulierte für die Psychoanalyse die Annahme von Ichtrieben (Selbsterhaltung) und von Sexualtrieben (Arterhaltung). Aufgrund des infantilen und perversen Sexuallebens stellte sich Freud die Sexualtriebe als reichhaltig vor und benannte deren Energie als „Libido". Ein Trieb ist nach Freud (1905/1972) „die psychische Repräsentanz einer kontinuierlich fließenden, innersomatischen Reizquelle" (S. 76). Quelle des Triebs sei „ein Erregungszustand im Körperlichen, das Ziel" sei „die Aufhebung dieser Erregung" (Freud, 1933/1982, S. 530). Freud betonte immer wieder, dass seine Triebtheorie nicht auf psychologischem Grunde ruhe, sondern biologisch gestützt sei, wobei er annahm, dass „es besondere Stoffe und chemische Prozesse sind, welche die Wirkungen der Sexualität ausüben" (Freud, 1914/1982, S. 46).

Das Triebmodell verlangt, dass sich eine bestimmte Substanz wie in einem Dampfkessel anstaut und dass sich das Substanzniveau nach einer Triebhandlung wieder normalisiert. Beim männlichen Sexualverhalten könnte das Sexualhormon Testosteron diese Substanz sein. Eine Unterdrückung der Testosteronproduktion reduziert die männliche Lust auf Sex. Dies tritt aber erst bei einer Reduktion um 70 oder 80 Prozent ein, denn beim gesunden Mann liegt der Testosteronspiegel drei- bis viermal höher, als dies für das sexuelle Funktionieren notwendig wäre. Nach dem Triebmodell müsste der Testosteronspiegel nach einer sexuellen Handlung sinken. Empirische Studien zeigen jedoch das Gegenteil: Nach sexuellen Aktivitäten sinkt der Testosteronspiegel nicht, sondern er steigt (Escasa et al., 2011; Hsu et al., 2015, S. 1357). Zudem erhöht die Verabreichung von Testosteron nicht die Lust auf Sex (Schwartz & Kempner, 2015). Diese Daten widersprechen dem Triebmodell. Beim weiblichen Sexualverhalten gibt es kaum einen Zusammenhang zwischen Östrogenen und der sexuellen Lust und Reaktionsfähigkeit (Buddeberg, 2005). Sexualität staut sich nicht wie der Harn in der Harnblase, wodurch dann Harndrang entsteht. Es gibt beim Menschen keine sexuelle Triebenergie, die sich wie in einem Staudamm oder Dampfkessel ansammelt, dann den Druck immer stärker werden lässt und im glücklichen Falle wohldosiert über ein Ventil abfließt oder im negativen Falle zerstörerisch ausbricht (Glück & Schliewert, 1986; Selg et al., 1979).

Schon Freud bemerkte, dass Sexualtriebe anders als Hunger und Durst aufgeschoben, verdrängt, sublimiert, verändert oder ersetzt werden können. Ein Nahrungsentzug führt nach etwa 16 bis 30 Tagen zum Tod, ein Flüssigkeitsentzug bereits nach drei Tagen, ein Sauerstoffentzug bereits nach wenigen Minuten. Ein Sexualentzug führt ganz sicher nicht zum Tod. Im Triebmodell hängt die Stärke des Triebs von der Dauer des vorhergehenden Entzugs ab. Hunger, Durst oder Müdigkeit sind umso stärker, je länger der Entzug von Nahrung, Flüssigkeit oder Schlaf andauerte. Bei der menschlichen Sexualität ist dies nicht so. Der Zusammenhang zwischen Entzug und „Triebstärke" ist bei der Sexualität genau umgekehrt: Sexuelle Inaktivität führt dazu, dass sexuelle Reize gar nicht mehr wahrgenommen werden. Sexuell enthaltsam lebende Menschen verlieren jedes Interesse an sexuellen Dingen. Umgekehrt führen häufige sexuelle Aktivitäten zu einer sexuell gefärbten Wahrnehmung der Welt (Haeberle, 1985, S. 143). Sexuell aktive Menschen nehmen beispielsweise das Gesäß einer anderen Person als sehr reizvoll wahr, während sexuell inaktive Personen das Gesäß einer anderen Person gar nicht oder medizinisch neutral wahrnehmen.

Es gibt keine kontinuierlich fließende innersomatische Reizquelle, die zum Triebmodell der menschlichen Sexualität passen würde; und es gibt auch keinen Triebzusammenhang zwischen Entzug und Sexuallust oder zwischen Sättigung und sexueller Unlust. Bei Männern gibt es zwar physiologisch bedingt (Adrenalin- und Noradrenalinabfall) (Krüger et al., 2003) häufiger als bei Frauen unmittelbar nach dem Orgasmus starke Müdigkeitsgefühle, aber keine Sexualunlust. Die sexuelle Betätigung wird nicht beendet, weil man „sexuell satt" ist, sondern weil man körperlich müde und erschöpft ist (Kentler, 1975). Frauen im Laboratorium beschrieben nach multiorgastischen Erlebnissen „den zweiten oder dritten Orgasmus als mehr befriedigend oder mit mehr Lustgefühl verbunden als den ersten Orgasmus" (Masters & Johnson, 1967, S. 193). Wenn man von einem Sexualtrieb ausginge, wäre zu erwarten, dass der erste Orgasmus am meisten befriedigend sein sollte, ähnlich wie nach einer Hungerphase so ziemlich alles besonders gut schmeckt. Gegen das Triebmodell spricht auch, dass Hunger, Durst und Müdigkeit unangenehme Gefühle sind, während „Lust auf Sex" ein angenehmes Gefühl ist. Unser sexuelles Verhalten „ist eher ein Verhalten der Reizsuche als der Reizminderung: Wir suchen sexuelle Spannung und Erregung, wir begeben uns in Situationen, die mit sexuell anregenden Reizen ausgestattet sind" (Kentler, 1975, S. 10). Die sexuelle Reizung selbst ist angenehm, was man daran erkennen kann, dass wir beispielsweise gerne sexuelle Szenen in Spielfilmen ansehen, während hungrige Menschen nur ungern anderen beim Essen zusehen. Gegen das Triebmodell der Sexualität spricht außerdem, dass sexuelle Erregung leicht störbar ist. Schon die kleinste Ablenkung kann die sexuelle Lust zum Erlöschen bringen (Haeberle, 1985). Schließlich spricht gegen das Triebmodell der Sexualität auch, dass es hinsichtlich der „Lust auf Sex" große individuelle Unterschiede zwischen körperlich ähnlich verfassten Menschen gibt. Wenn Sexualität ein körperlich bedingter Trieb wäre, müsste er bei allen körperlich ähnlichen Menschen auch ähnlich stark sein. Schmidt (1982) hat die Erkenntnisse zum Sexualtrieb prägnant zusammengefasst: „Die Annahme eines Sexualtriebs ist nicht haltbar, es gibt ihn nicht" (S. 27). Im deutschen Sprachraum gab es zum Triebmodell der Sexualität eine kontroverse Debatte (Sigusch, 1984), im angloamerikanischen Sprachraum nicht, da die Begriffe „sex drive" oder „libido" dort nur pragmatisch im Sinne der individuellen „Lust auf Sex" benutzt werden.

Wenn es einen menschlichen Sexualtrieb gäbe, wäre als Konsequenz die regelmäßige sexuelle Betätigung aus gesundheitlichen Gründen notwendig. Asexuelle Menschen wären dann krank und müssten ärztlich oder psychotherapeutisch behandelt werden, um Schäden zu verhindern. Gibt es hingegen keinen menschlichen Sexualtrieb, kann jede Frau und jeder Mann auch ohne „Lust auf Sex" gesund und normal sein (Szasz, 1980). Sexuelles Verhalten ist dann eine Fähigkeit, die erlernt und ausgeübt werden kann, aber nicht muss. Dies ermöglicht es, Menschen, die sich trotz fehlender sexueller Interessen gesund und glücklich fühlen, nicht „spitzfindig doch wieder als Gestörte" (Selg et al., 1979, S. 42) hinzustellen. Im Jahre 2001 wurde ein Forum für Asexuelle gegründet (www.asexuality.org), wobei das deutsche Forum (https://www.aven-forum.de/) 16 000 registrierte Benutzer hat. Nach Bogaert (2004, 2012) liegt der Anteil der Asexuellen an der Bevölkerung bei 1 %, wobei wegen der Verfälschung durch soziale Erwünschtheit eher anzunehmen ist, dass der Anteil höher liegt (der Hotelvoyeur Gerald Foos kam bei seinen Berechnungen auf 3 %; Talese, 2017). Es gibt zwar Menschen, die als Folge traumatischer Erfahrungen asexuell wurden, es gibt aber auch Menschen, die ohne einen solchen Hintergrund beim Sex keine Lust empfinden. Eine Ejakulation wird dann so erlebt wie die meisten Menschen das Urinieren oder Niesen erleben. Dies ist ein großes Problem in einer Beziehung mit einem Partner mit durchschnittlicher Sexlust, bedeutet aber nicht, dass Asexuelle krank sind. Abbildung 3 zeigt im Überblick die Argumente, die der Annahme eines menschlichen Sexualtriebs entgegenstehen.

Abb. 3: Argumente gegen die Triebtheorie der Sexualität

(1) Sexuelle Enthaltsamkeit führt nicht zum Tod.
(2) Nach sexuellem Verhalten steigt der Hormonblutspiegel.
(3) Sexuelle Enthaltsamkeit senkt die Lust auf Sex, sexuelle Aktivität erhöht die Lust auf Sex.
(4) Es gibt keine sexuelle „Sattheit", sondern nur körperliche Müdigkeit nach sexuellen Aktivitäten.
(5) Bei multiplen Orgasmen ist der erste Orgasmus nicht besser als die späteren.
(6) Die Lust auf Sex ist nicht unangenehm, sondern wird aktiv gesucht. Die sexuelle Reizung selbst ist angenehm.
(7) Die Lust auf Sex ist sehr störanfällig.
(8) Es gibt große Unterschiede hinsichtlich der „Lust auf Sex" bei körperlich ähnlichen Menschen.
(9) Asexuelle Menschen sind nicht krank.

Sexualität kann als eine Möglichkeit menschlicher Lebensäußerungen gesehen werden, die variantenreich und vielseitig ist und keinen vorgeschriebenen Zwecken zu dienen hat. Wer mag, kann Sexualität wie „Fast Food" einnehmen oder aber wie ein Gastmahl, bei dem Ausgefallenes und Bewährtes genossen und immer wieder Neues entdeckt werden kann.

Sexualität ist nicht einfach nur etwas von Natur Gegebenes, sondern etwas kulturell zu Gestaltendes.

Von daher macht es auch Sinn, von der „Kunst" der körperlichen Liebe zu reden und dem Erlernen von Sexualität einen ähnlichen Rang einzuräumen wie anderen Kulturtechniken, also wie dem Erlernen des Lesens, Schreibens, Singens oder Reflektierens. Die menschliche Sexualität ist zu einem Kulturgut geworden (Kentler, 1970). Zur Kultur der Sexualität gehört auch die erstaunliche Variabilität der menschlichen Sexualität. Zwar kennen auch unsere nächsten tierischen Verwandten unterschiedliche sexuelle Praktiken wie Masturbation, Oralsex, Petting oder das Genito-Genital-Reiben („GG-rubbing" zwischen Weibchen), die menschlichen sexuellen Praktiken sind aber variantenreicher. Schmidt (2004a) sieht in der menschlichen Sexualität eine Ressource für die „Lust- und Affektsuche [...] für Erregungs- und Erlebnissammler" (S. 64). Sexuelle Variationen wie BDSM (Bondage & Discipline, Dominance & Submission, Sadism & Masochism), Fetischismus oder Rollenspiele sind Kulturerscheinungen, die Fantasiefähigkeit, Empathie und Vertrauen verlangen. Mit der Annahme eines mechanisch wirkenden Sexualtriebs ist dieser Variantenreichtum nicht zu erklären. Die sexuelle Betätigung ist beim Menschen ungewöhnlich frei von hormonellen Steuerungen, von Instinkten sowie von jahreszeitlichen oder monatlichen Schwankungen.

Da es keinen menschlichen Sexualtrieb gibt, lässt sich die Normalität oder Anormalität eines sexuellen Verhaltens nicht biologisch begründen. Was jemand mit der Sexualausstattung des Menschen macht, ist biologisch genauso wenig vorgegeben wie das, was jemand mit seinen Stimmorganen macht: Man kann summen, murmeln, plappern, schreien, Englisch oder Chinesisch sprechen oder Volkslieder oder Opernarien singen, ohne dass die eine oder die andere Tätigkeit unnatürlich oder pervers wäre. In gleicher Weise kann man Pornos ansehen, Fesselungsspiele und Strapse lieben, einen Vibrator verwenden, Oralsex oder Analsex haben, Unterwerfungsspiele lieben oder Blümchensex bevorzugen, ohne dass die eine oder andere Tätigkeit unnatürlich oder pervers wäre.

Ähnlich wie bei der Betätigung der Stimmorgane gibt es gesetzliche Verbote und gesundheitliche Risiken. Als Theaterzuschauer wird man nicht summen oder murmeln dürfen und in einer Etagenwohnung wird man nicht nachts Opernarien schmettern dürfen.

Was jemand mit seinen Sexualorganen und was jemand mit seinen Stimmorganen macht, wird kulturell gelernt, wenn man bei den Stimmorganen vom ersten Schrei des Babys und bei den Sexualorganen von der ersten spontanen Lustbetätigung absieht.

Im Allgemeinbewusstsein wird Sexualität zumeist immer noch als Trieb angesehen. Der heute noch gebräuchliche Begriff des „Triebtäters" ist mit der Auffassung verbunden, dass das Handeln des „Triebtäters" nach einem nichtbeeinflussbaren pathologischen Trieb erfolgt. Der „Trieb" eines Triebtäters hat aber nichts mit einer kontinuierlich fließenden innersomatischen Reizquelle zu tun. Die Kastration eines Triebtäters reduziert zwar dessen Potenz und Libido, ziemlich sicher jedoch nicht dessen sexuelle Zwangsgedanken. Triebtäter werden genauso wenig von einem Trieb gesteuert wie Phobiker, Alkoholiker oder Magersüchtige, leiden aber in ähnlicher Weise unter einem psychisch bedingten Zwang.

Vor allem Männer haben häufig das Gefühl, dass sie von ihrem „Sexualtrieb" getrieben werden und dass sie diesem Trieb folgen oder gegen ihn ankämpfen müssen. *Männer (manchmal auch Frauen) imitieren einen Sexualtrieb,* weil ihnen kulturell vermittelt wird, dass sie unter der Wirkung eines Sexualtriebs stehen, den sie befriedigen müssten. Nach den Erkenntnissen der Evolutionären Psychologie gibt es beim Menschen Vorlieben, die man als *Triebreste* ansehen kann. Aus evolutionärer Perspektive lässt sich beispielsweise eine Neigung zu Seitensprüngen erkennen (siehe Kap. 3), was aber nicht als Rechtfertigung eines Seitensprungs dienen kann, da der Mensch nicht der Sklave eines Sexualtriebs ist. Sexualität hat einen natürlichen Kern, ist in der Ausgestaltung beim Menschen aber vor allem „ein Produkt der Kultur" (Mottier, 2015, S. 8). Conrad und Milburn (2002) reden von „Sexueller Intelligenz", was mit einem blinden tierischen Trieb nichts zu tun hat. Bereits bei Bonobos und Schimpansen und auch bei weniger intelligenten Tieren finden wir das Aushandeln der sexuellen Wünsche, wenn beispielsweise nach den Gesetzen von Angebot und Nachfrage der Preis bei der tierischen Prostitution bestimmt wird (siehe Kap. 3.3.2). Sexual-Kulturen mit differenzierten Regeln wie beispielsweise die BDSM-Kultur gibt es aber nur beim Menschen. Da menschliche Sexualität vornehmlich im Verborgenen stattfindet, sind „Paarkulturen" (Millet, 2001) ebenso bedeutsam wie Subkulturen oder Sexualkulturen in einzelnen Ethnien/Stämmen.

Sexualität kann man nicht mit Hunger oder Durst vergleichen, sondern eher mit der Sprache, der Musik oder dem Schauspiel.

1.3 Wie reden Sie über Sex?

Es gibt kaum einen Bereich, für den es so viele unterschiedliche „Sprachen" gibt. Bei den Sexualitäts-Sprachen kann unterschieden werden zwischen der

- medizinisch-lateinischen Fachsprache,
- der bürokratischen, verhüllenden oder literarisch-blumigen Hochsprache,
- der Vulgärsprache,
- der Geheimsprache in sexuellen Subkulturen,
- der von Erwachsenen vermittelten Kindersprache,
- und der individualisierten Paarsprache.

Der große Vorzug der *medizinisch-lateinischen Fachsprache* ist, dass die Begriffe (z.B. Cunnilingus, Coitus reservatus) eindeutig sind. Der Nachteil ist, dass auch Akademiker diese Sprache oft nicht verstehen, sodass diese Fachsprache eine „antiaufklärerische" Geheimsprache für Kenner ist (Kentler, 1982, S. 268). Hinzu kommt, dass die Fachsprache klinisch-rein, unpersönlich und kühl erscheint (Hess & Coffelt, 2012). Obwohl die medizinisch-lateinische Sprache eigentlich neutral ist, gibt es auch in ihr Begriffe, die heute nicht mehr verwendet werden sollten, weil sie diskriminierend und herabsetzend wahrgenommen werden (z.B. Frigidität, Impotenz) (Buddeberg, 2005; Sigusch, 2005). Für den Alltagsgebrauch und für die Sexualerziehung ist die Fachsprache ungeeignet. Streng wissenschaftliche Begriffe werden von Mädchen und Jungen kaum als „ihre" Sprache aufgefasst. Wenn man beispielsweise von der „Physiologie der Kohabitation" spricht, kann man sich zwar wissenschaftlich wohl fühlen, wird aber Mädchen und Jungen nicht erreichen.

Daneben gibt es die *Hochsprache,* die im Unterschied zur medizinisch-lateinischen Fachsprache oft zweideutig ist, da es neben der sexuellen häufig auch eine nichtsexuelle Bedeutung gibt (z.B. „Scheide", „Verkehr"). Das Ziel der Hochsprache scheint es zu sein, die direkte Bezeichnung des Sexuellen zu vermeiden. Oft werden Begriffe verwendet, die als „Stellvertreter" eingesetzt werden, aber nur durch eine Assoziation etwas mit dem Gemeinten zu tun haben. Jemand ist „gut im Bett", man „steigt in die Laken", er will von ihr nur das „Eine", sie „kam" zum zweiten Mal. Manchmal wird das Wort „Sex" vermieden: Man hat keinen „Sexpartner", sondern einen „Intimpartner", man hatte nicht Sex, sondern man war „intim" miteinander (Müller, 2001). Die Hochsprache verlangt eine Übersetzungsarbeit beim Hörer oder Leser, indem man die Assoziationen rückübersetzt, den speziellen Kontext bei der Deutung berücksichtigt (sie „verwöhnte" ihn, während er telefonierte) oder die Doppelbedeutung richtig versteht (z.B. „Verkehr"). Kentler (1982) spricht davon, dass die Hochsprache „entsexualisierend" (S. 268) wirke. Borneman (1991) bezeichnet diese als eine „Kastratensprache". In der literarischen Hochsprache wird die Sexualität zumeist blumig ausgedrückt (z. B. „höchste Gunst", „das Zepter meines Lebens"). Man kann die Hochsprache in drei unterschiedliche Sprachen aufteilen, in die Bürokratensprache („Beischlaf", „Geschlechtsverkehr/GV", „Geschlechtsakt"), in die verhüllende Hochsprache („miteinander schlafen", „miteinander ins Bett gehen", „Liebe machen", „sich lieben") und in die blumig-verhüllende Literatursprache („Liebesfeier", „tauchte in sie ein", „es war ihr, als wandle sie eine Ohnmacht an"). Manchmal werden Begriffe aus der Hochsprache irgendwann durch die sexuelle Benutzung zur Vulgärsprache. So waren die Begriffe „Schwanz" und „Titten" ursprünglich sprachliche Verhüllungen, die durch die häufige Benutzung zu Vulgärbegriffen wurden. Sprache ändert sich: So wurde das Wort „Maus" als Synonym für „Vulva" im 19. Jahrhundert so häufig gebraucht, dass man sich scheute, das Wort „Maus" als Tierbezeichnung zu verwenden. In heutiger Zeit macht das Wort „blasen" eine ähnliche Karriere.

Zudem gibt es mit Bezug auf die Sexualität in vielen Sprachen eine sehr reichhaltige *Vulgärsprache*. Borneman (1991) hat für die deutsche Sprache die vulgären Bezeichnungen sowohl alphabetisch als auch nach Sachgruppen geordnet erfasst. Für die Vulgärsprache ist typisch, dass viele Inhalte aus einer männlich-machistischen Perspektive ausgedrückt werden. Bespringen, Bohren, Bügeln, Drübersteigen, Flachlegen, Knallen, Nageln, Pimpern, Pudern, Rammeln, Stechen, „das Loch stopfen", „das Rohr spülen" etc. kann man nur aus der männlichen Perspektive, wobei diese Begriffe oft verwendet werden, um vor anderen mit sexuellen Eroberungen zu prahlen. Aus weiblicher Sicht wird der Koitus in der Vulgärsprache meistens passiv oder duldend ausgedrückt: „Frau" kann „hinhalten", „sich spreizen", „sich dehnen", „das Tor auflassen", „einen Stich auffangen", „einen drüberlassen", „einen ranlassen" oder „sich langlegen". Die Vulgärsprache der Sexualität ist vielfältig und schöpferisch und als einzige der „Sprachen der Sexualität" von einer lustvollen Bildhaftigkeit (Deppert, 2001). Ähnlich wie bei der Hochsprache entstehen obszöne Bedeutungen häufig dadurch, dass ein Teil fürs Ganze genommen wird oder dass eine Umschreibung obszön wird. So wird aus „baiser" (küssen), „ficken" (reiben, vycken = mit Ruten schlagen, züchtigen), „bumsen" (heftig gegen etwas schlagen/prallen/stoßen), „pimpern" (im Mörser zerstoßen), „poppen" (sich schnell hin- und herbewegen) oder „vögeln" (mittelhochdeutsch „vogelen", althochdeutsch „fogalon" = Vögel fangen) jeweils „koitieren". Manchmal werden diese sexuellen Begriffe außerhalb der Sphäre des Sexuellen dann für etwas Negatives verwendet. So wird im Französischen „baiser", im Englischen „to fuck", im Italienischen „fóttere" und im Deutschen „ficken" im Sinne von „betrogen werden", „hereingelegt werden", „geschnappt werden" verwendet: „Die Bullen (die Polizei) haben uns gefickt", „die haben uns gefickt" (nach einer sportlichen Niederlage), „der Lehrer hat uns gefickt" (mit der schweren Klassenarbeit), „he fucked us/er hat uns reingelegt", „on nous a baisé/sie haben uns reingelegt", „ci hanno fotuto/sie haben uns hereingelegt/gevögelt" etc. (Duden, 1963; Gauger, 2012; Müller, 2001).

Die weibliche Sexualität kommt in der Vulgärsprache wenig vor. So gibt es nur wenige obszöne Bezeichnungen für die Klitoris und auch die Selbstbefriedigung wird vor allem aus männlicher Sicht umschrieben. Eine Recherche in Google zeigt: „Sich einen runterholen" findet man 47 300 Mal, „sich einen von der Palme wedeln" 4050 Mal, „Fünf gegen Willi" 3 510 Mal, „den Jürgen würgen" 1 030 Mal, „sich einen keulen" 857 Mal, jedoch „sich die Perle polieren" findet man nur sechs Mal. Im angloamerikanischen Sprachraum zeigt sich in gleicher Weise, dass es zwar sehr viele Slangausdrücke für den Penis gibt, aber nur sehr wenige für die Klitoris (Roach, 2009). Manchmal werden abwertende Vulgärbezeichnungen auch zur stolzen Selbstbezeichnung: So werden die Wörter „schwul" und „lesbisch" inzwischen auch in der Fachliteratur (insbesondere im angloamerikanischen Sprachraum) wertfrei oder positiv verwendet.

Neben der medizinisch-lateinischen Fachsprache, der Hochsprache und der Vulgärsprache gibt es noch die *Geheimsprache* in sexuellen Subkulturen, beispielsweise im Bereich der Prostitution, der BDSM-Kultur, der Homosexualität oder der Pornografie. Im Bereich der Prostitution ist beispielsweise eine Sprache entstanden, die aus Tarnbegriffen (z. B. Französisch für Oralsex, Griechisch für Analverkehr, Englisch/Englische Erziehung für Disziplinierungsspiele) und Abkürzungen besteht (z. B. ZK für Zungenküsse, GF6 für girlfriendsex/Küssen/Streicheln/Kuscheln). Die Abkürzungen entstanden ursprünglich zur Kostenreduktion (Kleinanzeigen) und die Tarnbegriffe zur Erfüllung der Jugendschutzbestimmungen der Tageszeitungen. Für die Geheimsprache in sexuellen Subkulturen ist typisch, dass es zwar vereinzelt kreative Neubildungen („Natursekt", „MILF") gibt, dass aber die Geheimsprache eher eine Mischsprache in Abkürzungsform aus medizinischer Fachsprache („FO" für „Fellatio ohne Kondom"), aus Vulgärsprache („TB" für Tittenbesamung) und aus der Hochsprache ist („RS" für „Rollenspiele", „HM" für „Hodenmassage").

Bei der von den Eltern vermittelten *Kindersprache* steht die Funktion des Urinierens im Mittelpunkt (z. B. „Piepmatz", „Pillermann", „Pipimann", „Pipimatz", „Piephahn", „Zipfel", „Zötteli", „Schniedel", „Schnäbeli", „Pimmel"; „Pipi", „Mumu", „Mimi", „Musch", „Muschi", „Lulu", „Löchli", „Schneckli").

Zuletzt ist noch die *individualisierte Paarsprache* zu nennen, die eine Art individueller Geheimsprache ist. Ein berühmtes literarisches Beispiel für eine individualisierte Paarsprache ist der Ausdruck „Cattleya spielen" in Marcel Prousts Romanzyklus „Auf der Suche nach der verlorenen Zeit". Da die erste Liebesnacht zwischen Charles Swann und der Kokotte Odette de Crécy dadurch eingeleitet wurde, dass Charles ihr beim Drapieren von Cattleyablüten am Ausschnitt ihres Kleides näherkam, und da Charles Swann auch danach zur Einleitung von Intimitäten stets auf die Cattleyablüten Bezug nimmt, wird der Ausdruck „Cattleya spielen" oder auch nur „Cattleya" zum Geheimcode für Koitus, und zwar auch noch zu einer Zeit, als ihre Beziehung einseitig geworden ist („Also keine Cattleya heut abend? fragte er, und ich hatte doch so auf eine kleine liebe Cattleya gehofft. Etwas mißmutig und nervös antwortete sie ihm: Aber nein, Liebling, keine Cattleya heut abend, du siehst doch, wie angegriffen ich bin", Proust, 1964, S. 360).

Insgesamt fällt auf, dass es trotz der unterschiedlichen „Sprachen" keine angemessene Sprache für das Reden über Sexuelles gibt. Die medizinisch-lateinische Sprache ist zwar offen und klar, aber auch kalt und für Laien unverständlich. Die Hochsprache ist verhüllend oder bürokratisch. Die Vulgärspräche ist kreativ und reichhaltig, folgt aber einer machistischen Perspektive. Die Geheimsprache in verschiedenen sexuellen Subkulturen ist eine Mischsprache, wobei die vielen Abkürzungen zwar einen praktischen Zweck haben, aber nur für Eingeweihte hilfreich sind.

Insgesamt zeigt sich ein kultureller Mangel an gemeinsamen Worten, um über Sexualität positiv und offen zu reden.

Euphemismen („Liebe machen", „miteinander schlafen", „sich lieben") und Vulgärausdrücke sind die Hauptmittel des alltäglichen Redens oder eher „Nichtredens" über Sexualität. Im Alltag gibt es beim Reden über Sexualität eine geschlechtstypische Aufteilung: Während die männliche Kultur die Verwendung aggressiver sexueller Vulgärausdrücke verstärkt, verwenden Frauen häufiger die verhüllende Hochsprache oder die medizinisch-lateinische Fachsprache (Hess & Coffelt, 2012). Männer, die sexuelle Vulgärausdrücke verwenden, demonstrieren dadurch sexuelle Aufgeschlossenheit, Coolness, sexuellen Erfolg und das nötige Maß an Aggressivität. Frauen hingegen verleugnen durch die Verwendung euphemistischer Ausdrücke ihr Interesse an Sexualität (Frayser, 2002). Frauen, die in ihrer Partnerschaftsbeziehung häufiger sexuelle Vulgärbegriffe verwenden, sind nach einer empirischen Untersuchung zufriedener mit ihrer Partnerschaftsbeziehung (Hess & Coffelt, 2012).

Zusammenfassung

Der Begriff „Sexualität" tauchte erst zu Beginn des 19. Jahrhunderts in der wissenschaftlichen Terminologie auf. Vorher verwendete man Begriffe wie Eros, Wollust oder Physiologie der Liebe. Mit dem heutigen Begriff „Sexualität" ist eine Bedeutungsvielfalt verbunden. Es gibt eine große Diskrepanz zwischen der Omnipräsenz der Sexualität in der medialen Öffentlichkeit und dem geringen staatlichen Aufwand für eine wissenschaftliche Beschäftigung mit der Sexualität. Die Sexualwissenschaft verstand sich ursprünglich als eine interdisziplinäre Wissenschaft gemäß dem Doppelcharakter der Sexualität als biologischem (Medizin, Biologie) und als geistigem Phänomen (Soziologie, Ethnologie, Philosophie, Kulturwissenschaften).

Man kann unterschiedliche Funktionen der menschlichen Sexualität benennen. Sinnvoll erscheint eine Kategorisierung in die Fortpflanzungsfunktion, die Sozialfunktion, die Lustfunktion, die Gesundheitsfunktion und die Identitätsfunktion der Sexualität. Es gibt beim Menschen keinen Sexualtrieb, da sexuelle Enthaltsamkeit weder zum Tod führt noch die „Lust auf Sex" steigert, da es keine bekannte körperliche Reizquelle für einen Sexualtrieb gibt (der Sexualhormonspiegel steigt nach sexuellen Handlungen und sinkt bei sexueller Abstinenz), da die „Lust auf Sex" nicht unangenehm ist, da es, abgesehen von körperlicher Müdigkeit, keine sexuelle Sattheit nach sexueller Betätigung gibt, da die „Lust auf Sex" sehr störanfällig und bei gleichem körperlichem Zustand interindividuell sehr unterschiedlich ist und da asexuelle Menschen nicht notwendigerweise psychisch gestört sind. Die menschliche Sexualität folgt keinem blinden tierischen Trieb, sondern sie ist ähnlich wie die Sprache oder der Gesang kulturell geformt. Typisch für die menschliche Sexualität ist die ungewöhnlich große Variabilität. Die jeweiligen sexuellen Vorlieben werden als bedeutender Teil der Kultur einer Gruppe sowie der Persönlichkeit eines einzelnen Menschen angesehen.

Es gibt verschiedene Sprachen in der Kommunikation über Sexualität: Erstens die medizinisch-lateinische Fachsprache, die passgenau, aber auch kalt, unpersönlich und für Laien unverständlich ist. Zweitens die Hochsprache, die verhüllend, bürokratisch oder blumig ist. Drittens die Vulgärsprache, die kreativ und reichhaltig, aber oft machistisch ist. Viertens die Geheimsprache in sexuellen Subkulturen, die eher eine Mischsprache ist und deren Abkürzungen den Eindruck hinterlassen, dass es um einen geschäftlichen Austausch geht. Fünftens und sechstens gibt es die Kindersprache und die individualisierte Paarsprache. Insgesamt fällt auf, dass es im Bereich der Sexualität keine zugleich offene und schöne Sprache gibt.

Überprüfungsfragen

a) Wann tauchte der Begriff Sexualität zum ersten Mal auf?
b) Welche Bedeutungsvielfalt ist heute mit dem Begriff Sex/Sexualität verbunden?
c) Im Internet steht: „Ich hatte Sex mit allen vier Mädels in meiner Theatergruppe. Wenn ich unser Premierenfoto anschaue, muss ich immer fett grinsen und kann mein Glück nicht fassen." Welche Funktion der Sexualität steht bei dieser Äußerung im Mittelpunkt?
d) Nennen Sie alle Gründe, die man gegen das Triebmodell der Sexualität anführen kann!
e) Ordnen Sie die folgenden Begriffe den verschiedenen Sprachen der Sexualität zu und benennen Sie diese Sprachen: coitus a tergo, Liebe machen, Mumu, FO, Möse, Skrotum, miteinander schlafen, bumsen, Scheide, Vagina, Griechisch, Eier, penis captivus, Doggystyle, Intimverkehr, Piephahn

Fragen zum Nachdenken/Übungsanregungen

a) Welche der in diesem Kapitel beschriebenen Funktionen der Sexualität spielt bei Ihnen persönlich die größte Rolle? Welche ist am zweitwichtigsten, welche am wenigsten wichtig?
b) In welcher Reihenfolge sehen Sie den Stellenwert der einzelnen Funktionen der Sexualität für die Bevölkerung in Deutschland?
c) Kennen Sie asexuelle Menschen? Sehen Sie diese als gestört oder als normal an?
d) In welcher Sprache verabreden Sie mit Ihrem Partner/Ihrer Partnerin sexuelle Aktivitäten? Halten Sie diese Sprache für angemessen oder würden Sie gerne etwas daran ändern?
e) Marcel Proust beschreibt eine Geheimsprache des Redens über Sexualität. Verwenden Sie auch eine solche Geheimsprache?
f) Wäre die Entwicklung einer Vulgärsprache wünschenswert, die die weibliche Sicht auf die Sexualität wiedergibt und dann auch häufiger von Frauen verwendet wird?
g) Welche Sprache sollte Ihrer Meinung nach in der schulischen/elterlichen/öffentlichen Sexualerziehung verwendet werden?

2. Geschichte der Sexualforschung

Wahrheit oder Fiktion?	wahr	falsch
In der griechischen Antike war in der homosexuellen Liebesbeziehung zum Jüngling Analverkehr üblich.	❐	❐
Augustinus wünschte, dass die Geschlechtsorgane ohne jede Lust bewegt werden können.	❐	❐
Kinsey beschäftigte sich in seinem Forscherleben länger mit der Gallwespe als mit der menschlichen Sexualität.	❐	❐
Kinsey zog für seine Erhebung des Sexualverhaltens eine repräsentative Stichprobe aller US-Amerikaner.	❐	❐
Der Sexualforscher William Masters sah heimlich durch ein Guckloch Prostituierten und ihren Freiern zu.	❐	❐
Masters und Johnson entwickelten einen elektrisch angetriebenen Penis aus Plastik, der für den artifiziellen Koitus eingesetzt wurde.	❐	❐

Die abendländische Sexualforschung wurde stark durch die Ausbreitung des Christentums behindert. Obwohl Jesus eine Ehebrecherin nicht verurteilte und einer Sünderin ihre Sünden vergab („Ihr sind viele Sünden vergeben, denn sie hat viel geliebt“, Lk. 7,47), setzte sich mit *Paulus* eine der *sexualfeindlichsten Formen des Christentums* durch und prägte die westliche Welt bis in unsere Zeit. In der griechischen und römischen Antike hatte es bescheidene sexualwissenschaftliche Ansätze gegeben. Mit der Ausbreitung des Christentums und der damit verbundenen Geringschätzung des Körpers und der Sexualität endeten diese. Auch in der Renaissance blieb das Wissen über Sexualität gering. Erst im 20. Jahrhundert entwickelte sich eine von der christlichen Sexualfeindlichkeit einigermaßen befreite Sexualforschung.

2.1 Sexualität und Sexualforschung in der Antike

Sexualität galt in den meisten frühen Kulturen als etwas Heiliges. Fruchtbarkeitskulte gab und gibt es in vielen Kulturen. Reste davon finden sich in Karnevalsbräuchen und im Osterfest. In der griechischen Antike wurden Frühlings- und Fruchtbarkeitsfeste zu Ehren des Gottes Dionysos gefeiert. Am Vorabend der Dionysien (Festspiele mit Umzügen) wurde eine Phallusfigur zum Festplatz getragen. Zu den Dionysien gehörte neben der Ekstase des Weins, des Tanzes und der Musik auch die sexuelle Ausschweifung.

Die antike griechische Kultur war sexualfreundlich. Ihr Liebesideal war die erotische Beziehung zwischen einem erwachsenen Mann und einem Jüngling von angesehener Herkunft.

Der Hintergrund dieses Liebesideals war vermutlich, dass die wenig ausgebildeten Mädchen und Frauen im öffentlichen Leben kaum vorkamen und dass Frauen generell wenig geachtet wurden. In der Beziehung zum idealisierten Jüngling war sexuell nur der Schenkelverkehr (Sich-Reiben an den Schenkeln des Geliebten) erlaubt. Aktiven Analverkehr hatte man mit Sklaven, Prostituierten oder Ehefrauen. Passiver Analverkehr galt für einen frei geborenen Mann „als widernatürlich und demütigend" (Mottier, 2015, S. 21). Eine ungewöhnlich hohe soziale Position konnten die Hetären (= „Luxus"-Prostituierte) für sich beanspruchen. Sie galten als Expertinnen für Körperpflege, Schminkkunst, Schönheit, anregende Düfte und erotische Mode und wussten auch einiges über Musik, Kunst, Literatur, Rhetorik und Philosophie. Für ihre Dienste nahmen sie hohe Entgelte; sie dienten berühmten Bildhauern als Modell für Götterstatuen, und sie gingen als literarische Figuren in Dramen und Komödien ein. Die griechische Kultur legte großen Wert auf körperliche Schönheit, wobei man annahm, dass äußere eng mit innerer Schönheit verbunden sei. Man feierte den nackten athletischen und harmonischen Körper, sowohl bei den olympischen Wettkämpfen als auch in der Bildhauerei (Turner & Robinson, 1993). Selbstbefriedigung wurde als akzeptable Alternative zur Erlangung sexueller Lust angesehen. Vom Philosophen Diogenes wurde berichtet, dass er sich in aller Öffentlichkeit auf dem Marktplatz befriedigte (Lütkehaus, 1992). Das Bedürfnis nach Selbstbefriedigung wurde auch für Frauen anerkannt. So wurden in Milet Dildos produziert und an die Frauen Athens verkauft (Frischauer, 1968).

Im sexualfreundlichen Klima der griechischen Antike wurde über sexuelle Themen diskutiert. Schon im Mythos stritten Zeus und Hera heftig darüber, wer beim Liebesakt größere Lust empfinde, der Mann oder die Frau. Hera behauptete, der Mann empfinde größeres Vergnügen; Zeus hingegen sah bei der Frau den größeren sexuellen Genuss. Um die Kontroverse zu lösen, fragte man Teiresias, der als Mann in eine Frau verwandelt und nach sieben Jahren zurückverwandelt worden war. Teiresias gab Zeus recht und erklärte, dass von zehn Anteilen am Liebesgenuss neun der Frau zufallen (Hunger, 1959).

Bei Platon und Aristoteles findet man Empfehlungen zur Zeugung. So forderte Platon (Nomoi, 775d), dass man nicht betrunken Kinder zeugen solle, da man so „fehlerhafte, unbeständige und weder der Gesinnung noch dem Körper nach gerade Kinder" erzeuge. Aristoteles (Politeia, 1335a11–27) führte an, dass

„die Verbindung von ganz Jungen“ schädlich sei, denn bei allen Lebewesen seien „die Kinder von zu jungen Eltern schwächlich, überwiegend weiblich und von unansehnlicher Gestalt“. Junge Frauen seien beim Liebesakt zu zügellos und würden bei der Geburt stärker leiden. Bei Männern leide das Wachstum bei zu frühem Geschlechtsverkehr. Deshalb empfahl Aristoteles, Mädchen mit 18 Jahren und Männer etwa um 37 Jahre herum zu verheiraten. Gezeugt werden solle am besten im Winter und bei Nordwinden (Aristoteles, Politeia, 1335 a36–b2).

Über die Zeugung gab es in der Antike zwei berühmte, sich widersprechende Theorien, nämlich die Ein-Samen-Theorie und die Zwei-Samen-Theorie.

Aristoteles behauptete, nur der männliche Same besitze Fortpflanzungskraft und die Frau diene nur als passive Hülle für den aktiven männlichen Samen. Hippokrates hingegen glaubte, dass auch Frauen einen Samen abgeben, der sich mit dem männlichen Samen verbinde. Zu einer Schwangerschaft komme es nur, wenn auch die Frau ihren Samen abgebe. Als Argumente für die Zwei-Samen-Theorie führte Hippokrates an, dass bei Frauen durch Kitzeln der Geschlechtsteile Samen hervorbreche (siehe die Debatte über die weibliche Ejakulation, Kap. 4.2.3) und dass der Nachwuchs nicht nur dem Vater, sondern auch der Mutter gleiche (Nieden, 2004).

Auch die *römische Antike* war sexualfreundlich eingestellt. Die römische Ehe kam in der Regel nicht aus Liebesgefühlen zustande, sondern wurde von Familienvätern für ihre Söhne und Töchter aus familienpolitischen Gründen arrangiert, wobei darauf geachtet wurde, dass die Familien nicht verwandt waren (anders als in arrangierten Ehen im heutigen Islam). Die so verheirateten Ehepartner genossen große sexuelle Freiheiten; wichtig war nur, nach außen den Anstand zu wahren (Frischauer, 1968). Die Stellung der Frau war in der römischen Gesellschaft besser als in der griechischen. Anders als in der griechischen Antike galt die Jünglingsliebe nicht als Ideal. Sexuelle Symbole und Darstellungen gehörten in der römischen Antike zum Alltag, beispielsweise auf Öllampen, an Hauswänden oder an Türen. Sehr beliebt waren Penis-Amulette („fascinum“ genannt), die man um den Hals trug und die gegen den bösen Blick helfen sollten (Lehmiller, 2014). Die Prostitution war in der römischen Antike weit verbreitet, wobei auch Sklaven Bordelle aufsuchen durften (siehe Kap. 7.1).

Ähnlich wie in der griechischen Antike gab es vor allem gelehrte Spekulationen über die Sexualität. Der Dichter und Philosoph Lukrez behauptete beispielsweise, dass die Vererbung durch den Mengenanteil am Gesamtsamen gesteuert werde (Zwei-Samen-Theorie). Unfruchtbarkeit entstehe, wenn der Samen zu dick- oder zu dünnflüssig sei, wobei die Fruchtbarkeit auch von der

Passung zwischen Mann und Frau abhänge. Eine Befruchtung sei am wahrscheinlichsten, wenn sich die Frau nicht viel bewege und nach Art der vierfüßigen Tiere die Brust auflege und die Schenkel höher erhebe, weil der Samen dann leichter die inneren Stellen erreiche (Lukrez, ca. 55 v. Chr.).

Ein deutlicher Anstieg des medizinischen Wissens und Könnens ist dann bei den Ärzten Soranus (um 100 n. Chr.) und Galenos von Pergamon (ca. 129–200 n. Chr.) zu erkennen. In Abhandlungen über Frauenkrankheiten, Schwangerschaftsverhütung und Reproduktionsmedizin beschrieb Soranus die weiblichen Geschlechtsorgane, informierte über Techniken der Verschiebung der Kindslage in der Geburtshilfe und erkannte einen Zusammenhang zwischen dem Ausbleiben der Menstruation und schwerer körperlicher Arbeit. Manche Empfehlungen klingen aus heutiger Sicht skurril: Zur Schwangerschaftsverhütung soll die Frau nach dem Koitus in die Hocke gehen, niesen und die Scheide auswischen (Grundmann, 2006; Lachs, 1902). Der Star-Arzt der römischen Antike, Galenos von Pergamon (ca. 129–200 n. Chr.), schrieb ein Buch über die „Anatomie der Gebärmutter" und entwickelte eine erste Theorie über Fortpflanzung und sexuelle Gesundheit.

Nach Galen ist die regelmäßige Ejakulation notwendig, da der Same giftig werde, wenn er nicht ausgeschieden werde. Zur Verhinderung des Giftig-Werdens des Samens sei auch die Selbstbefriedigung hilfreich. Längere sexuelle Abstinenz führe zu Krämpfen, Zittern, zur Hysterie oder zum Wahnsinn (Haeberle, 1985; Pilgrim, 1977; Szasz, 1980).

2.2 Sexualität im Mittelalter

Schon in der platonisch-aristotelischen Philosophie wurde der Körper als der „Kerker der Seele" betrachtet. „Kraft, Größe und Schönheit" seien „zum Lachen und nichts wert", führte Aristoteles aus, und schlussfolgerte, dass „man entweder philosophieren oder vom Leben Abschied nehmen" solle (Protreptikos, B 104, B 110). Der Körper sei der vergängliche Teil, die Seele hingegen der unvergängliche Teil des Menschen. Diese körperfeindliche Sicht war in der griechischen Antike eine Minderheitenposition. Erst mit dem Einfluss von *Paulus* auf das Christentum wurde hieraus die zentrale Position des Abendlandes. Paulus war von der griechischen Philosophie beeinflusst und glaubte an die Unsterblichkeit der Seele und an das nahe Ende der Welt. Er verkündete, dass die Ehe zwar keine Sünde sei, dass sexuelle Enthaltsamkeit und Ehelosigkeit aber besser seien, da man sein Leben dann sorgenfreier Gott widmen könne (eine Position, die heute noch von der katholischen Kirche vertreten wird). Etwa 300 Jahre nach Paulus pries Augustinus (400/1955) in ähnlicher Weise die Freiheit vom „sumpfigen Gelüst des Fleisches" (S. 67).

Für die Ehe wünschte sich Augustinus (419/1955), dass man in ihr, „wenn's möglich wäre, ohne Wollust Kinder erzeugen" (S. 190) sollte, indem die dafür notwendigen Körperteile „auf Willensgeheiß hin in Tätigkeit träten" (S. 190/191), „ohne den Stachel brünstigen Begehrens, in voller Ruhe des Geistes und Körpers" (S. 207).

Augustinus sah allerdings, dass Fortpflanzung von männlicher Seite aus ohne Lust unmöglich ist. Die Kirche verbannte alles, was nicht der Fortpflanzung dient, also Selbstbefriedigung, Homosexualität, Unzucht mit Tieren, Verhütung und Abtreibung. Bekämpft wurde aber auch der voreheliche und außereheliche Geschlechtsverkehr. Den ehelichen Geschlechtsverkehr wollte man zudem regulieren. So wurde über viele Jahrhunderte hindurch von kirchlichen Autoritäten die Auffassung vertreten, dass die einzig akzeptable Position für den ehelichen Geschlechtsverkehr die mit dem Gesicht gegenüber und der Frau unten ist, weil man annahm, dass eine Befruchtung so wahrscheinlicher sei (Turner & Robinson, 1993). Mit der Sexualfeindlichkeit einher ging eine starke Abwertung der Frau, da man sie als Ursache der sexuellen Begierde ansah. Der heilige Hieronymus (347–420) führte aus:

„Die Frau ist die Pforte des Teufels, der Weg der Bosheit, der Stachel des Skorpions, kurz ein gefährlich Ding. Verheiratete leben wie das Vieh, und die Menschen unterscheiden sich durch den Beischlaf mit Frauen in nichts von den Schweinen und anderen unvernünftigen Tieren".

Diese sexualfeindliche Position setzte sich in der Praxis zunächst nur unvollständig durch. Der frühmittelalterliche Adel blieb lange bei Mehrfachehe (Muntehe und Friedelehen) und Konkubinat gegen den Widerstand der Kirche. Auch später von der Renaissance bis zum Absolutismus hatten Adelige neben der Ehefrau Mätressen und Geliebte. Bis weit ins Mittelalter hinein gab es auch Mitglieder des Klerus, die heirateten und Kinder hatten. Trotz der Sexualfeindlichkeit galt der Vollzug der Ehe („copula carnalis") als Akt, ohne den die Ehe keine Rechtsgültigkeit erlangte. Interessant ist, dass die erektile Dysfunktion im Kirchenrecht des Mittelalters ein legitimer Scheidungsgrund war. Wenn Frauen die Scheidung wünschten, war die Behauptung einer erektilen Dysfunktion die einzige Scheidungsmöglichkeit, wobei Kirchenrechtler sich dann mit der Frage des Ehevollzugs beschäftigen mussten. Man nahm an, dass die erektile Dysfunktion angehext worden sei und dass sich diese mit exorzistischen Ritualen (z. B. Ausräuchern des Ehebettes) vertreiben lasse.

Vor dem Hintergrund der Körperfeindlichkeit verwundert es nicht, dass die mittelalterlichen Kenntnisse über Sexualität gering blieben. Die Geschichte der Theorien und des Wissens über Sexualität ist vor allem eine Geschichte des Nichtwissens und von Irrtümern (Bräutigam & Clement, 1989).

2.3 Sexualforschung in der frühen Neuzeit

Nach der Verdammung des Körpers im Mittelalter zeigten erst in der Renaissance Wissenschaftler und Künstler wieder ein Interesse am menschlichen Körper und an der menschlichen Sexualität. Leonardo da Vinci (1452–1519) hielt in seinem Skizzenbuch die sexuelle Reaktion, den Koitus (siehe Abbildung 4) und die Entwicklung des Fötus fest. Wie in Abbildung 4 zu sehen ist, nahm Leonardo an, dass die Samenzellen über das Rückenmark und über Verbindungsstränge durch den Penis in die Frau gelangen (in der Skizze steht der Mann rechts, die Frau links). Er vermutete die Produktion der Samenzellen im Gehirn und der Muttermilch in der Gebärmutter (durch umgewandeltes Menstruationsblut, weshalb in der Skizze eine Verbindung zwischen Brustwarze und Gebärmutter besteht). Die Form des Penis in der Vagina stellte er sich gerade vor (heutige Forschungen zeigen, dass der Penis in der Vagina wie ein Bumerang aussieht und zu einem Großteil im Körper des Mannes versteckt ist). Eierstöcke und Prostata fehlen in der Zeichnung. Etwa 200 Jahre später bemühten sich berühmte Anatomen wie Fallopius (beschrieb den Eileiter), Bartholinus (entdeckte 1675 die Bartholinischen Drüsen) oder de Graaf (entdeckte die Eifollikel) durch die Sektion von Leichen um ein besseres Verständnis der Geschlechtsorgane und der menschlichen Fortpflanzung. 1677 entdeckte der Medizinstudent Johan Ham mit einem der ersten selbstgebauten Mikroskope im tierischen und

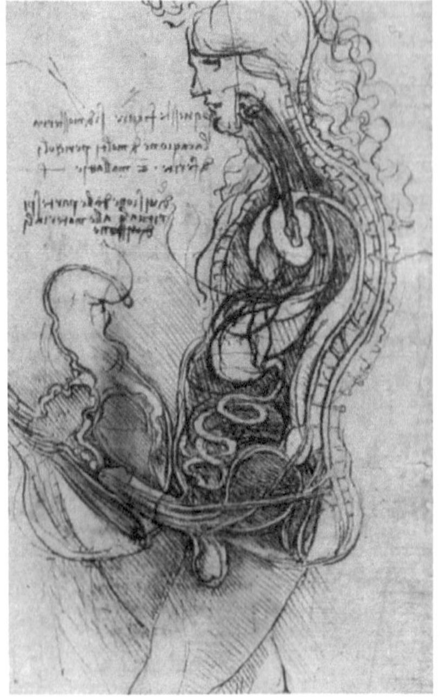

Abb. 4: Leonardo da Vinci: Anatomische Studien, Koitus (ca. 1492)
Quelle: http://www.drawingsofleonardo.org (über: https://commons.wikimedia.org/w/index.php?curid=59556)

menschlichen Ejakulat die Samenzellen (Haeberle, 1985; Nieden, 2004). Trotzdem war der medizinische Wissensstand gering, was bei der unzureichenden Behandlung der Syphilis deutlich wurde. Die Syphilis war vermutlich aus Amerika über Portugal nach Europa eingeschleppt worden und verbreitete sich rasant.

2.4 Begründung der Sexualpädagogik

Die Sexualforschung zeigte sich nicht nur hilflos gegen die Ausbreitung der Syphilis, sondern sie wurde im 18. Jahrhundert selbst zu einer Ursache für unvorstellbar viel Leid.

Aus Sicht des Judentums und des paulinisch geprägten Christentums ist *Selbstbefriedigung* eine Sünde, da Sexualität dabei nicht im Dienst der Fortpflanzung steht (Szasz, 1980). Obwohl es weder im Alten noch im Neuen Testament irgendeine Stellungnahme zur Selbstbefriedigung gibt, bezeichnet die Katholische Kirche die Selbstbefriedigung auch heute noch als „eine in sich schwere ordnungswidrige Handlung", weil „der frei gewollte Gebrauch der Geschlechtskraft, aus welchem Motiv er auch immer geschieht, außerhalb der normalen ehelichen Beziehungen seiner Zielsetzung wesentlich widerspricht" (Katechismus der Katholischen Kirche, 1997, 2352). Die Ablehnung der Selbstbefriedigung durch die Kirche hatte aber keine schlimmen Folgen.

Man konnte diese Sünde beichten und hatte keine Verfolgung zu befürchten. Erst als Ärzte und Pädagogen die Selbstbefriedigung als Ursache für vielfältige Krankheiten „entdeckten", wurde ihre Verfolgung mit großem Eifer betrieben. Im Jahre 1710 erschien in London und 1736 in deutscher Sprache in Leipzig ohne Autorangabe ein Buch mit dem Titel: „*Onania, oder die erschreckliche Sünde der Selbst-Befleckung mit allen ihren entsetzlichen Folgen, so dieselbe bey beyderley Geschlecht nach sich zu ziehen pfleget; nebst geist- und leiblichem Rath. Vor alle diejenigen, welche sich durch diese abscheuliche Gewohnheit bereits Schaden zugefüget haben*". Die Erfindung des Wortes „Onanie" ging auf dieses Buch zurück. Anders als religiöse Prediger konnte der Autor nicht nur mit dem Fluch Gottes, sondern mit medizinischen Horrorgemälden beeindrucken. Als Onaniefolgen nannte er Beendigung des Pubertätswachstums, Ohnmachten, „hinfallende Sucht", Schwindsucht, Auszehrung, eingefallene und bleiche Augen, schwache Schenkel, dürre Beine ohne Waden, fehlender Nachwuchs oder als Nachwuchs gebrechliche, schwache und kleine Kinder, Schwachheit des Penis, Verlust der Erektion, Unfruchtbarkeit des Samens und Tripperererkrankungen, die bei Verursachung durch Onanie „*viel schwerer zu curiren*" seien „*als diejenigen, die sich einer durch wircklich mit unreinen und garstigen Kranckheiten behafftete Weibs-Personen zugezogen hat*" (Anonym, 1751, Cap. II, S. 22). Vermutlich war der Autor dieses Buchs nicht wie angegeben ein Arzt, sondern ein *Quacksalber namens John Marten* (Laqueur, 2008; Stengers & van Neck, 2001).

ONANIA,
Oder
Die erschreckliche Sünde
der
Selbst-Befleckung,
Mit allen ihren entsetzlichen Folgen,
so dieselbe bey
Beyderley Geschlecht
nach sich zu ziehen pfleget;
Nebst
Geist- und Leiblichem Rath
Vor alle diejenigen,
welche sich durch diese abscheuliche Gewohnheit
bereits Schaden zugefüget haben.

Neu vermehrte Auflage.

Franckfurt und Leipzig,
Zu finden bey Daniel Christian Hechtel. 1751.

Abb. 5: Das weit verbreitete Anti-Onanie-Buch eines Quacksalbers (ohne Autorenangabe, Originalausgabe London, 1710) mit dem Titel *„Onania, oder die erschreckliche Sünde der Selbst-Befleckung mit allen ihren entsetzlichen Folgen, so dieselbe bey beyderley Geschlecht nach sich zu ziehen pfleget; nebst geist- und leiblichem Rath. Vor alle diejenigen, welche sich durch diese abscheuliche Gewohnheit bereits Schaden zugefüget haben"*. (Bayrische Staatsbibliothek digital; 1736, Leipzig: Löwe)

Marten verkaufte mit großem Gewinn über seinen Verleger die in diesem Buch angepriesenen selbstgebrauten Tinkturen. Den Erfolg seiner Medizin stellte er anhand von Leserzuschriften dar. In den folgenden 75 Jahren erschienen von diesem Buch 28 Auflagen und Übersetzungen in viele Sprachen, wobei immer weitere Fallbeispiele eingefügt wurden.

Bereits 1724 erschien ein weiteres anonymes Buch mit dem Titel: „Onan, the Crime of Onan, or the Hainous Sin of Self-Defilement, with all its Dismal Consequences". In diesem Buch wurde die Theorie entwickelt, dass durch Selbstbefriedigung die Körpersäfte schwinden. Diese Säftelehre fand man dann auch in dem Buch, das zu einem „Klassiker" der antionanistischen Bewegung wurde, das Buch des anerkannten Schweizer Arztes *Tissot* mit dem Titel: „De L'Onanisme – Sur les maladies produites par la masturbation", erschienen 1760. Die sogenannte „aufgeklärte" Wissenschaft übernahm nun die Meinungsführerschaft mit weitreichenden Folgen. Tissots Buch erschien in sehr vielen Auflagen, wurde in mehrere Sprachen übersetzt und galt als Grundlagenliteratur. Tissot vertrat die Auffassung, dass man beim Geschlechtsverkehr die Kraft, die man abgebe, durch den Partner wieder zurückerhalte. Bei der Selbstbefriedigung hingegen verliere man nur. Er glaubte, mit der Selbstbefriedigung auch die Ursache der Syphilis entdeckt zu haben. Hieraus leitete er die *todbringende Empfehlung* ab, dass Geschlechtsverkehr vor der Syphilis schütze. Gemäß der Säftelehre führte Tissot an, dass Selbstbefriedigung das Nervensystem (vor allem das Rückenmark) und schließlich das Gehirn austrocknen lasse. Bei einem „Onanisten" könne man es in der Hirnschale rasseln hören. Am Ende warte der Tod. Das „Laster der Selbstbefleckung" bringe mehr Menschen um als alle Seuchen zusammen. Und er berichtete: *„Als ich noch die Philosophie zu Genf studirte [...], war einer meiner Universitätsfreunde daselbst in einen so schrecklichen Zustand gerathen, daß er nicht Meister war sich dieser Greuel zu enthalten, sogar wenn er die Vorlesungen hörte. Seine Strafe blieb nicht lange aus; nach zwey Jahren starb er elendiglich an der Auszehrung"* (Tissot, 1782, S. 98).

Man könnte die Ausführungen von Tissot als skurrile und belustigende Verirrung der Medizin-Geschichte ansehen. Die Konsequenzen für viele Generationen von Kindern und Jugendlichen waren jedoch grausam und schufen eine Atmosphäre des Schreckens. Geistliche, Ärzte und Pädagogen taten sich zu einer unheiligen Allianz gegen Kinder und Jugendliche zusammen, um die angenommene Ursache aller Krankheiten des Geistes und des Leibes auszumerzen. Die moderne Medizin lieferte hierzu eine festere Legitimation, als die Kirche sie jemals gehabt hätte. *Es gibt nicht nur die religiöse, sondern auch die wissenschaftliche Dummheit.* Die ärztlichen Interventionen beschränkten sich nicht auf Empfehlungen (z. B. regelmäßiges Wasserlassen), auf die Verabreichung von Medikamenten, auf Hydrotherapie (z. B. Abreibungen der Geschlechtsteile mit Eiswasser) oder Diäten. *Man legte Keuschheitsgürtel an, band die Hände vor dem Schlafengehen in Säcke oder ans Bett, man legte Metallringe mit Stacheln um den Penis, zog Metallspangen oder Drähte durch die Vorhaut, drückte ein glühendes Eisen auf die Klitoris, amputierte die Klitoris oder kastrierte die Knaben.* Zwischen 1850 und 1879 wurde die chirurgische Behandlung häufiger als irgendein anderes Mittel empfohlen (Pilgrim, 1977). Zum Behandlungskatalog gehörten weiter die körperliche Ermüdung, Gymnastik, hartes Bett, kurzer Schlaf und schnelles Aufstehen direkt nach dem Erwachen, geistiges Arbeiten, künstlerische Geschmacksbildung, Heirat, das Meiden von Theaterstücken und Romanen, Überwachung bei Tag und Nacht, Überzeugung, Angstmachen, körperliche Züchtigung oder die Zwangsjacke (Lütkehaus, 1992). *Auch in den USA ging man chirurgisch gegen die Selbstbefriedigung vor und empfahl solche Maßnahmen in Lehrbüchern zur Kinderheilkunde noch bis 1940* (Pilgrim, 1977).

Schlimmer noch als die körperlichen waren die seelischen Qualen, die dadurch entstanden, dass die sogenannten „Onanisten" auch selbst glaubten, dass sie durch ihr „Laster" sterben würden. Die ständigen Kämpfe, die Selbstzweifel, die Gewissensbisse und die Reue führten dazu, dass viele „Onanisten" für sich selbst rigide Maßnahmen planten und durchführten. Mit ermüdenden Spaziergängen, mit Gymnastik, vegetarischer Kost, kalten Waschungen, Abbinden der Blutzufuhr der Geschlechtsteile, Penisumhüllungen mit Stahldrahtschlingen etc. versuchten sie Erektionen und sexuelle Lust zu unterbinden. Nicht selten trieb die Antionaniekampagne die „Onanisten" in den Suizid.

Der innerlich und äußerlich geführte Kampf gegen die eigene Selbstbefriedigung war eine der Hauptbeschäftigungen dieser Zeit. Der Glaube an die körperliche Schädlichkeit der Selbstbefriedigung war durch einen Quacksalber geweckt worden, der seine selbstgebraute Medizin verkaufen wollte und den biblisch beschriebenen „Coitus interruptus" von Onan mit der Selbstbefriedigung verwechselte. Trotz des außergewöhnlichen Erfolgs dieses Quacksalbers wäre die Antionanie-Bewegung vermutlich abgeebbt, wenn sich nicht mit Tissot ein allseits anerkannter und gut vernetzter Mediziner an ihre Spitze gesetzt hätte (Lütkehaus, 1992). Der Kampf gegen die Selbstbefriedigung wurde sowohl von Psychiatern (1812 durch Rush in den USA und 1867 durch Maudsley in Großbritannien) als auch von Pädagogen vorangetrieben (siehe Kap. 9.1). Auch die Begründung der Sexualwissenschaft im 19. Jahrhundert stand noch unter dem Einfluss des Dogmas der krankmachenden Wirkung der Selbstbefriedigung. Freud, der Begründer der Psychoanalyse und der Autor der „Drei Abhandlungen zur Sexualtheorie", reihte sich in die Reihe der Onaniebekämpfer ein. Die Onanie sei „die Ursache der Neurasthenie in der Jugend [...] und späterhin durch die von ihr geschaffene Verminderung der Potenz" (Freud 1898/1972, S. 28) auch die Ursache der Angstneurose. Die Abgewöhnung der Onanie solle „wie jede andere Abgewöhnung in einer Krankenanstalt und unter beständiger Aufsicht des Arztes" (Freud, 1898/1972, S. 26) erfolgen. Erst der Freud-Schüler *Wilhelm Stekel* trat in den psychoanalytischen Debatten als mutiger Gegner des Dogmas von der Schädlichkeit der Onanie auf. Stekel (1912) vertrat die These, dass nicht die Onanie krankmache, sondern ihre gesellschaftliche Verfolgung. Erst die Angst vor den Folgen der Onanie mache krank und führe zu Angstneurosen und Depressionen, die Onanie selbst sei aber völlig unschädlich. Von dieser Position konnte Stekel Freud (1912/1996) jedoch nicht überzeugen.

Das wissenschaftliche Ende der Onaniedebatte erfolgte erst durch die amerikanischen Untersuchungen von Kinsey sowie von Masters und Johnson. Kinsey stellte durch seine groß angelegte Untersuchung des amerikanischen Sexualverhaltens fest, dass es einen bedeutsamen Zusammenhang zwischen der Onanie vor der Ehe und der Orgasmusfähigkeit in der Ehe gab. Frauen, die vor der Ehe bis zum Orgasmus onaniert hatten, erreichten in der Ehe häufiger einen Orgasmus beim Geschlechtsverkehr als Frauen, die nie onaniert hatten (Kinsey et al., 1954). Dieses Ergebnis legte den Schluss nahe, dass die Erfahrungen mit der Onanie dazu beigetragen hatten, beim Geschlechtsverkehr in der Ehe einen Orgasmus zu erreichen. Masters und Johnson (1967) konnten durch physiologische Messungen belegen, dass es keine bedeutenden Unterschiede in den körperlichen Reaktionen bei der Selbstbefriedigung und beim Geschlechtsverkehr gibt. Während die Selbstbefriedigung im 18., 19. und zu Beginn des 20. Jahrhunderts als Ursache für viele Krankheiten angesehen worden war, galt sie nun sogar als wichtiges Mittel für die Gesundheit (Barbach, 1977; Bockting & Coleman, 2012; Dodson, 1974). Allerdings: Als die US-Gesundheitsministerin

Joycelyn Elders im Anschluss an ihre Rede zum Welt-AIDS-Tag zu Recht darauf hinwies, dass Masturbation Teil der menschlichen Sexualität ist, AIDS verhindert und deshalb gelehrt werden sollte, wurde sie am nächsten Tag entlassen, ausgerechnet von Bill Clinton, der ein Jahr später sich selbst, seiner Praktikantin, seiner Frau sowie dem Kongress und Senat der USA einen großen Dienst erwiesen hätte, wenn er sich darauf beschränkt hätte, zu den Fantasien mit seiner Praktikantin zu masturbieren.

2.5 Sexualforschung am Ende des 19. und zu Beginn des 20. Jahrhunderts

Die Mitte und die letzte Hälfte des 19. Jahrhunderts bezeichnet man allgemein als viktorianisches Zeitalter nach der britischen Königin Viktoria, die 1837 den Thron betrat und bis zu ihrem Tod 1901 regierte. In sexueller Hinsicht zeichnete sich das viktorianische Zeitalter durch eine besonders starke Prüderie aus. Die Ursachen dieser Entwicklung sind unklar. Ein wichtiger Aspekt war die Pressezensur. Kinderbücher, Shakespeare, die Bibel, der Katechismus etc. wurden umgeschrieben, um unanständige Wörter zu entfernen. In den USA wurde 1873 der Versand von sogenannter „obszöner Literatur“ verboten. Bestraft wurden auch das Versenden von Verhütungsmitteln sowie von Informationen über Empfängnisverhütung (Haeberle, 1985). Sexualität war in der Öffentlichkeit ein großes Tabuthema, insbesondere für Frauen. Ärzte vertraten die Ansicht, dass die meisten Frauen durch eine angeborene sexuelle Empfindungslosigkeit gekennzeichnet seien, was man als Glück für die Gesellschaft ansah (Mottier, 2015). Viele Frauen, vornehmlich der Oberschicht, sahen Sexualität nur als eheliche Pflicht im Dienste der Fortpflanzung an. Typisch ist der folgende Bericht von Lady Hillingdon über ihr eheliches Sexualleben:

> *„Ich bin glücklich, dass Charles mein Schlafgemach jetzt seltener als früher besucht. So wie es jetzt ist, erdulde ich zwei Besuche in der Woche. Wenn ich seine Schritte vor der Türe höre, lege ich mich auf mein Bett, schließe meine Augen, öffne meine Beine und denke an England“* (von mir übersetzt aus Rathus et al., 2011, S. 18).

Mit dieser Haltung entsprach Lady Hillington den gesellschaftlichen Erwartungen. So schrieb der britische Arzt Acton (1862, S. 101/2): Die Mehrheit der Frauen (zum Glück für sie) wird durch sexuelle Gefühle jedweder Art nicht sehr berührt. Die bescheidene Frau sucht keine sexuelle Befriedigung, sondern unterwirft sich den Bedürfnissen des Mannes. Ohne Mutterwunsch würde die normale Frau auf Sex verzichten; sexuelle Wünsche hat nur die Nymphomanin.

In manchen viktorianischen Haushalten wurden die Bücher männlicher und weiblicher Autoren in verschiedenen Bücherschränken eingestellt und die

Beine der Klaviere verdeckt, da dies sonst unmoralisch wäre. Selbst die harmlosesten Wörter oder Handlungen sollten wegen ihrer sexuellen Bedeutung vermieden werden. So galt es beispielsweise als unfein, einer Dame einen Hühnchen*schenkel* anzubieten. Freuds Neigung, jedem Traumelement und jeder Assoziation eine sexuelle Bedeutung zu unterlegen, hat sicherlich auch mit dieser Eigenart des viktorianischen Zeitalters zu tun. Sexuelle Aufklärung gab es vor allem für Frauen nicht. So war es kein Wunder, dass Frauen, die einen überraschenden erotischen Kontakt zu einem Mann erlebten oder die verheiratet worden waren, nervenkrank wurden, was gegen Ende des 19. Jahrhunderts als „Neurasthenie" oder „Hysterie" diagnostiziert wurde. *Man lebte in einer künstlichen Welt, in der jeder Hinweis auf Sexualität eliminiert worden war. Andererseits waren viele Menschen insgeheim von Sexualität besessen* (Haeberle, 1985; Masters et al., 1987). Typisch für das viktorianische Zeitalter war die *Gleichzeitigkeit einer vollkommenen Tabuisierung der Sexualität und eines großen Interesses an der Sexualität.* Genau in diesem Kontext entwickelten sich am Ende des 19. und zu Beginn des 20. Jahrhunderts die Sexualwissenschaft und die Psychoanalyse. Die drei wichtigsten Standardwerke der neuen Sexualwissenschaft (der wissenschaftliche Begriff „Sexualität" ersetzte die Behelfskonstruktion „Physiologie der Liebe") erschienen innerhalb eines kurzen Zeitraums: 1886 erschien die „Psychopathia sexualis" von Krafft-Ebing, 1897 folgten die ersten „Studies in the Psychology of Sex" des Engländers Havelock Ellis und 1905 erschienen die „Drei Abhandlungen zur Sexualtheorie" von Sigmund Freud. Vorangegangen waren zum einen die sehr erfolgreichen Schriften des italienischen Arztes und Bestsellerautors Mantegazza („Il Senatore erotico") über „Die Physiologie der Liebe", die „Hygiene der Liebe" sowie „Geschlechtsverhältnisse des Menschen" und die Arbeiten des Rechtsgelehrten Karl Heinrich Ulrichs zur Homosexualität (Sigusch, 2008).

2.5.1 Richard von Krafft-Ebing

Das Erscheinen von Krafft-Ebings *„Psychopathia sexualis"* im Jahre 1886 gilt häufig als Geburtsstunde der modernen Sexualforschung. Richard von Krafft-Ebing war ein bekannter Psychiater, der nach beruflichen Stationen in Illenau, Baden-Baden, Straßburg und Graz zuletzt an der Universität Wien arbeitete (Sigusch, 2008). Die *„Psychopathia sexualis mit besonderer Berücksichtigung der conträren Sexualempfindung. Eine medizinisch-gerichtliche Studie für Ärzte und Juristen"* enthielt in der ersten Auflage 118 Fallgeschichten und zielte darauf ab, Ärzten und Gutachtern eine Beurteilungshilfe zu geben. Krafft-Ebing sammelte für dieses Buch eigene und fremde Fallgeschichten. Da er neben seiner Tätigkeit als Psychiater auch als Gerichtsgutachter in Strafprozessen tätig war, konnte er auf eine langjährige Erfahrung zurückblicken. In den ersten drei Kapiteln (Psychologie des Sexuallebens; Physiologische Tatsachen; Biologische Tatsachen) beschäftigte sich Krafft-Ebing auch allgemein mit der Sexualität und mit ihrer Bedeutung für die Kultur, weshalb dieses Buch durchaus als Begründung der modernen Sexualwissenschaft gelten kann.

Der große Erfolg der „Psychopathia sexualis" beruhte weithin auf dem Voyeurismus, den seine Fallsammlung auslöste. Krafft-Ebing hatte anstoßerregende Stellen ins Lateinische übersetzt, hierdurch jedoch ungewollt gerade auf diese Stellen aufmerksam gemacht. Die Verkaufszahlen lateinischer Wörterbücher sollen nach der Veröffentlichung der „Psychopathia sexualis" explodiert sein (Mottier, 2015, S. 56). Das öffentliche Interesse an den sogenannten „sexuellen Perversionen" hing zum einen mit der Tabuisierung der Sexualität zusammen, die eine Beschäftigung mit der abweichenden Sexualität eher zuließ als die Beschäftigung mit der Durchschnitts-Sexualität, zum anderen gab es eine Vorbereitung durch die literarischen Werke de Sades und Sacher-Masochs. *De Sades* antimoralische und antichristliche, Gewalt, Atheismus, radikalen Egoismus und völlige sexuelle Freiheit inklusive Inzest, Ehebruch, Gruppensex, Folter und Lustmord predigende Schriften hatten für Aufmerksamkeit gesorgt. Das umfangreiche Romanfragment „Die 120 Tage von Sodom oder die Schule der Libertinage" enthielt ähnlich wie Krafft-Ebings „Psychopathia sexualis" eine durchnummerierte Aufzählung von 600 Verirrungen sexueller Art. Ebenso große Aufmerksamkeit war den Werken des Leopold Ritter von *Sacher-Masoch* beschieden, der zunächst Professor für Geschichte war, sich dann aber mit großem Erfolg ganz auf das Schreiben von Romanen und Novellen verlegt hatte. In seinem berühmtesten Werk, „Venus im Pelz", erschienen 1870, stellte Sacher-Masoch das triebhafte Schmerz- und Unterwerfungsverlangen eines Mannes gegenüber einer Frau dar. In der französischen Fachliteratur hatte man den Begriff „Sadismus" in Anlehnung an die Romane de Sades geprägt; den Begriff „Masochismus" erfand Krafft-Ebing, was ihm Kritik der Leser Sacher-Masochs einbrachte. Krafft-Ebing (1886/1997) verteidigte sich mit dem Argument, dass Sacher-Masoch diese Perversion besonders häufig darstelle und dass Sacher-Masoch auch selbst mit dieser „Anomalie behaftet gewesen sei" (S. 105).

Die Grundthese des Buchs von Krafft-Ebing (1886/1997) ist, dass „sich bei dem Kulturmenschen die sexualen Funktionen" häufig als „abnorm" (S. 44) erweisen. Dabei folgt Krafft-Ebing einem Begriff von sexueller Normalität, der ganz in der Tradition der christlichen Sexualethik steht, nur dass das Wort „widernatürlich" durch „pervers" ersetzt wird. So heißt es bei Krafft-Ebing (1886/1997): *„Als pervers muss – bei gebotener Gelegenheit zu naturgemässer geschlechtlicher Befriedigung – jede Aeusserung des Geschlechtstriebes erklärt werden, die nicht den Zwecken der Natur, i. e. der Fortpflanzung entspricht"* (S. 68). Pervers sind bei Krafft-Ebing Sadismus, Masochismus, Fetischismus, Exhibitionismus, Voyeurismus, Homosexualität, aber auch Analverkehr mit Frauen, Oralverkehr, Koitus zwischen den Brüsten (coitus inter mammas), in der Achselhöhle (coitus in axilla) und Selbstbefriedigung. *Anders als die christliche Sexualtheorie sieht Krafft-Ebing in den „Perversionen" keine Folge der Sündhaftigkeit des Menschen. Er geht vielmehr von einer Krankheit aus, für die der Einzelne nur bedingt haftbar zu machen sei.* Krankheitsursachen sind nach Krafft-Ebing erstens (und vor allem) die erbliche Degeneration, zweitens die Verführung durch andere und drittens die Selbstbefriedigung. So fehlen in seinen Krankheitsgeschichten selten Hinweise wie „erblich stark belastet, früher Onanist" (Krafft-Ebing, 1886/1997, S. 46).

So sehr kritisch anzumerken ist, dass Krafft-Ebing ein beschränktes Bild „normaler" Sexualität hatte, so ist doch andererseits anzuerkennen, dass er sich zumeist gegen die Bestrafung aussprach und therapeutische Mittel wie Hydrotherapie, ins Gewissen reden (moral treatment), Beruhigung des Patienten, hypnotische Suggestion, Besserung der Konstitution, Abstinenz von der Masturbation oder Geschlechtsverkehr mit Frauen empfahl oder auch jeden Eingriff für falsch hielt. So klärte Krafft-Ebing beispielsweise einen Mann mit einer frühkindlich geprägten fetischistischen Vorliebe für hinkende Frauen auf, dass „es ärztlicher Kunst" schwerfalle oder „unmöglich sein werde, einen durch so festgefügte Assoziationen begründeten Fetischismus zu zerstören und sprach die Hoffnung aus, dass er, indem er ein hinkendes Mädchen durch Ehe glücklich mache, selbst glücklich werden möge" (Krafft-Ebing, 1886/1997, S. 188). Hinsichtlich der Homosexualität plädierte Krafft-Ebing für die ersatzlose Abschaffung des Verbots der Homosexualität, weil man Homosexuelle bedauern, aber nicht verachten solle, weil Strafen niemals bessernd und nur selten abschreckend wirkten, weil Homosexuellen ihre Geschlechtsbefriedigung als natürlich erscheine und somit kein Korrektiv zur Änderung des Verhaltens vorhanden sei und weil Homosexuelle durch die Strafbarkeit ihrer Handlungen oft Opfer von Erpressungen seien.

Die Fallgeschichten Krafft-Ebings sind auch heute noch lesenswert, wobei man die Mehrheit der von ihm beschriebenen Fälle heute nicht mehr als behandlungsbedürftig ansehen würde, sondern als normale Variation des Sexualverhaltens (siehe Kap. 10).

2.5.2 Havelock Ellis

Havelock Ellis (1859–1939) war ausgebildeter Arzt und selbstständiger Wissenschaftler. Zwischen 1897 und 1928 erschien sein Hauptwerk „Studies in the Psychology of Sex" in sieben Bänden. Als in England zuerst der zweite Band mit dem Titel „Sexual Inversion" erscheinen sollte, wurde der Verleger angeklagt und das Buch unterdrückt, weil es obszön sei. Das Buch enthielt 80 Fallgeschichten zur Homosexualität. Ellis kam in seinen Analysen zu dem Schluss, dass Homosexualität weder eine Krankheit noch ein Verbrechen sei. Das Buch wurde in

Deutschland unter dem Titel „Das konträre Geschlechtsgefühl" veröffentlicht. Alle weiteren Bände erschienen in den USA sowie nach Übersetzung in Deutschland. *Bis 1935 durften seine Schriften in England und in den USA nur von medizinischen Experten gelesen werden.*

Im Vorwort zu den „Studies in the Psychology of Sex" begründete Ellis (1897/1927) die Notwendigkeit seiner Studien damit, dass Sexualität im Verborgenen stattfinde und deshalb niemand wisse, was die übliche Praxis sei. *Als Vergleich legte er dar, wie viel Unsicherheit es hinsichtlich der Ernährung geben würde, wenn man die Nahrungsaufnahme als unmoralisch ansähe und sie deshalb im Verborgenen stattfinden würde. Vermutlich würden dann jüngere Mitglieder der Gesellschaft versuchen, das Geheimnis zu lüften. Sie würden Fragen stellen wie: Wie oft soll man essen? Was soll man essen? Ist es falsch, Früchte zu essen? Sollte man Gras essen? Nur eine Minderheit würde bei angenommener völliger Unwissenheit zu einer sinnvollen Ernährung finden. In ähnlicher Weise könne man sich auch bei der Sexualität nicht einfach auf den Instinkt verlassen. Erschwerend komme hinzu, dass im Bereich der Sexualität absurde Ratschläge gegeben würden, die vergleichbar seien mit Empfehlungen wie „Esse zwölf Mahlzeiten am Tag! Esse niemals Früchte! Esse immer Gras!"*

Ellis schrieb vorurteilsfrei über alle Erscheinungsformen der Sexualität, wobei er weder ein besonders Interesse an der Pathologie noch ein enges Verständnis von normaler Sexualität hatte. Er schrieb über die Verbreitung der Selbstbefriedigung bei beiden Geschlechtern, in allen Altersgruppen, in allen Kulturen und bei allen Lebewesen. Anders als im viktorianischen Zeitalter üblich, konstatierte er auch bei Frauen ein Sexualverlangen. Er betonte die *Variationsbreite* des menschlichen Sexualverhaltens. *Sexuelle Deviationen seien harmlos und bis zu einem gewissen Grad in jeder sexuellen Entwicklung zu finden.* Sexuelle Störungen seien zumeist psychisch bedingt. *Als Wissenschaftler zeichnete sich Ellis dadurch aus, dass er Informationen über Sexualverhalten sammelte und dieses nicht bewertete* (Beier et al., 2001; Haeberle, 1985; Hyde & DeLamater, 2006; Masters et al., 1987; Turner & Robinson, 1993).

Die Beschäftigung mit Sexualität hing bei Ellis vermutlich mit seiner eigenen belasteten Sexualität zusammen. Theoretisch konnte er mit feministisch und sozialistisch geprägten Frauen über freie Liebe, Sexualität, Frauenemanzipation und Verhütung reden, in der Praxis scheiterten seine Beziehungen als auch seine Sexualität. Nach platonischen Beziehungen zu Eleanor Marx (eine Tochter von Karl Marx) und Olive Schreiner (eine bedeutende südafrikanische Schriftstellerin) heiratete Ellis eine lesbische Schriftstellerin und Feministin. Seine Ehefrau ging als eine der lesbischen Fallgeschichten in sein Buch über Homosexualität ein. Zu einem ehelichen Zusammenleben kam es nicht, da sie getrennt lebten, seine Ehefrau ihren lesbischen Affären nachging und Ellis eine unterwürfige Rolle einnahm. Er litt unter einer erektilen Dysfunktion und hatte eine sexuelle Präferenz für die Urolagnie, das heißt, er hatte eine Vorliebe dafür,

Frauen beim Urinieren zuzusehen und zuzuhören (Grosskurth, 1985). Es ist völlig unklar, warum Ellis eine lesbische Frau heiratete. Erst nach dem Tod seiner Ehefrau fand er eine Partnerin, die seine Urolagnie als harmlose Anomalie ansah und mit der Ellis im Alter von 60 Jahren den ersten penetrativen Sex und eine erfüllte Sexualität erlebte (Ellis, 1939; Grosskurth, 1985; Sigusch & Grau, 2009).

2.5.3 Iwan Bloch

Auf Krafft-Ebing und Ellis folgt eine lange Reihe deutscher Sexualforscher jüdischer Herkunft. Für alle gilt, dass sie aufgrund ihrer jüdischen Herkunft und aufgrund ihrer Beschäftigung mit der menschlichen Sexualität im akademischen Milieu massiv behindert wurden, was bedeutete, dass sie keine Professur erhielten. Zuerst ist hier Iwan Bloch (1872–1922) anzuführen, ein in Berlin-Charlottenburg praktizierender Facharzt für Haut- und Geschlechtskrankheiten, ein sprachbegabter Autodidakt und ein begieriger Leser historischer Schriften. Seine persönliche Bibliothek hatte einen Umfang von mehr als 40 000 Büchern. In seinen Publikationen beschäftigte er sich mit den Haut- und Geschlechtskrankheiten, mit dem Werk des Marquis de Sade, mit der Sexualethik von Luther und Augustinus sowie mit der Prostitution und mit sexuellen Abweichungen. De Sades Roman „Die 120 Tage von Sodom oder die Schule der Libertinage“ wurde von Bloch im Jahre 1905 wiederentdeckt und veröffentlicht. Er war Mitbegründer der „Ärztlichen Gesellschaft für Sexualwissenschaft und Eugenik“ sowie der „Zeitschrift für Sexualwissenschaft“.

Die „Psychopathia sexualis“ von Krafft-Ebing bildete den Ausgangspunkt für Blochs Überlegungen zur menschlichen Sexualität. Er verwarf die Idee, dass Perversionen auf eine ererbte Degeneration zurückzuführen seien, da die griechische Antike trotz des Päderastieideals eine bedeutende europäische Hochkultur gewesen sei. Dieses Argument ist bestechend: Die griechische Antike, ein bedeutender früher Höhepunkt der abendländischen Philosophie, Kunst, Literatur und Wissenschaft, steht wohl kaum für eine „ererbte Degeneration“. Bloch ging stattdessen von einer *kulturell bedingten Variabilität sexueller Phänomene und von einem angeborenen geschlechtlichen Variationsbedürfnis des Menschen* aus. Die sexuellen Perversionen begriff er als allgemein menschliche Erscheinungen, wodurch er die „Psychopathia sexualis“ „entpathologisierte“ (Egger, 2006, S. 86). Bloch betonte, dass die sexuellen Perversionen zu allen Zeiten und in allen Kulturen dem Wesen nach gleichartig aufgetreten seien, dass sie also kein Zeichen für Degeneration oder Dekadenz sein könnten.

In der Vorrede zu seinem Buch „Das Sexualleben unserer Zeit in seinen Beziehungen zur modernen Kultur“ (1907/1919) prägte Bloch sowohl den Begriff als auch das Programm der Sexualwissenschaft (siehe Kap. 1). Da eine rein medizinische Auffassung des Geschlechtslebens nicht ausreiche, forderte er für die Sexualwissenschaft eine *Verbindung von Naturwissenschaft und Kulturwissenschaft. Der Doppelcharakter der Sexualwissenschaft als biologischer und kultureller Wissenschaft* führe dazu, dass auf der einen Seite Ärzte und Naturwissenschaftler und auf der anderen Seite Theologen, Philosophen, Rechts-, Kultur- und Sozialwissenschaftler jeweils ihren beschränkten Bereich als vollkommene Betrachtung des Phänomens „Sexualität" ansähen. Deshalb müsse die Sexualwissenschaft eine eigenständige Wissenschaft mit eigenen Rechten sein und nicht Anhängsel einer anderen Wissenschaft. Dies führe sonst dazu, dass die Sexualwissenschaft beispielsweise nur als Teildisziplin der Psychiatrie (wie bei Krafft-Ebing) oder der Venerologie gesehen werde. Wenn die Sexualwissenschaft als anthropologische Wissenschaft im weitesten Sinne verstanden werde, könne man umfangreiches Beobachtungsmaterial aus verschiedenen wissenschaftlichen Perspektiven sammeln, wodurch erst die Basis gegeben sei für ähnlich exakte und objektive Untersuchungen wie in den Naturwissenschaften (Haeberle, 1986; Sigusch, 2008).

2.5.4 Albert Moll

Der Berliner Albert Moll (1862–1939), ein deutschnational gesinnter Arzt jüdischer Herkunft, ist ein weiterer wichtiger Förderer der Sexualwissenschaft. 1891 erschien mit einem Vorwort von Krafft-Ebing sein Buch „Die conträre Sexualempfindung". In diesem Buch erörterte er die Frage, ob man Homosexuelle therapieren solle. *„Der echte Urning" [Homosexuelle], formulierte Moll (1891), „kann bei einem Weibe gar nicht liegen, ohne von Horror ergriffen zu werden. […] Es ist in Wirklichkeit ein solcher Rath ungefähr dasselbe, wie wenn man einem normal fühlenden Manne sagen würde, er solle den Geschlechtsact mit dem Manne ausführen und nicht mit dem Weibe" (S. 218). Deshalb ist es nach Moll (1891) auch „keine widernatürliche Unzucht, wenn der mit conträrem Geschlechtstrieb versehene Mann sexuell mit Männern verkehrt", da dies „für ihn ebenso natürlich" sei „wie für den weibliebenden Mann der Geschlechtsverkehr mit dem Weibe"* (S. 227).

Moll entwickelte ein *Vier-Stufen-Modell der sexuellen Reaktion mit einer Stufe des Anschwellens, der gleichmäßigen Wollustempfindung, dem Höhepunkt der Wollust und der plötzlichen Verminderung und Auflösung der Erregung* (vergleichbar mit dem späteren Vier-Phasen-Modell der sexuellen Reaktion der amerikanischen Sexualforscher Masters und Johnson, siehe Kap. 2.6.2). Noch vor Freud erörterte Moll anhand von Fallbeispielen die Sexualität präpubertärer Mädchen und Jungen. Er betonte die nötige *Wertfreiheit der Sexualwissenschaft. Die Sexualwissenschaft habe nichts zu erstreben, nichts zu rechtfertigen und nichts zu verdammen.* Die Erotik eines Kulturkreises oder einer Zeit dürfe man nie als vorbildlich hinstellen, sondern immer nur als eine von vielen möglichen Varianten.

Im Umgang mit seinen sexualwissenschaftlichen Kollegen erwies sich Moll als streitbarer Einzelgänger. Trotzdem gelang ihm 1926 die Organisation eines internationalen Kongresses für Sexualforschung in Berlin, wobei die Kongresseröffnung im Reichstag stattfand. Eine zweite Tagung fand 1930 in London statt. Nach der Machtergreifung durch die Nationalsozialisten blieb Moll in Berlin und publizierte noch 1936 seine Erinnerungen. Er verlor seine ärztliche Lizenz, entging aber weiteren Entwürdigungen und der Ermordung durch seinen natürlichen Tod (Haeberle, 1985, 1986; Sigusch, 2008).

2.5.5 Sigmund Freud

Sigmund Freud (1856–1939) ist heute vor allem als Begründer der psychoanalytischen Therapiemethode bekannt. Freud hatte sich mit der Sexualität als Ursache von Neurosen sowie der Hysterie beschäftigt. In einem Vortrag vor dem Wiener Verein für Psychiatrie und Neurologie, bei dem Krafft-Ebing den Vorsitz führte, legte Freud (1896/1971) dar, dass sowohl schwere sexuelle Übergriffe als auch geringfügige sexuelle Annäherungen (Scherzfrage mit obszöner Bedeutung, Streicheln der Hand, Drängen eines männlichen Beins ans Kleid) als Auslöser für eine Hysterie auffallen. Vor dem Hintergrund der viktorianischen Tabuisierung der Sexualität ist gut vorstellbar, dass die unerwartete Konfrontation mit der männlichen Sexualität bei sexuell unaufgeklärten Mädchen eine psychische Erkrankung auslösen konnte. Freud vertrat in seinem Vortrag die Auffassung, dass solche Auslöser als Erklärung nicht ausreichen. Geringfügige sexuelle Annäherungen würden nur deshalb eine psychische Erkrankung auslösen, weil diese Mädchen in ihrer Kindheit sexuell missbraucht worden seien. Krafft-Ebing bezeichnete diese Theorie in der Diskussion über Freuds Vortrag als wissenschaftliches Märchen.

In den „Drei Abhandlungen zur Sexualtheorie“ beschäftigte sich Freud (1905/1972) zunächst mit der Ätiologie der Homosexualität. Mit ausdrücklichem Verweis auf Iwan Bloch lehnte er die Degenerationshypothese ab, da Homosexualität sowohl bei wilden Völkern als auch bei hochstehenden Kulturen zu finden sei. Zudem verwarf er die Idee einer angeborenen Homosexualität, einer durch Verführung erworbenen Homosexualität oder eines weiblichen Gehirns bei männlichen Homosexuellen sowie eines männlichen Gehirns bei weiblichen Homosexuellen. Stattdessen entwickelte er die *Theorie einer allgemeinen Bisexualität des Menschen,* die er damit begründete, dass in jedem Menschen männliche und weibliche Elemente vorhanden seien und dass im Unbewussten alle Menschen auch vom gleichen Geschlecht sexuell angezogen würden. Deshalb sei nicht die Bisexualität, sondern sowohl die ausschließliche

Homosexualität als auch die ausschließliche Heterosexualität „ein der Aufklärung bedürftiges Problem" (Freud, 1905/1972, S. 56).

Schließlich beschäftigte sich Freud explizit mit den damals als „Perversionen" bezeichneten sexuellen Variationen wie oral-genitale Kontakte, Fetischismus, Exhibitionismus und Voyeurismus, Sadismus und Masochismus. Er kritisierte die Bezeichnung als „Perversionen", da bei jedem Gesunden pervers zu nennende Zusätze zum normalen Sexualziel anzutreffen seien. Er führte aus: *„Eine bestimmte dieser Berührungen, die der beiderseitigen Lippenschleimhaut, hat ferner als Kuß bei vielen Völkern (die höchstzivilisierten darunter) einen hohen sexuellen Wert erhalten, obwohl die dabei in Betracht kommenden Körperteile nicht dem Geschlechtsapparat angehören, sondern den Eingang zum Verdauungskanal bilden"* (Freud, 1905/1972, S. 60). Neben dem Kuss sei auch das Verliebt-Sein eine Perversion, nämlich eine Überschätzung des Sexualobjekts, wenn man Sexualität auf Fortpflanzungssexualität (Genitalität) reduziere. Freud löste den Perversionsbegriff nun auf, indem er von Partialtrieben sprach, die mit den erogenen Zonen des Körpers in Verbindung stünden. Er konstatierte, dass *„die Anlage zu den Perversionen keine seltene Besonderheit, sondern ein Stück der für normal geltenden Konstitution"* (Freud, 1905/1972, S. 80) sei. Gegen den Analverkehr könne man zwar anführen, dass er mit dem Ekelhaften an sich in Berührung komme, dieses Argument sei aber nicht stichhaltig, da man sonst auch den hysterischen Mädchen recht geben müsse, dass der Penis auch der Harnentleerung diene, also ekelhaft sei (Freud, 1905/1972, S. 62). Zudem seien Ekelgefühle vor allem sozial geprägt: *„Wer etwa mit Inbrunst die Lippen eines schönen Mädchens küßt, wird vielleicht das Zahnbürstchen desselben nur mit Ekel gebrauchen können"* (Freud, 1905/1972, S. 62). Freuds Auflösung des Perversionsbegriffs und damit verbunden die Aufhebung der Reduktion von Sexualität auf Fortpflanzungs-Genitalität hat sich wissenschaftlich durchgesetzt. Sexuelle Variationen und Vorlieben wie Oralsex, Analsex, Fetischismus oder BDSM werden heute nicht mehr als behandlungsbedürftige Abweichung angesehen, sondern als zur sexuellen Vielfalt gehörig (Kleinplatz & Diamond, 2014) (siehe Kap. 10). Oralsex gilt heute sogar als Selbstverständlichkeit, sodass man eher als abnorm angesehen wird, wenn man ihn nicht praktiziert.

2.5.6 Magnus Hirschfeld

Magnus Hirschfeld (1868–1935) war wie Bloch, Freud, Moll und Reich jüdischer Herkunft, studierte Medizin in Breslau, Straßburg, München, Heidelberg und Berlin, arbeitete zunächst als praktischer Arzt und dann als Spezialist für Sexualstörungen. 1897 gründete er das „Wissenschaftlich-humanitäre Komitee", das sich für wissenschaftliche Untersuchungen und die Abschaffung der Bestrafung der Homosexualität einsetzte. Hirschfeld initiierte eine öffentliche

Kampagne mit Vorträgen, Publikationen und eine Petition zur Abschaffung der Bestrafung der Homosexualität (§ 175), die von der SPD, allerdings erfolglos, in den Reichstag eingebracht wurde. Er wirkte auch an einer Reihe von Stummfilmen mit, in denen es um Sexualaufklärung und um die Abschaffung der Bestrafung von Homosexualität ging (z. B. im Stummfilm „Anders als die Andern"). Im Mittelpunkt dieses Films stand die Erpressung eines Homosexuellen, eine jahrzehntelang weit verbreitete Praxis angesichts der Bestrafung der Homosexualität.

Nach dem ersten Weltkrieg gründete Hirschfeld das weltweit erste „Institut für Sexualforschung" in Berlin. Es hatte Laboratorien, ein Archiv und eine Bibliothek. Jährlich wurden am Institut für Sexualforschung 18 000 Konsultationstermine an Ratsuchende vergeben (Beier et al., 2001), wobei es vor allem um Themen wie Homosexualität, Verhütung und Geschlechtskrankheiten ging. 1921 organisierte Hirschfeld in Berlin den „Internationalen Kongress für Sexualreform auf wissenschaftlicher Grundlage", 1928 gründete er die „Weltliga für Sexualreform".

Hirschfeld war bereits im Jahre 1920 von Antisemiten mit Steinen beworfen und brutal niedergeschlagen worden. 1921 bezeichnete ihn Hitler in einer Denkschrift als Musterbeispiel für einen hebräischen Wissenschaftler, der die Volksseele vergifte (Hohmann, 1985, S. 20–25). Ab 1930 konnte Hirschfeld wegen organisierter Störungen durch SA-Truppen nicht mehr öffentlich auftreten. Der Nationalsozialismus war zwar in seiner Hauptströmung nicht sexualfeindlich (in der SS-Zeitschrift „Das schwarze Korps" konnte man unter der Überschrift „Schön und rein" nackte blonde Frauen bewundern), aber man agierte gegen die sogenannte „Schändung" arischer Frauen durch jüdische „Verführer", wobei man die These vertrat, dass das arische Blut bis in die Nachkommen verdorben sei, wenn eine arische Frau jemals Geschlechtsverkehr mit einem Juden habe (Herzog, 2005). Hirschfeld wurde wegen seiner jüdischen Herkunft angegriffen, zudem wegen seiner sozialistischen Gesinnung und schließlich auch wegen seiner Homosexualität. Da sich Hirschfeld seines Lebens nicht mehr sicher sein konnte, nahm er eine Einladung zu einem Vortrag nach New York an und hangelte sich dann zwei Jahre lang von Einladung zu Einladung nach Chicago, San Francisco, Tokio, Shanghai, Manila, Djakarta, Kalkutta, Kairo, Tel Aviv und Athen. Da sich nach diesen zwei Jahren die politische Lage nicht verbessert hatte, bemühte er sich, eine erneute Vortragsreise durch die USA zu organisieren, was aber genauso scheiterte wie der für 1933 in Chicago geplante Kongress der „Weltliga für Sexualreform". Hirschfeld sah noch die Plünderung seines Berliner Instituts in einer Pariser Wochenschau und starb 1935 in Nizza (Haeberle, 1985, 1986, 1991, 2006; Herzog, 2005; Kotowski, 2006).

2.5.7 Wilhelm Reich

Wilhelm Reich (1897–1957) wurde wie Freud als Kind jüdischer Eltern in Galizien geboren und wuchs in der Bukowina auf, dem östlichsten Teil des damaligen Österreich-Ungarns. Seine Eltern waren assimilierte Juden, die sich zum Deutschtum bekannten (der Vorname „Wilhelm" wurde bewusst nach dem deutschen Kaiser gewählt). Die Mutter von Wilhelm Reich verübte Suizid, nachdem ihr Ehemann von seinem Sohn Wilhelm unbeabsichtigt vom intimen Verhältnis seiner Ehefrau mit dem Hauslehrer erfahren hatte. Danach wurde der Vater depressiv und verstarb früh. Nach diesem tragischen Tod der Eltern, nach Flucht (vor der anrückenden russischen Armee) und Kriegsteilnahme (für Österreich-Ungarn) studierte Reich in Wien Medizin und wurde noch als Student in die Wiener Psychoanalytische Vereinigung aufgenommen (Sigusch, 2008). Nach Abschluss des Medizinstudiums arbeitete er am Wiener Psychoanalytischen Ambulatorium, an dem Patienten aus der Unterschicht kostenlos behandelt wurden. Bei dieser Arbeit wurde er mit dem sozialen Elend der Arbeiterklasse konfrontiert. Reich beschäftigte sich mit der marxistischen Theorie und versuchte eine Synthese von Marxismus und Psychoanalyse. Er gründete die Sozialistische Gesellschaft für Sexualberatung und Sexualforschung, die Aufklärung über Geschlechtskrankheiten, Empfängnisverhütung und Abtreibungen anbot. 1930/1 ging Reich von Wien nach Berlin, trat dort der Kommunistischen Partei bei und hielt seinen Antrittsvortrag im Berliner Institut der Deutschen Psychoanalytischen Gesellschaft. 1931 gründete er den „Deutschen Reichsverband für Proletarische Sexualpolitik (Sexpol)". Seine wichtigsten Veröffentlichungen in dieser Zeit waren „Die Funktion des Orgasmus", „Der Einbruch der Sexualmoral", „Charakteranalyse" und „Die Massenpsychologie des Faschismus". 1933/34 wurde Reich sowohl aus der Deutschen Psychoanalytischen Gesellschaft (DPG) als auch aus der Kommunistischen Partei ausgeschlossen. Sein Ausschluss aus der DPG hatte nicht nur mit seiner Orgasmustheorie zu tun, sondern wohl auch damit, dass Freud die Psychoanalyse nach Hitlers Machtantritt gegen Angriffe schützen wollte. Aus der Kommunistischen Partei wurde Reich als „konterrevolutionärer Trotzkist" ausgeschlossen. Unmittelbarer Anlass des Parteiausschlusses war das bemerkenswerte Buch „Die Massenpsychologie des Faschismus" (1933). *Reich beschrieb in diesem Buch sehr eindrücklich Hitlers erfolgreichen Einsatz massenpsychologischer Mittel. Die Bereitschaft zur orgiastischen Verschmelzung mit dem Führer und mit der Masse habe seine Ursache in der verbreiteten Hemmung der orgiastischen Erlebnisfähigkeit sowie in der Angst vor der Freiheit.*

Reich gelang es, der Verhaftung durch die Nationalsozialisten durch rechtzeitige Flucht zu entgehen. 1939 emigrierte er in die USA und entwickelte dort die Theorie der Orgon-Energie, die er wissenschaftlich nicht absichern konnte und für die er auch keine Unterstützer fand. Er wurde der Quacksalberei beschuldigt, weil er sogenannte „Orgon-Akkumulatoren“ vertrieb, von denen er behauptete, dass sie Krebszellen abtöten könnten. Die staatliche Arzneimittelverwaltung verfügte die Einziehung und Vernichtung aller Orgon-Akkumulatoren und auch die Vernichtung seiner Schriften, darunter auch viele seiner früheren Werke. Reich widersetzte sich den behördlichen Anordnungen und wurde 1956 zu einer zweijährigen Gefängnisstrafe verurteilt. Reich gehört zu den ganz wenigen Autoren, deren Bücher zweimal verbrannt wurden, einmal 1933 von den Nationalsozialisten und dann zwischen 1956 bis 1960 per Gerichtsbeschluss durch die New Yorker Gesundheitsbehörden (Milton, 1996). Während der Haft starb Reich am plötzlichen Herztod.

Die Schriften Wilhelm Reichs erlebten eine Renaissance während der Studentenbewegung in Deutschland und fanden in Form von Raubkopien starke Verbreitung. Einige seiner Schriften wurden ins Deutsche rückübersetzt, wodurch sich auch der Buchtitel „Die sexuelle Revolution“ ergab, was zum Schlagwort der 1968er Bewegung wurde. Reichs psychische Gesundheit wird bis heute kontrovers diskutiert. Möglicherweise litt Reich zuletzt unter paranoider Schizophrenie. Seine letzten Publikationen hatten zumindest einen wahnhaften Beigeschmack. Den Kritikern galt Reich als Sex-Scharlatan, Krebspfuscher und Geistesgestörter, den Anhängern als verkanntes und ausgestoßenes Genie. Reichs Theorie einer Charakterpanzerung wurde später von Erich Fromm aufgegriffen, Max Horkheimer bezog sich auf die Theorie der autoritären Persönlichkeit und Alexander Lowen übernahm Reichs Ausweitung der Psychotherapie auf die Körpertherapie (Laska, 1996; Nitzschke, 2007).

2.6 Sexualforschung seit Mitte des 20. Jahrhunderts

Mit der nationalsozialistischen Machtergreifung im Jahre 1933 endete das hohe internationale Ansehen der deutschen Sexualwissenschaft. Die Bibliothek des „Instituts für Sexualforschung“ wurde öffentlich verbrannt und das Institut geschlossen. Die deutsche Sexualwissenschaft erholte sich von diesem Schlag nie. Zwar gab es auch im Nationalsozialismus sexualwissenschaftliche Forschung, insbesondere zu den Ursachen und der möglichen Therapie von männlicher Homosexualität, aber *hauptsächlich dominierte nun die eugenische Richtung, das heißt die Idee, dass die Sexualforschung helfen solle, dass die richtigen Menschen Nachwuchs haben und die falschen nicht* (Sigusch & Grau, 2009). Die bisherige Sexualwissenschaft lehnte man als jüdisch, „bolschewistisch“ und wegen der Homosexualität mancher Forscher als „entartet“ ab.

Einige ehemalige Mitarbeiter des „Instituts für Sexualforschung“ begingen in auswegloser Lage bei fehlenden Ausreisemöglichkeiten Suizid. Denen, die emigrieren konnten, gelang zumeist keine Fortsetzung der sexualwissenschaftlichen Arbeit. Zu den wenigen Ausnahmen gehört Ernst Gräfenberg, ein angesehener Frauenarzt in Berlin, der nach einem dreijährigen Zuchthausaufenthalt gegen eine Lösegeldsumme (bezahlt durch die Gründerin der Geburtenkontrollbewegung Margaret Sanger) spät und knapp der Vernichtung durch den Holocaust entkommen und in den USA weiterarbeiten konnte (David et al., 2005). *Er wurde dann zumindest posthum berühmt, und zwar durch die nach ihm benannte Gräfenberg-Zone (G-Punkt; „G-Spot").* Zu seinen Lebzeiten war seine Arbeit auf keine Resonanz gestoßen.

Insgesamt ist festzuhalten, dass die „deutsch-jüdische" Sexualwissenschaft in den USA kaum genutzt wurde. Dies hatte vor allem damit zu tun, dass in den USA der „Nationale Forschungsrat", der von der Familie Rockefeller Geld für die sexualwissenschaftliche Forschung erhalten hatte, seine ihm gestellte Aufgabe boykottierte. *Der Forschungsrat nahm weder zu Hirschfeld, der in den USA von Journalisten als der „Einstein des Sex" bezeichnet worden war, noch zu irgendeinem anderen geflohenen Sexualwissenschaftler Kontakt auf.* Er sprach sich auch gegen eine sexualwissenschaftliche Zeitung und gegen die Sammlung sexualwissenschaftlicher Schriften aus. Da man Angst hatte, die finanziellen Mittel der Familie Rockefeller zu verlieren, suchte man aber schließlich doch nach einem sexualwissenschaftlichen Projekt. „Man fand es in der Arbeit des Biologen Alfred C. Kinsey, der als biederer Familienvater an einer ländlichen Universität relativ harmlos schien" (Haeberle, 2006, S. 97).

2.6.1 Alfred Kinsey

Alfred Kinsey (1894–1956) war der erste Sexualforscher, der eine *umfangreiche Erhebung des sexuellen Verhaltens der weißen Amerikaner* durchführte. Er kam aus einer strengen, von Religion und Sauberkeit besessenen methodistisch-puritanischen Familie. Kinsey distanzierte sich nach vielen Kämpfen von seiner Herkunftsfamilie und entwickelte eine starke Abneigung gegen alles Religiöse, übernahm aber trotzdem von seinem Vater einige Eigenschaften: Er galt als stur, autokratisch, rücksichtslos, pedantisch, verbissen und arbeitssüchtig. Er vergrub sich in seine Arbeit als Biologe, spezialisierte sich auf die Insektenkunde und beschäftigte sich intensiv mit der *Gallwespe,* von der er auf ausgedehnten Reisen Hunderttausende von Exemplaren sammelte. 1930 veröffentlichte er über die Gallwespe ein umfangreiches Werk, das ihm großes Ansehen als Zoologe verschaffte. Er war ein geschätzter Dozent und hatte ein erfolgreiches allgemeines Lehrbuch der Biologie veröffentlicht.

Seine Beschäftigung mit der Sexualität hatte zunächst private Gründe. Bei seiner Heirat hatten weder er noch seine Frau jemals Geschlechtsverkehr gehabt. In den ersten Ehemonaten gelang kein Geschlechtsverkehr, was in erster Linie mit fehlender Aufklärung und Erfahrung zu tun hatte. Kinsey studierte eifrig Eheratgeber und überwand Unwissenheit und Hemmungen durch engagiertes Ausprobieren. Die andere private Konfrontation mit Sexualität erfolgte durch sein Erkennen eigener homosexueller Neigungen. In den 1930er Jahren setzte Kinsey zunächst seine Forschungen zur Gallwespe fort (in seinem Forscherleben beschäftigte er sich länger mit Insekten als mit der Sexualität), interessierte sich aber zunehmend für das Gebiet der menschlichen Sexualität, unter anderem durch Sexualberatungsgespräche mit seinen Studenten, die er dokumentierte. 1938 bat Kinsey den Rektor seiner Universität, ein Seminar über Ehe und Sexualität abhalten zu dürfen. Seminare zur Sexualhygiene gab es damals bereits an vielen Universitäten. Teilnahmevoraussetzung für Studierende war ein Nachweis darüber, dass man verheiratet war oder demnächst heiraten würde. Unter Zuhilfenahme von Dias erörterte Kinsey Themen wie Petting, Empfängnisverhütung, Techniken des Geschlechtsverkehrs etc. Da er keine epidemiologischen Daten zum menschlichen Sexualverhalten fand, verteilte Kinsey an die Studierenden Fragebogen zu deren sexuellen Erfahrungen, Verhaltensweisen und Einstellungen.

Aus diesen Fragebogenerhebungen entstand schließlich das Forschungsprojekt, das durch die Rockefeller Stiftung unterstützt wurde. Da er Missverständnisse bei seinen Fragebogenerhebungen bemerkte, entschied sich Kinsey für *Interviews als Forschungsmethode.* In den Interviews achtete Kinsey auf mögliche Unstimmigkeiten und entwickelte eine Fragetechnik, die es ihm ermöglichte, falschen Angaben auf die Spur zu kommen. *Obwohl es einen festen Fragenkatalog gab, hatte Kinsey ein besonderes Talent dafür, sich auf die Interviewpartner einzustellen und einfühlend Anteil zu nehmen.* So reagierte er beispielsweise auf eine Interviewpartnerin, die annahm, ihre sexuellen Erfahrungen seien ungewöhnlich, nicht mit der Äußerung, dass ihre sexuellen Erfahrungen gewöhnlich seien, sondern er nahm es ernst, dass diese Interviewpartnerin so empfand und interessierte sich dafür, warum sie so empfand. Zudem bewertete Kinsey niemals die sexuellen Verhaltensweisen seiner Interviewpartner. *Sein empathisches und akzeptierendes Interviewverhalten ähnelte einem gesprächspsychotherapeutischen Vorgehen.* Zur Wahrung der Anonymität der Angaben entwickelte er in Anlehnung an seine Forschungen zur Gallwespe ein System der Verschlüsselung, wobei der Code hierzu nirgends festgehalten wurde, aber jedem Interviewer bekannt war. *Die Daten wurden schließlich auf Lochkarten übertragen und in einen Computer eingegeben.* Kinsey und sein nun gebildetes Forschungsteam (Wardell Pomeroy, Paul Gebhard, Clyde Martin) interviewten Männer und Frauen zu ihrem Sexualverhalten. *Bis zur ersten Veröffentlichung im Jahre 1948 vergingen neun Jahre,* in denen Kinsey neben der Durchführung der Interviews auch gründlich die bisherige Literatur sichtete, unter anderem auch die der deutsch-jüdischen Sexualwissenschaft. Bis zur ersten Publikation hatte Kinsey 7 036 Interviews durchgeführt, Pomeroy 3 808, Martin 890 und andere Interviewer 480.

Kinsey bemühte sich darum, die Stichprobenverzerrung durch Verweigerer *(volunteer bias)* zu reduzieren. Er war überzeugt, dass eine Erhebung zum Sexualverhalten bei einer randomisierten Stichprobe zu einer zu großen Verweigerungsquote und somit zu einem Mangel an Populationsvalidität führen würde. Um das Problem der Verweigerung zu minimieren, nahm er Kontakt zu angesehenen Mitgliedern verschiedener Organisationen (Collegeverbindungen, Kirchenorganisationen, Offiziers- und Beamtenclubs, Insassen einer Strafanstalt, Elternbeiratsgruppen, Patienten eines bestimmten Arztes, alle Menschen in einem Stadtteil, alle Bewohner einer ländlichen Gemeinde) auf, die alle anderen Mitglieder und Freunde überzeugen sollten, an der Untersuchung teilzunehmen. In vielen Fällen gelang durch diese Art von Gruppendruck eine hundertprozentige Teilnahme, was Kinsey öffentlich machte, um konkurrierende Gruppen ebenfalls zu einer hundertprozentigen Teilnahme zu animieren. *Immerhin 26 % aller Daten des Kinsey-Reports stammten aus hundertprozentigen Gruppen.* Auf diese Weise gelang es Kinsey, nicht nur Personen zu erreichen, die von sich aus auskunftsfreudig waren, sondern auch solche, die dies ungern taten und sich bei einer anderen Vorgehensweise mit Sicherheit verweigert hätten. *Eine Repräsentativerhebung mit einer solch geringen Verweigerungsrate wurde nach Kinsey nie mehr durchgeführt. Seine Stichprobe bestand schließlich aus 5 300 Männern und 5 940 Frauen.* Diese Stichprobe war aber trotzdem keine repräsentative Stichprobe aller Amerikaner, *da Afroamerikaner ganz ausgeschlossen und Personen mit höherer Bildung, Stadtbewohner und Protestanten überrepräsentiert waren.* Kinsey behauptete aber auch nicht, eine repräsentative Stichprobe aller Amerikaner herangezogen zu haben.

Kinseys Werk zum sexuellen Verhalten des Mannes erschien im Januar 1948. Dank eines ungewöhnlichen Werberummels im Vorfeld dieser wissenschaftlichen Veröffentlichung verkaufte sich *„Sexual Behavior in the Human Male"* (der Titel steht nüchtern in der biologischen Tradition: „Sexualverhalten beim menschlichen Männchen") bis Mitte Januar 40 000 und bis Juni 150 000 Mal. Der Kinsey-Report stand *an der Spitze aller Bestsellerlisten,* wurde in zahlreiche Sprachen übersetzt und war ein großer finanzieller Erfolg. In der Einführung wies Kinsey (1948/1964) darauf hin, dass wir „über das Geschlechtsleben mancher Nutz- und Versuchstiere wissenschaftlich Genaueres" wissen „als über das des Menschen" (S. 3). Für die Öffentlichkeit überraschend waren die Befunde zur *Häufigkeit von außerehelichem Geschlechtsverkehr (etwa 50 % der befragten Männer), zur Häufigkeit von vorehelichem Geschlechtsverkehr (mehr als 67 %), zur Häufigkeit von oralem Sex (60 %), zur Häufigkeit der Masturbation (95 % Lebenszeitprävalenz), zur Häufigkeit von Sodomieerfahrungen in der Landbevölkerung (17 %) und zur Häufigkeit homosexueller Erfahrungen (37 % hatten mindestens einen homosexuellen Kontakt mit Orgasmus).* Die Mehrheit der Amerikaner nahm Kinseys Buch positiv auf. Priester und Geistliche hingegen, aber auch namhafte Intellektuelle und Sozialwissenschaftler, missbilligten seine Arbeit (Wolfe, 2004).

1953 erschien „Das sexuelle Verhalten der Frau". Anders als bei der Veröffentlichung zum sexuellen Verhalten des Mannes erfolgten nun nicht nur Angriffe von Geistlichen und Intellektuellen, sondern auch die Öffentlichkeit stellte sich gegen das Buch, obwohl es in Aufbau und Inhalt dem Buch über den Mann glich. Mochten einzelne Aspekte des Kinsey-Reports zum sexuellen Verhalten des Mannes auch schockiert haben, *so entsprach das Bild eines sexuell aktiven Mannes sehr viel eher der amerikanischen Doppelmoral als das Bild einer sexuell aktiven Frau. Mit Entrüstung wurde auch die These Kinseys aufgenommen, dass vorehelicher Geschlechtsverkehr und Masturbationserfahrungen für die spätere Ehe von Nutzen seien.* Es gab Regierungsmitglieder, die der Rockefeller-Stiftung wegen der Unterstützung für Kinsey die Steuervergünstigungen streichen wollten. Daraufhin entzog die Rockefeller-Stiftung im Jahre 1954 Kinsey jede finanzielle Unterstützung. Verzweifelte Versuche Kinseys, andere Fördermöglichkeiten zu erschließen, scheiterten. Dies führte bei Kinsey zu einem ersten schweren Herzinfarkt. Vom Krankenbett aus wetterte er gegen die vielen Kräfte, die den Wissenschaftler einschüchtern und ihn zwingen, seine Forschungen aufzugeben. Die Geldsorgen und seine Arbeitssucht führten schließlich zu seinem frühen Tod.

Kinsey hatte sich zum Ziel gesetzt, die Sexualgeschichten von 100 000 Menschen zu sammeln. Als er 1956 starb, hatte er 18 000 Geschichten gesammelt und davon 8 000 durch Interviews selbst erhoben. Kinseys Buch „Das sexuelle Verhalten der Frau" beruhte nicht nur auf Interviews, *sondern auch auf (damals geheim gehaltenen) Filmaufnahmen und Beobachtungen des Geschlechtsverkehrs. Kinsey funktionierte ein Schlafzimmer im Dachgeschoss seines Hauses in ein Filmstudio um und zog einige seiner Mitarbeiter heran, sich bei der Masturbation und beim Sex mit ihren Ehefrauen und manchmal auch mit den Frauen anderer filmen zu lassen.* Kinseys These, dass die von der Psychoanalyse gewünschte Verschiebung der Reizempfindlichkeit von der Klitoris zur Vagina weder beobachtet noch überhaupt möglich sei, beruhte auch auf diesen Filmaufnahmen. In der Buchpublikation wurden diese Beobachtungsstudien verschwiegen, um sich nicht der Kritik auszusetzen. Unter „Quellen der Daten" hieß es nur: „Unschätzbare Aufzeichnungen wissenschaftlich ausgebildeter Personen, die menschliche Geschlechtsbetätigungen, an denen sie nicht selbst beteiligt waren, beobachtet und berichtet haben" (Kinsey, 1954, S. 425).

Auch mehr als 60 Jahre nach seinem Tod wird Kinsey heute immer noch von christlicher Seite vehement angegriffen. So wird kritisch angeführt, dass Kinsey auch die Beobachtungen von Pädophilen heranzog. Das Heranziehen der Daten von Pädophilen impliziert aber meines Erachtens nicht eine Akzeptanz der Pädophilie. Kritisieren kann man an Kinsey, dass seine eigene Bisexualität seine Forschungsergebnisse beeinflusste. Seine Auffassung, dass es eine heterosexuell-homosexuelle Balance gebe mit einem gleichmäßigen Übergang von „ausschließlich heterosexuell" zu „ausschließlich homosexuell", lässt sich empirisch nicht belegen (siehe Kap. 5). Der Prozentsatz für homosexuelles Verhalten wurde bereits bei einer erneuten Analyse der Kinsey-Daten durch Gebhard und

Johnson (1979) nach Ausschluss aller Strafgefangenen geringer angesetzt. Methodisch wird manchmal bemängelt, dass alle Hauptinterviewer männlichen Geschlechts waren, was hinsichtlich der nötigen Offenheit bei den Interviews mit Frauen vermutlich ungünstig war. Moralisch erscheint problematisch, dass Kinsey seine Mitarbeiter und deren Frauen zum Partnertausch und zu den Filmaufnahmen drängte. Allerdings kann man Kinsey zugutehalten, dass er daran glaubte, mit einem kleinen Kreis von Freunden und Mitarbeitern eine Art sexuelles Utopia schaffen zu können (Condon, 2004; Gathorne-Hardy, 2004).

Kinseys Bedeutung für die sexuelle Revolution in den 1960er Jahren (in der beispielsweise Schülervertreter die Einrichtung von Liebesräumen in Schulen forderten), für die Abschaffung der Bestrafung von Homosexualität, für den Stellenwert der weiblichen Sexualität und für die methodische Begründung der Sexualwissenschaft kann gar nicht hoch genug eingeschätzt werden. Besonders hervorzuheben ist, dass Kinsey die Selbstbefriedigung als wichtig für die spätere sexuelle Zufriedenheit in der Ehe ansah. Die Selbstbefriedigung ist damit nach Kinsey nicht mehr schädlich, sondern im Gegenteil heilsam für die sexuelle Gesundheit. Es war ein besonderer Glücksfall, dass ein akribisch und vorurteilsfrei arbeitender Wissenschaftler mit extremem Sammlereifer und Zähigkeit, mit großen forschungsmethodischen Kenntnissen als auch mit einer ungewöhnlichen Fähigkeit zum Zuhören sich dem Forschungsgebiet der menschlichen Sexualität verschrieb (Haeberle, 1993). *Es überrascht noch heute, dass Kinsey als nüchterner Wissenschaftler in der Lage war, seine Interviewpartner in den 1940er Jahren zum Reden über Sexualität zu veranlassen. Bemerkenswert ist dies auch deshalb, weil damals viele der von Kinsey erhobenen sexuellen Verhaltensweisen Straftatbestände waren. So standen zur damaligen Zeit in vielen amerikanischen Bundesstaaten vorehelicher Sex, Ehebruch, Oralsex und homosexuelle Handlungen unter Strafe.* Indem Kinsey das reale Sexualverhalten aufzeigte, demonstrierte er die Realitätsferne der Strafgesetze und die Diskrepanz zwischen Strafgesetzbuch und Rechtsempfinden.

2.6.2 William Masters und Virginia Johnson

Nach dem Kinsey-Report waren die Studien zur sexuellen Reaktion durch Masters und Johnson die am meisten beachteten Studien zur Sexualforschung. Ziel dieser Studien war es, durch die Messung in einem medizinischen Labor etwas über die physiologischen Vorgänge bei der sexuellen Reaktion zu erfahren.

William Howell Masters (1915–2001) war Gynäkologe an einer Klinik, ein begnadeter Chirurg und ein anerkannter Fertilitätsspezialist für Paare mit Kinderwunsch. Masters war der Meinung, dass er als Spezialist für Paare mit Kinderwunsch mehr über die physiologischen Vorgänge beim Vaginalverkehr wissen sollte. Nach Absprache mit dem Polizeiinspektor von St. Louis, dem örtlichen Zeitungsherausgeber, dem örtlichen Rabbi und dem Bischof von Missouri *interviewte er 118 weibliche und 27 männliche Prostituierte.* In den Befragungen erhob Masters, wie Prostituierte sexuelle Erregung auslösen und kontrollieren und welche sexuellen Stimulationstechniken sie verwenden (diese Informationen wurden später für die Therapieprogramme genutzt). *Masters überzeugte Zuhälter und Prostituierte, im Bordell den Sex zwischen Prostituierten und ihren Freiern durch ein Einwegguckloch beobachten zu können, wobei die Freier nicht eingeweiht waren.* Masters maß den Zeitpunkt des Eintretens und Verlassens, die Dauer des Geschlechtsverkehrs in den einzelnen Phasen, die Intensität der Bewegungen und überlegte, wie man Messgeräte wie Elektrokardiogramm, Atemmessgeräte etc. verwenden könnte. Bei elf Prostituierten führte Masters auch anatomische und physiologische Messungen durch. Die Laboruntersuchungen an Prostituierten erwiesen sich als schwierig, weil diese häufig den Wohnort wechselten und weil man häufiger Veränderungen an den Genitalien feststellte, was die Generalisierbarkeit der Befunde einschränkte. Eine Prostituierte wies Masters darauf hin, dass sie Orgasmen vortäusche und dass er sich für seine Forschungsarbeit dringend eine weibliche Mitarbeiterin suchen solle (Maier, 2009).

Virginia Johnson (1925–2013) war eine dreifach geschiedene alleinerziehende Mutter, Studienabbrecherin und ehemalige Country-Sängerin. Sie studierte Soziologie und wurde von Masters zunächst als Sekretärin eingestellt. Sie pflegte einen für die damalige Zeit sehr offenen Umgang mit Sexualität. Virginia Johnson entwickelte sich zu einer unentbehrlichen Mitarbeiterin für das Forschungsprojekt zur Untersuchung der sexuellen Reaktion. *Ihr gelang es, freiwillige Probanden für physiologische Messungen bei sexueller Betätigung im Labor zu finden.* Die Untersuchungsgruppe rekrutierte sich zunächst aus Angehörigen des Universitätskrankenhauses der Washington University in St. Louis (verheiratete und unverheiratete Akademiker). Zudem wurden Ehepaare aufgenommen, die wegen sexueller Probleme oder wegen Unfruchtbarkeit die Klinik aufgesucht hatten und deren Behandlung abgeschlossen war. Bei der Auswahl der Probanden wurde bewusst Wert gelegt auf eine hohe Teilnahmemotivation, auf überdurchschnittliche Intelligenz, auf eine hohe Verbalisierungsfähigkeit, auf das Fehlen von Anomalien der Genitalien, auf emotionale Stabilität und auf die Fähigkeit zu einem vollständigen sexuellen Reaktionszyklus. *Masters und Johnson untersuchten 382 weibliche und 312 männliche Probanden und beobachteten im Labor 7500 weibliche und 2500 männliche volle Reaktionszyklen* (Crooks & Baur, 1990; Masters & Johnson, 1967).

Die aufgezeichneten und beobachteten sexuellen Aktivitäten umfassten *manuelle und mechanische Stimulation, Vaginalverkehr sowie bei vielen weiblichen Probanden artifiziellen Koitus. Für den artifiziellen Koitus entwickelten Masters und Johnson einen elektrisch angetriebenen Penis aus Plastik, der Messungen in der Vagina ermöglichte. Sie beobachteten, filmten und verwendeten viele Metho-*

den physiologischer Messungen wie EKG-, Muskelkontraktions-, Puls-, Blutdruck- und Schweißmessungen. Physiologische Messungen bei oral-genitalen Kontakten oder bei Analverkehr führten sie nicht durch. Vor Beginn der Messungen zeigte man den Probanden die Untersuchungsräume und informierte sie über die Messinstrumente. Sexuelle Handlungen sollten zunächst ohne Untersucher erfolgen und erst danach bei Anwesenheit des Untersucherteams, wobei mit Messungen erst begonnen wurde, wenn die Probanden „sich völlig sicher in ihrer Umgebung fühlten und von ihrer sexuellen Leistungsfähigkeit überzeugt waren" (Masters & Johnson, 1967, S. 36).

Masters und Johnson konnten für alle von ihnen beschriebenen Phasen des sexuellen Reaktionszyklus (Erregungsphase, Plateauphase, Orgasmusphase, Rückbildungsphase) die körperlichen Veränderungen genauer messen, als dies durch Selbstbeobachtung, Befragungen oder durch die optische Fremdbeobachtung jemals vorher möglich war (siehe Tabelle 1).

Hinsichtlich der Klitoris stellten Masters und Johnson (1967) fest, dass es keine signifikante Beziehung zwischen der Klitorisgröße oder der Lage der Klitoris und der sexuellen Reaktion gibt. Gegen die Empfehlungen in Eheratgeberbüchern betonten sie, dass bei sexueller Erregung eine direkte Reizung der Klitoris eher ungünstig und oft schmerzhaft ist (S. 61–69). Mit Blick auf Freuds Behauptung eines unreifen klitoridalen und eines reifen vaginalen Orgasmus fanden Masters und Johnson *keinen Unterschied zwischen einem vaginalen und klitoridalen Orgasmus.* Unmissverständlich führten sie aus: *„Sind Klitoralorgasmen und Vaginalorgasmen wirklich verschiedene anatomische und physiologische Einheiten? Aus biologischer Sicht ist die Antwort auf diese Frage ein unbedingtes Nein. […] Aus anatomischer Sicht ist ebenfalls absolut kein Unterschied in den Reaktionen der Genitalorgane auf eine wirksame sexuelle Stimulierung zu finden. Diese Reaktionen sind unabhängig davon, ob die Stimulierung durch Manipulation der Klitoris oder des Vestibulum vaginae, durch natürlichen oder artifiziellen Koitus oder durch eine spezifische Stimulierung einer anderen erogenen Zone des weiblichen Körpers erfolgt."* (Masters & Johnson, 1967, S. 69/70).

Hinsichtlich des Penis fanden Masters und Johnson (1967), dass sich bei einem kleineren Penis die Größe bis zum Ende der Plateauphase mindestens verdoppelt, während sich ein größerer Penis prozentual weniger vergrößert, sodass sich durch die Erektion Längenunterschiede beim Penis teilweise ausgleichen. Sie führten weiter aus, dass auch die Vagina der Frau interindividuell unterschiedlich groß sei und eine große Anpassungsfähigkeit habe. Die Penisgröße sei „nur ein unbedeutender Faktor bei der sexuellen Stimulierung der Frau" (Masters & Johnson, 1967, S. 177). Zu den „weitverbreiteten phallischen Irrtümern" gehört nach Masters und Johnson (1967) auch „die unklare Vorstellung von einer übermäßigen Masturbation" (S. 182). Es gäbe keine medizinische Definition der exzessiven Masturbation und keinen Beleg dafür, dass Masturbation, in welcher Häufigkeit auch immer, zu einer Geisteskrankheit führe.

Tab. 1: Sexueller Reaktionszyklus nach den Angaben von Masters und Johnson

Erregungsphase	Plateauphase	Orgasmusphase	Rückbildungsphase
• Erektion der Brustwarzen und Sichtbarwerden der Venenzeichnung an den Brüsten • Feuchtwerden der Schamlippen (Lubrikation) innerhalb von 10 bis 30 Sekunden nach sex. Stimulierung (parasympathisch gesteuert) • Mehrdurchblutung im Genitalbereich • Hebung und Vergrößerung der Hoden • Verlängerung der Vagina um 2–3 cm und Vergrößerung des Vaginadurchmessers um das 2–3-Fache • Gesteigerte Herzrate • beim Mann bereits nach geringer sexueller Erregung Erektion des Penis, parasympathisch gesteuert, keine willkürliche Steuerung • bei der Frau Vergrößerung der kleinen Schamlippen, Auseinanderweichen der großen Schamlippen • bei etwa der Hälfte der Frauen Klitorisvergrößerung • kein Bezug zwischen Penisgröße und Körpergröße • Ein längerer Penis (10–11.5 cm) vergrößert sich weniger als ein kleinerer Penis (7.5–9 cm), der sich größenmäßig verdoppelt. • Bei beiden Geschlechtern hemmt Angst die sexuelle Reaktion.	• Größenzunahme der Brust vor allem bei Frauen, die noch nicht gestillt haben • „sex flush" (Sexualröte an Brüsten, Hals, Bauch, Schultern) bei 75 % der Frauen und 25 % der Männer • oft willkürliche Kontraktion der Gesäßmuskeln zur Steigerung der sexuellen Erregung • Eichel nimmt an Umfang zu (bei manchen Männern bläuliche Verfärbung). • Orgastische Manschette bei der Frau (Blutfüllung, kleine Schamlippen 2–3-mal dicker) • Rote Verfärbung der kleinen Schamlippen („sex skin") • Die Klitoris zieht sich zurück. • übermäßige Atmung/Hyperventilation • Beschleunigung der Herzfrequenz und des Blutdrucks • Vergrößerung der Gebärmutter durch stärkere Durchblutung • Volle Anhebung und Vergrößerung der Hoden • präejakulatorisches Sekret mit aktiv beweglichen Spermien • unmittelbar vor dem Orgasmus Erweiterung der Harnröhre beim Mann und bei der Frau (bei der Frau eventuell dadurch Urinabgabe)	• beim Mann Gefühl der Unvermeidbarkeit für 2–3 Sekunden, dann Ejakulation durch 3–4 Kontraktionen im Abstand von 0.8 Sekunden, danach weitere Kontraktionen in größerem Abstand • bei der Frau Gefühl des Stehenbleibens, dann Gefühl der Wärmeausbreitung, danach 3–6 Kontraktionen der Gebärmutter und der orgastischen Manschette im Abstand von 0.8 Sekunden, danach weitere Kontraktionen in längeren unregelmäßigen Abständen • bei Mann und Frau auch Kontraktionen der Analmuskulatur sowie eine unwillkürliche Muskelspannung, die wegen der Einengung des Bewusstseins beim Orgasmus nicht wahrgenommen wird • „sex flush" bei einem vor vier Männern • hohe Herzfrequenz (bei Frauen vor allem bei der Selbstbefriedigung, 110–180 Schläge je Minute) • Hyperventilation von über 40 Atemzüge je Minute (oft mit unwillkürlicher Öffnung des Mundes) • Multiorgastische Frauen empfinden zumeist den zweiten oder dritten Orgasmus als mit mehr Lustgefühl verbunden als den ersten.	• Rückbildung des „sex flush" • Beim Mann ist diese Phase wohl immer notwendig; die Frau hingegen hat die Fähigkeit zu multiplen Orgasmen während eines Reaktionszyklus (ohne Absinken unter das Niveau der Plateauphase). • Rückbildung des Penis je nach Situation • Rückbildung der orgastischen Manschette (3–15 Min., bei fehlendem Orgasmus erst nach 20–30 Min.) • Schweißausbruch bei 1/3 der Frauen und vielen Männern • Rückkehr der Klitoris in die Normallage in 5–10 Sekunden • Farbe der kleinen Schamlippen wechselt von Tief- bis Hellrot nach Hellrosa innerhalb von 10–15 Sekunden

Masters und Johnson untersuchten auch physiologische Unterschiede in der sexuellen Reaktion hinsichtlich der Stimulation durch Selbstbefriedigung oder durch Vaginalverkehr. Grundsätzlich fanden sie *keinen Unterschied zwischen einem durch Selbstbefriedigung oder durch Vaginalverkehr hervorgerufenen Reaktionszyklus, womit die jahrhundertelang behauptete Schädlichkeit der Masturbation auch physiologisch widerlegt werden konnte.* Auch die grundlegende Physiologie des Orgasmus bleibt nach Masters und Johnson (1967) immer gleich, egal ob der Orgasmus durch den Koitus, durch Stimulation der Geschlechtsorgane oder erogener Zonen oder sogar nur durch die Fantasie ausgelöst werde (S. 127). Hinsichtlich einiger physiologischer Daten fanden Masters und Johnson bei der Auslösung durch Selbstbefriedigung intensivere körperliche Reaktionen. So fanden sie beispielsweise stärkere Kontraktionen der Gebärmutter bei der Orgasmusauslösung durch Selbstbefriedigung. Bei Frauen, die zu Fehlgeburten neigen, ist diese Information für das Verhalten in der Schwangerschaft wichtig. Bei der Neigung zu Fehlgeburten wird die sexuelle Abstinenz in den ersten drei Schwangerschaftsmonaten sowie ab der 31. Schwangerschaftswoche empfohlen (Buddeberg, 2005), was dann nicht nur ein Verbot des Geschlechtsverkehrs, sondern auch der Selbstbefriedigung bedeutet.

Masters und Johnson sind nicht nur berühmt wegen ihrer Untersuchung des sexuellen Reaktionszyklus, sondern auch wegen der Entwicklung und Umsetzung eines sexualtherapeutischen Behandlungsprogramms bei verschiedenen sexuellen Dysfunktionen. Sie entwickelten ein Therapieprogramm (Sensate Focus) und erzielten große Behandlungserfolge bei der Therapie von Erektionsstörungen, Ejaculatio praecox, Vaginismus etc. (siehe Kap. 10).

Kritisch ist gegen Masters und Johnson eingewendet worden, dass man kaum etwas über die individuelle Streuung der berichteten sexuellen Reaktionen erfahre (nur Angabe von Durchschnittswerten, nicht der Standardabweichung) und dass die physiologischen Messungen nichts über die Bedeutung für das sexuelle Erleben aussagen (Selg et al., 1979). Zudem sei die *Stichprobenverzerrung* erheblich, da nur bestimmte Personen bereit und fähig seien, sich bei sexuellen Handlungen bis zum Orgasmus beobachten und verkabeln zu lassen. Außerdem führe das Wissen, beobachtet zu werden, zu anderen sexuellen Verhaltensweisen und Reaktionen als im häuslichen privaten Umfeld *(geringe ökologische Validität)* (Rathus et al., 2011). Gegen die therapeutischen Studien wurde eingewendet, dass Masters und Johnson keine klaren Kriterien für den Therapieerfolg benannten und dass deshalb eine Überprüfung ihrer Daten schwierig sei (Crooks & Baur, 1990). *Bemerkenswert ist allerdings, dass die von Masters und Johnson entwickelte „Sensate Focus-Therapie" auch heute noch die übliche Therapiemethode bei der nichtmedikamentösen Behandlung von sexuellen Funktionsstörungen ist.*

2.6.3 Repräsentativbefragungen nach Kinsey

Sowohl Kinsey als auch Masters und Johnson hätten den Nobelpreis für Medizin erhalten müssen, denn sie waren herausragende, wagemutige und kreative Wissenschaftler und ihnen waren bahnbrechende Entdeckungen gelungen. Die Tabuisierung der Sexualität verhinderte, dass sie ihn erhielten. Medizinische Fachzeitschriften hatten beispielsweise die Veröffentlichung der Forschungsergebnisse von Masters und Johnson als pornografisch abgelehnt (Roach, 2009). Der Kinsey-Report war der Impuls für zahlreiche spätere Befragungen zum Sexualverhalten. Nahezu alle diese Studien hatten jedoch Rücklaufraten, die bestenfalls zwischen 20 und 50 % lagen (Hunt-Report, Sorensen-Report, Janus-Report, RALF-Report) oder die nur auf einer Selbstselektion der Stichprobe mit Rücklaufquoten zwischen 2 und 3 % beruhten (z. B. Redbook-Report, Hite-Report). Vor allem bei den von Magazinen veranlassten Reports ging es weniger um wissenschaftliche Sorgfalt als um journalistisch verwertbare Enthüllungen (Hyde & DeLamater, 2006; Rathus et al., 2011). Beim Hite-Report war das Ziel, Frauen und Männern Selbstreflektionen zu ermöglichen, sie durch den wörtlichen Abdruck ihrer Antworten zu einem offenen Fragebogen selbst zu Wort kommen zu lassen und dadurch die Leserinnen und Leser aufzuklären (Hite, 1977, 1982). Die nach Kinsey beste Studie zum Sexualverhalten der Amerikaner war die *NHSLS-Studie* (National Health and Social Life Survey) von Laumann, Gagnon, Michael und Michaels in den 1990er Jahren, die durch einen finanziellen Anreiz eine Teilnahmequote von 79 % mit insgesamt 3 432 Probanden erreichte (Michael et al., 1994).

Zusammenfassung

Die griechische und römische Antike war generell sexualfreundlich. In der antiken Sexualforschung, die sich auf Einzelbeobachtungen und Tiervergleiche bezog, gab es Diskussionen über den besten Zeitpunkt der Fortpflanzung, über die Existenz des weiblichen Samens, über Schwangerschaftsverhütung, Schwangerschaft, Geburt und über sexuelle Gesundheit. Mit der Ausbreitung des Christentums und der damit verbundenen Geringschätzung des Körpers endete diese Forschung. Erst in der Renaissance gab es erneut eine Beschäftigung mit der Sexualität, vor allem in Form von medizinisch-physiologischen Untersuchungen. Trotz bedeutender Entdeckungen (Samenzellen, Eifollikel, Eileiter) blieb der Wissensstand bescheiden, sodass man der Ausbreitung der Syphilis ab dem Ende des 15. Jahrhunderts hilflos gegenüberstand. Die Sexualpädagogik entstand im 18. Jahrhundert im Kampf gegen die Onanie, wobei die Behauptung einer gesundheitlichen Schädigung durch Onanie zuerst durch einen Quacksalber und dann durch Ärzte erhoben wurde. Man ging mit Abschreckungspädagogik sowie mit Medikamenten, Diäten, Folterapparaturen oder chirurgischen Eingriffen wie Klitorisentfernung und Penisinfibulation gegen die Selbstbefriedigung vor. Die moderne Sexualwissenschaft entstand im sogenannten „Viktorianischen Zeitalter“, für das die Gleichzeitigkeit einer vollkommenen Tabuisierung der Sexualität und eines großen Interesses an der Sexualität typisch war. Sie beginnt mit der „Psychopathia sexualis“ von Krafft-Ebing sowie den folgenden wissenschaftlichen Arbeiten von Ellis in England, von Bloch und Moll in Deutschland sowie von Freud in Österreich. Programmatisch wird die Sexualwissenschaft interdisziplinär als Verbindung von Natur- und Kulturwissenschaft konzipiert, wobei dieser Anspruch bis heute nicht umgesetzt ist. Während sexuelle Variationen anfangs häufig pathologisiert wurden, wurden sie später als zur normalen Variabilität der Sexualität zugehörig betrachtet. Dies gilt insbesondere auch für die Homosexualität, die ein häufiges Forschungsthema war und für deren Legalisierung sich vor allem der deutsche Sexualforscher Hirschfeld einsetzte. Mit der Machtergreifung durch die Nationalsozialisten im Jahre 1933 verlor die deutsche Sexualwissenschaft ihre führende Position. In den USA wurde durch Kinsey erstmals eine repräsentative Erhebung des Sexualverhaltens durchgeführt, die sowohl forschungsmethodisch als auch von den Ergebnissen her richtungsweisend war. Dem Gynäkologen Masters und seiner Mitarbeiterin Johnson gelang es, mit modernen medizinischen Messinstrumenten die sexuelle Reaktion sowohl beim Vaginalverkehr als auch bei der Masturbation zu erfassen und vor dem Hintergrund ihrer Erkenntnisse eine sehr erfolgreiche Therapie sexueller Funktionsstörungen zu entwickeln. Während im 18. Jahrhundert die Beschäftigung mit der Onanie im Mittelpunkt stand, waren es im 19. Jahrhundert die „Perversionen“ und im 20. Jahrhundert die sexuellen Funktionsstörungen.

Überprüfungsfragen

a) Im griechischen Fruchtbarkeitskult wurde eine Phallusfigur zum Festplatz getragen. Welchem Gott huldigte man bei diesen Festspielen?
b) Von welchem griechischen Arzt stammte die Zwei-Samen-Theorie der Fortpflanzung?
c) Welcher Kirchenvater wünschte sich, dass die Fortpflanzungsorgane „auf Willensgeheiß hin in Tätigkeit träten“?
d) In dem Buch „Sexual Inversion“ kommt der Autor zu dem Schluss, dass Homosexualität weder eine Krankheit noch ein Verbrechen ist. Wer ist der Autor?
e) In seinem Forscherleben beschäftigte er sich länger mit der Gallwespe als mit der menschlichen Sexualität. Wer war dies?
f) Von der 1968er Studentenbewegung wurde er wegen der Verbindung von Marxismus und Psychoanalyse sowie seiner Idee der Befreiung durch Sexualität sehr geschätzt. Wer war dies?

g) Als therapeutische Mittel empfahl dieser Psychiater Hydrotherapie, ins Gewissen reden (moral treatment), Beruhigung des Patienten, hypnotische Suggestion, Besserung der Konstitution, Abstinenz von der Masturbation oder Geschlechtsverkehr mit Frauen. Wer war dies?
h) Kinseys Vorgehen zur Gewinnung der Stichprobe und seine Interviewtechnik waren exzellent. Richtig oder falsch?
i) Welche Forschungsstrategie verfolgten Kinsey, Pomeroy, Gebhard und Martin? Qualitativ oder quantitativ? Experimentell oder nicht-experimentell? Feld- oder Laborforschung?
j) Masters und Johnson beschrieben ein Vier-Stufen-Modell der sexuellen Reaktion mit Appetenzphase, Erregungsphase, Orgasmusphase und Rückbildungsphase. Richtig oder falsch?
k) Er wirkte an einer Reihe von Stummfilmen mit, in denen es um Sexualaufklärung und um die Abschaffung der Bestrafung von Homosexualität ging. Wer war es?
l) Benennen Sie mindestens drei wissenschaftliche Einwände gegen die Validität der Studien von Masters und Johnson!
m) Die Hite-Reports beruhten auf einer Selbstselektion der Stichprobe. Richtig oder falsch?

Fragen zum Nachdenken/Übungsanregungen

a) In welcher europäischen Sexualkultur von der Antike bis heute würden Sie am liebsten leben?
b) Warum waren in Deutschland viele berühmte Sexualwissenschaftler jüdischer Herkunft?
c) Warum ist der Anteil homosexueller Sexualwissenschaftler größer als der Anteil Homosexueller in der Bevölkerung insgesamt?
d) Würden Sie an einer Laboruntersuchung zur Untersuchung der sexuellen Reaktion nach Art der Untersuchungen von Masters und Johnson teilnehmen? Wenn nein, warum nicht?

3. Evolutionäre Perspektive

Wahrheit oder Fiktion?	wahr	falsch
Aus dem Studium der Sexualität in der Natur kann man ableiten, welche Formen der Sexualität natürlich sind und welche nicht.	❐	❐
Wir sind die Sex-Sklaven unserer Gene.	❐	❐
Prostitution gibt es bei vielen Tierarten.	❐	❐
Vergewaltigungen kommen nur beim Menschen vor.	❐	❐
Schimpansinnen kopulieren während ihrer fruchtbaren Tage mit fast allen nichtverwandten Männchen.	❐	❐
Im Vergleich zu den anderen Menschenaffen ist der Penis des Mannes ziemlich lang und dick.	❐	❐
Gruppenehen entstehen in Nordindien oft dadurch, dass sich zunächst zwei Brüder eine Frau teilen und dann bei späterem Reichtum eine weitere Frau hinzunehmen, ohne dass es zu einer Aufteilung kommt.	❐	❐

Die Grundidee der Evolutionären Psychologie ist, dass alle Lebewesen darauf programmiert sind, für die Erhaltung und Vermehrung ihrer Gene zu sorgen. Die Evolutionäre Psychologie tritt mit dem Anspruch auf, nicht ein Spezialgebiet der Psychologie zu sein, sondern eine *neue Grundlage für alle psychologischen Teilbereiche.* Sie bezieht sich auf Darwins Evolutionstheorie. Darwins Blick auf den Reproduktionserfolg wird nach der Entdeckung der DNA heute genauer auf die Reproduktion der Gene (*Egoismus der Gene;* Dawkins, 1976) bezogen, wozu beispielsweise neben den leiblichen Kindern auch die Förderung von genetisch verwandten Enkelkindern, Cousins, Nichten oder Neffen gehört (Barash & Lipton, 2010, S. 256–257).

Charles Darwin legte in seinem Hauptwerk „On the Origin of Species by Means of Natural Selection" (1859) seine Theorie der natürlichen Selektion dar. Der Grundgedanke ist, dass die Art oder die Variation einer Art überlebt, die sich am besten an die Umwelt anpasst und sich trotz widriger Umweltbedingungen (beispielsweise langanhaltende Dürre) vermehrt. Ausgangspunkt sind die in der Natur vorkommenden Variationen. „Variabilität ist" nach Darwin (1871/2012) „die notwendige Vorbedingung für die Wirksamkeit der Selektion" (S. 300). Eine weitere Bedingung ist die Vererbbarkeit einer Variation. Der Variationsreichtum in einer Population führt dazu, dass einige Individuen besser mit Feinden klarkommen, resistenter gegen Krankheiten sind, besser das Nahrungsangebot der Natur nutzen können und sich folglich erfolgreicher fortpflanzen als andere, sodass sich bestimmte Variationen durchsetzen und andere nicht, was als Selektion bezeichnet wird. Eine Giraffe, die schneller läuft als andere, wird sich erfolgreicher fortpflanzen, da sie den Raubtieren eher entkommt. Der „Erfolg oder Mißerfolg bei der Fortpflanzung bestimmt, welche Erbinformationen in den nachfolgenden Generationen vertreten sind und welche verschwinden" (Sommer, 1994, S. XII). Mit dem Schlagwort „Survival of the fittest" (ein Begriff, der nicht von Darwin stammt) ist nicht das Überleben des Stärkeren gemeint, sondern eine erfolgreichere Weitergabe der Gene durch besser angepasste Arten. *„Besser angepasst" darf nicht verwechselt werden mit „höher entwickelt"*, denn es geht nur um die beste Anpassung an die jeweilige Umwelt, nicht um die Entwicklung hin zu einer höheren Stufe (Junker, 2006; Ryan & Jethá, 2016). *Zur Fitness gehört nach Darwin nicht nur die Anpassung an die Umwelt, sondern auch das Gewinnen eines Fortpflanzungspartners. Dies bedeutet, dass sich nicht unbedingt der am besten Angepasste, sondern beispielsweise der Schönste durchsetzt.* Dies legte Darwin in dem Buch „The Descent of Man, and Selection in Relation to Sex" (1871) als die Theorie der *„Sexuellen Selektion"* dar. In Biologieschulbüchern wird oft nur die Theorie der „Natürlichen Selektion" vermittelt, obwohl für Darwin die Theorie der „Sexuellen Selektion" viel wichtiger war (Miller, 2001). Die Evolutionäre Psychologie bezieht sich vor allem auf die Theorie der „Sexuellen Selektion" und stellt den Menschen direkt in die Natur. *Aus evolutionärer Perspektive ist der Mensch ein Tier, genauer gesagt ein Affe, nämlich die dritte Schimpansenart* (Diamond, 1994; Junker, 2006).

Grundsätzlich gilt aber, dass beim Menschen biologische Vorlieben nicht als Rechtfertigung für das Verhalten dienen können (beispielsweise für Ehebruch oder Vergewaltigung) und zudem keine Auskunft darüber geben, welches Verhalten gut ist. *Wer aus der Natur Anweisungen für das Leben ableitet, unterliegt einem naturalistischen Fehlschluss, indem er vom „Sein" auf ein „Sollen" und von „Natur" auf „Natürlichkeit" schließt* (Scheunpflug, 2001; Sommer, 1994). Die dritte Schimpansenart „Mensch" unterliegt nicht so der Biologie, dass sie keine freie Willensentscheidung hätte. *Wir sind nicht die Sex-Sklaven unserer Gene. Die biologische Ausstattung erklärt nur, warum bestimmte Verhaltensweisen lieber als andere praktiziert werden. Sie erklärt Neigungen, erzwingt aber kein Verhalten.*

3.1 Warum gibt es Sex?

Warum gibt es überhaupt Sex? *Die biparentale Fortpflanzung ist kompliziert, verbraucht erhebliche Ressourcen und kostet Zeit für die Suche nach einem Part-*

ner, für die Werbung und die Paarung. Zudem ist sie störanfällig und mit einem Verletzungs- und Todesrisiko verbunden (man kann beim Sex leicht gefressen werden) (Diamond, 2009, S. 110; Junker, 2006). Bei asexueller Fortpflanzung entsteht ein genetisch identischer Abkömmling (abgesehen von durch Mutation verursachten Veränderungen), bei sexueller Fortpflanzung entsteht eine Neukombination der variablen Gene von Vater und Mutter. Bei sexueller Fortpflanzung haben Mutter und Kind nur die Hälfte der variablen Gene gemeinsam (LeVay, 1994). *Das ist besonders unschön, wenn man eine „Niete" gezogen hat. Trotz des erheblichen Aufwands bei der Partnerwahl kann niemand sicher sein, dass der gewonnene Partner für die eigenen Gene wirklich eine „gute Partie" ist.* Warum gibt es trotz dieser offensichtlichen Nachteile Fortpflanzung durch Sex?

Erstaunlich ist, dass die asexuelle (uniparentale) Fortpflanzung eher selten vorkommt. Es gibt sie als Zellteilung (z.B. bei Bakterien), als vegetative Vermehrung (Ableger, Knollen, Wurzeln, Austriebe), als Hermaphroditismus oder als Fortpflanzung durch unbefruchtete Eizellen (Parthenogenese). Die asexuelle Fortpflanzung ist günstig, wenn rasch ein neuer Lebensraum zu besiedeln ist. Aber sie muss trotz der hohen Kostenersparnis gegenüber der sexuellen Fortpflanzung einen sehr bedeutenden Nachteil haben, der die offenbaren Vorteile mehr als ausgleicht. Dieser Nachteil ist die geringe *genetische Variabilität.* Variabilität wird benötigt, wenn es zu starken Veränderungen in der Umwelt kommt, beispielsweise Temperatur- und Niederschlagsänderungen, Verschwinden von Pflanzen oder Beutetieren, Auftauchen neuer Raubtiere oder neuer Krankheiten (Gray & Garcia, 2013). Entscheidend ist beim heutigen Menschen der ständige Wechsel der uns bedrohenden Viren. Erkrankungen wie Beulenpest, Pocken, Malaria, Syphilis, Spanische Grippe, Ebola, SARS, Schweinegrippe, Vogelgrippe und COVID-19 sowie zu erwartende neue Viruserkrankungen sind eine große Bedrohung. *Zwischen 1918 und 1920 fielen etwa 50 Millionen Menschen der Spanischen Grippe zum Opfer und somit fünfmal mehr als dem kurz vorher beendeten Ersten Weltkrieg.* Beim Menschen gibt es mehr als 100 Varianten der MHC-Gene (major histocompatibility complex), die die Aufgabe haben, Bakterien, Viren oder Parasiten zu erkennen und die Abwehr des Körpers einzuleiten. Sexuelle Fortpflanzung ermöglicht es, den eigenen Nachkommen unterschiedliche Immungene mitzugeben. In Forschungen an Ratten, Mäusen, Stichlingen und Menschen konnte der Schweizer Evolutionsbiologe *Claus Wedekind* belegen, dass in der Partnerwahl über den Geruchssinn bevorzugt solche Partner ausgewählt werden, die möglichst andere Varianten der MHC-Gene haben. In der „Verschwitzten T-Shirt-Studie" stellte sich heraus, dass sowohl Frauen als auch Männer bei einem Geruchstest solche (während zweier Nächte getragene) T-Shirts angenehm fanden, die von Trägern mit unähnlichen MHC-Genen stammten (Wedekind et al., 1995). Offenbar gibt es einen Mechanismus, der dafür sorgt, dass wir solche Partner gut riechen können, die von uns verschiedene MHC-Gene haben. Dieser Mechanismus funktioniert allerdings nur, wenn Frauen nicht die Pille nehmen.

Die Variabilität durch sexuelle Fortpflanzung erhöht die Anpassungsfähigkeit beim Kampf gegen schädliche Parasiten und Viren, und dies ist der entscheidende Grund für Sex (manchmal spricht man auch von der *Red-Queen-Hypothese,* benannt nach einem Kinderbuch von Lewis Carroll). Daneben gibt es noch weitere Vorteile der sexuellen Fortpflanzung: Nach der *„Reparatur-Hypothese"* spielt es auch eine Rolle, dass bei der nichtsexuellen Fortpflanzung immer wieder „Kopierfehler" vorkommen, nämlich Mutationen, die fast immer ungünstig sind. Die sexuelle Fortpflanzung ist ein sehr wirksames Mittel, „um den durch Mutationen verursachten Schaden zu begrenzen" (Miller, 2001, S. 122). Nach der *„Lottoschein-Hypothese"* (die Trefferwahrscheinlichkeit ist bei verschieden ausgefüllten Lottoscheinen größer als bei identisch ausgefüllten) ist ein weiterer Vorteil von Sex, dass die „zusätzliche Erzeugung genetischer Variabilität der Erschließung neuer Lebensräume" (Johow & Voland, 2011, S. 136) dient. Durch genetisch heterogene Nachkommen erhöht sich die Chance, dass zumindest einige Nachkommen überleben und ökologische Nischen nutzen. Mindestens aus diesen drei Gründen (Kampf gegen Parasiten, Viren, Krankheiten, neue Räuber, Umwelt- und Klimaveränderungen; Bekämpfung schädlicher Mutationen; zusätzliche ökologische Expansionsmöglichkeiten) entwickelte sich vor etwa 500 bis 1 000 Millionen Jahren die sexuelle Fortpflanzung. Neben der Erfindung des Lebens war die Erfindung der Sexualität in der Geschichte der Erde das bedeutsamste Ereignis (Ponseti & Stirn, 2019).

Warum gibt es nun (im biologischen Sinn der biparentalen Fortpflanzung) zwei Geschlechter mit Ei- und Samenzellen und nicht etwas Mittleres oder mehr als zwei Geschlechter, denn genetische Variabilität lässt sich auch so herstellen? Bei Schleimpilzen findet man tatsächlich sehr viele Geschlechter (Gray & Garcia, 2013). Eine spezielle Variante von Sex und asexueller Fortpflanzung findet man beim Pantoffeltierchen: Beim „Sex" tauschen Pantoffeltierchen Erbinformationen aus, danach pflanzen sie sich asexuell durch Teilung fort. Geklärt ist nicht, warum in der Natur die sexuelle Fortpflanzung mit zwei Geschlechtern dominiert (Johow & Voland, 2011). Interessant sind die extremen Größenunterschiede bei der sexuellen Fortpflanzung (= Anisogamie). *So ist die menschliche Eizelle 85 000-mal größer als die Samenzelle, wobei eine Ejakulation im Durchschnitt 280 Millionen Spermien enthält* (Bateman & Bennett, 2006). Schon die weibliche Eizelle ist also viel teurer als das vergleichsweise „billig" zu produzierende Spermium.

3.2 Parental Investment

Ein wichtiger Begriff der Evolutionstheorie ist *„Parental Investment“* (= Elternaufwand; der Begriff wird meistens unübersetzt verwendet). *Gemeint ist die Investition, die Eltern sowohl pränatal (Werbung/Paarung/Schwangerschaft/Eierpflege) als auch postnatal (Füttern, Beschützen, Lehren) aufwenden, um das Überleben des gezeugten Nachwuchses zu sichern und seine Fitness zu erhöhen.* Diese Investition ist nicht unerheblich, da man beim Schutz des Nachwuchses und bei der zusätzlichen Nahrungssuche von Raubtieren gefressen werden kann und zudem weniger Zeit für das eigene Überleben und für weitere Fortpflanzungsmöglichkeiten hat. In der Regel ist das Parental Investment der Weibchen umfangreicher als das der Männchen. *Das minimale Investment der Männchen ist der Werbe- und Paarungsaufwand, wobei durch eine Vergewaltigung das Investment deutlich reduziert werden kann. Das minimale Investment der Weibchen besteht neben dem Paarungsaufwand aus der Zeit der Trächtigkeit, aus den Anstrengungen und Risiken der Geburt sowie aus der Stillzeit.* Die Unterschiede beim minimalen Parental Investment haben Folgen für die Partnerwahlstrategie: Während Weibchen aufgrund ihres umfangreichen Investments unbedingt auf Qualität achten müssen, ist für Männchen Quantität eine sinnvollere Fortpflanzungsstrategie. Für Männchen gilt, dass mit der Anzahl der Geschlechtspartner auch die Anzahl der Nachkommen steigt und dass es eine große Variation im Reproduktionserfolg gibt. Während relativ viele Männchen leer ausgehen (sich nicht fortpflanzen), habe einige Männchen vielfache Nachkommen (Johow & Voland, 2011). Einige arabische und chinesische Herrscher hatten vermutlich mehr als tausend Kinder. Aufgrund von Genanalysen wurde behauptet, dass etwa 16 Millionen Menschen direkte Nachfahren Dschingis Khans seien, wobei allerdings die DNA Dschingis Khans fehlt (Zerjal et al., 2003). Bei Weibchen hingegen ist die Korrelation zwischen der Anzahl der Sexualpartner und der Anzahl der Nachkommen gering. Anders als bei den Männchen ist es eher unwahrscheinlich, dass ein Weibchen keinen Sexualpartner findet und leer ausgeht. Die Anzahl der Nachkommen ist jedoch begrenzt (beim Menschen ohne Mehrfachgeburten in der Regel nicht mehr als 20 Kinder), sodass die Variation im Reproduktionserfolg bei Weibchen niedriger ist.

Das minimale „Parental Investment“ der Weibchen ist also viel größer als das der Männchen. Dafür haben Weibchen aber den großen Vorteil der *Elterngewissheit.* Während Weibchen bei allen Säugetieren zu 100 % sicher sein können, dass ihr Nachwuchs von ihnen stammt, können Väter nicht sicher sein, dass der Nachwuchs wirklich von ihnen stammt. Genau umgekehrt ist dies beispielsweise beim Seepferdchen. Die Befruchtung der Eier findet beim Seepferdchen in der männlichen Bruttasche statt, wobei das Seepferdchen-Männchen sich mit mehreren Weibchen paaren kann. Seepferdchen-Männchen können so sicher sein, dass der Nachwuchs von ihnen stammt, während die Weibchen nun ihrerseits Mutterunsicherheit haben. Bei externer Befruchtung können die Männchen immerhin die eigenen Samen bei den Eiern der Weibchen wahrnehmen. Bei Befruchtung im Inneren der Weibchen besteht hingegen *Vaterunsicherheit.* Die Gewissheit der Elternschaft beeinflusst das „Parental Investment". Bei großer Vaterschaftssicherheit wie beispielsweise bei Seepferdchen, Seenadeln, Buntbarschen oder einigen Knochenfischen kann man ein ungewöhnlich großes „Parental Investment" der Männchen beobachten (Kappeler, 2012). Auch bei den streng monogam lebenden Azara-Nachtaffen fand man ein sehr großes väterliches Investment (Füttern und Spielen mit dem Nachwuchs), wobei Genanalysen zeigten, dass der Nachwuchs tatsächlich immer vom Vater abstammte (Huck et al., 2014). Generell ist bei intensivem Parental Investment die Sterblichkeit der Jungtiere niedrig. Da Mütter in der Regel ein „Parental Investment" der Väter wünschen, weisen sie nach empirischen Studien viermal häufiger auf die Ähnlichkeit ihres Babys mit dem Vater hin als auf ihre eigene Ähnlichkeit mit dem Baby. Weitere Studien zeigten, dass Väter mehr Zeit und Geld in ein Kind investieren, das ihnen ähnlich sieht (Buss, 2004).

Neben der Vaterunsicherheit entscheiden auch die Kosten der verpassten Paarungsmöglichkeiten über den Umfang des Parental Investment. Da bei Frauen die Variation im Fortpflanzungserfolg zumeist nicht von der Anzahl der Sexualpartner abhängt (Ausnahme: Unfruchtbarkeit des Partners), sind die Kosten durch verpasste Paarungsmöglichkeiten gering. Männer hingegen reduzieren durch ein umfangreiches „Parental Investment" ihre sonstigen Fortpflanzungsmöglichkeiten, da die Energien, die in den Nachwuchs investiert werden, für die Gewinnung weiterer Partnerinnen fehlen. Da das Überleben des Nachwuchses aufgrund des größeren Parental Investment stärker von der Mutter als vom Vater abhängt, hat sich evolutionär bei Frauen eine bessere Immunabwehr und eine größere Überlebensfähigkeit durchgesetzt (Gray & Garcia, 2013). Die sexuelle Fortpflanzung hat für beide Geschlechter Risiken: Frauen haben das Risiko, mit einer Schwangerschaft sitzengelassen zu werden; Männer haben das Risiko, ein „Kuckuckskind" großzuziehen (Johow & Voland, 2011).

3.3 Sexuelle Selektion

Im Jahre 1860 klagte Charles Darwin in einem Brief, dass ihm beim Anblick einer Pfauenfeder schlecht werde, weil sich der schöne Schmuck und die Ornamente nicht mit der Theorie der natürlichen Selektion vereinbaren ließen (van der Neut, 2016). *Ein gut getarntes flugfähiges Pfauenmännchen würde jedenfalls besser zur natürlichen Selektion passen als ein nur schlecht fliegendes Pfauenmännchen mit einer extrem langen Schleppe prächtiger Federn.* Ähnliche Kopfschmerzen bereiteten Darwin der Federschmuck des Argusfasans, aber auch sperrige und unpraktische Geweihe. Aus diesem Unbehagen heraus entwickelte

Darwin schließlich die Theorie der sexuellen Selektion. Unter *sexueller Selektion* versteht Darwin, dass nicht nur durch Anpassung an die Natur selektiert wird, sondern auch durch die Partnerfindung. Nicht unbedingt der am besten an die Natur Angepasste gibt seine Gene weiter, sondern oft der oder die Begehrteste, vorausgesetzt natürlich, dass er oder sie bis zur Paarung überlebt hat. Die Begehrtheit wird entweder durch den Wettkampf um die Paarungsmöglichkeiten innerhalb eines Geschlechts oder durch die Wahl des jeweils anderen Geschlechts entschieden. Der Wettkampf innerhalb eines Geschlechts wird als intrasexuelle Selektion bezeichnet, die Wahl durch das jeweils andere Geschlecht als intersexuelle Selektion. Zudem kann die sexuelle Selektion auch durch sexuellen Zwang entstehen.

Insgesamt können fünf Formen der sexuellen Selektion unterschieden werden:

1. Intrasexuelle Selektion zwischen Männchen um den Zugang zu den Weibchen
2. Intrasexuelle Selektion zwischen Weibchen um die Männchen
3. Intersexuelle Selektion durch wählerische Weibchen
4. Intersexuelle Selektion durch wählerische Männchen
5. Sexuelle Selektion durch Zwang (Vergewaltigung, Separierung der Weibchen, Infantizid).

3.3.1 Intrasexuelle Selektion

Intrasexuelle Selektion ist der Kampf innerhalb eines Geschlechts um den Zugang zum anderen Geschlecht. Sie erfolgt vor allem bei dem Geschlecht mit dem geringsten Parental Investment, in der Regel also zwischen den Männchen. Diese tragen ihn mit Geweihen, Hörnern, Eckzähnen, Muskeln, Körpergröße und -masse aus, wobei sich dann oft nur ein Männchen mit allen Weibchen (die keine Wahl haben) fortpflanzt und alle anderen Männchen leer ausgehen (was erklärt, dass solche Balzkämpfe oft auch tödlich enden). Beim Menschen ist die intrasexuelle Selektion zwischen Männchen nicht die bedeutendste Art der Selektion, sonst müssten die Männer kräftiger und mindestens doppelt so groß sein wie die Weibchen (ähnlich wie bei den Gorillas). Zudem, wenn die weibliche Wahl keine Rolle spielen würde, würden die Männer weniger schön aussehen und wären weniger intelligent. Es gibt aber auch beim Menschen klare Indizien der intrasexuellen Selektion zwischen Männchen um den Zugang zu den Weibchen. Schon Darwin (1871/2012) nahm an, dass die Kämpfe zwischen den rivalisierenden Männern um den Besitz einer Frau nicht nur Kraft und Größe begünstigten, sondern auch „Mut, Ausdauer und [...] Willenskraft“ (S. 224).

Typische Anzeichen der intrasexuellen Selektion zwischen Männern sind die im Vergleich zu Frauen höhere Sterblichkeit (insbesondere im vorgeburtlichen Lebensabschnitt, im Jugendalter sowie im frühen Erwachsenenalter) und die größere Varianz innerhalb der Gruppe der Männer (hinsichtlich Intelligenz, Körpergröße, Persönlichkeitseigenschaften etc.). Die größere Varianz bei Männern folgt einer evolutionären Logik: Da sich bei Männern einige sehr stark, andere hingegen gar nicht fortpflanzen, ist eine große Varianz innerhalb der Gruppe der Männer evolutionär sinnvoll, da ein sehr erfolgreicher Mann mehrere erfolglose Männer aufwiegen kann, was bei Frauen nur begrenzt möglich ist (Euler, 2015; Meyer, 2015; Pinker, 2008). In der Pubertät erfolgt ein bedeutsamer intrasexueller Wettkampf um die „Weibchen". Dies kann sich durch sportliche, künstlerische oder intellektuelle Konkurrenz ausdrücken. Wer in diesem Wettkampf nicht gut abschneidet, kann durch gefährliche Risikoverhaltensweisen wie rasantes Autofahren oder S-Bahn-Surfen seine Position in der männlichen Hierarchie der Peergroup entscheidend verbessern. Robustheit und Erwachsen-Sein demonstrierende Verhaltensweisen wie Wetttrinken oder gefährliche Sportarten werden von männlichen Jugendlichen vornehmlich vor Publikum ausgeübt (Good et al., 2000). Ähnlich wie im Tierreich geht es bei Männern häufig um Imponiergehabe und um die klare Festlegung von Rangstrukturen (Bischof-Köhler, 2002). Da Jungen/Männer bei der Partnerwahl leer ausgehen (oder viel gewinnen) können und ihr Status bei der Partnerwahl entscheidend ist, haben sie durch risikoreiches Verhalten vor dem Hintergrund der Genweitergabe mehr zu gewinnen und weniger zu verlieren. In der Evolutionsgeschichte fand im Jugendalter bei Jungen eine strenge Selektion statt, die riskantes Verhalten begünstigte.

Gesundheit, Wohlbefinden und Langlebigkeit sind aus individueller Sicht höchst bedeutsam, aus evolutionärer Sicht hingegen sekundär. Ein gewisses Wohlbefinden ist oft Voraussetzung der Fortpflanzung, aber die Fortpflanzung führt im Pflanzen- und Tierreich manchmal zum Tod. Relativ bald nach der Fortpflanzung sterben beispielsweise Aale, Pazifik-Lachse oder Tintenfische, und zwar beiderlei Geschlechts. Bei vielen Insektenarten sterben die Männchen unmittelbar nach der Begattung, da sie nur Spermienspender sind und sonst keine Funktion haben (beispielsweise bei Bienen und Ameisen). Eine extreme Vernachlässigung der eigenen Gesundheit zeigt das Breitfußbeutelmausmännchen, das sich in einem kurzen Zeitraum mit so vielen Weibchen paart, dass es an Erschöpfung stirbt. Etwas derber ausgedrückt: Es fickt sich zu Tode (Fisher et al., 2013). Aus gesundheitlicher Sicht ist das Verhalten des Breitfußbeutelmausmännchens unverständlich, denn es würde länger leben, wenn es sein Sexualverhalten einschränken würde. Evolutionär war ein gesünderes Sexualverhalten aber offenbar nicht erfolgreich, da es zu weniger Nachkommen führte, sonst hätte es sich durchgesetzt.

Neben der intrasexuellen Selektion zwischen „Männchen" gibt es auch die intrasexuelle Selektion zwischen „Weibchen". Die intrasexuelle Selektion bei Weibchen hat beispielsweise die roten Schwellungen im Gesäßbereich bei den Pavianweibchen hervorgebracht hat (Gray & Garcia, 2013). Beim Menschen erfolgt der Konkurrenzkampf zwischen Frauen durch Mobbing wie Rufschädigungen, abfällige Blicke oder gezielte Desinformationen. Zumeist geht es darum, die physische Attraktivität oder die sexuelle Lebensweise der Konkurrentin infrage zu stellen. Dies zielt direkt auf das Wahlverhalten der Männer. Bei einer langfristigen Partnerwahlstrategie kommt für Männer sowohl eine physisch unattraktive (unattraktiver Nachwuchs mit schlechten Partnerschaftschancen) als auch eine untreue Frau (Vaterunsicherheit) nicht infrage. Zur intrasexuellen Selektion zwischen Frauen gehören auch teure Kleidung, Make-up, Schmuck und Frisuren, die nicht nur dazu dienen, Männer anzulocken, sondern auch dazu genutzt werden, um Konkurrentinnen einzuschüchtern (Junker, 2016).

Bei Tierarten, bei denen mehrere Männchen Zugang zu denselben Weibchen haben (bei Promiskuität oder Polyandrie), erfolgt die intrasexuelle Selektion durch ein voluminöses und spermienreiches Ejakulat *(Spermienkonkurrenz)*, durch die Entfernung fremden Spermas (beispielsweise bei den Libellen), durch spezielle Killerspermien (die gezielt nach Fremdspermien suchen und diese abtöten) oder durch eine Verlängerung des Paarungsakts über die Ejakulation hinaus, um auf diese Weise den eigenen Spermien einen zeitlichen Vorteil gegenüber den Spermien eines möglichen Konkurrenten mitzugeben („Hängen" bei Wölfen und Hunden: der angeschwollene Penis verbleibt etwa 15–30 Minuten in der Vagina). Es wurde diskutiert, ob die Spermienkonkurrenz auch beim Menschen eine Rolle spielt. Dafür würde sprechen, dass es auch beim Menschen vorkommt, dass Frauen innerhalb der fruchtbaren Tage Sex mit verschiedenen Männern haben und dass das relative Hodengewicht, das Ejakulatvolumen und die Anzahl der Spermien je Ejakulat beim Menschen größer sind als bei Gibbons, Orang-Utans oder Gorillas. Die Anzahl der Spermien ist beim Menschen jedoch nicht annähernd so groß wie bei den Schimpansen und Bonobos. Zudem gibt es beim menschlichen Penis keine Borsten zur Entfernung von fremdem Sperma und die Existenz von menschlichen Killerspermien konnte bislang nicht belegt werden (Junker, 2016). *Es gibt allerdings Forscher, die den Weg der Spermien zur Eizelle eher als ein Hindernisrennen sehen, das dazu dienen soll, ungeeignete Spermien auszusondern. Zudem wird die Auffassung vertreten, dass der Wettkampf der Spermien einem Rugbyspiel mit spezialisierten Verteidigern und Stürmern gleiche (Ryan & Jethá, 2016, S. 254). Spermienkonkurrenz ist eine ziemlich friedliche Variante der intrasexuellen Selektion.*

Neben der Spermienkonkurrenz ist eine weitere spezielle Form der intrasexuellen Selektion die *sexuelle Selbstaufopferung.* Bei der Mantis, der Rotrückenspinne, der Schwarzen Witwe, der Wespenspinne und einigen Skorpionen opfert sich das Männchen nach vollzogener Kopulation oder während der Kopulation selbst als Fressgeschenk *(sexueller Kannibalismus).* Dies hat für das Männchen den evolutionären Vorteil, dass erstens die Paarung länger dauert und mehr Sperma weitergegeben werden kann, dass zweitens das Weibchen geringere Lust auf eine weitere Paarung mit einem anderen Männchen hat und dass drittens das Weibchen mit genügend Eiweiß versorgt ist und mehr Eier legen kann (Diamond, 2009). Bei der Mantis geht die Kopulation sogar weiter, wenn das Weibchen dem Männchen bereits den Kopf abgebissen hat. Die männliche Selbstaufopferung ist aus evolutionärer Sicht sinnvoll, wenn die Wahrscheinlichkeit für eine weitere Paarung gering oder ausgeschlossen ist. Am Beispiel der Wespenspinne kann dies verdeutlicht werden. Bei 80 % aller Paarungen vertilgen die Weibchen bei der Paarung die Männchen. Die Männchen können sich in ihrem Leben höchstens zweimal paaren, da sie ihre beiden Paarungsorgane jeweils nur einmal nutzen können. Im besten Falle können sie sich also mit zwei Weibchen paaren. Auf eine zweite Paarung zu setzen, macht aber nur Sinn, wenn es halbwegs wahrscheinlich ist, ein zweites Weibchen zu treffen. Da die männliche Wespenspinne nach der Paarung nicht mehr lange leben wird, ist es für sie evolutionär sinnvoll, spätestens bei der zweiten Paarung unvorsichtig lange zu kopulieren, da dadurch mehr Spermien übertragen werden und, wenn sie gefressen wurde, mehr Ressourcen für die Eiproduktion vorhanden sind. Welke und Schneider (2010) fanden heraus, dass die männlichen Wespenspinnen zwischen Inzest-Sex und Sex mit einem fremden Weibchen unterscheiden können. Bei biologisch ungünstigen Inzucht-Paarungen bemühen sich die Männchen durch eine kurze Paarung (6 Sekunden) nicht gefressen zu werden, bei der biologisch günstigeren Paarung mit einer Fremden ließen sie sich für die Paarung mehr Zeit (9 Sekunden), was fast immer bedeutete, dass sie vom Weibchen gefressen wurden. Diese Beispiele für sexuellen Kannibalismus zeigen eindrücklich, dass das evolutionäre Ziel des einzelnen Lebewesens nicht das Überleben, sondern die Fortpflanzung ist. Der sexuelle Kannibalismus ist eine Folge der Evolution. Wenn erfolgreich fliehende Männchen mehr Nachwuchs gehabt hätten als die verspeisten Männchen, dann hätte sich der sexuelle Kannibalismus beziehungsweise die Selbstaufopferung nicht durchgesetzt (Uhl & Voland, 2002). Es gab auch beim Menschen in den Jäger- und Sammlerkulturen in Notsituationen evolutionär sinnvolle Selbstaufopferungen zugunsten der Verwandten sowie zugunsten der relativ kleinen und miteinander verwandten „Urhorde". Heute wird die evolutionäre Vorliebe für die Selbstaufopferung von Ideologien genutzt, die Selbstmordattentäter suchen (Junker & Paul, 2009). Die intrasexuelle Selektion kommt also in drei Varianten vor:

- erstens in Form der Aggression gegen die Geschlechtsgenossen (bei Männchen zumeist durch körperliche Gewalt, bei Weibchen eher durch Mobbing)
- zweitens in Form der Spermakonkurrenz
- und drittens in Form der Selbstaufopferung.

3.3.2 Intersexuelle Selektion

Die „Intersexuelle Selektion" ist beim Menschen wichtiger als die „Intrasexuelle Selektion". *Intersexuelle Selektion* bedeutet, dass Weibchen die Männchen auswählen und/oder dass Männchen die Weibchen auswählen. *Im Vergleich zur intrasexuellen Selektion ist die intersexuelle Selektion die „friedlichere" Variante,* da es hier nicht um den innergeschlechtlichen Kampf geht, sondern um Werbung und Wahlverhalten. Da Weibchen in der Regel mehr in den Nachwuchs investieren, ist die Partnerwahl für sie besonders wichtig. Schon Darwin beschrieb sowohl für Tiere als auch für Menschen viele Eigentümlichkeiten, die entweder nur oder zumindest auch durch Werbung und Partnerwahlverhalten zu erklären sind. Beim Menschen sieht Darwin (1871/2012) sowohl die Ausbildung unterschiedlicher „Menschenrassen" als auch einige Geschlechtsunterschiede als ein Ergebnis der intersexuellen Selektion an, wobei sich in verschiedenen Regionen unterschiedliche Moden durchgesetzt hätten. *Darwin führt das Vorhandensein oder das Fehlen des männlichen Barts in den „Menschenrassen" als Beispiel an, aber auch „die Hautfarbe, die Körperbehaarung bzw. die fehlende Körperbehaarung (vor allem bei Frauen), das hochgewölbte Hinterteil (Steatopygie) bei Hottentottenfrauen" (siehe auch Diamond, 2009, S. 215), die Stimme und die musikalischen Fähigkeiten, die Fähigkeit des Tanzes und der Poesie und ganz generell die menschliche körperliche Schönheit. Insbesondere die ungewöhnlich große weibliche Brust dürfte eine Folge der intersexuellen Selektion durch wählerische „Männchen" sein* (siehe Kap. 3.5). Weitere menschliche Ornamente sind die Augenform, die Lippenform, die Form der Nase, des Kinns und des Schädels. Die Hautpigmentierung beim Menschen hat nicht nur mit der Anpassung an viel oder wenig Sonneneinstrahlung und somit mit der natürlichen Selektion zu tun, sondern auch mit der sexuellen Selektion durch die verschiedenen Schönheitsideale in verschiedenen Kulturen. Parallel zu den *Ornamenten* im Tierreich wie das Prachtgefieder des Pfaus oder die Gesichtsfärbung des Mandrills beschreibt Darwin beim Menschen die verschiedenen *Körpermanipulationen wie das Tragen von schmückenden Federn, Halsbändern, Armspangen oder Ohrringen, das Färben der Haut, der Haare, der Augenlider und Nägel, Tätowierungen, das Ausschlagen von Schneidezähnen, Modifikationen der Schädelform, das Durchbohren von Nasen, Lippen oder Ohren, die Entfernung von Augenbrauen und Wimpern, das Flachdrücken von Nasen oder die Verkleinerung der Füße (durch extremes Einbinden und Knochenbrechen/Lotosfuß).* Der beim Menschen vergleichsweise *dicke und lange Penis* (siehe Kap. 3.5) dürfte auch Resultat einer über viele Generationen wirkenden Partnerpräferenz sein (Junker & Paul, 2009).

Im Anschluss an Darwin postuliert Miller (2001), dass die Intelligenzentwicklung des Menschen vor allem ein Produkt der sexuellen Selektion sei. Der extreme Aufwand für Kunst, Musik, Poesie, Philosophie, Religion und das hierfür nötige Gehirn seien durch die natürliche Evolution nicht ausreichend zu erklären. *Malerei, Musik, Poesie, Kunsthandwerk, Philosophie, Ethik, Religion, kreative Intelligenz, Fantasie, Humor, Sprache, Redekunst, Konversationskunst, kreative Selbstdarstellung, Charme, Klatsch und Sport seien „evolutionäre Luxusgüter" (Miller, 2001, S. 126) und hätten nur einen geringen Nutzen für das Überleben oder für die Anpassung an die Umwelt. Nur durch die sexuelle Selektion sei erklärbar, dass sich die Größe des menschlichen Gehirns innerhalb von nur zwei Millionen Jahren verdreifacht habe (Miller, 2001, S. 95).* Beim Menschen entwickelten sich also durch die sexuelle Selektion nicht besonders auffällige Ornamente, sondern menschliche Künste, die dazu dienten, die sexuelle Attraktivität zu erhöhen. Intelligenz, Kreativität und Kunst sind also „Abfallprodukte" des Balzverhaltens (Degen, 2004, S. 35). Dies gilt bereits für das Tierreich, in dem es den Gesang, verschiedene Künste (z. B. Dekorationskunst des männlichen Laubenvogels, Lichtkunst des Leuchtkäfers) und den Tanz (z. B. Paarungstanz des Paradiesvogels) gibt. Berühmt für ihren Gesang ist die Nachtigall. Singen tut nur das Männchen, und zwar das unverheiratete Männchen, das die ganze Nacht hindurch singt und damit sein Risiko erhöht, vom Waldkauz gefressen zu werden. Die Weibchen wählen ihre Partner nach dem Umfang und der Kunstfertigkeit des Gesangsrepertoires (zeigt Intelligenz an), aber auch nach dem Durchhaltevermögen beim Singen sowie nach der Aggressivität des Dazwischensingens. Nach der Paarung endet der Gesang des Männchens (Bennemann, 2010, S. 14). Zu den menschlichen Ornamenten gehören neben dem Gesang das Spielen von Musikinstrumenten, der Tanz, die darstellende Kunst und die Handwerkskunst, die Poesie und die Fähigkeit, Geschichten zu erzählen oder zu philosophieren (Junker, 2016).

In der sexuellen Selektion waren es vor allem die wählerischen Weibchen, die die Evolution hin zu Intelligenz, Musikalität, Kunstsinn, Poesie, Literatur, Ethik, Philosophie, Religion vorantrieben, während die wählerischen Männchen (anders als bei den meisten Tieren) mehr zur Evolution der menschlichen Schönheit beitrugen.

Darwins Theorie der intersexuellen Selektion wurde durch die bestechende *Handicap-Theorie* des israelischen Zoologen *Amotz Zahavi* erweitert.

Die *Handicap-Theorie* besagt, dass Genqualität in der Natur durch Signale angezeigt wird, die

erstens *kostspielig*,
zweitens *unnütz* und
drittens (nach Möglichkeit) *fälschungssicher* sind.

Nach ihr lässt sich die Genqualität an Behinderungen wie beispielsweise an *überlangen Schwanzfedern* erkennen. Bei den meisten Tierarten sind die Männchen die optisch prachtvolleren, da in der intersexuellen Selektion die „Damenwahl" solche Ornamente hervorgebracht hat (bei der selteneren „Herrenwahl" ist dies umgekehrt, dann sind die Weibchen die prachtvolleren, z. B. beim Blatthühnchen). An sich sind Ornamente ein Hindernis, da man mit ihnen eher von Fressfeinden gefunden wird oder bei der Nahrungssuche und Bewegung eingeschränkt ist. Nach der Handicap-Hypothese zeigt man durch behindernde Ornamente die besondere Überlebensfähigkeit an, wobei die natürliche Selektion dafür sorgt, dass Ornamente nicht zu stark übertrieben werden. Wer trotz einer solchen Behinderung überlebt, muss gute Gene haben und kann sich solche Handicaps leisten. So erhöht die eindrucksvolle Mähne des afrikanischen Löwen in der Savanne den Hitzestress; wer dies aushält und überlebt, wird genetisch eine höhere Qualität haben. In der Paarungszeit färbt sich die Brust des Stichlingsmännchens rot. Experimentelle Untersuchungen haben gezeigt, dass die Stichlingsweibchen ihre Paarungspartner nach der roten Farbe auswählen. Die Männchen zeigen mit der roten Brustfärbung, dass sie so gesund sind, dass sie sich diese Färbung leisten können, denn ein kranker, mit dem Überleben kämpfender Stichling wird eine solche Färbung nicht produzieren können. Tatsächlich ist es für den Stoffwechsel des Stichlingsmännchens nicht leicht, den roten Farbstoff aufzubauen. Das bekannteste Beispiel für die Handicaptheorie sind die männlichen Pfauenfedern, die eine Flucht behindern und das Verstecken erschweren. Tatsächlich konnte man feststellen, dass farbenprächtigere Pfauenmännchen gesünder waren. *Der Körper eines Pfauenhahns, der lange mit Schmarotzern und Krankheiten zu kämpfen hat, kann seine Ressourcen nicht in den Aufbau eines Prachtgefieders stecken* (Uhl & Voland, 2002).

Beim Menschen gehören Verhaltensweisen wie riskante Sportarten, riskanter Substanzgebrauch, Tollkühnheit oder das Fahren kostspieliger Fahrzeuge zur Partnerwerbung nach dem Handicapprinzip. Man demonstriert durch riskante und ökonomisch unsinnige (verschwenderische) Verhaltensweisen, dass man sich diese Handicaps leisten kann und trotzdem überlebt. *So ist beispielsweise S-Bahnsurfen kostspielig (hohes Sterberisiko), unnütz und fälschungssicher.* In Papua-Neuguinea zeigen Männer ihre Fitness durch ein *Narbentattoo* an, wodurch sie erstens demonstrieren, dass sie Schmerzen aushalten können, und zweitens ihre Resistenz gegenüber einem hohen Infektionsrisiko anzeigen. Auch andere Körpermodifikationen wie Piercings, geweitete Ohrlöcher, Lippenteller, Tätowierungen, Schädeldeformationen oder rituelle Zahnentfernungen dienen bei vielen Völkern sowohl bei Männern als auch bei Frauen als Körperschmuck und als Nachweis der Genqualität. *Nach der Handicaptheorie zeigt man durch diese Körpermodifikationen an, dass die eigenen Gene so gut sind, dass man sich diese riskanten und unnützen Modifikationen leisten kann.* Auch in der westlichen Welt sind Körpermodifikationen wie Tattoos, Piercings oder Narbentattoos (früher in studentischen Verbindungen der „Schmiss“) weit verbreitet. *Solche Körpermodifikationen zeigen Verschwendung an und sind damit prestigeträchtig, was für Narben infolge eines normalen Unfalls nicht gilt. Eine Schnittverletzung im Gesicht erhöht den Partnerwert, wenn sie durch Teilnahme an der Mensur entstand; sie reduziert den Partnerwert, wenn die Ursache ein Arbeitsunfall war.* Man kann seine genetische Fitness auch durch die Mode demonstrieren, beispielsweise durch *Stilettoabsätze,* die unbequem, beeinträchtigend und gefährlich, aber dadurch mit Signalwirkung *kostspielig, unnütz* und *fälschungssicher* sind. Männer der unteren Sozialschichten demonstrieren ihre genetische Fitness häufig durch Verhaltensweisen wie *exzessiver Tabak- und Alkoholkonsum, delinquentes Verhalten, Fahrrad- oder Motorradfahren ohne Helm oder auch durch riskantes altruistisches Verhalten (z. B. bei der freiwilligen Feuerwehr).* In den mittleren Sozialschichten demonstriert man seine genetische Fitness durch *überteuerte Markenkleidung und Handys,* in den oberen Sozialschichten durch den kostspieligen Erwerb und Unterhalt von *Sportwagen, Luxus-Jachten, Rolex-Uhren, Juwelen, Privat-Jets, Designermöbel, moderne Kunst, teure Weine, durch die Mitgliedschaft in einem Golfclub oder einfach durch das demonstrative Verbrennen von echtem Geld.* Der gehobene Bildungsstand demonstriert seine Fitness durch Studiengänge ohne berufspraktische Verwertbarkeit. Die Fälschungssicherheit ist ein wichtiger Aspekt des Handicap-Prinzips. Wer sich beispielsweise einen akademischen Grad durch die Copy-and-Paste-Funktion erschleicht und sich nach dem Erwischt-Werden damit rechtfertigt, dass die Doktorarbeit neben der „Berufs- und Abgeordnetentätigkeit als junger Familienvater in mühevollster Kleinarbeit entstanden“ (Guttenberg, 2011) sei, demonstriert gerade nicht seine Fitness, sondern gibt zu, dass er sich die kostspielige Verschwendung von Zeit und Ressourcen nicht leisten konnte (eine Verschwendung ist eine Doktorarbeit allerdings nur im nichtakademischen Bereich).

Die dem Handicap-Prinzip zugrunde liegende Botschaft ist: *„Ich kann es mir leisten, eine derartige Pracht zu entfalten. Ich bin so stark, so gesund, so vital, dass ich mir diese ansonsten nutzlose, ja sogar mich belastende Verschwendung von Ressourcen leisten kann“ (Uhl & Voland, 2002, S. 60). Auch die Großwildjagd unserer Vorfahren oder schwierige Jagdmethoden wie das Fischen mit dem Speer dienten nicht einfach nur der Ernährung, sondern belegten den Mut, die Risikobereitschaft und das Jagdkönnen. Für eine zuverlässige Versorgung wäre es sinnvoller gewesen, wenn die Männer sich genauso wie die Frauen mit dem Sammeln von Pflanzen, Früchten und Raupen beschäftigt hätten (Diamond, 2009; O'Connell et al., 1999). Wer stattdessen auf die Jagd ging, zeigte damit, dass er sich dieses beeindruckende „Hobby“ leisten konnte. Der Kalorienertrag bei der Jagd ist im Durchschnitt niedriger als der Kalorienertrag beim Sammeln.* Hinzu kommt, dass die Jagd oft viele Tage ohne Ertrag bleibt. Letztlich ist das Ziel unterschiedlich: *Die Jagd folgt der Angeber-Strategie, das Sammeln der Versorger-Strategie* (Diamond, 2009). Bei einem Jagderfolg ging das erbeutete Fleisch nicht an die Kleinfamilie, sondern an die gesamte Gruppe. Dem erfolgreichen Jäger half die Jagd bei der Erhöhung der Rangposition in der Gruppe und auch bei Seitensprüngen, eventuell im Austausch mit der Jagdbeute.

Vor dem Hintergrund der Handicaptheorie sind bestimmte schulische Suchtpräventionsansätze kritisch zu betrachten. Da Männer bei der Partnerwahl leer ausgehen können und ihr Status bei der Partnerwahl entscheidend ist, sind für sie riskante und ungesunde Verhaltensweisen bei niedrigem Status evolutionär sinnvoll. Verhaltensweisen wie rasantes Autofahren, Gewalt, Delinquenz, Sensation Seeking, Wetttrinken, Tabakkonsum oder Tollkühnheit erhöhen die Rangposition in der Gruppe bei sozial abgelehnten oder marginalisierten Jugendlichen. Zur Statuserhöhung zeigen diese Jugendlichen riskantes Verhalten bei der Anwesenheit von rangähnlichen männlichen Jugendlichen sowie von attraktiven Frauen, was Sinn macht, wenn man den Status in der Peergroup und die Chancen beim Wettbewerb um die ‚Weibchen' erhöhen will. Nach der Handicaptheorie müssen Verhaltensweisen oder körperliche Merkmale, die den Status erhöhen, kostspielig sein (die Handicaptheorie wird auch als *„costly signaling theory"* bezeichnet). Wer dann als Lehrkraft die gesundheitlichen Folgen von Risikoverhaltensweisen thematisiert, agiert kontraproduktiv, da so die Kostspieligkeit des Risikoverhaltens bestätigt wird. Vor der Peergroup wird dann deutlich, dass es sich tatsächlich um ein Handicap handelt, wodurch man den Status der Jugendlichen mit Risikoverhalten erhöht. Die Lehrkraft verstärkt so das Risikoverhalten, da rauchende oder Alkohol trinkende Schülerinnen und Schüler nach dem Handicapprinzip ihre Genqualität anzeigen wollen und die Lehrkraft vor der Klasse die Kostspieligkeit des gewählten Signals bestätigt (siehe Ellis et al., 2012; Hinz, 2014a).

Bei einigen Tierarten sind in der intersexuellen Selektion *Geschenke, Gegenleistungen oder Ressourcen* entscheidend. So bietet die männliche Skorpionsfliege dem Weibchen ein totes Insekt oder spezielle Speichelkügelchen an, wobei dann die Kopulation beim Verzehr durch das Weibchen stattfindet. Untersuchungen zeigen, dass Weibchen, die nur große Paarungsgeschenke akzeptieren, mehr Eier legen (Uhl & Voland, 2002). Genauso läuft die Paarung bei der Listspinne ab, wobei das Fresspaket hier noch mit Spinnenseide aufwändig eingepackt wird. Einige Männchen nutzen jedoch den Verpackungstrick: sie packen nutzlose Geschenke ein. Bis die Weibchen den Betrug merken, ist es dann schon zu spät und die Begattung hat stattgefunden. Ähnliche Brautgeschenke und Betrügereien gibt es auch beim Menschen. So erhielt beispielsweise im Golfemirat Dubai eine Frau als Brautgeschenk eine Luxusuhr im Wert von 150 000 Euro und reichte die Scheidung und eine Entschädigungsklage ein, als sich ein halbes Jahr nach der Hochzeit herausstellte, dass die Uhr ein billiges Imitat war (Hamburger Abendblatt, 28.05.2013). Bei den Affen ist der Tausch von Sex gegen Nahrungsgeschenke weit verbreitet, insbesondere bei Bonobos und Schimpansen. Bei einem Experiment in den 1930er Jahren zeigten die weiblichen Schimpansen im Unterschied zu den männlichen Schimpansen kein Interesse am mühsamen Erwerb von Münzen, mit denen man später Rosinen eintauschen konnte. Zunächst nahmen die Forscher an, dass die weiblichen Schimpansen wegen ihres kleineren Gehirns den Zusammenhang zwischen Münzen und Rosinen nicht verstanden hätten. Erst durch nächtliche Beobachtung wurde schließlich klar, dass die „Schimpansendamen" es vorzogen, durch nächtliche Prostitution die mühsam erarbeiteten Münzen der Männchen zu erwerben, wobei sie diese dann gegen Rosinen eintauschten (Ruch & Zimbardo, 1975, S. 165).

Neben Geschenken können auch *Gegenleistungen* für Sex eingetauscht werden. So belohnen die Winterkrabben-Weibchen solche Männchen mit Sex, die sie vor männlichen Eindringlingen schützen. Bei den Langschwanz-Makaken konnte man beobachten, dass Weibchen mit Sex für die Fellpflege der Männchen bezahlen. Schließlich spielen auch *Ressourcen* eine große Rolle. Männchen mit guten Revieren, schön gebauten Lauben oder Nestern werden bei vielen Vogel- und vielen Fischarten bevorzugt ausgewählt. Auch mit Ressourcen demonstrieren die Männchen ihre genetische Fitness. Wenn sie ihre gesamte Zeit und Kraft bräuchten, um Nahrung zu sammeln und am Leben zu bleiben, wäre es ihnen nicht möglich, Lauben oder Nester zu bauen. Beim Laubenvogel fällt auf, dass dieser zusätzlich sehr viel Zeit und Energie investiert, um das gebaute Nest zu schmücken. Er verwendet dabei Blüten, Beeren, Knochen oder auch Plastikmüll, wobei er alle Teile farblich auswählt und zur Dekoration platziert. Dieser Schmuck ist ein Signal nach dem Handicapprinzip und zeigt den Weibchen, dass die Gene dieses Männchens so gut sind, dass er sich neben dem Nestbau auch noch mit dem Ausschmücken beschäftigen kann (Uhl & Voland, 2002). Ressourcen spielen auch bei der intersexuellen Selektion beim Menschen eine große Rolle. Selbst erworbener Reichtum dürfte in vielen Fällen mit den Fähigkeiten eines Menschen zu tun haben und auch ererbter Reichtum könnte zumindest noch in einem schwachen Zusammenhang mit der Genqualität eines potenziellen Paarungspartners stehen. Neben dem materiellen Reichtum zählen auch die erworbenen Fähigkeiten und Qualifikationen (z. B. Schul- und Studienabschlüsse, Meisterbrief; intellektuelle, künstlerische oder handwerkliche Fähigkeiten) zu den Ressourcen eines Paarungspartners, die ihn „sexy" und „attraktiv" machen (Junker, 2016). Hierzu passt das Ergebnis einer Studie von Buss (2004): Er fragte College-Studentinnen, wie verärgert sie wären, wenn sie ein Mann trotz mehrfach erhaltener Ablehnung beharrlich fragen würde, ob sie mit ihm ausgehen würden. Die Probandinnen waren am meisten über beharrliche Annäherungsversuche von Bauarbeitern, Müllmännern, Reinigungspersonal und Tankstellenmitarbeitern verärgert und am wenigsten über die von Medizinstudenten oder erfolgreichen Rockstars.

Waffen sind nicht nur beim Wettkampf der Männchen untereinander (intrasexuelle Selektion) von Bedeutung, sondern sind auch ein Kriterium der

Weibchen bei der intersexuellen Selektion. So wählen Weibchen eher größere Partner, eher Partner mit einer imposanten männlichen Gestalt (beispielsweise bei den Gorillas), mit mehr Muskeln, mit imposanterem Geweih oder einfach mit mehr Aggressivität. Für Frauen sind Männer mit Waffen (Muskeln etc.) sexuell attraktiv, da sie Schutz gegenüber den Bedrohungen der Umwelt als auch gegenüber anderen Männern versprechen, und zwar sowohl für sich selbst als auch vor allem für den eigenen Nachwuchs. Angesichts der ständigen Bedrohung des Nachwuchses durch Infantizid war es für Frauen sehr attraktiv, sich einen sehr kräftigen männlichen Paarungspartner zu suchen. Ein Nachteil der intersexuellen Selektion anhand der Waffenausstattung ist aber, dass die männlichen Waffen sowohl gegen das Weibchen als auch gegen ihren Nachwuchs eingesetzt werden können. Von daher ist unklar, ob Frauen in der sexuellen Selektion wirklich stärkere, größere und aggressivere Männer bevorzugt haben. Im Tierreich kennt man auch die gegenteilige Wahl. So paaren sich beispielsweise Grauschabenweibchen bevorzugt mit schwächeren Verlierer-Grauschabenmännchen, weil sie befürchten, dass sich die Aggressivität eines Alpha-Paarungspartners gegen sie selbst und gegen ihren Nachwuchs richten kann (Bennemann, 2010). Klar scheint zu sein, dass beim Menschen in der intrasexuellen Selektion Aggressivität und Stärke belohnt wurden. Bei der intersexuellen Selektion durch Damenwahl setzten sich hingegen vermutlich oft die friedfertigen Männer mit ausgeprägter Großzügigkeit, Nächstenliebe, Fürsorglichkeit, Freundlichkeit und Zuverlässigkeit durch.

3.3.3 Sexueller Zwang

Neben der intrasexuellen und der intersexuellen Selektion kann *sexueller Zwang* als eine weitere Form der sexuellen Selektion angesehen werden. Sexueller Zwang beeinflusst auf unterschiedliche Art die Fortpflanzung:

- erstens durch Vergewaltigung oder Zwangsverheiratung
- zweitens durch das Fernhalten des Weibchens von anderen Männchen
- drittens indirekt durch die Tötung von Jungtieren.

Vergewaltigungen findet man vor allem bei Männchen, die bei der Paarung leer ausgingen, die stärker als die Weibchen sind und die Weibchen vorfinden, die nicht durch ein starkes Männchen bewacht werden. Vergewaltigungen kommen bei Orang-Utans vor, aber auch bei Menschen, Schimpansen, Gorillas, Delfinen, Seelöwen, Otter, Stockenten, Hühnern, Kröten und der Skorpionsfliege. Bei Menschen, Delfinen und Stockenten kommt es auch vor, dass mehrere Männchen sich zusammentun und ein Weibchen separieren und gemeinsam vergewaltigen. Opfer von Vergewaltigungen sind vor allem junge Frauen im gebärfähigen Alter, während Opfer eines Mordes eher Frauen im Alter von etwa 40 Jahren sind (Thornhill & Thornhill, 1983). Dieser Befund widerspricht der feministischen Theorie, die behauptet, Vergewaltigungen hätten keine sexuelle Motivation. Wenn es um Hass auf Frauen sowie um den Wunsch nach Erniedrigung von Frauen ginge, würde es wenig Sinn machen, sich junge und statusniedrige Frauen als Opfer zu suchen. Vergewaltigungen sind beim Menschen unter normalen Umständen eine seltene Paarungsstrategie. Beim Fehlen von Kontrolle und von Bestrafungen sind Vergewaltigungen jedoch häufiger. Sie kommen häufig als Massenvergewaltigung in Kriegssituationen vor (Metzger, 2016; Sander & Johr, 1992) und dienen neben der sexuellen Befriedigung in diesem Kontext erstens der Demütigung des besiegten Feindes, zweitens dem Beweis von „Männlichkeit" vor den Kameraden und drittens der Weitergabe der eigenen Gene mit dem Ziel der Ethnomorphose (nach Vergewaltigungen in Bosnien sagten Soldaten: „Jetzt bekommst du ein serbisches Baby"). Man schätzt, dass beispielsweise im Bangladesch-Krieg 200 000 Bengalinnen vergewaltigt wurden und dass etwa 25 000 der vergewaltigten Frauen schwanger wurden, was nahelegt, dass die Vergewaltigung auch als evolutionäre Strategie anzusehen ist (hierfür spricht beispielsweise die Aussage eines westpakistanischen Majors, durch Vergewaltigungen werde wenigstens die nächste Generation pakistanisch; Brownmiller, 1980; Ghiglieri, 1999; Heidegger, 2011). Laboruntersuchungen zeigen, dass Männer durch Filmaufnahmen von Vergewaltigungen sexuell erregt werden. Malamuth und Check (1980) fanden, dass männliche Probanden vor allem dann durch Vergewaltigungsfilme erregt wurden, wenn die Opfer schließlich deutliche Anzeichen von sexueller Erregung zeigten. In einer Befragung sollten sich die männlichen Probanden vorstellen, *„dass sie Sex mit einer Frau gegen deren Willen haben könnten und dass dies niemals entdeckt werden würde" (Buss, 2004, S. 418). Immerhin 35 % der befragten Männer gaben an, dass die Wahrscheinlichkeit einer Vergewaltigung bei ihnen unter diesen Umständen größer als Null wäre.*

Es ist umstritten, ob die Vergewaltigung eine bei Männern evolutionär angelegte Paarungsstrategie ist. Es gibt jedoch viele Befunde, die dafür sprechen. Der aufsehenerregendste Befund ist, dass Vergewaltigungen mehr Schwangerschaften verursachen als einvernehmliche Sexualakte (Gottschall & Gottschall, 2003). Die Ursachen hierfür sind unklar und Gegenstand der Spekulation: Können Vergewaltiger ihr Sperma manipulieren, möglicherweise als Folge von früherer Spermakonkurrenz bei Gruppenvergewaltigungen oder bei Promiskuität (Ejakulat-Manipulations-Hypothese)? Haben Vergewaltiger eine bessere Fähigkeit, die Ovulation zu erkennen? Macht es evolutionär Sinn, einen Sohn mit Vergewaltiger-Genen zu haben, weil dieser später dann ebenfalls vergewaltigen und damit die eigenen Gene weitergeben wird (Baker & Bellis, 1995)? Wählen Vergewaltiger eher gebärfreudige attraktive Frauen aus? Oder handelt es sich gar nicht um eine Besonderheit bei Vergewaltigungen, da prinzipiell alle Männer mehr Ejakulat und mehr bewegliche Spermien bei einem neuen Sexualpartner abgeben (siehe Joseph et al., 2015)? Insgesamt ist hier ein Forschungsdesiderat festzustellen.

Neben der Vergewaltigung ist eine andere Form des sexuellen Zwangs das *Fernhalten der Weibchen* von anderen paarungsbereiten Männchen. Diese Form des sexuellen Zwangs findet man bei allen Tierarten, wobei aber Vögel schwerer zu bewachen sind als auf dem Boden lebende Tiere. Beim Maulwurf gibt es eine besondere Form des sexuellen Zwangs, da das Maulwurfmännchen nach vollzogener Kopulation mit einem harzähnlichen Pfropf die Geschlechtsöffnung wirksam verschließt. Solche „Keuschheitsgürtel" gibt es auch bei Ratten und Mäusen. Es wird diskutiert, ob auch die Schimpansen zumindest versuchen, aus verhärtenden Eiweißen in ihrer Samenflüssigkeit etwas Ähnliches wie einen Genitalpfropfen zu bilden (Meyer, 2015, S. 218). Bei der männlichen Wespenspinne bricht in mehr als 80 % der Fälle das männliche Geschlechtsorgan nach der Kopulation ab, wodurch die Geschlechtsöffnung verstopft und Spermakonkurrenz verhindert wird (Nessler et al., 2007). Eine Duftabwehr kennt man vom Großen Kohlweißling und vom Schwarzen Tagkurzflügler. Die Männchen hinterlassen nach der Paarung auf der Partnerin einen stinkenden Duftstoff, der Konkurrenten wirksam fernhält. Das Fernhalten der Weibchen von anderen Männchen ist auch beim Menschen eine verbreitete Fortpflanzungsstrategie, insbesondere in patriarchalisch strukturierten Gesellschaften. Eingesetzt werden Methoden wie Separierung in Wohnräumen, Bewachung durch die Verwandtschaft oder durch Eunuchen im Harem, Unattraktiv-Machen durch Verschleierung, Verbot von körperbetonter Kleidung, Verbot von Schminke und Parfum in der Öffentlichkeit (Al-Jami, 2017), Verbot einer außerhäuslichen Berufstätigkeit (um Kontakte zu anderen Männern zu verhindern), die Beschneidung in Form der Klitorisentfernung und der Infibulation (Zusammennähen der Schamlippen) oder hohe Preise für nachgewiesene Jungfräulichkeit (Diamond, 2009).

Infantizid wird dann als Fortpflanzungsstrategie eingesetzt, wenn das Männchen nicht der Vater ist, wenn durch die Tötung des Jungtiers das Weibchen schneller fortpflanzungsbereit und die Wahrscheinlichkeit einer Paarung hoch ist. Bei Löwen ist Infantizid für ungefähr 25 % der Sterblichkeit im ersten Lebensjahr verantwortlich. Infantizid als Fortpflanzungsstrategie findet man auch bei Bären, Walen, Murmeltieren, Rötelmäusen, Rauchschwalben, Haussperlingen, Hanumanlanguren und vielen anderen Primaten. Ein Gorillaweibchen verliert beispielsweise „im Laufe seines Lebens mindestens einmal ein Junges, weil es von einem eingedrungenen Männchen ermordet wird, das den Harem zu übernehmen versucht" (Diamond, 2009, S. 120). Infantizid gibt es auch bei Polyandrie mit vertauschten Geschlechtsrollen. Das Blatthühnchenweibchen betreibt sehr eifrig die Brautwerbung (es ist größer und farbenprächtiger als das Männchen), paart sich mit mehreren Männchen, die jeweils die Eier ausbrüten und bewacht ihren „Harem". Wird ein Weibchen bei den Revierkämpfen von einem anderen Weibchen vertrieben, zerstört das neue Weibchen alle Eier, pickt die Jungvögel tot und paart sich dann mit den übernommenen Männchen (Gray & Garcia, 2013).

Beim Menschen unterliegen Kinder vornehmlich bis zum zweiten Lebensjahr einem erhöhten Infantizidrisiko. Die Märchen der Gebrüder Grimm sind voll von Stiefmüttern, die die Stiefkinder schlecht behandeln oder töten wollen, ihre eigenen Kinder hingegen bevorzugen (Frau Holle, Aschenputtel, Schneewittchen). Hierzu passend wurden körperliche, emotionale und sexuelle Misshandlungen und Tötungen durch Stiefmütter und Stiefväter als Aschenputtel-Effekt bezeichnet. Voland und Stephan (2000) stellten anhand von Kirchenbüchern fest, dass von 1000 Kindern, deren Mutter gestorben war und deren Vater nicht mehr heiratete, 100 vor dem 15. Lebensjahr starben, dass sich diese Zahl jedoch auf 130 erhöhte, wenn der Vater erneut heiratete. Dieser Sterblichkeitsanstieg ist umso bemerkenswerter, als mit der Heirat eigentlich eine Verbesserung der Situation der Kinder einhergehen müsste. Bei unehelichen Kindern hing die Überlebenswahrscheinlichkeit ganz entscheidend davon ab, ob die Mütter dauerhaft ledig blieben oder einen anderen Mann heirateten. Bei der Verheiratung mit einem anderen Mann stieg die Säuglingssterblichkeit der unehelichen Nachkommen auf das Sechsfache an. Andererseits erhöhte sich die Heiratswahrscheinlichkeit lediger Mütter um 75%, wenn ihr Säugling starb (Voland, 2000, S. 237–238). In einer kanadischen Studie fanden Daly und Wilson (1988), dass Kinder mit einem Stiefelternteil eine 70-mal größere Wahrscheinlichkeit hatten, von den eigenen Eltern (bzw. Stiefeltern) umgebracht zu werden als Kinder mit beiden leiblichen Eltern.

3.4 Die Sexualität der Menschenaffen im Vergleich

Menschenaffen gehören zu den Trockennasenaffen, die zusammen mit den Feuchtnasenaffen die Primaten bilden. *Menschenaffen sind im Vergleich zu anderen Tieren intelligent (großes Gehirn), anpassungsfähig, schwanzlos und haben eine Tendenz zur aufrechten Körperhaltung. Sie sehen gut, aber sie riechen, hören und laufen vergleichsweise schlecht, weshalb sie eher schlechte Jäger sind.* Vor etwa 20 Millionen Jahren trennten sich die Vorfahren der Menschenaffen von den Vorfahren der geschwänzten anderen Affen ab, vor 17 Millionen Jahren trennten sich die Vorfahren der Gibbons (kleine Menschenaffen) von den anderen Menschenaffen ab, vor 15 Millionen Jahren trennten sich die Vorfahren des Orang-Utans und vor zehn Millionen Jahren die Vorfahren des Gorillas ab. Vor etwa sechs Millionen Jahren erfolgte die Trennung zwischen den Vorfahren der heutigen Schimpansen und der heutigen Menschen, wobei umstritten ist, ab wann man von menschlichen Vorfahren sprechen kann. Die nächsten

Tab. 2: Sexualität der Menschenaffen im Vergleich nach Angaben in Bateman & Bennett (2006), Diamond (2009), Dixson (2012), Junker (2016), Voland (2000), Ryan & Jethá (2016), Sommer (2011)

	Paarungssysteme	Größe ♂:♀	Koitusdauer (Durchschnitt)	Penislänge (erigiert)	Sexhäufigkeit	Hodengewicht in % des Körp.gew.	Spermien je Ejakulat × 10^6	Partner je Geburt	Kopulationen je Geburt	Offene Ovulation
Gibbon	Monogamie	1 : 1	14 Sek.	2 cm		0.001		1	3	nein
Orang-Utan	Alleinerz. Mütter, Vergewaltig.	2 : 1	10 Min.	4 cm		0.05	91	1–2	5–6	nein
Gorilla	Polygynie	2 : 1	1 Min.	2 cm	1/Jahr	0.02	65	1	24	nein
Gemeiner Schimpanse	Promiskuität	1.3 : 1	7 Sek.	8 cm	täglich	0.27	603	12–13	135–700	ja
Bonobo	Promiskuität	1.3 : 1	15 Sek.	8 cm	ca. 50 Mal am Tag	0.31	603	9	120–1200	ja
Mensch	Monogamie, Polygynie (Polyandrie)	1.15 : 1	2–10 Min.	13 cm	1–2/Woche	0.06	280	1–2	200–1000	nein

Verwandten (DNA-Ähnlichkeit) des Menschen sind die Bonobos, gefolgt von den Gemeinen Schimpansen, den Gorillas, den Orang-Utans sowie schließlich den Gibbons. Die Daten in Tabelle 2 geben den Forschungsstand wieder, wobei zu erwarten ist, dass viele Angaben in der Zukunft zu korrigieren sind. Mit den derzeitigen technischen Möglichkeiten ist es schwer und aufwändig, die Sexualität der Menschenaffen in freier Wildbahn zu erheben. Unter Paarungssysteme wurde jeweils die dominante Paarungsform eingetragen (es gibt bei den Menschenaffen wie beim Menschen oft Minderheiten mit anderem Paarungssystem).

3.4.1 Gibbon

Die Gibbons (die kleinen Menschenaffen) leben monogam, bleiben lebenslang zusammen und bilden mit ihren wenigen Kindern eine Kleinfamilie. In Studien an freilebenden Gibbons wurden allerdings auch Seitensprünge beobachtet. Beobachtungen im Zoo zeigten eine durchschnittliche Kopulationsdauer von 14 Sekunden (von 4 bis maximal 40 Sekunden). Die Monogamie der Gibbons spiegelt sich in einem geringen Geschlechtsdimorphismus (kein Größenunterschied zwischen Weibchen und Männchen, nur unterschiedliche Fellfärbung) sowie in einem niedrigen Verhältnis zwischen Hoden und Körpergewicht.

3.4.2 Orang-Utan

Orang-Utans sind Einzelgänger ohne feste Partnerbindung. Sie leben im Regenwald der südostasiatischen Inseln Sumatra und Borneo und ernähren sich vorzugsweise von Früchten. Der Nachwuchs wird durch alleinerziehende Mütter großgezogen. Die Männchen kommen in zwei verschiedenen Ausprägungen vor: Der größere Typ wiegt etwa 80 Kilogramm, hat ausgeprägte Wangenpolster, einen hängenden Kehlsack, langhaariges Fell und einen moschusartigen Geruch. Er stößt mehrmals täglich lange Schreie aus, die über eine Entfernung von 800 Metern zu hören sind. Der kleinere Typ ist nur halb so groß, hat keine Wangenpolster und keinen hängenden Kehlsack und gibt keine lauten Schreie von sich. Ranghohe Männchen überwachen die Reviere von mehreren Weibchen. Zwischen ranghohen Männchen kommt es zu Kämpfen (intrasexuelle Selektion), wenn sich geschlechtsreife Weibchen in der Nähe aufhalten, wobei sich die Männchen bei diesen Kämpfen oft ernsthaft verletzen. Im Alter von 14 Jahren werden die Männchen geschlechtsreif. Einige entwickeln sich sofort zur größeren Art, andere bleiben manchmal auch lebenslang im Status der kleineren Art. Möglicherweise sind dies unterschiedliche Lebens- und Paarungsstrategien: Die größeren Männchen beanspruchen ein großes Revier mit mehreren Weibchen und bezahlen dafür mit anstrengenden Kämpfen sowie mit einer geringeren Lebenserwartung; die kleineren Männchen gehen Kämpfen aus dem Weg, leben länger und setzen in ihrem Nomadenleben auf erzwungene Kopulationen mit nichtbewachten Weibchen. Weibliche Orang-Utans wiegen durchschnittlich 39 Kilogramm und sind nur halb so groß wie die Männchen mit dem Wangenpolster. Die Weibchen werden im Alter von elf Jahren sexuell aktiv, haben den ersten Nachwuchs im Alter von 15 bis 16 Jahren, wobei sie nur alle acht Jahre Nachwuchs haben. Der Menstruationszyklus beträgt wie beim Menschen 28 Tage, die Ovulation wird nicht durch eine Östrusschwellung markiert und die Schwangerschaft dauert acht Monate. Orang-Utans praktizieren auch gleichgeschlechtlichen Sex und Oralsex. Aufgrund ihrer akrobatischen Fähigkeiten haben Orang-Utans in den Bäumen Sex in verschiedenen Stellungen; sie bevorzugen die Face-to-Face-Stellung. Die Kopulationsdauer ist beim Orang-Utan mit durchschnittlich zehn Minuten vergleichsweise lang, was damit zusammenhängen könnte, dass Störungen beim Sex selten sind. Zur Zeit des Eisprungs folgen die Weibchen den Rufen der großen dominanten Männchen. Die Weibchen nehmen dann beim Sex eine aktive Rolle ein, indem sie den Penis manuell und oral stimulieren, ihn einführen und Beckenbewegungen vollführen. Während der fruchtbaren Tage kommt es zu mehreren Kopulationen mit dem ausgesuchten ranghohen Männchen. Bei rangniedrigeren Männchen des größeren Typs geht die Initiative zum Sex vom Männchen aus und es kommt dabei häufig zu erzwungenen Kopulationen. Bei den kleineren Männchen mit der nomadischen Lebensweise haben Kopulationen immer die Form von Vergewaltigungen, wobei es den Weibchen in seltenen Fällen gelingt, ein ranghohes großes Männchen zum Schutz herbeizurufen. Der große Umfang der Zwangskopulationen wird damit erklärt, dass die Weibchen als Einzelgänger im Wald keinen Schutz herbeirufen können und dass die Männchen stärker sind als die Weibchen (ausgeprägte Eckzähne). Bei aufwändigen Beobachtungen in freier Wildbahn konnte festgestellt werden, dass die Weibchen während ihrer fruchtbaren Tage bevorzugt mit ausgewählten ranghohen Männchen Sex haben, während sie Vergewaltigungen durch rangniedrige Männchen während ihrer von außen nicht erkennbaren unfruchtbaren Tage erdulden. Somit könnte das Ertragen der Vergewaltigungen auch als gesuchter Schutz vor Infantizid angesehen werden. Bislang nahm man an, dass der meiste Nachwuchs der Orang-Utans von den ranghohen größeren Männchen stammt. Eine erste Genanalyse bei wildlebenden Orang-Utans zeigte aber, dass erwartungswidrig 60 % des Nachwuchses von den rangniedrigeren kleineren Männchen abstammte. Von daher ist die Annahme und Beobachtung, dass Orang-Utan-Weibchen während der fruchtbaren Tage bevorzugt nur mit ranghohen Männchen Sex haben, infrage zu stellen. Insgesamt lässt sich festhalten, dass Orang-Utans als Einzelgänger leben und alleinerziehend sind und dass es zwei Paarungsformen gibt, die Polygynie ohne gelungene Überwachung und die Vergewaltigung, die vielleicht aber auch Züge von Promiskuität hat (Junker, 2016; Knott & Kahlenberg, 2007; Knott et al., 2009; Sommer, 1999).

3.4.3 Gorilla

Die Partnerschaftsform beim *Gorilla* ist die Polygynie (Harem). Zwar kann sich ein einzelnes Weibchen durchaus einem einzelnen Männchen anschließen, es verlässt aber dieses Männchen wieder, wenn es diesem nicht gelingt, mindestens ein weiteres Weibchen zu gewinnen (Fisher, 1993, S. 161). Dieser Harem bleibt lebenslang zusammen, wird allerdings oft ergänzt durch am Rande der Gruppe lebende junge Paare. Während des Östrus paaren sich die Weibchen nur mit dem Haremsbesitzer. Die sexuelle Selektion erfolgte beim Gorilla als Investition in Körpergröße und Kraft, nicht aber als Investition in die Penisgröße (siehe Tabelle 2). Wie beim Schimpansen und Orang-Utan kommen auch beim Gorilla Vergewaltigungen vor (Ghiglieri, 1999). Das Verhältnis zwischen Hoden- und Körpergewicht ist beim Gorilla niedrig, sodass anzunehmen ist, dass Spermienkonkurrenz keine Rolle spielt. Kopulationen kommen auch in der Face-to-Face-Stellung vor, allerdings eher selten. Zudem gibt es auch beim Gorilla gleichgeschlechtliche sexuelle Handlungen sowohl zwischen Weibchen als auch zwischen Männchen (Dixson, 2009).

3.4.4 Schimpanse

In der Gruppe der „gemeinen Schimpansen“ (pan troglodytes) dominieren die Männchen. Diese verwenden Waffen (Speere, Steine, Schlagstöcke), gehen in kleinen Gruppen zur Jagd und führen auch Kriege gegen andere Schimpansengruppen. Zwischen den Schimpansinnen herrscht starke Konkurrenz. Das Sexualverhalten der Schimpansen ist durch Promiskuität gekennzeichnet. Schimpansinnen zeigen durch eine rosa gefärbte Östrusschwellung ihre fruchtbaren Tage und ihre prinzipielle Sexbereitschaft an. Kopulationen erfolgen in dieser Zeit bis zu 50-mal am Tag mit allen Männchen (außer Brüder und Söhne) einer Schimpansengruppe, was dazu führen kann, dass die Männchen für Sex mit einem empfängnisbereiten Weibchen Schlange stehen, wobei der Sex aber auch nur fünf bis sieben Sekunden dauert, sodass die Wartezeit nicht besonders lang ist (Sommer, 2011). Während ihres Östrus schätzen Schimpansinnen aber auch Ausflüge in benachbarte Schimpansengruppen oder heimliche Verbindungen mit einzelnen Männchen, was als ein schwacher Ansatz zur Monogamie angesehen wird. Hierbei zieht sich ein brünstiges Weibchen mit einem erwachsenen Männchen einige Tage lang zurück (Diamond, 2009, S. 15). Eine geringe sexuelle Selektion besteht durch die Wahl ranghoher Männchen an den besonders fruchtbaren Tagen (intersexuelle Selektion) sowie durch die Vertreibung anderer Männchen durch das Alphamännchen (intrasexuelle Selektion). Das vorherrschende promiske Sexualverhalten dient vermutlich sowohl der Infantizidvermeidung durch Vaterschaftsverschleierung als auch der Spermienkonkurrenz. Je größer die Anzahl der männlichen Sexualpartner je Geburt ist, desto größer sind das relative Hodengewicht und die Spermienanzahl je Ejakulat. Das Hodengewicht eines Schimpansen liegt bei 119 Gramm, was verglichen mit 35 Gramm beim sehr viel größeren Orang-Utan und 29 Gramm beim riesigen Gorilla sehr viel ist (Dixson, 2012, S. 217). Kopulationen dauern beim Schimpansen durchschnittlich nur sieben Sekunden; die Penislänge ist beim Schimpansen im Vergleich zu den anderen Menschenaffen ziemlich groß. Schwangere Schimpansinnen leben allein oder schließen sich einer Gruppe von Schimpansinnen mit Jungtieren an.

3.4.5 Bonobo

Aufgrund ihrer genetischen Nähe gelten die *Bonobos* (Pan paniscus) als die nächsten Verwandten des Menschen. Die Bonobos entstanden erst vor etwa zwei Millionen Jahren zeitgleich mit dem Kongofluss, der das Siedlungsgebiet der Schimpansen-Vorgänger in zwei Gebiete trennte. Während beim „gemeinen Schimpansen" die Männchen die Gruppe anführen, gibt es bei den Bonobos eher eine *Führungsrolle der Weibchen* (es gibt allerdings auch Männchen in einer Alpha-Rolle). Die männlichen Tiere sind zwar größer als die weiblichen, aber im Unterschied zum „gemeinen Schimpansen" gibt es bei den Bonobos hinsichtlich der Größe der Eckzähne kaum Geschlechtsunterschiede. *Die männlichen Jungtiere bleiben lebenslang in der Geburtsgruppe ihrer Mutter. Die weiblichen Jungtiere verlassen die Gruppe, wodurch Nachwuchs durch Inzest vermieden wird.* Bonobos sind eher ängstliche und scheue Tiere und keine aggressiven Kämpfer (Waal, 2015). Sie leben anders als die Schimpansen nur im Urwald in einem kleinen Gebiet südlich des Kongo-Flusses mit reichhaltigem Nahrungsangebot. Bonoboweibchen haben anders als Schimpansinnen auch Genitalschwellungen, wenn sie nicht fruchtbar sind. Sex haben Bonobos mehrmals täglich (ca. 50-mal am Tag), wobei dieser kurz ist (ca. 14 Sekunden) und vor allem sozialen Zwecken dient, wie dem Abbau von Spannungen, der Klärung von Verteilungskonflikten bei der Nahrung oder der Erhöhung der Position in der Gruppe. Bei 40 % der Kopulationen im Urwald konnte die Missionarsstellung beobachtet werden, bei Kopulationen im Zoo bei 70 %. Petting, Fellatio, genitogenitales Reiben/GG-rubbing (Klitorisreiben zwischen Weibchen), Penisfechten zwischen Männchen sowie Sex zwischen verschiedenen Altersgenerationen sind bei Bonobos weit verbreitet. Ebenso weit verbreitet sind das Arm-in-Arm-Gehen, der Austausch von Zungenküssen, Oralsex, Petting, Masturbation sowie

Prostitution (diese Verhaltensweisen kommen aber auch bei anderen Primaten vor) (Fisher, 1993). Die Hoden der Bonobos sind noch größer als die der Schimpansen, sodass die Bonobos von allen Menschenaffen absolut, aber erst recht in Bezug auf ihre Körpergröße (Bonobos sind kleiner als Schimpansen) die größten Hoden haben (Waal, 2006). Dies bedeutet, dass die intrasexuelle Selektion bei den Bonobos vor allem durch Spermienkonkurrenz erfolgt.

3.4.6 Mensch

Wenn man die Sexualität des Menschen mit der Sexualität der anderen Menschenaffen vergleicht, so fällt auf, dass der Penis des Mannes vergleichsweise sehr lang und dick ist, dass die Menschen seltener Sex haben als die „gemeinen Schimpansen" und als die Bonobos, aber viel häufiger als Gorillas, Orang-Utans oder Gibbons. Das Verhältnis von Hoden- zu Körpergewicht als Maß für die Bedeutung von Spermienkonkurrenz entspricht beim Menschen in etwa dem Wert des Orang-Utans. Die Spermienanzahl je Ejakulat ist beim Menschen dreimal so groß wie beim Orang-Utan und etwa viermal so groß wie beim Gorilla, jedoch nur halb so groß wie bei den Bonobos oder Schimpansen. Beim Menschen ist die *Monogamie* vorherrschend, insbesondere die *serielle Monogamie verkompliziert durch Seitensprünge;* zudem findet man die *Polygynie*, die *Vergewaltigung* und eher selten *Promiskuität, Polyamorie, Polyandrie* oder die *Gruppenehe*. Zudem findet man noch die Partnerschaftsform *„alleinerziehende Mutter"* (zu den Paarungssystemen siehe Kap. 3.7).

3.5 Menschliche Physiologie im Primatenvergleich

Der *Penis* des Mannes ist im Vergleich zu seinen Affenverwandten ungewöhnlich dick, biegsam und lang (Morris, 1968). Der aufrechte Gang führte dazu, dass der Penis sichtbarer wurde. Die Größe des menschlichen Penis entstand vermutlich vor allem durch „Damenwahl" (Gallup & Burch, 2004; Sheets-Johnstone, 1990). Der Selektionsprozess hin zu einem längeren Penis wurde durch die natürliche Selektion begrenzt, da ein sehr langer Penis behindernd und verletzungsanfällig ist und Vaginalverkehr bei einem zu langen Penis schmerzhaft oder nur eingeschränkt möglich ist (Diamond, 2009, S. 224). Die Benutzung von Kleidung in den kälteren Regionen der Erde führte vermutlich zu einem Ende dieses Selektionsprozesses bei der europäisch-kaukasischen und ostasiatischen Populationsgruppe (siehe Kap. 4.1.1), wobei auch ein unterschiedliches Schönheitsempfinden eine Rolle spielen könnte. Die Statuen der griechischen Antike sprechen für eine Vorliebe für einen kürzeren Penis (Mottier, 2015, S. 16), wobei hier nicht die Meinung der Frauen, sondern die der Männer (als

Künstler und als Betrachter) entscheidend war. Die Penisbreite könnte auch durch eine adaptive Anpassung an die Verbreiterung des weiblichen Beckenknochens entstanden sein, der die Passage des vergrößerten kindlichen Schädels erleichtern sollte (Dixson, 2012). Einen menschlichen *Penisknochen* gibt es anders als bei fast allen anderen Primaten nicht. Der Penisknochen dient als Potenzstütze bei sich nähernder männlicher Konkurrenz. Es könnte sein, dass der Mensch mit der Monogamie und der Verpaarung im Verborgenen diese Potenzstütze nicht mehr brauchte (Brindle & Opie, 2016). Das Fehlen des Penisknochens erleichtert einerseits den Stellungsreichtum beim Sex, ist andererseits aber auch die physiologische Ausgangsbedingung für eine erektile Dysfunktion. Möglicherweise dient das Fehlen des Penisknochens als eine Art Qualitätskontrolle, damit sich nur Männchen paaren können, die nicht unter Versagensängsten oder Durchblutungsstörungen leiden. Einige Männer im höheren Lebensalter zahlen für das evolutionäre Verschwinden des Penisknochens einen hohen Preis: Durch hydraulisch aufblasbare Implantate kann ein Operateur so etwas wie einen Penisknochenersatz einbauen.

Der menschliche *Hoden* ist einerseits im Vergleich zu den Bonobos deutlich kleiner, aber andererseits auch deutlich größer als bei den Gibbons oder Gorillas. Dies spricht dafür, dass Spermienkonkurrenz auch beim Menschen von Bedeutung ist, allerdings in deutlich geringerem Maße als bei Bonobos und Schimpansen.

Der sichtbare Teil der menschlichen *Klitoris* ist im Vergleich zu den anderen Affen kleiner. Vor allem bei einigen Neuweltaffen (Primaten des amerikanischen Kontinents) findet man eine stark vergrößerte Klitoris, wobei beim Rotgesichtklammeraffen die Klitoris größer ist als der Penis. Analog zum Penis ist die Klitoris der Affen erektionsfähig und zumeist mit einem *Klitorisknochen* ausgestattet (Dixson, 2012). Im Vergleich zu den Bonobos und Schimpansen ist die menschliche Klitoris zumindest im sichtbaren Teil deutlich kleiner. Einen Klitorisknochen („os clitoridis“/„baubellum“) gibt es bei allen Menschenaffen, jedoch nicht beim Gorilla und beim Menschen. In der Forschung weiß man bisher nicht, ob der Klitorisknochen eine Funktion hat (Carosi et al., 2017; Lough-Stevens et al., 2017).

Vaginalschwellungen zur Markierung der fruchtbaren Tage findet man bei vielen Altweltaffen, wie bei den Makaken, Pavianen, Zwergmeerkatzen, beim Roten Stummelaffen, beim Schimpansen sowie bei allen Arten, bei denen sich Weibchen mit mehreren Männchen paaren. Eine solche Vaginalschwellung gibt es beim Menschen nicht, sodass von außen nicht erkennbar ist, ob eine Frau gerade ihre fruchtbaren Tage hat, wobei viele Frauen dies auch selbst nicht erkennen können. Aus biologischer Sicht ist Sex ohne Fortpflanzungsfunktion eine Verschwendung von Energie und Zeit und zudem wegen des Verletzungs-, Infektions- und Todesrisikos auch gefährlich (Diamond, 2009). Morris (1968, 2005) vertrat die These, dass der *verborgene Eisprung* und die *ständige sexuelle*

Ansprechbarkeit des Weibchens (auch bei Schwangerschaft oder in der Stillphase) der Sicherung der Paarbindung dienen. Durch die ständige sexuelle Bereitschaft der Ehefrau werde der Mann an Frau und Kinder gebunden und davon abgehalten, sich anderweitig fortzupflanzen. Klusmann und Berner (2011) vertreten demgegenüber die Auffassung, dass die Ausdehnung des sexuell rezeptiven Verhaltens auf unfruchtbare Zeiten wegen der unmittelbaren Belohnungen (Geschenke, geringere Aggressivität der Männer) und der Verbreitung von Vaterunsicherheit erfolgte. Nach dieser Theorie dient der verdeckte Eisprung nicht der monogamen Bindung, sondern der Infantizidvermeidung durch Vaterunsicherheit. Eindrucksvoll belegen ließ sich diese Theorie für das Meerkatzenweibchen, bei dem ebenfalls der Eisprung nicht erkennbar ist und das sich besonders oft verpaart, wenn es bereits schwanger ist, wodurch viele Männchen über eine mögliche Vaterschaft getäuscht werden (Diamond, 2009). Weitere Gründe für den verdeckten Eisprung sind der Schutz vor aggressiven Konkurrentinnen, Verminderung der Anreize für eine Vergewaltigung während der fruchtbaren Tage, bessere Möglichkeiten zum gezielten Fremdgehen für das Weibchen (das dann aber selbst sicher wissen muss, wann die fruchtbaren Tage sind), ein fehlender Zwang zum Sex (dies ist typisch für den Menschen und seine Handlungsmöglichkeiten) und die bessere Bindung des Partners, da dieser nur wenige Tage hat, an denen er fernbleiben kann, ohne die Zeugung von Nachwuchs zu verpassen (Barash & Lipton, 2010).

Obwohl der Eisprung verborgen ist, gibt es Restsignale für Fruchtbarkeit. So konnte belegt werden, dass Frauen während ihrer fruchtbaren Tage (vor allem am Tag vor dem Eisprung und am Tag des Eisprungs) attraktivere Kleidung tragen, mehr Haut zeigen, häufiger lächeln, häufiger flirten, eine höhere Kreativität beim Sprechen zeigen, stärkere mimische Bewegungen beim Anblick nackter Männer zeigen und vom Gesicht her attraktiver aussehen. Die Gesichtsschönheit hat nach mehreren Studien direkt mit dem Östrogenspiegel zu tun (Östrogen führt zu dickeren Lippen und strafferer Haut) (Law Smith et al., 2006). Sowohl Frauen als auch Männer fanden Fotografien von Frauen attraktiver, wenn diese Frauen kurz vor ihrem Eisprung fotografiert wurden im Vergleich zu einer Woche später (Roberts et al., 2004). Männer machen bei ihren Partnerinnen während der fruchtbaren Tage häufiger Vorschläge für gemeinsame Unternehmungen und sie machen öfter Kontrollanrufe (Haselton & Gildersleeve, 2011). Getragene T-Shirts von College-Studentinnen (mit normalem Menstruationszyklus ohne Benutzung hormoneller Verhütungsmittel) wurden von 75 % der Männer als angenehmer empfunden, wenn das T-Shirt während der fruchtbaren Tage getragen wurde (Singh & Brondstad, 2001). Eindrucksvoll ist eine Untersuchung von Miller et al. (2007), die Tänzerinnen in einem Nachtclub dafür gewinnen konnten, für jeden Tag ihre Trinkgelder über mehrere Monate hinweg aufzuschreiben. Während ihrer fruchtbaren Tage erhielten die Frauen je Schicht bei insgesamt acht Lapdancedarbietungen (erotischer

Tanz auf dem Schoß eines Mannes bei geringer Bekleidung) 380 Dollar als Trinkgeld, während der unfruchtbaren Tage hingegen 170 Dollar.

Trotz dieser Befunde bleibt es prinzipiell dabei, dass es beim Menschen anders als bei Schimpansen und Bonobos keine offene Ovulation gibt. Nach der *„Empfängnisverhütungstheorie"* wussten Frauen als Höhlenbewohnerinnen aus der unmittelbaren Anschauung, dass eine Entbindung gefährlich und mit Schmerzen verbunden ist. Deshalb verzichteten nach dieser Theorie Frauen auf Sex während der fruchtbaren Tage. Die Folge war, dass sich solche Frauen erfolgreicher fortgepflanzt haben, die selbst nicht wussten, wann ihre fruchtbaren Tage sind. So könnte evolutionär die *Unwissenheit über die fruchtbaren Tage* vergrößert worden sein (Barash & Lipton, 2010, S. 112; Diamond, 2009, S. 116).

Signale einer prinzipiellen Fruchtbarkeit gehen von der *weiblichen Brust*, dem Taille-Hüfte-Verhältnis und dem Gesäß aus. Im Vergleich zu anderen Primatenweibchen ist die Brust der Frau einzigartig, nämlich sehr viel größer (wobei die Brust der Bonoboweibchen auch etwas größer ist; Waal, 2006, S. 17), früher entwickelt und relativ unabhängig von der Laktation. Im Tierreich gibt es sonst keine Weibchen, die voll ausgebildete Brüste haben, auch wenn sie gerade keine Milch geben. Die weibliche Brust entwickelte sich durch das Wahlverhalten der Männer, wobei die fehlende Körperbehaarung und der aufrechte Gang dazu beitrugen, dass dieses hervorstechende Signal gut sichtbar war (Morris, 1968, S. 69). Unter dem Aspekt der natürlichen Selektion ergeben sich durch die große „Dauerbrust" viele Probleme: Erstens bereitet eine große Brust vielen Säuglingen Schwierigkeiten, da sie anders als eine kleine Brust für das Saugen wenig geeignet ist. In Säuglingspflegebüchern wird beispielsweise empfohlen, einen Finger auf die Brust zu drücken, damit der Säugling Platz hat, um durch die Nase zu atmen. Hinzu kommt, dass auch die Form der Brustwarze für das Saugen wenig geeignet ist, anders als die Zitzen bei Schimpansen- und Bonobo-Müttern oder als die idealen Sauger einer Babyflasche. Zweitens behindert das Fettgewebe der Brust die Milchproduktion. Drittens sind große Brüste unpraktisch, da sie Rücken- und Nackenschmerzen verursachen und beim Laufen behindern und damit eine Flucht vor Feuer, Feinden oder Raubtieren erschweren. Viertens sind Brüste gefährlich, denn die Wahrscheinlichkeit für Brustkrebs liegt für Frauen bei 13 Prozent, was mit dem Wachstumspotenzial der Brüste zu tun hat (Barash & Lipton, 2010, S. 116–122; Morris, 2005, S. 149–152). Der Zusammenhang zwischen Brustgröße und Brustkrebs ist aufgrund der konfundierenden Variablen Fettleibigkeit und Bewegungsarmut umstritten, neuere Genforschungen sprechen aber dafür, dass dieselben Gene sowohl für eine größere Brust als auch für Brustkrebs verantwortlich sind (Eriksson et al., 2012). Bei nichtmenschlichen Primaten kommen bösartige Brustkrebstumore vergleichsweise selten vor (Casey et al., 1979; Puente et al., 2006). Die natürliche Selektion hätte eigentlich das Wachsen der Brüste verhindern und für langgezogene Brustwarzen („Zitzen") sorgen müssen. Dass es trotzdem zur Ausbildung von großen Dauerbrüsten kam, zeigt die Stärke des Prozesses der sexuellen Selektion an. Es gibt auch bei der Brustgröße ethnische Unterschiede, was durch kulturelle Geschmacksunterschiede erklärt werden kann (die Brüste ostasiatischer Frauen sind kleiner).

Barash und Lipton (2010) diskutieren neben dem Schönheitsempfinden der wählerischen Männer noch einige Theorien zur Erklärung der großen Dauerbrust der Frauen. Erstens könnten Männer in der intersexuellen Selektion eher Frauen mit großen Brüsten gewählt haben, weil sie fälschlicherweise annahmen, dass eine große Brust den Nachwuchs besser ernährt. Zweitens könnten aus demselben Irrtum heraus Männer und Frauen großbrüstigen Frauen Zusatznahrung gegeben haben, weil sie annahmen, dass sie diese benötigen. Drittens könnten Brüste als Symmetrieanzeiger gedient haben (symmetrische Frauen sind fruchtbarer). Viertens könnten Brüste bei jungen Mädchen als Signal für das Erreichen der sexuellen Reife und bei älteren Frauen als Anzeiger der Unfruchtbarkeit gedient haben. Fünftens könnten Brüste nach dem Handicapprinzip die genetische Qualität angezeigt haben, da sich nur Frauen mit guten Genen ein offensichtliches Handicap leisten konnten. Sechstens könnten Frauen mit attraktiven Brüsten ausgewählt worden sein, weil dann auch beim Nachwuchs attraktive Brüste und damit mehr Fortpflanzungsmöglichkeiten zu erwarten waren („Sexy-Daughter-Hypothese").

Weibliche *Fettdepots* versprachen in der Gesellschaft der Jäger und Sammler Fruchtbarkeit und das Überleben des Nachwuchses. Von daher wählten Männer Frauen mit großen Brüsten, mit einem ausgeprägten Po sowie mit Fettreserven an den Hüften. Fettdepots an Handgelenken oder Knöcheln hätten die Bewegung eingeschränkt; Fettdepots am Bauch hätten ein missverständliches Signal einer Schwangerschaft abgegeben (Dixson, 2012). Den Geschlechtsdimorphismus beim Körperfettanteil findet man unter den Primaten nur beim Menschen (Meyer, 2015, S. 225), was dafür spricht, dass die weiblichen Fettdepots nicht nur als Vorratskammer für Notzeiten dienten. Die Kombination „mehr Fett, deutlichere Vorwölbung und stärkere Schwingungsbewegung" übt auf den Mann einen starken sexuellen Reiz aus, sodass die Körperfette an Po, Hüften und Oberschenkeln Ergebnis der intersexuellen Selektion sein dürften (Morris, 2005, S. 227). Schließlich könnten die Körperfette an Hüften und Po auch erfolgreiche Täuschungssignale für ein gebärfähiges Becken sein (Diamond, 2009).

Internationale Untersuchungen zeigen, dass weibliche Attraktivität entscheidend vom *Taille-Hüfte-Verhältnis* abhängt, und zwar unabhängig vom Body-Mass-Index und von der Kultur. Augenbewegungsexperimente zeigen, dass Männer beim Blick auf unbekleidete Frauen (sowohl von vorne als auch von hinten) in den ersten 200 Millisekunden am häufigsten auf die Taille sehen, am zweithäufigsten beim Blick von vorne auf die Brüste und beim Blick von hinten auf die Gesäßbacken. *Je mehr Östrogene, desto üppiger sind Hüften und*

Brüste, desto flacher ist der Bauch und desto geringer ist das Taille-Hüfte-Verhältnis. Bei einer Schwangerschaft wächst das Taille-Hüfte-Verhältnis deutlich an. *Der männliche Blick auf das Taille-Hüfte-Verhältnis scheint Sinn zu machen, da Studien belegen, dass bei Frauen ein niedriges Taille-Hüfte-Verhältnis (0.7; Sanduhrform) ein guter Indikator für Gesundheit und Fruchtbarkeit ist* (Buss, 2004; Dixson, 2012; Singh & Young, 1995). Umgekehrt wissen auch Frauen um den Wert eines niedrigen Taille-Hüfte-Verhältnisses. So zeigte eine Studie mit polnischen Frauen, dass diese bei einer Rangreihung von Partnerschaftsanzeigen vor allem dann reichere Männer bevorzugten, wenn sie selbst ein niedriges Taille-Hüfte-Verhältnis anzubieten hatten (Pawlowski & Jasienska, 2008).

Zu den weiteren Besonderheiten der menschlichen Physiologie im Primatenvergleich gehören die *Menstruation* und die Menopause. Der Mensch ist im Vergleich mit den anderen Primaten die Art mit der auffälligsten und stärksten Menstruation. Der evolutionäre Sinn der viele Frauen sehr belastenden starken Menstruation ist völlig unklar (Barash & Lipton, 2010). Klar ist nur, dass heutige Frauen viel häufiger menstruieren, da erstens die Menarche früher und die Menopause später beginnt und zweitens Frauen in den Jäger-und-Sammler-Kulturen häufiger schwanger waren und viel mehr Lebenszeit als Stillzeit verbracht haben (17 Jahre in Jäger-und-Sammler-Kulturen im Vergleich zu 0.4 Jahren bei US-Frauen) (Jones & López, 2006, S. 47).

Der evolutionäre Sinn der menschlichen *Menopause* ist hingegen wohl geklärt. An sich hätte sich in der Evolution die Menopause nicht durchsetzen dürfen, denn Frauen, die auch im höheren Alter noch Kinder gebären, hätten sich evolutionär auch dann durchgesetzt, wenn eine späte Geburt für Frauen ungünstig ist. Der Sinn der Menopause ist wohl, dass ab einem bestimmten Zeitpunkt die Investition in den weiteren eigenen Nachwuchs kostspieliger und riskanter (Geburtsrisiko, Down-Syndrom) ist als die Investition in den bereits vorhandenen Nachwuchs (Diamond, 2009). Nach der *Großmütter-Hypothese* ist der evolutionäre Sinn der Menopause die Versorgung der Enkelkinder. Eine Untersuchung der Jäger-und-Sammler-Kultur der Hadza im Norden Tansanias zeigte, dass ältere Frauen dort viel mehr Nahrung sammeln als jüngere Frauen und dass sie diese Nahrung an ihre Töchter weitergeben und so das Überleben ihrer Enkel erleichtern. Da die Jagd der Männer keinen zuverlässigen Beitrag zur Versorgung der Familie leistet, haben die sammelnden Großmütter eine entscheidende Rolle bei der Versorgung ihrer stillenden oder schwangeren Töchter und ihrer Enkelkinder (Barash & Lipton, 2010). Auch eine Analyse von kanadischen und finnischen Kirchenbüchern aus vorindustrieller Zeit zeigte eindrucksvoll, dass jede Großmutter für jedes Jahrzehnt, das sie nach dem 50. Lebensjahr länger lebte, zwei Enkel zusätzlich erhielt und dass sich die Lebenserwartung des Enkelkindes um 12 % erhöhte, wenn die Großmutter bei der Geburt des Enkelkindes jünger als 60 Jahre alt war, wobei der positive Effekt der Großmutter etwa ab dem Abstillen im zweiten Lebensjahr begann (Lahdenperä et al., 2004; Spitzer, 2006). Das Engagement der Großmütter für den Nachwuchs führte evolutionär zur Menopause, zur längeren weiblichen Lebenserwartung als auch zu einem kürzeren Abstand zwischen den Geburten bei den Enkelkindern. Im Vergleich zu den anderen Menschenaffen ist bei Menschen das Geburtsintervall zwischen zwei Geburten kürzer (bei Schimpansen 3.5 bis 4.5 Jahre, bei Orang-Utans 8 Jahre). Andererseits benötigt der menschliche Nachwuchs eine längere Aufzucht bis zur Geschlechtsreife. Das intensive Engagement der Großmütter für ihre Enkel findet man sonst im Tierreich nur selten. Als generelles Prinzip findet man aber auch im Tierreich, dass diejenigen länger leben, die sich intensiv um den Nachwuchs kümmern, weshalb beispielsweise männliche Springaffen und Nachtaffen länger leben als die Weibchen (Barash & Lipton, 2010; Flinn & Leone, 2006; Hawkes et al., 1998; O'Connell et al., 1999).

Aus evolutionärer Sicht können sich Frauen für ihre Schönheit bei den wählerischen Männern bedanken und für ihre Langlebigkeit bei ihren fürsorglichen Großmüttern.

Neben diesen physiologischen Besonderheiten im Primatenvergleich fällt hinsichtlich des Sexualverhaltens auf, dass die menschliche *Brautwerbung* eher lange dauert, wobei allerdings auch einmalige schnelle Verpaarungen und Vergewaltigungen vorkommen. *Das Vorspiel ist beim Menschen zumeist sehr lang,* und es kommen Berührungen und Küsse an Körperteilen wie Lippen, Ohrläppchen, Brust, Hals, Nacken, Bauchnabel und Genitalien vor, wie es sie in dieser Häufigkeit bei anderen Primaten nicht gibt (Morris, 1968). Die Kopulationen erfolgen anders als bei anderen Primaten nahezu ausschließlich im *Verborgenen* (Diamond, 2009, S. 15; Meyer, 2015, S. 220), wobei die Dauer vergleichbar ist mit der des Orang-Utans und sehr viel länger ist als bei Schimpansen und Bonobos.

3.6 Sexualität in der Stammesgeschichte des Menschen

Über die Stammesgeschichte des Menschen wissen wir nur das, was die bisherigen paläanthropologischen Funde aufzeigen. Als Vorfahr des heutigen Menschen gilt bislang der *Australopithecus* (lateinisch-griechisches Kunstwort, lat. australis = südlich, gr. πίθηκος = Affe), der vor circa vier bis zwei Millionen Jahren lebte. Der berühmteste, 1974 entdeckte Fund wurde nach einem Song der Beatles „Lucy“ genannt: eine etwa 25 Jahre alte Frau mit einer Körpergröße von 105 Zentimetern. Das Gehirn des Australopithecus war etwas größer als das des Schimpansen, vom Körper her war er genauso groß wie ein aufgerichteter Schimpanse. Die Lebensweise des Australopithecus entsprach vermutlich noch weitgehend der des Schimpansen. Als Folge einer Klimaveränderung (trocken und kälter, dadurch Rückgang der Wälder mit weicher Fruchtnahrung) entwickelten sich dann zwei neue Arten: zum einen die robusten Paranthropus-Arten, die sich auf den Verzehr von hartfaserigen Pflanzen spezialisierten, und zum anderen die grazileren Allesfresser-Arten Homo rudolfensis und Homo habilis, die bereits häufiger aufrecht standen und Steinwerkzeuge benutzten, um damit Fleisch von den Knochen abzulösen. Man nimmt an, dass der aufrechte Gang entwickelt wurde, weil man in den neu entstandenen Savannen zum Schutz vor Raubtieren bei jeder Fortbewegung einen weiten Überblick halten musste. Sowohl beim Australopithecus als auch beim Homo rudolfensis und Homo habilis dürften die Jagdfähigkeiten gering gewesen sein. Vermutlich ernährte man sich von Pflanzen, von Kleintieren sowie von dem, was die Raubtiere übrig ließen.

Über die Sexualität der Vormenschen kann man nur spekulieren. Beim Australopithecus legt die körperliche Nähe zu den Schimpansen nahe, dass „Lucy" ein promiskes Sexualleben führte, um auf diese Weise ihren Nachwuchs vor Infantizid zu schützen, wobei sie die Genauswahl dann der Spermienkonkurrenz überließ (Fisher, 1993). Gegen diese These wurde angeführt, dass der Geschlechtsdimorphismus (ausgeprägte Eckzähne beim Männchen und ein Größenverhältnis von 1.5 zu 1) beim Australopithecus viel größer war als beim Homo sapiens oder beim Schimpansen. Von daher könnte man auch annehmen, dass das Paarungssystem des Australopithecus die Polygynie war.

Etwa vor 1.9 Millionen Jahren tauchte der *Homo erectus* auf. Während der Entwicklung des Homo erectus fand ein stärkeres Größenwachstum der Frauen statt, sodass sich der Geschlechtsgrößendimorphismus verringerte (Flinn et al., 2005). Zudem verdoppelte sich das Gehirnvolumen. Gegen Ende des Vorkommens des Homo erectus tauchten der Neandertaler, der Denisova-Mensch und der Homo sapiens auf. Der *Neandertaler* lebte vor etwa 130 000 bis 30 000 Jahren in Europa und überstand die Eiszeiten. Er war sehr muskulös mit kürzeren Extremitäten und wies eine geringe genetische Variabilität auf. Vorformen des *Homo sapiens* tauchten vor etwa 300 000 Jahren auf dem afrikanischen Kontinent auf (Hublin et al., 2017). Die jetzige Situation des Homo sapiens als einziger Menschenart ist historisch gesehen ungewöhnlich, da immer mehrere Menschenarten gleichzeitig vorhanden waren, wobei unklar ist, wie der Kontakt zwischen den verschiedenen Menschenarten aussah (Junker, 2006). Besonders stark diskutiert wurde die Frage, ob der *Neandertaler* durch den Homo sapiens ausgerottet wurde, ob er an Krankheiten starb oder ob er im Erbgut von Europäern und Asiaten weiterlebt, es also eine Vermischung gab, was die meisten Wissenschaftler bejahen, andere jedoch infrage stellen (Eriksson & Manica, 2012; Meyer, 2015). Für die Vermischungsthese würde sprechen, dass es auch heute noch Regionen gibt (z. B. Toskana), in denen die Bewohner einen höheren Anteil an Neandertaler-Genen haben als in anderen Regionen. Neben dem

Neandertaler gab es noch den Denisova-Menschen, über den wir jedoch bislang kaum etwas wissen. Eine vom Homo sapiens deutlich abweichende Menschenart, der *Homo floresiensis*, der nur etwa einen Meter groß war und auf der indonesischen Insel Flores lebte, starb vermutlich vor 60 000 Jahren aus und stammte wohl vom Homo habilis ab (Argue et al., 2017). Die Ausbreitung des Homo sapiens war nicht nur eine Erfolgsgeschichte. DNA-Analysen legen nahe, dass vor etwa 70 000 Jahren nur 1 000 bis 10 000 Exemplare des Homo sapiens gelebt haben, dass der Mensch also nur knapp dem Aussterben entgangen ist. Weiter nimmt man an, dass es auch vorher immer wieder Zeiten gab, zu denen nur noch wenige Exemplare des Homo sapiens lebten (Ryan & Jethá, 2016).

Da der Mensch körperlich schwach ist (selbst Schimpansen sind vier- bis fünfmal kräftiger als der Mensch, Ryan & Jethá, 2016, S. 106), benötigte er für den Jagderfolg Intelligenz. Zusätzlich wurde die Intelligenzentwicklung durch die weibliche Wahl in der intersexuellen Selektion angetrieben (Miller, 2001). Durch das Gehirnwachstum erwies sich bereits beim Homo erectus das weibliche Becken als zu klein, sodass die Geburt früh in einem sehr unreifen Stadium erfolgen musste. Trotzdem ist die Geburt für Frauen auch heute noch ein deutlich größeres Risiko als für andere Affenarten (Diamond, 2009). Die frühe Geburt machte eine umfangreiche Aufzucht notwendig, bei der die Mutter vermutlich durch einen Vater sowie durch Großeltern unterstützt wurde. Die wichtigste Hilfe dürfte das Teilen von Nahrung gewesen sein. Hieraus hat sich vermutlich spätestens mit dem Homo erectus eine geschlechtliche Arbeitsteilung entwickelt. Männer spezialisierten sich auf die Jagd, was aufgrund ihrer körperlichen Vorteile nahelag und prestigeträchtig war. Obwohl archäologische Beweise fehlen, ist es unwahrscheinlich, dass schwangere Frauen oder Mütter mit Kleinkindern an der Großwildjagd teilgenommen haben. Frauen dürften als Sammlerinnen für die zuverlässige und ortsnahe Nahrungsversorgung wichtig gewesen sein. Deshalb kann man von der Jäger-und-Sammlerinnen-Kultur sprechen.

Aufgrund der Gehirnentwicklung wurde die Kindheit sehr in die Länge gezogen, zum einen durch die frühe Geburt und zum anderen durch die langsame Geschlechtsreifung und die nötigen Lernerfahrungen. Die verlängerte Kindheit des „nackten Affen" ließ sich nach *Desmond Morris* (1968) nur durch Eltern in einer engen *Paarbeziehung* bewältigen. Diese Paarbeziehung wurde seiner Meinung nach durch sexuelle Lust gefestigt, das heißt durch einen zeitlich verlängerten und lustvolleren sexuellen Akt sowie durch die Fähigkeit der Frau, ihren Mann unabhängig von ihrem Ovulationszyklus sexuell einladen und befriedigen zu können (Eibl-Eibesfeldt, 1984; Morris, 1968). Dem Mann wurde die *Monogamie* also durch sexuelle Lust schmackhaft gemacht. Zudem wurde die Bereitschaft für Sex belohnt durch den weiblichen Orgasmus, der nach Meinung von Morris dazu beiträgt, die Frau an ihren Partner zu binden. Die Monogamie wurde allerdings verkompliziert durch Seitensprünge, Scheidungen und neue

Partnerbildungen. Ähnlich wie in heutigen Jäger-und-Sammler-Kulturen wird es nur selten Vielehen gegeben haben, da es nicht genügend Reichtum gab, um mehrere Partnerinnen zu versorgen (Fisher, 1993).

Eine andere Theorie zur Erklärung der *Monogamie* stellte *Chapais* (2008, 2010) auf. Seiner Auffassung nach führte der Gebrauch von Waffen dazu, dass sich aus einer Polygynie eine Monogamie entwickelte. Mit der Verbreitung von Waffen wurden die Kosten für die Monopolisierung einer größeren Anzahl von Frauen zu hoch. Jeder Mann, auch ein schwächerer, hatte mit einer Waffe (insbesondere mit einer Wurfwaffe) eine gute Chance, einen stärkeren Mann ernsthaft zu verletzen oder gar zu töten. Mit einem Stein, einem Speer oder einer Schleuder hat auch ein „Woody Allen" eine Chance gegen einen „Arnold Schwarzenegger". Die gleiche Verteilung der Frauen auf die Männer ist unter den Bedingungen von gleicher männlicher Stärke das Arrangement, welches Konflikte und somit die Kosten von Aggression minimiert (diesen Gedanken findet man auch schon bei Morris, 1968, S. 59 und S. 84). Chapais geht nicht von einer ursprünglichen Promiskuität, sondern von einer ursprünglichen Polygynie aus. Als Beleg führt er an, dass der sexuelle Größendimorphismus beim Australopithecus größer war als beim Schimpansen oder beim Homo sapiens, was typisch sei für eine polygyne, nicht aber für eine promiske Lebensweise. Die waffenbedingte Monogamie war nach Auffassung von Chapais bereits seit einigen Hunderttausenden oder gar Millionen von Jahren verbreitet, bevor das Gehirnwachstum, die verzögerte geschlechtliche Reifung, der Übergang zur Jagdkultur und die geschlechtliche Arbeitsteilung stattfanden. Diese Theorie erklärt nach Chapais besser als die Idee der elterlichen Zusammenarbeit, warum in der Steinzeit die Monogamie die herrschende Partnerschaftsform war und warum mit der Sesshaftigkeit und der Ansammlung von größeren Ressourcen die Polygynie wieder eine stärkere Verbreitung fand.

Auch wenn Forschungsergebnisse über die heute noch bestehenden Jäger-und-Sammler-Kulturen nicht so einfach auf unsere Vorfahren übertragen werden können, so ist doch bemerkenswert, dass die Hauptpartnerschaftsform der heutigen Jäger-und-Sammler-Kulturen die Monogamie ist (Hill et al., 2011). Es gibt allerdings auch Jäger-und-Sammler-Kulturen, die polygyn organisiert sind und die trotz der Existenz von Waffen ausgesprochen kriegerisch agieren (Chagnon, 1988; Kuegler, 2005), was der Idee der waffenbedingten Monogamie widerspricht.

Eine weitere Theorie zur Erklärung der Ausbildung der Monogamie stammt von Rushton (2005). Nach *Rushton* (2005) führten die härteren klimatischen Bedingungen in Europa und Nordasien sowie der damit verbundene größere Aufwand für Nahrungssuche und -speicherung, Unterkunft, Kleidung und Aufzucht des Nachwuchses zu einem Selektionsdruck zugunsten einer *weitsichtigen Planung* (damit erklärt Rushton Intelligenzunterschiede), zu einer stärkeren geschlechtlichen Arbeitsteilung, zur *Monogamie* mit ehelicher Geburt und stärkerer Familienstabilität, zu einer längeren Stillzeit und einem *größeren Investment in weniger Kinder,* wobei ein großes postnatales Investment der Frau und ein gewisses postnatales Investment des Mannes unumgänglich waren, damit der Nachwuchs überlebt. Diese Theorie ist umstritten und wird von einigen als rassistisch kritisiert (Fairchild, 1991). Hinsichtlich des Vorkommens der Monogamie fand Marlowe (2003, S. 291) bei einer Stichprobe von 186 Jäger-und-Sammler-Kulturen, dass die Monogamie häufiger anzutreffen ist, wenn die Jahresdurchschnittstemperatur geringer ist (wobei dann auch der männliche Beitrag zur Ernährung des Nachwuchses steigt).

Neben diesen drei Monogamiethesen wurde auch immer wieder die Auffassung vertreten, dass die Steinzeitmenschen ähnlich promisk wie die Schimpansen gelebt hätten. Die Idee einer ursprünglichen *Promiskuität* wurde beispielsweise von *Bachofen* (1861) aufgestellt und von vielen Gesellschaftstheoretikern (z.B. Friedrich Engels, Erich Fromm) geteilt. Unter Berufung auf Herodot glaubte Bachofen (1861), dass „auf der tiefsten Stufe des Daseins" die völlig freie „Geschlechtsmischung" und die „Öffentlichkeit der Begattung" (S. 10) vorherrschend gewesen seien. In dem Buch „Das Mutterrecht" führte Bachofen verschiedene Belege für ein promiskes Sexualleben bei Naturvölkern an. So berichtete er von den Bewohnern der Balearischen Inseln, dass dort die Braut beim Hochzeitsgelage zuerst mit dem Ältesten der eingeladenen Freunde und Bekannten Sex gehabt habe, dann mit allen anderen Gästen und erst zuletzt mit ihrem Bräutigam (S. 12). Von den Liburnern behauptete er, dass diese ihre Frauen gemeinschaftlich gehabt hätten und dass alle Kinder bis zum fünften Lebensjahr gemeinschaftlich erzogen worden seien. Erst danach hätte man nach Ähnlichkeit mit den Männern jedes Kind einem Vater zugeordnet (Bachofen, 1861, S. 20). Bei den Spartanern sei es erlaubt gewesen, dass sich die Gemahlinnen „von den Schönsten der Bürger und der Fremden [...] befruchten [...] lassen", da dort „die Kinder nicht den Vätern, sondern dem Staate" gehört hätten (Bachofen, 1861, S. 18).

Die These von der ursprünglichen und natürlichen *Promiskuität* des Menschen wurde zuletzt sehr engagiert von *Ryan und Jethá* (2016) vertreten. Sie führen an, dass bis zum Übergang zur Ackerbaukultur vor 10 000 Jahren Kriege nicht stattgefunden hätten. Es habe keine zu raubenden Reichtümer gegeben und es habe sich nicht gelohnt, wegen bestimmter Jagdreviere in den Krieg zu ziehen, da man auf andere Gegenden habe ausweichen können. Die präagrarischen Kulturen seien egalitär und solidarisch gewesen; die allgemeine Lebenserwartung sei höher, der Gesundheitszustand besser und die Ernährung abwechslungsreicher gewesen. Egoismus, das Horten von Nahrung und sexuelle Besitzansprüche hätten nicht zu den Überlebensbedingungen der Jäger-und-Sammler-Kulturen gepasst. Da es in den kleinen Gemeinschaften unmöglich gewesen sei, das System zu überlisten und nur zu nehmen und nichts zu geben, habe ein reziproker Altruismus geherrscht. Die biologische Vaterschaft war nach Auffassung von Ryan und Jethá unwichtig, da es kaum Besitz gab und deshalb kein Besitz vererbt werden konnte.

Ryan und Jethá berichten von unterschiedlichen Prä-Agrargesellschaften mit sexueller Freiheit und fehlender sexueller Schamhaftigkeit, zum Beispiel bei den Moso in China und in vielen Stämmen in Südamerika und Ostafrika. Ähnlich wie Bachofen betonen Ryan und Jethá den hohen gesellschaftlichen Status von Frauen in prä-agrarischen Kulturen. Der Idee des Egoismus der Gene stellen sie den in vielen südamerikanischen Kulturen sowie in Papua-Neuguinea herrschenden *Glauben an die partielle Vaterschaft* entgegen. Dort sei man davon überzeugt, „dass ein Mensch mehr als einen Vater" (Ryan & Jethá, 2016, S. 113) habe. Nach dieser Auffassung tue eine Frau das Beste für ihre zukünftigen Kinder, wenn sie mit vielen Männern schlafe, da jeder dieser Männer je nach seinen Fähigkeiten mit seinem Sperma einen positiven Beitrag für ihr Kind leiste. Nach einem Bericht von Crocker (1990) benennt bei den Canela in Brasilien jede werdende Mutter vor der Gemeinschaft öffentlich die Namen der Männer, die mit ihrem Samen zur Schwangerschaft beigetragen haben. Von den südindischen Nayar berichten Voland und Paul (1998), dass Frauen dort zwischen drei und zwölf Liebhaber gleichzeitig hatten und dass die Männer dort grundsätzlich nichts in den eigenen unsicheren Nachwuchs investierten, sondern alle materiellen Güter an den Nachwuchs der eigenen Schwestern weitergaben (S. 44). Ein weiterer Beleg für fehlende sexuelle Besitzansprüche und für die Missbilligung von sexueller Eifersucht in Jäger-und-Sammler-Kulturen ist nach Ryan und Jethá (2016) der in vielen Kulturen verbreitete Brauch, Fremden aus Gastfreundschaft die eigene Ehefrau anzubieten. Dies diene entweder der Auffrischung des Genpools oder dem Knüpfen eines sozialen Netzwerks, auf das in Krisensituationen Verlass sei. So sei es bei den Inuits üblich, dass die Ehepartner getauscht würden, um zwischen verstreut lebenden Familien soziale Beziehungen zu knüpfen, die im Kontext der harten arktischen Lebenswelt überlebenswichtig seien.

Weitere Argumente für die Annahme einer ursprünglichen Promiskuität des Menschen sind nach Ryan und Jethá (2016) die genetische Nähe zu den Bonobos und die menschliche Physiologie, und zwar die Hodengröße, die Spermienproduktion, die Penisgröße und die Körpergröße. Die Hodengröße des Mannes sei zwar geringer als bei den extrem promisken Bonobos, aber doch deutlich größer als bei monogamen oder polygynen Arten. Auch die Spermienanzahl bei einer Ejakulation sei beim Mann zwar nicht so groß wie bei den Bonobos und Schimpansen, aber deutlich größer als beim Gorilla oder Orang-Utan. Die Spermaproduktion eines Mannes nehme zu, wenn er die Partnerin für einige Tage nicht gesehen habe, und zwar unabhängig davon, ob er in der Zwischenzeit ejakuliert habe. Zudem bestehe das Ejakulat des Mannes bei den ersten Stößen aus chemischen Stoffen, die der Abwehr fremden Ejakulats dienten. Sowohl die Zunahme der Spermaproduktion bei zeitweiser Abwesenheit der Partnerin als auch die unterschiedliche Zusammensetzung des Ejakulats könne man nur durch Spermienkonkurrenz erklären. Auch die Größe und Form des menschlichen Penis spricht nach Ryan und Jethá (2016) für eine ursprüngliche Promiskuität, da die Penisform dem Ziel diene, fremdes Sperma aus der Vagina zu entfernen (S. 269). Dies wird in ähnlicher Weise auch so von anderen Autoren vertreten. So führen Bateman und Bennett (2006) an, dass der relativ große Hoden sowie der dicke und relativ große Penis des Mannes und der lange Scheidenkanal der Frau eher bei Promiskuität mit Spermienkonkurrenz Sinn machten. In einer vergleichenden Untersuchung bei 48 Primatenarten konnte Dixson (2012) zeigen, dass bei Paarungssystemen mit mehreren Männchen der Penis länger und komplexer ist. Hinsichtlich der menschlichen Physiologie führen Ryan und Jethá zuletzt noch an, dass monogame Arten gleich groß seien und dass bei polygynen Arten das Männchen doppelt so groß sei wie das Weibchen, was jeweils beim Menschen nicht der Fall sei.

Als weitere Argumente für die Annahme einer ursprünglichen Promiskuität des Menschen führen Ryan und Jethá (2016) an, dass viele heterosexuelle Männer Pornos lieben, die eine Frau beim gleichzeitigen Sex mit mehreren Männern zeigen. Zudem behaupten sie, dass die Kopulationslaute von Frauen den Zweck hätten, andere Männchen anzulocken, um so Spermienkonkurrenz zu ermöglichen. Zuletzt sei der weibliche Orgasmus nicht eine Belohnung für Monogamie, sondern sei im Gegenteil ein von der Natur gewollter Anreiz für Promiskuität.

Ein wichtiges Gegenargument gegen die Annahme der ursprünglichen Promiskuität in der Menschheitsgeschichte ist, dass bei Promiskuität ein Evolutionsprozess durch das weibliche und männliche Wahlverhalten (intersexuelle Selektion) kaum möglich ist. Körperliche Schönheit, die weibliche Brust, der dicke und lange knochenlose Penis, Fähigkeiten wie Musikalität, Kunstsinn, Kunstfertigkeit, Poesie, Ethik, Philosophie etc. sind weder durch Spermienkonkurrenz noch durch die natürliche Selektion ausreichend erklärbar. Zudem spricht gegen die Promiskuitätsthese, dass der männliche Hoden deutlich kleiner ist als der der Bonobos und dass es bei der Frau keine von außen erkennbaren Anzeichen für die fruchtbaren Tage gibt, was bei Promiskuität und Spermienkonkurrenz typisch ist. Auch eine sehr strenge Monogamie ermöglicht kaum einen Evolutionsprozess durch sexuelle Selektion und kann deshalb in der Entwicklungsgeschichte des Menschen nicht vorherrschend gewesen sein. Eine ausgeprägte Polygynie scheidet zumindest seit Auftreten des Homo erectus ebenfalls aus, da der Sexualdimorphismus beim Menschen sonst größer wäre (der Mann wäre dann viel größer als die Frau). Von daher ist anzunehmen, dass in der Entwicklungsgeschichte des Menschen die Monogamie mit gelegentlichen Seitensprüngen vorherrschend gewesen ist, wobei es sicherlich einigen wenigen Männern gelungen ist, mehr als eine Frau dauerhaft zu binden (sehr milde Polygynie) (Gray & Garcia, 2013). Promiskes Sexualverhalten im Kontext bestimmter Gebräuche hat es in vielen Kulturen gegeben (sogar heute gibt es promiskes Sexualverhalten noch im Karneval und bei anderen Volksfesten), Promiskuität kann aber nicht die dominierende Partnerschaftsform in der Entwicklungsgeschichte des Menschen gewesen sein.

3.7 Paarungssysteme des Menschen

Die Kontroverse zwischen der Monogamiethese (Chapais, 2008, 2010; Morris, 1968; Rushton, 2005) und der Promiskuitätsthese (Ryan & Jethá, 2016) bezieht sich auf das Paarungssystem zur Zeit der Jäger und Sammler. Welches Paarungssystem ist typisch für den heutigen Menschen? Zunächst fällt auf, dass die heutigen Paarungssysteme vielfältig sind. Im Folgenden werden die häufigsten menschlichen Paarungssysteme dargestellt, nämlich Monogamie, Polygynie, alleinerziehende Mütter, Promiskuität, Polyamorie, Polyandrie, Gruppenehen und Vergewaltigungen.

3.7.1 Monogamie

Nur etwa zehn Prozent aller Säugetierarten praktizieren die Monogamie, wobei sie bei manchen Arten gar nicht anzutreffen ist (Junker, 2016). Die lebenslange Monogamie findet man mit Ausnahme einiger Arten eher selten. Am häufigsten findet man die serielle Monogamie, bei der die Paarbildung nur für die Mindestaufzuchtzeit des Nachwuchses bestehen bleibt. Nach Ansicht von Helen Fisher (1993) hat sich beim Menschen evolutionär die *serielle Monogamie* mit einer Einzeldauer von vier Jahren bis zur Entwöhnung des Kindes durchgesetzt, da in der Evolution über Jahrhunderte hin sich nur diejenigen durchgesetzt hätten, die bis zur Entwöhnung des Kindes zusammengeblieben seien. Bei einer zweiten Empfängnis oder bei einer längeren Zeitspanne bis zur Schwangerschaft habe die monogame Beziehung auch länger als vier Jahre gedauert (Fisher, 1993, S. 196). *Beim Menschen ist die Monogamie heute das häufigste Paarungssystem, da auch in Kulturen mit erlaubter Polygynie (die meisten Kulturen erlauben die Polygynie) die meisten Menschen in einer monogamen Beziehung leben.* Trotz der Neigung des Menschen zu sexueller Abwechslung scheint es eine starke Tendenz hin zur Monogamie zu geben. Erfahrungen aus Kommunen mit gewollter Promiskuität zeigen, dass sich in den Kommunen zumeist doch exklusive monogame Beziehungen entwickelten, und zwar auch dann, wenn dies explizit verboten war. Zur Monogamie mit der gemeinsamen Sorge für den Nachwuchs gehört relativ zwingend auch die Eifersucht, da der Mann sicher sein will, dass der Nachwuchs auch genetisch von ihm ist und die Frau den Mann als Beschützer des Nachwuchses nicht verlieren will. Während Beziehungen heute durchschnittlich nur wenige Jahre dauern, sind geschlossene Ehen ziemlich stabil. Nach den Daten des Statistischen Bundesamts (2018a) dauerte in Deutschland jede geschiedene Ehe durchschnittlich 15 Jahre, wobei jede dritte der geschlossenen Ehen geschieden wurde. Ohne Scheidung dauert die menschliche Ehe im Durchschnitt 45 Jahre (Buddeberg, 2005). Solche langen Beziehungen sind im Tierreich selten, und sie kommen auch nur bei Arten ohne Sexualdimorphismus vor (beispielsweise bei der Präriewühlmaus oder beim Albatros). Seitensprünge sind nach Befragungen bei Ehemännern häufiger als bei Ehefrauen und kommen bezogen auf das ganze Leben bei etwa 15 bis 50 % der Befragten vor.

3.7.2 Polygynie

Während in Jäger-und-Sammler-Kulturen aufgrund von Nahrungsknappheit polygyne Beziehungen selten sind, bietet die Ackerbaukultur die Möglichkeit, Ressourcen anzuhäufen und Frauen freiwillig oder unfreiwillig (arrangierte Ehen, Sklavinnen) in polygyne Strukturen einzubinden. Aus genetischer Sicht bringt die Polygynie Männern mehr Vorteile als Nachteile, da sie erstens ihre Gene über verschiedene Partnerinnen weitergeben können, sodass sich das Risiko einer ungünstigen Partnerwahl vermindert (Seitensprünge oder Trennungen und Wiederverheiratungen leisten dies aber auch), da sie zweitens mit dem Anwachsen ihres Reichtums auch im höheren Lebensalter gezielt junge fruchtbare Frauen als zusätzliche Partnerinnen anwerben können und da sie drittens durch Kontrollmechanismen eine höhere Vatersicherheit erreichen können als durch Seitensprünge. Polygynie ist zumeist mit einem ausgeprägten Patriarchat und einer starken Kontrolle der Frauen verbunden. Häufig findet man in der patriarchalischen Polygynie eine sehr grausame Bestrafung bei Untreue der Frau (in islamischen Ländern wie Iran, Afghanistan, Pakistan, Saudi-Arabien, Vereinigte Arabische Emirate, Sudan, Somalia, Nigeria ist die gewollt qualvolle Tötung durch Steinigung bei Untreue auch heute noch verbreitet), die Versklavung von gefangengenommenen Frauen, den Handel mit und die Haltung von völlig rechtlosen Sklavinnen, die Verschleierung, die Bewachung, die Klitorisbeschneidung und die Infibulation (fast vollständiges Zusammennähen der Schamlippen) (Diamond, 2009). Obwohl nur 16 % der bekannten 853 Kulturen die Monogamie vorschreiben (84 % erlauben die Polygynie), haben in den Kulturen, die die Polygynie erlauben, nur 5 bis 10 % der Männer mehrere Frauen gleichzeitig (Fisher, 1993). Für Frauen ist die Polygynie evolutionär ungünstig, da insbesondere die Nebenfrauen in der Regel weniger Kinder haben als Frauen in monogamen Beziehungen. Zudem gibt es anders als beim Gorilla beim Menschen zumeist kein friedliches Zusammenleben der gemeinsamen Frauen eines Mannes.

3.7.3 Alleinerziehende Mütter

Bei mehr als zwei Dritteln aller Säugetiere sind die Männchen reine Samenspender und der Kontakt zwischen den Geschlechtern beschränkt sich auf die Paarung. Bei einigen Arten werden die Männchen von den Weibchen sogar aktiv vertrieben (Junker, 2016). Im Tierreich gibt es häufig alleinerziehende Mütter und nur als seltene Ausnahme alleinerziehende Väter (z. B. Grillkuckuck, Emu). Beim Menschen hat es einen starken evolutionären Druck hin zur gemeinsamen elterlichen Sorge gegeben. Wenn aufgrund tödlicher Erkrankungen, Unfälle, Naturkatastrophen oder Kriegsereignisse nur ein Elternteil überlebte, war es ohne Unterstützung durch Großeltern oder andere Verwandte kaum möglich, Kinder großzuziehen.

In den Jahren des zweiten Weltkriegs und danach gab es in Deutschland einen hohen Anteil alleinerziehender Mütter. Ein Drittel der Kinder wuchs in dieser Zeit ohne Vater auf und bei einem weiteren Drittel war der Vater längere Zeit abwesend (Schulz et al., 2004). Dieser Anteil reduzierte sich in den folgenden Jahrzehnten, stieg aber in den letzten Jahrzehnten wieder an (sowohl in Deutschland als auch in den USA). In der empirischen Forschung ist gut belegt, dass es eine hohe Korrelation gibt zwischen der Abwesenheit von Vätern in der Erziehung und den Variablen Schulversagen, Schulausschluss, niedriges Selbstbewusstsein, störendes und delinquentes Verhalten, geringes Wohlbefinden, Suizidalität, Drogenabhängigkeit, Gefängnisaufenthalte, niedriges Einkommen als Erwachsener, schlechter körperlicher und psychischer Gesundheitszustand als Erwachsener und Scheidungen im Erwachsenenalter (Sigle-Rushton & McLanahan, 2004; Spielberger et al., 2015). Für Deutschland zeigt die KiGGS-Studie, dass das Risiko für eine chronische Krankheit bei Heranwachsenden in Einelternfamilien eineinhalbfach erhöht ist. Emotionale und Verhaltensprobleme zeigen sich bei 17 % der Kinder aus Einelternfamilien, aber nur bei 8 % der Kinder aus Kernfamilien (Rattay et al., 2014). Eine umfangreiche schwedische Studie verglich im Zeitraum von 1991 bis 1998 Kinder aus Einelternfamilien (N = 65 085) mit Kindern aus Kernfamilien (N = 921 257), wobei die Familien jeweils sowohl 1985 als auch 1990 bestanden hatten. Auch nach Anpassung an die konfundierenden Faktoren „Sozioökonomischer Status", „Psychische Krankheiten" und „Suchterkrankung der Eltern" zeigte sich, dass Kinder aus Einelternfamilien eine drei- bis viermal höhere Wahrscheinlichkeit für eine Drogenabhängigkeit sowie eine mehr als doppelt so hohe Wahrscheinlichkeit für eine psychische Krankheit, für Alkoholabhängigkeit sowie für einen Suizid hatten (Ringbäck Weitoft et al., 2003). Die feministische Vision einer vaterlosen Gesellschaft mit dem Staat als Ersatzvater als auch die von Sielert (2004, S. 98) propagierte „Entnaturalisierung" der Kernfamilie scheint nicht entwicklungsfördernd zu sein.

Der Trend hin zur Paarungsform „alleinerziehende Mütter" ist keine deutsche Eigenart. In den USA hat sich die Häufigkeit der „Single-Parent-Family" von den 1960er Jahren bis heute verdoppelt, sodass dort nur noch zwei Drittel aller Kinder bei beiden Elternteilen aufwachsen. Bei der afroamerikanischen Bevölkerungsgruppe wächst bereits seit den 1980er Jahren die Mehrheit der Kinder vaterlos auf (United States Census Bureau, 2016). In Südafrika leben nur 31 % der schwarzafrikanischen Kinder unter fünf Jahren mit einer Mutter und einem Vater (Statistics South Africa, 2013, S. 27). Südafrika hat weltweit eine der höchsten Raten von abwesenden Vätern und zugleich eine der höchsten Kriminalitätsraten der Welt.

3.7.4 Promiskuität und Polyamorie

Promiskuität und Polyamorie sind sehr seltene Paarungssysteme des Menschen. Promiskuität gab es in der Neuzeit in Sekten, die sich an utopischen Programmen orientierten. Nahezu alle Sekten existierten nur kurze Zeit. Ein früher erster Versuch war im Jahre 1832 die Kommune *„Phalanstère Colonie Sociétaire“*, die sich auf die Ideen von *Charles Fourier* bezog. In „Die Methode der Vereinigung der Geschlechter in der siebten Periode“ konzipierte Fourier (1808/1968) die Promiskuität aus der Perspektive der Frau. In der Liebesfreiheit könne die Frau gleichzeitig einen Favoriten (sexueller Partner ohne gemeinsame Kinder), einen Erzeuger (Partner mit einem gemeinsamen Kind) und einen Ehemann (Partner mit mindestens zwei gemeinsamen Kindern) haben. Mit diesen von der Frau verliehenen Titeln verband Fourier (1808/1968) Erbansprüche, wobei die Frau die Titel verweigern könne, wenn sie Grund zur Unzufriedenheit habe (S. 192/3). Auch alle folgenden Kommunen nach den Ideen von Fourier in Frankreich, Brasilien, Algerien und in Amerika scheiterten (Bruhat, 1972). Deutlich erfolgreicher war die 1848 von *John Humphrey Noyes* gegründete *Oneida Community* im Bundesstaat New York. Noyes forderte von allen Mitgliedern, dass sie sich zur freien Liebe („komplexe Ehe“) verpflichten. Exklusive Paarbindungen mit exklusiven Verliebtheitsgefühlen waren verboten. Wenn der Verdacht aufkam, dass eine Frau einen Mann ablehnt, weil sie einen anderen Mann bevorzugt, wurde sie hierfür wegen mangelndem Gemeinsinn kritisiert. Um exklusive Verliebtheitsgefühle zu verhindern, sollten altersgleiche sexuelle Beziehungen vermieden werden (Coser, 2015). Zur Begrenzung der Fortpflanzung verlangte Noyes sexuelle Beziehungen zwischen jungen Männern und postmenopausalen Frauen sowie Vaginalverkehr ohne Ejakulation (Karezza/coitus reservatus) bei älteren Männern. Den Vaginalverkehr ohne Ejakulation forderte Noyes auch aus spirituellen Gründen. In altersungleichen Beziehungen sah er eine Möglichkeit der sexuellen Schulung: Junge Männer sollten durch ältere Frauen lernen und junge Frauen sollten durch ältere Männer, die die Technik des „coitus reservatus“ beherrschen, in die Sexualität eingeführt werden. Die Fortpflanzung in der Oneida Community erfolgte unter Leitung von Noyes nach eugenischen Gesichtspunkten durch 38 junge Männer und 53 junge Frauen, die sich dem Urteil einer Eugenik-Kommission unterwarfen. Im Rahmen dieses Eugenik-Experiments wurden 58 Kinder geboren und gemeinsam aufgezogen. Trotz aller Vorsichtsmaßnahmen gegen die Monogamie entwickelten sich auch in der Oneida Community Paare, die dann die Gemeinschaft verließen (Schott, 2017).

Unter dem Einfluss der sexuellen Revolution und der 1968er Bewegung entstanden an mehreren Orten Versuche mit der Promiskuität in einer Kommune. Die berühmteste war die von *John und Barbara Williamson* gegründete *Sandstone-Kommune* (1969–1973), eine Art Nudistencamp, in dem die freie Liebe praktiziert wurde, wobei es darum ging, sexuelle Eifersucht zu überwinden, sich von der Anwesenheit anderer nicht ablenken zu lassen und nur das zu tun, was man auch will. Die Grundüberzeugung der Kommunegründer war, dass die Monogamie sexuell unbefriedigend sei und ein glückliches Leben verhindere. Zeitweise wohnten in dieser Kommune 500 Personen, unter anderen auch die spätere Sexualtherapeutin und Frauenrechtlerin *Betty Dodson* und der Arzt, Schriftsteller und Biologe *Alex Comfort,* dessen Sexratgeberbuch im Stil eines Kochbuchs („Joy of Sex. A Gourmet Guide to Love Making") länger als ein Jahr an der Spitze der Bestsellerliste in den USA stand (Kennedy, 2008). Ähnliche Kommunen gab es in vielen Staaten der USA, in Deutschland, in Österreich und in der Schweiz. Eine besonders strenge Abgrenzung zur Monogamie forcierte in Österreich *Otto Muehl,* der alle Ansätze zur Zweierbeziehung verbot, wobei Männer kein eigenes Bett haben durften und natürlich auch keine Vatergewissheit hatten. Alle Kommune-Experimente zeigen übereinstimmend, dass der Mensch anders als seine nächsten animalischen Verwandten nicht für das Leben in einer promisken Gruppe geeignet ist und dass dann doch monogame Paarbeziehungen entstehen. Auffallend ist zudem, dass sich in einigen Kommunen die Sektengründer Sonderrechte herausnahmen, nämlich für sich eher die Polygynie realisierten als die Promiskuität (dies gilt beispielsweise für die Oneida Community und für die Otto-Muehl-Kommune) (Fisher, 1993; Weingrill & van Schaik, 2011). Ein weiterer interessanter Aspekt ist, dass alle Kommunen die individuelle Freiheit ihrer Mitglieder einschränkten (Szasz, 1980), beispielsweise durch den Zwang zum Nacktsein, zur Teilnahme am Sex etc.

Eine neuere Partnerschaftsform ist die *Polyamorie.* Polyamorie beschreibt ein Paarungssystem, „in dem es möglich ist, romantische und/oder sexuelle Beziehungen mit mehreren PartnerInnen gleichzeitig einzugehen" (Klesse, 2007, S. 317). Anders als bei der Promiskuität in der Kommune steht bei der Polyamorie die Liebesbeziehung im Mittelpunkt, wobei es ausdrücklich um langfristige Beziehungen geht. Man wohnt nicht zusammen in einer Kommune, sondern wohnt in einem Ein-Personen-Haushalt oder auch klassisch in einem Zwei-Personen-Haushalt. Im Unterschied zur Monogamie mit geheimen Seitensprüngen gehört zur Polyamorie, dass alle Beziehungen offengelegt werden müssen und dass jeder Partner verschiedene Liebesbeziehungen haben darf. Die Polyamorie wird zumeist als Gegenkonzept zur Monogamie verstanden. Da es die polyamoröse Beziehungsform erlaubt, romantische und sexuelle Beziehungen zu Personen beiderlei Geschlechts einzugehen, ist die Polyamorie ein attraktives Beziehungsmodell für bisexuelle Menschen (Menschen mit bisexueller Orientierung können aber durchaus auch in der Monogamie leben). Es geht in der polyamorösen Beziehungsform darum, Langeweile zu vermeiden, Abenteuer zu erleben, gierig zu sein, Liebe an viele Personen zu verschenken und ebenfalls möglichst viel an Liebe zu erhalten. Vertreter des Polyamorie-Konzepts sehen die Polyamorie als eine reife, selbstbestimmte, ethische und ehrliche Beziehungsform. Sie wehren sich gegen die Hollywood-Vorstellung einer ausschließenden Liebe. Eine Affäre in einer monogamen Beziehung sei nicht immer Symptom einer kränkelnden Beziehung, da eine Affäre nichts mit der Qualität der Dauerpartnerschaft zu tun haben müsse. In der polyamorösen Beziehungsform geht es in besonderer Weise um den gegenseitigen Konsens und um die Vermeidung von Verletzungen. Ein Problem der Polyamorie ist ähnlich wie bei der Promiskuität in der Kommune der Umgang mit Eifersucht (Hardy & Easton, 2017).

3.7.5 Polyandrie

Eine eher seltene Partnerschaftsform ist die Polyandrie. Nur 0.5 Prozent aller Gesellschaften billigen der Frau mehrere Partner auf einmal zu (Fisher, 1993). Bei den Indianern im Süden Alaskas leisteten sich sehr reiche Indianerfrauen zwei Männer. Im Himalaja kennt man die Polyandrie als Folge von großer Armut mit der Intention, den geringen Grundbesitz zusammenzuhalten. Hier teilen sich zwei oder mehrere Brüder gemeinsam eine Frau, wodurch der Landbesitz nicht aufgeteilt werden muss und alle Kinder der Frau mit jedem Mann genetisch verwandt sind.

3.7.6 Gruppenehen

Gruppenehen sind sehr selten. Sie entstehen beispielsweise in Nordindien, wenn aus Geldnot zunächst zwei Brüder eine Frau heiraten (Polyandrie) und dann bei späterem Reichtum eine weitere Frau hinzuheiraten, wobei es zu keiner Aufteilung der Frauen kommt. Denkbar ist auch die Konstellation, dass sich zwei Brüder eine Frau teilen, dass diese Frau kinderlos bleibt und man dann gemeinsam eine weitere Frau hinzunimmt.

3.7.7 Vergewaltigungen

Es ist umstritten, ob Vergewaltigungen auch zu den Paarungssystemen des Menschen zählen und somit eine alternative abscheuliche Fortpflanzungsstrategie sind (siehe Abschnitt 3.3.3: Sexueller Zwang). Aus evolutionstheoretischer Sicht wird man dies eher bejahen müssen. *Ghiglieri (1999) geht davon aus, dass Männer aus evolutionären Gründen stärker an kurzfristigem Sex interessiert sind als Frauen. Folglich gebe es niemals genügend Frauen, die für Sex zur Verfügung stehen. Für Männer bieten sich nach Ghiglieri bei der Partnergewinnung drei verschiedene Strategien an: erstens Ehrlichkeit, zweitens Täuschung und drittens Gewalt. Ehrlichkeit werde eingesetzt, wenn der sozioökonomische Status des Mannes so sei, wie Frauen ihn sich wünschen; die Täuschung werde eingesetzt, wenn der sozioökonomische Status nicht ausreichend oder die männliche Paarungsstrategie kurzfristig sei; Gewalt werde eingesetzt, wenn die Täuschung nicht funktioniere.* Die Vergewaltigung gibt den Verlierern der sexuellen Selektion die Möglichkeit der Genweitergabe und sie gibt allen anderen eine genetische Zusatzmöglichkeit. Generell sind die Risiken und Kosten einer Vergewaltigung für Männer mit niedrigem Sozialstatus deutlich geringer als für Männer mit hohem Sozialstatus. So ist beispielsweise in der Gesamtgruppe der Asylbewerber/Asylberechtigten/Geduldeten/Unerlaubten die Zahl der wegen Vergewaltigung/sexuelle Übergriffe/Nötigung Verdächtigen etwa dreimal so hoch wie die der deutschen (mit und ohne Migrationshintergrund) Tatverdächtigen derselben Altersgruppe (Hörnle, 2018). Experimentelle Beobachtungen bei isoliert eingesperrten Schimpansen-, Gorilla- und Orang-Utan-Paaren ergaben, dass bei allen drei Affenarten männliches Dominanzverhalten und Vergewaltigungen zu beobachten waren, und zwar besonders häufig bei den Orang-Utan-Paaren (Fisher, 1993). In Kriegssituationen kommen immer wieder massenhaft Vergewaltigungen vor, wenn Männer auf ungeschützte Frauen treffen und wenn Vergewaltigungen nicht bestraft werden. Vergewaltiger sind dann auch nicht unbedingt die Verlierer der sexuellen Selektion: Dschingis Khan besaß einen riesigen Harem und zeugte trotzdem die meisten seiner Kinder durch Vergewaltigungen. Er erklärte: „Glück bedeutet, seine Feinde zu vernichten, sie ihres Reichtums zu berauben und auf den weißen Bäuchen ihrer Frauen und Töchter zu schlafen" (Stark, 2016). Die Vergewaltigung ist keine menschliche Besonderheit, sondern kommt bei vielen Tierarten vor, wobei auch Vergewaltigungen zwischen verschiedenen Tierarten vorkommen. Von feministischer Seite aus wurden Vergewaltigungen im Tierreich ignoriert und Vergewaltigungen beim Menschen wurden als asexuelle Machtdemonstration und als Ausdruck der Männerherrschaft interpretiert. So behauptete beispielsweise Brownmiller (1980), dass bei Tieren die Paarung vom weiblichen Östruszyklus eingeleitet und gesteuert werde und dass sich Männchen nur dann für die Paarung interessieren würden, wenn das Weibchen bereit sei. In freier Wildbahn habe man noch nie eine Vergewaltigung beobachtet. Dieser Behauptung ist entgegenzuhalten, dass es vielfältige Berichte von Vergewaltigungen im Tierreich gibt (Thornhill & Palmer, 2000) und dass die zweifellos abscheuliche Fortpflanzung durch Vergewaltigung kein menschliches Alleinstellungsmerkmal ist.

3.8 Partnerwahlstrategien bei Frauen

Nach der Theorie des Parental Investment ist zu erwarten, dass Frauen bei der Partnersuche wählerischer sind als Männer. Während eine Frau neun beschwerliche Monate investieren muss, um ein Kind auf die Welt zu bringen, könnte sich das Investment des Mannes auf wenige genussvolle Minuten beschränken. Anders als bei den anderen Menschenaffen investieren aber häufig auch Männer in erheblichem Umfang in ihre Frauen und Kinder, indem sie ihre Beute teilen, ihre Kinder und ihre Frau beschützen, ihre Kinder unterrichten und ihren Status auf die Kinder übertragen. Für Frauen ist es deshalb sinnvoll, Partner zu suchen, die einen hohen gesellschaftlichen Status haben, über wirtschaftliche Ressourcen verfügen, gute finanzielle Aussichten haben und die Bereitschaft erkennen lassen, diese Ressourcen zukünftigen Kindern und der Partnerin zur Verfügung zu stellen. Sowohl amerikanische als auch interkulturelle Studien zeigen, dass Frauen bei der Partnersuche im Vergleich zu Männern mehr als doppelt so viel Wert auf die Verdienstfähigkeit legen (schon bei Ovid heißt es: „dummodo sit dives, barbarus ipse placet", „ist er nur reich, so gefällt selber der roheste Mann", Ars amatoria, Kap. 9, 275). Die finanziellen Ansprüche an den Mann steigen von seiner Geeignetheit für regelmäßige Verabredungen über eine Beziehung bis hin zur Geeignetheit für die Ehe deutlich an. Für die Ansammlung von Ressourcen sind auch Ehrgeiz und Fleiß wichtig, zwei Eigenschaften, die Frauen anders als Männer als unerlässlich für einen potenziellen Partner ansehen. Mit der Wichtigkeit von Ressourcen hängt vermutlich auch zusammen, dass Frauen in allen Kulturen eher ältere Männer als Ehepartner suchen. Für den eigenen Schutz sowie für den Schutz des Nachwuchses sind zudem Zuverlässigkeit, Stabilität und athletische Fähigkeiten wichtig, was sich konkret darin ausdrückt, dass Frauen eher große, körperlich starke und athletische Männer mit breiten Schultern und muskulösem Oberkörper sexuell anziehend finden (Buss, 2004).

Frauen stehen bei der Partnerwahl angesichts der beschriebenen Ansprüche allerdings vor einem Dilemma: Die Anzahl der Männer, die große Ressourcen haben, ehrgeizig, fleißig, erfolgreich, gutverdienend, zuverlässig, stabil und beschützend sind, ist beschränkt. Angesichts des hohen weiblichen Parental Investments ist es zwar sinnvoll, Super-Männer zu suchen, da sie aber nur begrenzt vorhanden sind, ist die Gefahr groß, dass man sie wieder verliert, nur für einen One-Night-Stand gewinnt oder dass man leer ausgeht. Von daher kann es sinnvoll sein, Super-Männer doch lieber zu meiden und stattdessen auf Männer zu setzen, die man nicht wieder verliert und die sich um den Nachwuchs kümmern werden. Man nennt diese Strategie *„Domestic-bliss-strategy"* („Strategie des häuslichen Glücks") (Dawkins, 1976; Lischke, 1995). Gesucht werden Männer, die Treue und Häuslichkeit erkennen lassen. Zur Überprüfung der männlichen Absichten ist es für Frauen bei dieser Strategie sinnvoll, mit der Aufnahme einer sexuellen Beziehung lange zu warten. Durch weibliches Sprödigkeitsverhalten und Sich-Zieren können Treue und Beharrungsvermögen erprobt werden. Jeder Mann, der nicht geduldig genug ist zu warten, bis die Frau eventuell in sexuelle Handlungen einwilligt, ist sehr wahrscheinlich kein guter Kandidat, um ein treuer Ehemann zu sein. Durch das Insistieren auf eine lange Verlobungszeit können flüchtige Verehrer aussortiert werden. Die Länge des Sprödigkeitsverhaltens bestimmt sich danach, ob die Vorteile größer sind als die Nachteile. Wenn durch die Wartezeit wertvolle und zuverlässige Informationen über den Heiratskandidaten gewonnen werden können, wenn das Auftreten von weiteren Bewerbern wahrscheinlich ist und wenn die Kosten einer möglichen Untreue des Mannes hoch sind, kann es sinnvoll sein, Paarungsmöglichkeiten abzulehnen und die Fortpflanzung zeitlich nach hinten zu schieben. Aus männlicher Perspektive ist klar, dass man ein laufendes Unternehmen, in das man bereits viel investiert hat, nur ungern wieder verlässt, während man eine Paarungspartnerin, mit der man nicht viel Mühe hatte, sehr viel eher wieder verlässt, da man nicht viel investiert hat. Weibliche Sprödigkeit, eine ausgedehnte Brautwerbung und eine lange Verlobungszeit sind im Tierreich weit verbreitet und haben auch für Männer den Vorteil, dass sich ihre Vatersicherheit erhöht. Allerdings gibt es im Tierreich kaum Beispiele dafür, dass sich die Brautwerbung nicht nur über einige Tage oder Wochen, sondern über Monate und Jahre hinziehen kann, was als Besonderheit der menschlichen Sexualität angesehen werden kann (Morris, 1968). Zur „Domestic-bliss-strategy" kann es auch gehören, vom „Männchen" den Bau eines Nests oder das Füttern des „Weibchens" zu verlangen. Das Füttern des Weibchens dient im Tierreich entweder als Ernährungsunterstützung bei der Nachwuchsproduktion oder als Taktik des Männchens, um zu verhindern, dass es nach der Kopulation gefressen wird. Zudem demonstriert das Männchen durch das Füttern des Weibchens die Absicht, sich sowohl um das Weibchen als auch um den späteren Nachwuchs zu kümmern.

Eine andere weibliche Partnerwahlstrategie ist die *„He-man-strategy"/Gute-Gene-Strategie/Supermann-Strategie* (Dawkins, 1976; Lischke, 1995). Hier geht die Frau davon aus, dass sie vom Vater ihrer Kinder keine Hilfe bei der Aufzucht erhalten wird. Ähnlich wie bei der „Domestic-bliss-strategy" zeigt sie sich sexuell eher „spröde". Sie verweigert nun aber nicht Sex mit einem ungeduldigen und untreuen, sondern mit einem genetisch schlecht ausgestatteten Mann. Die „He-man-strategy" findet man im Tierreich beispielsweise sehr ausgeprägt beim Paradiesvogel, bei dem sich das Weibchen nur mit dem prächtigsten Vogel paart und dann verschwindet und den Nachwuchs allein aufzieht. Woran erkennt eine Frau die guten Gene eines Mannes? Das einfachste Kriterium ist die sexuelle Attraktivität eines Mannes für andere Frauen. Andere Anzeichen sind das Aussehen, die Körpergröße, eine symmetrische Körperform, ein V-förmiger muskulöser Oberkörper, ein hoher gesellschaftlicher Rang und Statussymbole wie Porsche und Rolex. Ein höheres Lebensalter des Mannes beweist eine gute Überlebensfähigkeit, wobei das Alter kein ausreichendes Kriterium ist, da es auch durch übervorsichtiges Verhalten entstanden sein könnte. Letztlich ist das sicherste Kriterium für gute Gene tatsächlich die *Attraktivität eines Mannes bei anderen Frauen.* Durch Sex mit einem solchen Mann entstehen Nachkommen, die dann auch attraktiv sein werden. Bei der „Gute-Gene-Strategie/He-man-strategy“ sind vor allem die Söhne interessant, da attraktive Söhne viele Nachkommen zeugen werden *(„Sexy-Son-Hypothese“).* Selbst eine gewisse Einschränkung der weiblichen Wahlmöglichkeiten durch eine aggressive Form männlicher Sexualität hätte nach der Sexy-Son-Hypothese zumindest den Vorteil, dass die Söhne diese Eigenschaft ebenfalls erben und sich möglicherweise dadurch erfolgreicher fortpflanzen. In Befragungen berichten dominante, muskulöse sowie körperlich oder vom Gesicht her männlich wirkende Männer von signifikant mehr Kurzzeitbeziehungen (Burriss et al., 2011).

In der Praxis werden sowohl Zwischenstufen zwischen „Domestic-bliss-“ und „He-man-strategy“ als auch Mischformen vorkommen. Die bekannteste weibliche Mischstrategie ist die *Kuckuckskind-Strategie.* Hierbei sucht sich eine Frau nach der „Domestic-bliss-strategy“ einen treuen und beharrlichen Versorger, nutzt aber eine kurze Abwesenheit ihres Partners dazu, um sich gezielt mit einem „He-man“ zu verpaaren und ihrem Dauerpartner ein „Kuckuckskind“ unterzuschieben. Hierdurch werden die Vorteile beider Strategien genutzt: einen treusorgenden Versorger für die Aufzucht des Nachwuchses zu gewinnen und zugleich diesen Nachwuchs mit den Genen eines erfolgreichen „He-mans“ auszustatten (Lischke, 1995). Insbesondere von Vogelweibchen kennt man die Strategie, sich angesichts einer nur kurzen Zeit für die Partnersuche mit dem erstbesten Männchen zu verpaaren, was besser ist, als leer auszugehen oder Eier zu spät zu legen (die Jahreszeit muss berücksichtigt werden), dann jedoch gezielt Extrakopulationen mit attraktiven Männchen in der Nachbarschaft zu suchen, sodass immer einige Eier des Geleges nicht vom Partner stammen, was die genetische Variabilität und Qualität des Nachwuchses erhöht.

Da in der menschlichen Evolution die väterliche Sorge entscheidend war für die Aufzucht der Kinder sowie für die Weitergabe der Gene an Enkelkinder, war die „Domestic-bliss-strategy“ im Vergleich zur „He-man-strategy“ die überlegene Strategie. Die Kuckuckskind-Strategie ist gegenüber der „He-man-strategy“ überlegen, wenn es ausreichend Gelegenheiten für Seitensprünge gibt und die genetischen Qualitäten der „Super-Männer“ auch aus einer festen Partnerschaft heraus ausreichend begutachtet werden können. Im Vergleich zur „Domestic-bliss-strategy" ist die Kuckuckskind-Strategie vor allem dann lohnend, wenn der feste Partner schlechte Gene hat. So konnte im Tierexperiment belegt werden, dass Weibchen dann stärker zu Seitensprüngen neigen, wenn man die genetische Qualität des festen Partners scheinbar reduziert (z. B. Schwanzfedern kürzt oder farbliche Ornamente abschwächt). Seitensprünge sind wenig sinnvoll, wenn der feste Partner gute Gene hat, da bei einer Aufdeckung des Betrugs der treusorgende Vater verloren gehen kann. Vorteile eines Seitensprungs können für Frauen eine Verbesserung der wirtschaftlichen Situation (Geschenke, Karriere etc.), bessere und unterschiedliche Gene für den Nachwuchs, Gewinnung von Nachwuchs bei Unfruchtbarkeit des festen Partners, die Erleichterung der Trennung vom gegenwärtigen Partner sowie die Erlangung eines besseren Partners sein. Im Allgemeinen dürften die Nachteile und Risiken von kurzfristigen Sexualbeziehungen für Frauen jedoch größer sein als die Vorteile und Chancen.

Angesichts der Hodengröße und der Spermienanzahl je Ejakulat beim Manne kann man annehmen, dass Seitensprünge in der Evolution des Menschen bedeutend waren. In den letzten Jahrzehnten haben Genanalysen überraschenderweise gezeigt, dass bei sozial monogam lebenden Vogelarten im Durchschnitt 11 % des Nachwuchses nicht vom Vogelvater stammten (Griffith et al., 2002). Bei Vögeln scheint es weit verbreitet zu sein, dass sich die Weibchen eher unattraktive Männchen als gezwungenermaßen treue Dauerpartner suchen, diesen Partnern aber einige „Kuckuckskinder" unterschieben (Johow & Voland, 2011). Beim Menschen fanden Bellis et al. (2005) in einer Metaanalyse Vaterschaftsdiskrepanzraten zwischen 0.8 und 30 %, wobei sie für allgemeine epidemiologische Populationsstudien einen Medianwert von 3.7 % berechneten. Die Vaterschaftsdiskrepanzraten waren höher bei Müttern, die jünger waren, einen niedrigen sozioökonomischen Status hatten und/oder afroamerikanischer oder hispanischer Herkunft waren. Neuere Studien legen eine Korrektur der bisherigen Annahmen über die Häufigkeit von „Kuckuckskindern" nahe. Larmuseau et al. (2016) kombinierten die Daten aus Genanalysen mit Daten aus der Ahnenforschung und berechneten für verschiedene Kulturen in Belgien, Italien, Südafrika und Katalonien für die letzten Jahrhunderte eine Kuckuckskindrate von etwa 1 %. Die Autoren konstatieren, dass die Vorteile des gezielten „Gen-Shoppings" viel geringer sind als die mit einer möglichen Entdeckung verbundenen Risiken wie Gewalt durch den Ehepartner, Scheidung, Verlust der ehelichen und verwandtschaftlichen Unterstützung und gesellschaftliche Ächtung.

Die Wahl zwischen „Domestic-bliss-" und „He-man-strategy" hängt nicht nur von der Wichtigkeit der väterlichen Unterstützung, der genetischen Qualität des Partners sowie von den Seitensprungmöglichkeiten ab, sondern auch vom Zeitpunkt im weiblichen Menstruationszyklus. Nach der *„Ovulatory shift-Hypothese"* ist die Partnerwahlstrategie der Frauen kurz vor dem Eisprung anders als in der übrigen Zeit des Menstruationszyklus. In der fertilen Phase bevorzugen Frauen Männer mit einer kräftigen Muskulatur, einem hochgewachsenen Körper, einem markanten Kinn, einer ausgeprägten Augenbrauenwulst, einer tiefen männlichen Stimme sowie mit eher arrogantem, narzisstischem, aggressivem und dominantem Auftreten. Gefühle der Abscheu gegenüber inzestuösen Sexualbeziehungen sind in dieser Phase besonders stark. Geruchstests zeigten, dass Frauen vor allem in der fertilen Phase den Geruch von dominanten und symmetrisch gebauten Männern sexy fanden. Kurz vor dem Eisprung verfolgen Frauen offenbar vor allem die „He-man-strategy", das heißt, sie fühlen sich von einem Typ „Mann" angezogen, der genetische Qualität und männliche Attraktivität verspricht, wobei auch ein Seitensprung im Sinne der Doppelstrategie „Kuckuckskind" verlockend erscheint. Hierzu passt, dass Frauen in der Mitte des Zyklus eine höhere Bereitschaft zeigen, zwischen Liebe und Sex zu trennen. Zudem zeigen sie mehr Freude beim Anblick nackter Männer (Klusmann & Berner, 2011). Nach der fruchtbaren Phase verändert sich das Partnerwahlverhalten von der „He-man-strategy" hin zur „Domestic-bliss-strategy". In dieser Phase finden Frauen Männer attraktiv, die ein unterstützendes Sozialverhalten zeigen, eine verwandtschaftliche Ähnlichkeit aufweisen und feminine Gesichtszüge zeigen. Wichtig ist jetzt zudem noch, dass der Mann intelligent und gesund ist. Überspitzt gesagt lassen sich Frauen während der fruchtbaren Tage eher von einem rücksichtslosen „Super-Mann" begatten und suchen nach einer möglichen Befruchtung eher den einfühlsamen „Sozialarbeiter- und Versorger-Typ". Dieser zyklusabhängige Wechsel der Partnerpräferenz zeigt sich jedoch nur bei Frauen, die nicht die Pille nehmen, wobei er nur schwach ausgeprägt ist bei Frauen ohne Partner, stärker ausgeprägt ist bei Frauen mit Partner und besonders stark ist bei Frauen mit unattraktivem Partner (Klusmann & Berner, 2011).

3.9 Partnerwahlstrategien bei Männern

Aufgrund der Vaterunsicherheit, der Abhängigkeit der Nachkommenzahl von der Anzahl der Geschlechtspartnerinnen und des geringeren Parental Investments würde es für Männer vor dem Hintergrund des Egoismus der Gene Sinn machen, relativ unterschiedslos möglichst viele Partnerinnen zu begatten. Hierfür gibt es zahlreiche Belege, angefangen von der Hodengröße und Spermienanzahl des Mannes über männliche sexuelle Fantasien, über die Anzahl der gewünschten Sexualpartner bis hin zum Verhalten von Männern bei sexuellen Angeboten. Interessant ist der im Tierreich gut belegte *Coolidge-Effekt,* womit die Beobachtung gemeint ist, dass nach vielen Verpaarungen mit demselben Sexualpartner die sexuelle Aktivität sinkt, dann jedoch mit dem Auftauchen eines neuen paarungswilligen Partners wieder stark ansteigt. Für männliche Ratten im Labor konnte dieser Effekt gut belegt werden (Wilson et al., 1963). Vor dem Hintergrund eines Egoismus der Gene ist dieses Verhalten sinnvoll, denn eine nochmalige Verpaarung mit derselben Partnerin dient der Ausbreitung der eigenen Gene viel weniger als eine Verpaarung mit einem neuen Weibchen. Allerdings ließ sich dieser Coolidge-Effekt, wenn auch schwächer ausgeprägt, auch für weibliche Hamster belegen, was damit zu tun haben könnte, dass der männliche Dauerpartner unfruchtbar sein könnte (Lester & Gorzalka, 1988). Aus ethischen Gründen lässt sich der Coolidge-Effekt beim Menschen nicht mit demselben Setting wie bei Ratten überprüfen, wobei es allerdings Hinweise aus Selbstbeobachtungen beim Gruppensex gibt. Ein eindrucksvoller Nachweis des Coolidge-Effekts beim Menschen gelang jedoch in einem Experiment mit 21 männlichen Versuchspersonen, die über einen längeren Zeitraum bei sich zu Hause sieben Pornoszenen ansehen und dazu bis zur Ejakulation masturbieren sollten, wobei das Ejakulat für eine Untersuchung aufgefangen werden musste. Bei den ersten sechs Pornoszenen waren die Darstellerin und der Darsteller gleich und die unterschiedlichen Szenen wurden aus einem 20-minütigen Pornofilm geschnitten. Bei der siebten Pornoszene war der männliche Darsteller ebenfalls gleich, die Darstellerin hingegen war mit Bezug auf das Gesicht, den Körper, die Haarfarbe und die Tattoos deutlich anders. Bei der siebten Pornoszene mit der neuen Darstellerin waren das Volumen des Ejakulats und die Mobilität der Spermien deutlich erhöht (Joseph et al., 2015).

Eine stärker quantitativ ausgerichtete Fortpflanzungsstrategie bei Männern konnte auch in einem Campus-Experiment belegt werden. Zehn mittelattraktive Studierende (fünf Männer und fünf Frauen) verteilten sich auf verschiedene Campus-Innenhöfe und sprachen (für sie selbst) attraktive Studierende des anderen Geschlechts an und fragten in drei verschiedenen Versionen (randomisiert verteilt): „Du bist mir hier auf dem Campus aufgefallen. Ich finde dich sehr attraktiv … Hättest du Lust, mit mir heute Abend auszugehen?/Hättest du Lust, heute Abend zu meinem Appartement zu kommen?/Hättest du Lust, heute Abend mit mir ins Bett zu gehen?“ Bei der Frage nach dem abendlichen „Ausgehen“ zeigten sich keine Unterschiede zwischen den befragten Studenten und Studentinnen. Bei der Einladung zum Appartementbesuch sowie der Einladung zum Sex zeigte sich ein sehr großer Geschlechtsunterschied. So waren bei der Studentin, die ein kurzes Kompliment machte und dann fragte, ob man heute Abend mit ihr schlafen wolle, 72 % der angesprochenen Studenten hierzu bereit (einige fragten zurück, warum man bis heute Abend warten solle), wobei die übrigen 28 % sich entschuldigten und angaben, fest gebunden zu sein oder etwas anderes vorzuhaben. Im umgekehrten Fall ging keine Studentin auf das sexuelle Angebot eines Studenten ein. Die Studentinnen reagierten eher entsetzt und aggressiv: „Bist du krank im Kopf. Lass mich in Ruhe!“ (Clark & Hatfield, 1989).

Kurzfristige sexuelle Beziehungen haben für Männer aber auch Nachteile: geringere Überlebenschancen des eigenen Nachwuchses, in der Regel hohe

Kosten oder Risiken für die Gewinnung einer kurzfristigen Partnerin (Gegenleistungen, Geschenke, Geld, Erpressung, Vergewaltigung), Verlust der langfristigen Partnerin, hohes Gewaltrisiko durch die eifersüchtige feste Partnerin oder durch kontrollierende Väter und Brüder der Frauen, eine hohe Vaterunsicherheit und ein erhöhtes Risiko der Ansteckung mit einer sexuell übertragbaren Krankheit (Buss, 2004). Durch die Suche nach einer langfristigen Partnerin erhöhen sich für Männer erstens die Partnerschaftschancen, zweitens die Vatersicherheit, drittens die Überlebenschancen des eigenen Nachwuchses und viertens der Reproduktionserfolg des eigenen Nachwuchses.

Bei kurzfristigen Partnerwahlstrategien ist es für Männer wichtig, die Werbezeit möglichst kurz zu halten, da eine lange Werbezeit die Anzahl der möglichen Sexualpartnerinnen reduziert. Dem entsprechend bevorzugen Männer bei einer kurzfristigen sexuellen Strategie Frauen, die eine leichte sexuelle Zugänglichkeit signalisieren. Bei kurzfristigen sexuellen Beziehungen sind bei Männern die Ansprüche hinsichtlich Intelligenz, Alter, Persönlichkeit und Familienstand deutlich geringer als bei langfristigen Beziehungen. Zudem wünschen Männer hier explizit eine Partnerin ohne Bindungswillen. Kurzfristige sexuelle Beziehungen werden bei Männern auch dadurch begünstigt, dass ihnen die Sexualpartnerin unmittelbar nach dem Sex weniger attraktiv erscheint (Buss, 2004). Obwohl auch Frauen unter bestimmten Umständen Interesse an kurzfristigen Sexualbeziehungen haben, gibt es im Allgemeinen weniger Frauen als Männer mit Interesse an kurzfristigem Sex. Die gängigste Lösung ist in allen Kulturen die Prostitution (siehe Kap. 7). Obwohl es auch männliche Prostituierte gibt (überwiegend jedoch für homosexuelle Männer), suchen in allen Kulturen vor allem Männer weibliche Prostituierte auf.

Bei der Suche nach langfristigen Partnerinnen sind Männer wählerischer. Wie Frauen wünschen sich Männer Partnerinnen, die liebenswürdig, verständnisvoll, intelligent und gesund sind und ähnliche Einstellungen und Ansichten haben (Buss, 2004). Aus evolutionärer Sicht ist zu erwarten, dass Männer bei einer langfristigen Partnerin einen hohen Wert auf Gebärfähigkeit und Treue legen, da so am ehesten zu erwarten ist, dass die eigenen Gene weitergegeben werden können. Tatsächlich spielt die Fruchtbarkeit von Frauen eine große Rolle bei den Partnerpräferenzen, was sowohl an der Alterspräferenz als auch am bevorzugten Taille-Hüfte-Verhältnis zu erkennen ist. *Besonders fortpflanzungsfähig sind Frauen mit einem Taille-Hüfte-Verhältnis zwischen 0.67 und 0.80, was ziemlich genau dem entspricht, was auf Männer attraktiv wirkt, und zwar unabhängig von den modischen Veränderungen des Schlankheitsideals* (siehe Kap. 3.5). Ähnlich wie Frauen bevorzugen Männer Gesundheit und Symmetrie. Über alle Kulturen hinweg ist die physische Attraktivität für Männer wichtiger als für Frauen. Da physische Attraktivität auch vererbt wird, macht es Sinn, sich einen Partner mit hoher physischer Attraktivität zu suchen, da dann auch der Nachwuchs physisch attraktiv sein wird und damit für diesen mehr

Fortpflanzungsmöglichkeiten bestehen. Physische Attraktivität ist aus demselben Grund auch für Frauen ein bedeutender Aspekt bei der Partnersuche. Mindestens genauso wichtig sind aber für Frauen der soziale Status des Mannes und die damit verbundenen Ressourcen, die die Aufzucht erleichtern und an den Nachwuchs weitergegeben werden können. *Hierzu passend führt nicht die Anwesenheit einer Frau mit hohem Sozialstatus, sondern die Anwesenheit einer physisch attraktiven Frau bei Frauen zur Eifersucht, während Eifersucht bei Männern eher durch die Anwesenheit eines Mannes mit hohem Sozialstatus ausgelöst wird* (Schützwohl, 2011). Da weibliche physische Attraktivität für die Partnerwahl der Männer sehr bedeutsam ist, investieren Frauen deutlich mehr in Attraktivitätstäuschungen (Schminke, Haarfärbung, farbige Kontaktlinsen, Schönheitsoperationen) als Männer und lästern häufiger als Männer über das Aussehen von Konkurrentinnen.

Zu den Strategien der Partnersuche bei Männern gehört weiter, dass Männer Fürsorglichkeit und Ressourcen anzeigen. Das heißt, Männer reagieren auf die evolutionären Wünsche der Frauen, wobei, wie bei der Werbung üblich, auch getäuscht wird. Fürsorglichkeit wird beispielsweise durch eine Einladung zum Essen und durch eine Sicherheitsbegleitung demonstriert, wodurch man behauptet, dass man sich um Schutz und Ernährung des „Weibchens“ und des Nachwuchses kümmern wird. Ressourcen können durch eine teure Wohnung oder ein sehr teures Fahrzeug angezeigt oder vorgetäuscht werden. Zur männlichen Partnersuche gehört auch ein erhebliches Maß an Hartnäckigkeit, wodurch Männer die Ernsthaftigkeit des Interesses anzeigen. *Nicht selten täuschen Männer Liebesgefühle vor, um Sex zu erhalten. Mit Hartnäckigkeit und der Demonstration von „Liebe“ reagieren Männer auf die weibliche „Domestic-bliss-strategy“.*

Zu den Strategien der Partnersuche bei Männern gehört auch, dass Männer bei Frauen eher eine sexuelle Absicht annehmen als umgekehrt. Aus evolutionärer Perspektive sind für Männer die Kosten der Fehldeutung des Verhaltens einer Frau als sexuelles Interesse (= Bloßstellung, Peinlichkeit für den Mann) geringer als die Kosten des Nichtwahrnehmens eines realen sexuellen Interesses (= verpasste Genweitergabe). Verschiedene experimentelle Studien zeigen, dass Männer im Vergleich zu Frauen jeweils dieselbe Interaktion zwischen einem Mann und einer Frau sehr viel eher als sexuell intendiert ansehen. Sowohl bei der Interpretation einer Szene, in der eine Studentin einen Professor um eine Terminverlängerung bei einer Hausarbeit bittet, als auch bei der Interpretation von Fotos, die Paare beim gemeinsamen Lernen zeigen, sehen Männer bei der Frau eher die Absicht, sexy und verführerisch zu sein (Buss, 2004). Auch vier verschiedene Situationen (Mann und Frau auf einer Party mit/ohne Alkoholkonsum sowie mit/ohne Bereitschaft der Frau, mit dem Mann in seinen Schlafraum zu gehen) wurden jeweils von den Männern im Vergleich zu den Frauen stärker als sexuell intendiert wahrgenommen, wobei sich dieser Geschlechtsunterschied sowohl in den USA als auch in Brasilien zeigte (DeSouza et al., 1992). Problematisch können solche Wahrnehmungsunterschiede werden, wenn einerseits Frauen gezielt Flirtverhalten einsetzen, um nichtsexuelle Ziele zu erreichen, und andererseits Männer sexuelles Interesse bei bloßer Freundlichkeit wahrnehmen.

Ein besonderes Problem bei langfristigen Partnerstrategien ist die Vatersicherheit. Gerade bei einem umfangreichen postnatalen Investment ist es unter dem Aspekt des Egoismus der Gene für Männer entscheidend, dass der Nachwuchs auch von ihnen stammt. Gut belegt ist, dass Hinweise auf sexuelle Untreue von Männern stärker im Gedächtnis gespeichert werden, während Frauen bevorzugt Hinweise auf emotionale Untreue speichern. *Zudem zeigte sich, dass Männer auch physiologisch (Herzschlag, Puls, Stirnrunzeln) stärker als Frauen durch die Vorstellung von sexueller Untreue beunruhigt wurden* (Buss, 2004). Dies macht evolutionspsychologisch Sinn, da Männer bei sexueller Untreue befürchten müssen, dass das Investment in den Nachwuchs umsonst war, während Frauen viel stärker den Verlust des Versorgers befürchten müssen, wofür emotionale Untreue ein stärkeres Indiz ist. Von daher beenden Männer eine Beziehung eher bei sexueller als bei emotionaler Untreue. Buss führte eine ganze Reihe von nationalen und internationalen Studien zum Geschlechtsunterschied hinsichtlich sexueller und emotionaler Eifersucht durch. So wurden weibliche und männliche Probanden vor die Wahl gestellt, ob sie eine tiefe gefühlsmäßige Zuneigung ihres Partners zu einer anderen Person oder leidenschaftlicher Geschlechtsverkehr ihres Partners mit einer anderen Person mehr verletzen oder aufregen würde. Ergänzend wurde gefragt, ob die Vorstellung, dass ihr Partner sich in diese andere Person verliebt oder mit dieser Person verschiedene sexuelle Stellungen ausprobiert, stärker verletzend wäre. Es zeigte sich jeweils, dass Männer signifikant stärker von der Vorstellung der sexuellen Untreue betroffen waren als Frauen. Auch ein One-Night-Stand ihrer Partnerin ohne Aussicht auf Fortsetzung beunruhigte die Männer sehr viel stärker als die Frauen, während Frauen umgekehrt von einer emotionalen Beziehung ihres Partners ohne Aussicht auf Sex sehr viel stärker beunruhigt waren als die Männer (Buunk et al., 1996; Buss et al., 1999).

Die Vatersicherheit lässt sich durch das Fernhalten der Partnerin von anderen Männern als auch durch weitere Kontroll- und Zwangsmaßnahmen erhöhen. *Zudem ist die voreheliche Keuschheit ein Indiz für die spätere Treue, da Menschen, die vor ihrer Heirat viele Sexualpartner hatten, häufiger untreu sind als die, die nur wenige Sexualkontakte hatten. Dementsprechend verbreiten Frauen bei langfristigen Partnerstrategien häufig Gerüchte über die angebliche Promiskuität ihrer Rivalinnen* (Buss, 2004; Schützwohl, 2011).

3.10 Kritik an der Evolutionären Psychologie

Da die Evolutionäre Psychologie mit dem Anspruch auftritt, eine Grundlagenwissenschaft für alle anderen Disziplinen der Psychologie zu sein, stellt sie die Deutungsmuster anderer Disziplinen infrage (Rindermann, 2003). Kritik an der Evolutionären Psychologie erfolgte deshalb von vielen Seiten. Infrage gestellt wird der immer wieder herangezogene Bezug auf das Leben in der Steinzeit, da neuere Forschungen zeigen, dass sowohl in der Tierwelt als auch beim Menschen genetische Veränderungen schneller erfolgen. Vermutlich hat das Sesshaftwerden des Menschen das menschliche Genom stärker verändert, als die Evolutionäre Psychologie nahelegt (Bolhuis et al., 2011). Ein Experiment der Epigenetik zeigte, dass Mäuse, bei denen eine Phobie vor dem Kirschblütengeruch durch die gleichzeitige Darbietung eines Elektroschocks und des Kirschblütengeruchs (klassische Konditionierung) erzeugt wurde, diese Phobie transgenerational über das Sperma weitergaben (Dias & Ressler, 2013). Dieses Experiment würde dafür sprechen, dass genetische Veränderungen schneller erfolgen können, wobei der Befund von Dias und Ressler umstritten ist.

Viele Theorien der Evolutionären Psychologie beruhen auf *Spekulationen.* Belege gibt es häufig nur für die Vergleiche mit der Tierwelt. Beobachtungen in gegenwärtigen Jäger-und-Sammler-Kulturen werden durch die Sprachhürde erschwert und sind oft subjektiv. Problematisch ist, dass die Evolutionäre Psychologie schwer zu falsifizieren ist, wenn vom Resultat der Evolution auf die Vorgeschichte geschlossen wird, diese Vorgeschichte aber durch archäologische Funde nicht erschlossen werden kann. Bei vielen evolutionspsychologischen Studien fällt auf, dass die erhobenen *Effektstärken* vergleichsweise gering sind. Das menschliche Sexualverhalten wird eben doch stark durch Umwelteinflüsse, Lernerfahrungen und eigene Entscheidungen gesteuert.

Problematisch ist zuletzt auch die Popularität der Evolutionären Psychologie. Obwohl die Evolutionäre Psychologie Anweisungen für das Leben als naturalistischen Fehlschluss ablehnt, erfolgen solche Schlüsse häufig in journalistischen Beiträgen und populärwissenschaftlichen Büchern. Trotz allem ist die Evolutionäre Psychologie einer der produktivsten Forschungszweige bei der Analyse der Psychologie des Sexualverhaltens.

Zusammenfassung

Die Evolutionäre Psychologie versteht sich selbst als Grundlage für alle psychologischen Teilbereiche. Sie bezieht sich auf die Evolutionstheorie von Charles Darwin und auf die Idee eines Egoismus der Gene. Die sexuelle (biparentale) Fortpflanzung dient der schnelleren Anpassung an die Umwelt, und zwar insbesondere bei der Abwehr von Viren, Bakterien und Parasiten sowie beim Ausmerzen von schädlichen Mutationen. Mit der biparentalen Fortpflanzung ist die

Einschränkung verbunden, dass jeder jeweils nur 50% seiner variablen Gene weitergibt. Die menschliche Fortpflanzung ist einerseits durch ein erhebliches Mindestinvestment der Frauen (Schwangerschaft, Geburt und Stillzeit) und andererseits durch Vaterunsicherheit gekennzeichnet. Die Evolutionäre Psychologie bezieht sich vornehmlich auf Darwins Theorie der sexuellen Selektion. Sexuelle Selektion bedeutet, dass sich in der Evolution derjenige durchsetzt, der einen Fortpflanzungspartner findet und dessen Nachwuchs mindestens bis zur eigenen erfolgreichen Fortpflanzung überlebt. Beim Menschen findet sexuelle Selektion durch die intrasexuelle Selektion, die intersexuelle Selektion sowie durch sexuellen Zwang statt. Die intrasexuelle Selektion erfolgt am häufigsten durch Aggression gegen die Geschlechtsgenossen (durch Gewalt zwischen Männern sowie durch Mobbing zwischen Frauen). Daneben gibt es (möglicherweise auch beim Menschen) noch die intrasexuelle Selektion durch Spermakonkurrenz sowie durch die Selbstaufopferung (sexueller Kannibalismus). Beim Menschen ist die intersexuelle Selektion wichtiger als die intrasexuelle Selektion. Durch die wählerischen Weibchen entwickelten sich als Ornament des Menschen Intelligenz, Musikalität, Kunstsinn, Poesie, Literatur, Ethik, Philosophie und Religion. Zur menschlichen Schönheit trugen vermutlich die wählerischen Männchen etwas mehr bei als die Weibchen. Zur sexuellen Selektion gehört schließlich auch der sexuelle Zwang in Form der Vergewaltigung, der Separierung von Frauen sowie durch Infantizid. In Ergänzung zu Darwins Theorie der sexuellen Selektion wurde von dem israelischen Zoologen Amotz Zahavi die Handicaptheorie entwickelt. Sie besagt, dass auf dem Partnermarkt Genqualität durch ein Handicap angezeigt wird, das kostspielig, unnütz und fälschungssicher ist.

Das Paarungssystem und das Sexualverhalten unserer nächsten Verwandten, nämlich der Bonobos, Schimpansen, Gorillas, Orang-Utans und Gibbons, ist sehr unterschiedlich. Das Verhältnis von Hoden- zu Körpergewicht und die Spermienmenge je Ejakulat sind beim Menschen geringer als bei den promisk lebenden Bonobos und Schimpansen, aber deutlich größer als bei den monogam lebenden Gibbons. Hinsichtlich der Sexualphysiologie des Menschen fällt im Primatenvergleich auf, dass der männliche Penis lang und dick ist, dass ein Penisknochen fehlt, dass nur beim Menschen die weibliche Brust auch außerhalb der Stillzeit stark ausgeprägt ist, dass die Menstruation sehr stark ist und dass Frauen lange vor ihrem Lebensende ihre Fortpflanzungsfähigkeit verlieren (Menopause). Dies hat vermutlich den Hintergrund, dass sich Großmütter erfolgreicher um ihre Kinder und Enkelkinder kümmern können, wenn sie keinen weiteren eigenen Nachwuchs haben (Großmütter-Hypothese). Für die Stammesgeschichte des Menschen ist anzunehmen, dass die Vorfahren des Menschen entweder promisk (wegen der Nähe zu den Schimpansen) oder polygyn (wegen des Größendimorphismus) gelebt haben. Vermutlich dominierte spätestens beim Homo erectus die Monogamie als Partnerschaftsform. Obwohl

84 % aller Kulturen die Polygynie erlauben, ist die häufigste Paarungsform des Menschen die Monogamie. Die weiteren Paarungsformen des Menschen sind Polygynie, alleinerziehende Mütter, Promiskuität und Polyamorie, Polyandrie, Gruppenehen und Vergewaltigungen. Die Strategien der Partnersuche bei Frauen sind entweder die „Domestic-bliss-strategy" (Suche nach einem häuslichen Versorgervater), die „He-man-strategy" (Suche nach einem Supermann mit guten Genen ohne Versorgungsabsicht) oder Mischformen, wobei mit der „Kuckuckskindstrategie" versucht wird, die Vorteile der „Domestic-bliss-" und der „He-man-strategy" zu verbinden. Neuere empirische Studien zeigen, dass allerdings nur etwa 1 % aller Kinder „Kuckuckskinder" sind. Nach der „Ovulatory-shift-Hypothese" suchen Frauen während ihrer fruchtbaren Tage eher einen Partner nach der „He-man-strategy" und in den folgenden unfruchtbaren Tagen eher einen Partner nach der „Domestic-bliss-strategy". Männer bevorzugen bei der Partnerwahl physisch attraktive, junge und gesunde Frauen mit einem Taille-Hüfte-Verhältnis zwischen 0.67 und 0.8. Dies sind die Frauen mit der größten Gebärfähigkeit. Bei der Suche nach einer langfristigen Partnerin ist für Männer wegen der prinzipiellen Vaterunsicherheit sexuelle Treue sehr wichtig.

Überprüfungsfragen

a) Ist der Mensch ein Sex-Sklave seiner Gene?
b) Was ist der Grund für die biparentale Fortpflanzung?
c) Von wem dürfen Sie größere Weihnachtsgeschenke erwarten: Von Ihrer Großmutter mütterlicherseits oder von ihrer Großmutter väterlicherseits?
d) Ist aus evolutionärer Sicht eher zu erwarten, dass sich ein Mann um die Kinder seiner Schwester kümmert oder eher um die Kinder seines Bruders?
e) Bitte durchstreichen: Unter dem Aspekt des Egoismus der Gene sollte sich ein Bettler eher über eine Tochter/einen Sohn freuen und ein reicher Mann eher über eine Tochter/einen Sohn?
f) Warum empört man sich über die sexuelle Untreue der Schwiegertochter viel stärker als über die sexuelle Untreue der leiblichen Tochter?
g) Warum ist der Kontakt zwischen einer Frau und ihrer Schwiegertochter oft schlecht? Nennen Sie evolutionäre Gründe!
h) Warum genießen erfolgreiche Sportler ein höheres Prestige als erfolgreiche Ärzte oder Lehrer, obwohl die Tätigkeit der Sportler nutzlos ist?
i) Die Kompetenz für Humor, Musik, Kunst, Philosophie ist beim Menschen in erster Linie entstanden durch künstliche Selektion, natürliche Selektion oder sexuelle Selektion?
j) Die Theorie der sexuellen Selektion geht zurück auf …?
k) Verdeutlichen Sie die drei zentralen Aspekte des Handicapprinzips am Beispiel der Brust der Frauen?

l) Wann ist die männliche Selbstaufopferung (sexueller Kannibalismus) evolutionär sinnvoll?
m) Welche Sexualpraktiken sind bei Bonobos weit verbreitet?
n) Bei welchem Menschenaffen kommen die Männchen in zwei verschiedenen Ausprägungen vor?
o) Bei welchem Menschenaffen ist der Anteil des Hodengewichts am Körpergewicht am größten?
p) Nach der Theorie von Chapais entstand die Monogamie als Folge …
q) Welche Paarungsform war nach Ryan und Jethá die häufigste beim Menschen als Jäger-und-Sammler?

Fragen zum Nachdenken/Übungsanregungen

a) Stellen Sie sich vor, am Ende des vierten Lebensjahres Ihres Kindes käme heraus, dass Sie nicht ihr eigenes Kind großgezogen haben, da es im Krankenhaus mit einem anderen Kind vertauscht wurde. Würden Sie nun das bei ihnen aufgewachsene Kind adoptieren und ihr Kind adoptieren lassen oder beide Kinder zurücktauschen (bei ähnlichen Familienverhältnissen)?
b) Welche Auswirkungen könnte die Anti-Babypille langfristig auf die Evolution haben?
c) Stellen Sie aus Ihrem eigenen Leben ein Beispiel für das von Zahavi entwickelte Handicapprinzip dar. Erörtern Sie, ob die Kosten nicht doch zu hoch sind! Gäbe es für Sie einen gesünderen Ersatz, der trotzdem effektiv ist, also ihren Partnerwert trotzdem demonstriert?
d) Herrschte in der Urgesellschaft des Menschen als Jäger und Sammler die Monogamie, die Promiskuität oder die Polygynie? Nennen Sie Argumente für Ihre Sichtweise!
e) Könnten Sie sich für sich das Leben in der Polyamorie oder das Leben in einer Sexkommune vorstellen? Wenn ja, warum; wenn nein, warum nicht?

4. Männliche und weibliche Sexualität

Wahrheit oder Fiktion?	wahr	falsch
Im Ruhezustand des Penis ist die glatte Muskulatur der Penisschwellkörper kontrahiert.	❐	❐
Die Penislänge korreliert mit der Nasenlänge („Wie die Nase des Mannes, so sein Johannes“).	❐	❐
Die Penislänge und -dicke hängt von der Jahreszeit („Winterpenis“) ab.	❐	❐
Einige Männer sind von Anfang an multiorgastisch.	❐	❐
Es gibt mehr Forschungsarbeiten zur männlichen als zur weiblichen Sexualität.	❐	❐
Ein Orgasmus kann auch durch asexuelle Stimuli wie die Aufregung beim Diebstahl eines Fahrrads ausgelöst werden.	❐	❐
Es gibt den G-Punkt.	❐	❐
Gehemmtheit, Verkrampftheit und Sich-nicht-fallen-lassen-Können tragen dazu bei, dass Frauen beim Vaginalsex keinen Orgasmus erleben.	❐	❐

Aus feministischer Sicht und aus Sicht der Gendertheorie gibt es zwischen Männern und Frauen, abgesehen von den Geschlechtsorganen, keinen Unterschied. In ihrem Buch „Der kleine Unterschied und seine großen Folgen“ bringt Alice Schwarzer (1975) den Unterschied zwischen Männern und Frauen auf den Punkt: „Lange muss man in dieser potenzwütigen Männergesellschaft nach besagtem Unterschied nicht suchen: Tatsächlich ist er nicht sehr groß. Im schlaffen Zustand, so versichern die Experten, acht bis neun Zentimeter, im erigierten sechs bis acht Zentimeter mehr [...] Biologie ist nicht Schicksal, sondern wird erst dazu gemacht. Männlichkeit und Weiblichkeit sind nicht Natur, sondern Kultur“ (S. 177/178). Diese Grundidee findet man so auch in den modernen Gendertheorien. Geschlechtsunterschiede werden konstruktivistisch als kulturell und sozial hergestellt angesehen (Aigner, 2017); sie entstünden erst durch Traditionen, Praktiken, Gesetze und die Sprache.

Der sogenannte „Sexualdimorphismus“ (= sexuelle Zweigestaltigkeit) ist bei vielen Tierarten ausgeprägt. Im Extremfall kann man nicht erkennen, dass Männchen und Weibchen zusammengehören, wie beispielsweise beim Igelwurm, bei dem die Männchen 1000-mal kleiner sind als die Weibchen. Es gibt aber auch Tierarten ohne Sexualdimorphismus wie beispielsweise die streng monogam lebenden Albatrosse. Hier sehen Männchen und Weibchen gleich aus und unterscheiden sich nur hinsichtlich der Fortpflanzungsorgane.

Die *Fortpflanzungsorgane (= primäre Geschlechtsmerkmale), die bei der Geburt bereits ausgebildet sind, sind Penis, Hoden, Eierstöcke, Gebärmutter, Vulva.* Unter *sekundären Geschlechtsmerkmalen* versteht man die *Merkmale, die sich erst in der Pubertät entwickeln, beim Mann Bart und Körperbehaarung, Adamsapfel, eine tiefe Stimme und breite Schultern und bei der Frau die Brust, die Regelblutung, schmale Schultern und eine breite Hüfte.* Unmittelbar mit der Fortpflanzung verbunden ist der Unterschied beim *Körperfettanteil* (weibliche Fettreserven für Schwangerschaft und Stillzeit).

Neben diesen unmittelbar mit der Fortpflanzung verbundenen Geschlechtsunterschieden gibt es *weitere physiologische Geschlechtsunterschiede*. Diese liegen in diesen körperlichen Bereichen:

- Mortalität und Morbidität
- Glatzenbildung
- Körpergröße
- Körperskelett (bei Frauen sind die Beckenknochen breiter, bei Männern sind die Gliedmaßen im Verhältnis zum Rumpf länger)
- Körperschwerpunkt (liegt bei Frauen niedriger und weiter hinten)
- Gang
- Körperfettverteilung (bei Frauen Fettpolster häufiger an den Oberschenkeln, Oberarmen, am Po und an der Hüfte und bei Männern häufiger am Bauch)
- Kopfumfang (bei Männern größer)
- Gehirnvolumen (bei Männern 8–13 % größer)
- Größe einzelner Gehirnteile
- Muskelmasse
- Feinmotorik (bei Frauen überlegen)
- Hautfarbe, Hautdicke, Haarfarbe, Sommersprossen, Augenfarbe (bei Frauen hellere Hautfarbe, dünnere Haut, häufiger blonde oder rote Haare, häufiger Sommersprossen und häufiger eine grüne Augenfarbe)
- Gesichtsform (bei Männern größerer Unterkiefer, größeres Kinn, größere Backenknochen, wulstigere Augenbrauen und enger und tiefer liegende Augen; bei Frauen schmaleres Kinn, schmalere Augenbrauen, größere Augen, vollere Lippen)
- Sexualhormone
- Verhältnis von Zeigefingerlänge zu Ringfingerlänge (bei Männern niedriger)

Der Sexualdimorphismus ist beim Menschen im körperlichen Bereich ziemlich groß, was deutlich gegen die konstruktivistisch argumentierende Gendertheorie spricht. Es gibt allerdings eine große Varianz (= „Streuung“) innerhalb der Gruppe der Frauen sowie innerhalb der Gruppe der Männer. Ein weiterer fundamentaler Geschlechtsunterschied ist, dass *die Varianz innerhalb der Gruppe der Männer größer ist als die Varianz innerhalb der Gruppe der Frauen* (Euler, 2015).

Obwohl die männlichen und weiblichen Sexualorgane aus derselben embryonalen Anlage (siehe Kap. 6) hervorgehen, gibt es beim Sexualverhalten bedeutende signifikante Geschlechtsunterschiede. Tabelle 3 gibt einen Überblick:

Tab. 3: Geschlechtsunterschiede im Bereich der Sexualität

Mann	Frau
Hohe Orgasmuszuverlässigkeit beim Vaginalverkehr	Geringe Orgasmuszuverlässigkeit beim Vaginalverkehr bei großer Variabilität
Multiple Orgasmen nach der Pubertät zumeist nur schwer erreichbar	Fähigkeit zu multiplen Orgasmen weit verbreitet
Fragile Potenz und damit verbundene Versagensangst	
Großes Interesse an Gelegenheitssex	Sexuelles „Sprödigkeitsverhalten“
Größere Anzahl an gewünschten Sexualpartnern im Leben	Geringere Anzahl an gewünschten Sexualpartnern im Leben
Selbstbefriedigung häufig	Selbstbefriedigung seltener oder nie
Großes Interesse an visuellen sexuellen Stimuli inklusive Pornografie	Großes Interesse an erotisch-romantischen Situationen
Häufiger Fetischismus und Paraphilien (z. B. Pädophilie)	Häufiger Asexualität
Häufiger Homosexualität und vergleichsweise stabilere sexuelle Orientierung	Häufiger Bisexualität und eher variable sexuelle Orientierung
Größere sexuelle Bedürfnisse	Geringere sexuelle Bedürfnisse bei großer Varianz innerhalb der Gruppe der Frauen

Einer der größten Geschlechtsunterschiede ist, dass Frauen eine geringere Wahrscheinlichkeit als Männer haben, beim penil-vaginalen Sex einen Orgasmus zu erleben (siehe Kap. 4.2.4). Frauen können allerdings eher multiple Orgasmen erreichen als Männer (siehe Kap. 4.1.2). Das Interesse an Gelegenheitssex ist bei Frauen geringer als bei Männern (d = 0.45–0.81; Cohens „d“ misst die Stärke des Unterschieds zwischen zwei Gruppen, wobei d = 0.2 ein kleiner, d = 0.5 ein mittlerer und d = 0.8 ein großer Effekt ist) (Petersen & Hyde, 2010). Auch die Anzahl der gewünschten Sexualpartner (im nächsten Monat, in 6 Monaten, in 1/2/3/4/5/10/20/30 Jahren/lebenslang) ist bei Frauen niedriger (d = 0.87; Buss & Schmitt, 1993). Beim sexuellen Verhalten zeigt sich, dass Frauen im Vergleich zu Männern seltener masturbieren (d = 0.53–0.96, Petersen &

Hyde, 2010) und seltener Pornografie konsumieren (siehe Kap. 8). Frauen haben im Vergleich zu Männern ein geringeres Interesse an visuellen sexuellen Stimuli und ein größeres Interesse an erotisch-romantischen Geschichten oder Situationen. Homosexualität, Paraphilien und Fetischismus kommen bei Frauen seltener vor als bei Männern (siehe Kap. 5 und 10); Asexualität hingegen ist bei Frauen häufiger als bei Männern. Im Vergleich zu Männern geben Frauen in Befragungen durchschnittlich weniger sexuelle Bedürfnisse an ($d = .82$), wobei die Varianz in der Gruppe der Frauen größer ist als in der Gruppe der Männer (Lippa, 2009). Tabelle 3 gibt Durchschnittswerte wieder, weshalb bei einer einzelnen Mann-Frau-Begegnung die Verhältnisse auch anders sein können. So kann es trotz der aufgeführten signifikanten Geschlechtsunterschiede beim Zusammentreffen eines Mannes mit einer Frau durchaus sein, dass die Frau häufiger masturbiert als der Mann (nach einer Berechnung von Wiederman mit einer Wahrscheinlichkeit von 15 %; Wiederman, 2001, S. 470).

4.1 Männliche Sexualität

Seit den Forschungsarbeiten von Kinsey sowie von Masters und Johnson liegt der Fokus der Sexualforschung stärker auf der weiblichen als auf der männlichen Sexualität. In der bahnbrechenden Arbeit von Masters und Johnson („Die sexuelle Reaktion", siehe Kap. 2.6.2) geht es auf 119 Seiten um den sexuellen Reaktionszyklus der Frau, jedoch nur auf 40 Seiten um den Reaktionszyklus des Mannes. Typisch für ihr reduziertes Bild der männlichen Sexualität ist folgende Aussage: *„Bei der Frau findet sich eine große Variation der Intensität und Dauer des Orgasmus. Der Mann neigt dagegen zu standardisierten Abläufen des Ejakulationserlebnisses mit geringen individuellen Variationen"* (Masters & Johnson, 1967, S. 22). Bis heute fällt auf, dass es deutlich weniger Forschungsarbeiten und Kontroversen mit Bezug auf die männliche Sexualität gibt. Eine Literaturrecherche mit den Suchbegriffen „female sexuality" und „male sexuality" ergibt in PsycInfo 1 670 Beiträge zur weiblichen und 980 zur männlichen Sexualität und in Medline 893 Beiträge zur weiblichen und 530 zur männlichen Sexualität. Unklar ist, ob die männliche Sexualität einfacher und variationsloser ist als die weibliche oder ob es bei der männlichen Sexualität ein größeres Forschungsdefizit gibt.

Zum *traditionellen Konzept von Männlichkeit* gehört die Auffassung, dass die Initiative zum Sex in heterosexuellen Paarbeziehungen vom Mann ausgehen sollte. Andererseits wird im gegenwärtigen kulturellen Diskurs männliche Sexualität stigmatisiert, nämlich als aggressiv, toxisch und unerwünscht, als sexuell belästigend, als übergriffig, als triebgesteuert, als gestört und als voyeuristisch. So wurde beispielsweise an der Berliner Alice Salomon-Hochschule auf Initiative des Asta das die Hochschulwand schmückende Gedicht mit der Zeile

„Alleen und Blumen und Frauen und ein Bewunderer" als sexistisch kritisiert und deshalb entfernt. Es hieß, dieses Gedicht reproduziere „eine klassische patriarchale Kunsttradition", erinnere „unangenehm an sexuelle Belästigung, der Frauen alltäglich ausgesetzt" seien sowie an „objektivierende und potentiell übergriffige und sexualisierende Blicke" auf Weiblichkeit und stehe für die „Degradierung" von Frauen (Asta, 2016). Von Frauen wird oft sowohl das traditionelle Konzept von Männlichkeit als auch der kritische Diskurs über männliche Sexualität geteilt, obwohl beide Ansätze unvereinbar sind. So soll beispielsweise die Initiative bei der Partnersuche immer noch vom Mann ausgehen. Geht sie vom Mann aus, so wird sie als übergriffig kritisiert, wenn sie unerwünscht war. War sie erwünscht und bleibt die männliche Initiative aus, gilt der Mann schnell als Softie, Memme oder Schlappschwanz. Diese widersprechenden Botschaften verunmöglichen es, die männliche Geschlechtsrolle einzunehmen.

Im Unterschied zum weiblichen fällt beim männlichen Sexualverhalten eine stärkere Betonung von Leistung, Ausdauer und phallischer Potenz auf. Die Sexwelle der 1960er und 1970er Jahre vermittelte unter anderem, dass der Mann begabt sein sollte für ausdauernden, abwechslungs- und kenntnisreichen Sex und dass er für ein ekstatisches Erlebnis seiner Partnerin zu sorgen habe. Mit der Fixierung auf den Orgasmus der Frau und mit dem Bemühen, bei jeder sexuellen Begegnung die absolute Höchstleistung zu erbringen und die Ejakulation möglichst lange hinauszuzögern, ging der Kontakt zum eigenen Erleben oft verloren. Anstelle von Lust wird dann Stress erlebt, begleitet von der Angst vor dem Versagen und der Blamage (Fliegel & Veith, 2010; Schnack & Neutzling, 1993). Zum Leistungsdruck tragen auch die gestiegenen Vergleichsmöglichkeiten (durch die serielle Monogamie) sowie die medialen Bilder männlicher Potenz bei. Angesichts der immer noch herrschenden Fixierung auf koitalen Sex ist die Sexualität des Mannes störungsanfälliger als die der Frau. Solange männliche Sexualität mit erektiler Potenz gleichgesetzt wird, sind Männer zur Wahrung ihres männlichen Stolzes auch eher bereit, gesundheitliche Risiken in Kauf zu nehmen. Dies erklärt die Bereitschaft zur Einnahme von Viagra, zu Geschlechtsverkehr mit wenig bekannten Personen sowie zum Verzicht auf Kondome. Die fehlende Akzeptanz von Kondomen hat oft mit der Angst vor einer nachlassenden Erektion zu tun. Das Erschlaffen des Gliedes ist für viele Männer gleichbedeutend mit einem unwiederbringlichen Verlust an Lebenskraft, „Männlichkeit" und Normalität (Munding, 1996).

4.1.1 Der Peniskomplex

Der Penis ist im erigierten Zustand ein Symbol für Männlichkeit und steht dabei für Größe, Stärke, Ausdauer, Fähigkeit und Fruchtbarkeit (Wylie & Eardley, 2007). Richtige Männer haben riesige Penisse (Kilmartin, 2000, S. 215). Das männliche Fantasiemodell des Penis beschreibt Zilbergeld (1996) so: „Er ist einen halben Meter lang, hart wie Stahl, allzeit bereit und haut dich aus den Socken" (S. 40). Einige Studien bei Frauen zeigen, dass dies möglicherweise nicht nur das männliche Fantasiemodell ist. Der Penis ist für Männer ein entscheidender Teil für das Selbstbewusstsein als Mann. Kriegsverletzte Soldaten erleben beispielsweise den Verlust des Penis als schwerwiegendere Verletzung als den Verlust eines Arms oder eines Beins.

Nach Auffassung des Kultursoziologen Nicolaus Sombart (1995) passen zum Penis „die Kategorien des *Lächerlichen* und *Erhabenen*" (S. 44, Hervorhebung im Original). Erhaben ist der menschliche Penis, da er die Erektion mit starker Penisvergrößerung allein durch die Blutgefäße und ohne stützenden Penisknochen zuwege bringt. Lächerlich ist er, da er im Vergleich mit der Bedeutung, die ihm gegeben wird, klein und fragil wirkt.

Traum und Trauma liegen beim Penis eng beieinander.

Die Angst vor dem zu kleinen sowie vor dem schlaff bleibenden Penis und damit die Angst vor der penisbedingten Lächerlichkeit ist weit verbreitet. Weiblicher Hohn und Spott über den zu kleinen Penis sowie über angebliches oder reales sexuelles Unvermögen können ein Auslöser für schwerste Gewaltdelikte gegen Frauen sein.

Die Messung der Penislänge und -dicke ist schwierig, da sie von variablen Einflüssen wie Körper- und Raumtemperatur, Erregungsniveau, Tageszeit und Jahreszeit („Winterpenis") beeinflusst wird. Gemessen wird nur der von außen sichtbare Teil des Penis (der im Körperinneren verborgene Teil ist etwa genauso groß). Einigermaßen valide sind nur Studien, bei denen die Messung durch einen Arzt oder durch eine andere Person aus dem Gesundheitsbereich durchgeführt wird. Eine Zusammenfassung solcher Studien mit einer Berechnung von Standardabweichungen wurde durch Veale, Miles, Bramley et al. (2015) vorgenommen. *Für insgesamt 15 521 Probanden fanden sie im weltweiten Durchschnitt eine Penislänge von 9.16 cm (SD = 1.57) im schlaffen Zustand und von 13.12 cm (SD = 1.66) im erigierten Zustand (für Deutschland 8.6 cm im schlaffen Zustand und 14.48 cm im erigierten Zustand)* sowie einen Penisumfang von 9.31 cm im schlaffen Zustand und von 11.66 cm im erigierten Zustand.

Die Korrelation zwischen der Penislänge im schlaffen Zustand und der Penislänge im erigierten Zustand ist nach einigen Studien unerheblich, nach anderen Studien moderat. Im Allgemeinen ist bei einem kürzeren Penis im schlaffen Zustand die Vergrößerung der Länge durch die Erektion deutlich stärker als die Vergrößerung bei einem längeren Penis (Amendt, 1970/1978, S. 140/1; Comfort, 1972/1981, S. 62; Gebhard & Johnson, 1979; Hartman & Fithian, 1984/1990, S. 186; Schwartz & Kempner, 2015). Von daher ist die Penislänge im schlaffen Zustand unwichtig, abgesehen vom ästhetischen Empfinden. Die Korrelation zwischen der Penislänge im manuell langgezogenen schlaffen Zustand mit der Penislänge im erigierten Zustand scheint nach verschiedenen Studien bedeutender zu sein (Prause et al., 2015; Veale, Miles, Bramley et al, 2015; Wessells et al., 1996).

Die Penislänge (sowohl im schlaffen als auch im erigierten Zustand) korreliert nicht mit der Nasenlänge, der Schuhgröße, der Handgröße, der Hodengröße, dem Alter und dem Körpergewicht (teilweise gibt es widersprüchliche Resultate). Die Penislänge korreliert leicht mit der Körpergröße (r = 0.2–0.3) und ebenfalls leicht mit dem Verhältnis von Zeigefinger- zur Ringfingerlänge (Veale, Miles, Bramley et al., 2015; Schwartz & Kempner, 2015). Letzteres hat mit der Menge des auf den Fötus im Mutterleib wirkenden Testosterons zu tun (Choi et al., 2011). Der Forschungsstand hinsichtlich der Beziehung zwischen Penislänge und Zugehörigkeit zu einer ethnischen Populationsgruppe ist unklar, wobei es vermutlich ethnische Unterschiede gibt. Der konsistenteste Befund ist bisher, dass der Penis bei ostasiatischer Herkunft kleiner ist (Cheng & Chanoine, 2001; Lynn, 2012; Ryan & Jethá, 2016). Die Penisgröße ist nicht durch Übung, Ernährung, Lotionen oder Medikamente veränderbar. Trotzdem werden Penisvergrößerungspillen mit massiven Versprechungen angeboten.

Da die Vagina der Frau sehr anpassungsfähig ist, spielt die Penisgröße beim Vaginalverkehr eine untergeordnete Rolle (Schwartz & Kempner, 2015). Störender als der zu kleine kann der zu große Penis sein, was jedoch durch andere Stellungen oder weniger tiefes Eindringen regulierbar ist (Comfort, 1972/1981, S. 62). In sehr seltenen Fällen weichen Männer stark von der Penisdurchschnittslänge nach unten ab (Mikropenis), was mit einer Testosteronunterversorgung im letzten Stadium der fötalen Entwicklung oder nach der Geburt zu tun hat. Bei früher Erkennung nach der Geburt kann diese Störung durch Testosteronspritzen behoben werden, nach der Pubertät jedoch nicht mehr (Hatipoğlu & Kurtoğlu, 2013). Für Betroffene ist ein Mikropenis häufig eine große Belastung. Letztlich hängt dies aber von der Partnerin sowie bei Bedarf von den gemeinsam gefundenen Kompensationsmöglichkeiten ab. Auch ein Mann mit einem Mikropenis hat immer noch einen größeren Penis als ein Gorilla (siehe Kap. 3.4).

Weiter verbreitet als das Vorkommen eines Mikropenis ist die Befürchtung der Männer, einen zu kleinen Penis zu haben. In mehreren Studien konnte belegt werden, dass ein bedeutender Teil der Männer sich einen größeren Penis wünscht (Tiggemann et al., 2008). In einer großen Interneterhebung schätzten zwar die meisten Männer ihren Penis als durchschnittlich groß ein, immerhin 45 % der Männer wünschten sich jedoch einen größeren Penis und nur 0.2 % einen kleineren. Die Unzufriedenheit mit dem eigenen Penis war in dieser Studie häufiger als die Unzufriedenheit mit der eigenen Körpergröße oder mit dem eigenen Körpergewicht. Männer, die ihren eigenen Penis als klein einschätzten, gaben signifikant häufiger an, dass sie sich nicht vor ihrem Partner ausziehen und dass sie ihren Penis beim Sex verbergen. Zudem hatte die Einschätzung der eigenen Penisgröße einen signifikanten und bedeutenden Bezug zur Einschätzung der eigenen Attraktivität, zum Wohlbefinden in Badekleidung sowie zur Zufriedenheit mit dem eigenen Gesicht (Lever et al., 2006). Auch bei Schülern ist die Penisgröße ein wichtiges Thema. Bei einer Sammlung von Schülerfragen zur Sexualität bezogen sich 1/3 aller Fragen zur Physiologie auf den Penis, wobei sich die meisten auf die Penisgröße bezogen (Hinz, 2008). Im Schulunterricht und im Biologiebuch werden solche Fragen zumeist leider nicht thematisiert.

Die extreme Besorgnis über die Größe des eigenen Penis sowie die zwanghafte Beschäftigung damit ist nach dem DSM V eine Variante der Körperbildstörungen. Vom „small penis syndrome" redet man, wenn ein Mann unzufrieden ist über die Penisgröße und diese jedoch im Normalbereich liegt (Veale, Miles, Read et al., 2015; Wylie & Eardley, 2007). Die Körperbildstörung mit Bezug auf den Penis hat oft weitreichende soziale Folgen. Die Selbstwahrnehmung des eigenen Penis als zu klein führt zum Gedanken, dass der eigene Penis für andere lächerlich aussieht. Hieraus folgen Gefühle der Verlegenheit, der Scham, der Verzweiflung, der Angst vor dem Verspottet-Werden, des Hasses auf Frauen oder eine Depression. Auf der Verhaltensebene sind mögliche Folgen Vermeidungsverhalten (sich niemals nackt zeigen), sozialer Rückzug (kein intimer Kontakt mit Frauen), Kauf und Einnahme wirkungsloser Pillen, riskante mechanisch-physikalische Selbstbehandlungen, Penisverlängerungsoperationen, sexuelle Funktionsstörungen (wegen des niedrigen sexuellen Selbstbewusstseins), Gewalttaten gegen Frauen oder der Suizid. In einer italienischen Studie (Mondaini et al., 2002) wurden 67 Männer untersucht und beraten, die sich in der Andrologieabteilung einer Universitätsklinik wegen eines zu kleinen Penis mit dem Wunsch einer operativen Veränderung angemeldet hatten. 2/3 der Männer wünschten eine Behandlung, weil der Penis im schlaffen Zustand zu klein sei, und 1/3 der Männer litten darunter, dass der Penis sowohl im schlaffen als auch im erigierten Zustand zu klein sei. Die Untersuchung ergab, dass die Penislänge bei allen Männern normal war, dass aber alle Männer falsche Vorstellungen von der Normallänge hatten. Penisverlängerungsoperationen sind mit häufigen Komplikationen und Erektionsstörungen verbunden und sind deshalb als ärztlicher Kunstfehler anzusehen (Marra et al., 2019; Sigusch, 2005).

Weiter verbreitet als die klinisch bedeutsame Variante des „small penis syndrome" ist die Angst, von Frauen wegen der Penisgröße ausgelacht zu werden.

Fördernde Faktoren der Penis-Selbstbild-Störung

- Idealvorstellungen der Frauen
- Idealvorstellungen der Männer
- unrealistische Einschätzungen aufgrund bildlicher Darstellungen (in Pornos, in der bildenden Kunst)
- Verkleinerung aufgrund des Blicks aus der Vogelperspektive auf den eigenen Penis
- falscher Vergleich durch den Blick aus der Seitenperspektive auf den Penis von anderen Männern (zuerst des viel älteren Vaters, siehe Wylie & Eardley, 2007)
- Verkleinerung durch eine optische Täuschung bei großer Körpergröße, bei ausgeprägter Muskulosität oder bei Fettleibigkeit (Ebbinghaus-Täuschung)
- Verschwinden des Penis unter Bauchfettablagerungen oder unter dem Schamhaar
- Fehlen von normalen nackten Männern im öffentlichen Raum
- falsche Vorstellungen von der Korrelation zwischen dem schlaffen und dem erigierten Penis
- falsche Vorstellungen von der Bedeutung der Penisgröße beim Sex

Obwohl der menschliche Penis im Vergleich zum Penis der anderen Menschenaffen ungewöhnlich groß und dick ist (siehe Kap. 3.5), gibt es eine deutliche Differenz zwischen der von Frauen gewünschten Idealgröße und der statistischen Durchschnittsgröße des Penis. Studien zur gewünschten Penislänge fehlt oft die ökologische Validität, da die Ergebnisse erstens durch soziale Erwünschtheit und zweitens durch ungenaue Vorstellungen etwa von verlangten Zentimeterangeben verfälscht werden. Um solche Verfälschungen zu vermeiden, projizierten Mautz et al. (2013) lebensgroße Umrisse eines Mannes mit schlaffem Penis an die Wand, wobei die Projektionen seitlich um 30 Grad gedreht werden konnten. Sie variierten systematisch das Schulter-Hüfte-Verhältnis, die Penislänge und die Körpergröße. Bei diesen Variationen zeigte sich, dass die Penislänge im Vergleich zum Schulter-Hüfte-Verhältnis für die Einschätzung der Attraktivität eher unwichtig war. Die Attraktivitätseinschätzung stieg allerdings mit der Penislänge an und erreichte mit der als Höchstmaß präsentierten Länge von 13 cm im schlaffen Zustand noch nicht den höchsten Punkt der Attraktivitätsskala. Um die ökologische Validität bei der Frage nach der von Frauen gewünschten Penislänge zu erhöhen, arbeiteten Prause et al. (2015) mit 3D-Penis-Modellen (hergestellt durch einen 3D-Drucker), die die Probandinnen in die Hand nehmen konnten. Sie fragten nach der idealen Länge und dem idealen Umfang eines erigierten Penis bei zwei unterschiedlichen Situationen, nämlich bei einem erwünschten One-Night-Stand und bei einer ernsthaften Langzeitbeziehung. Im Durchschnitt wünschten die Probanden bei einem One-Night-Stand beim erigierten Penis eine Länge von 16.3 cm und einen Umfang von 12.7 cm und bei einer ernsten Langzeitbeziehung eine Länge von 16.0 cm und einen Umfang von 12.2 cm. Die Differenz zwischen der von Frauen gewünschten Länge des erigierten Penis (Prause et al., 2015) und der empirisch gefundenen Durchschnittslänge des erigierten Penis beträgt 22%, die Differenz zwischen der von Frauen gewünschten und der empirisch gefundenen Durchschnittslänge des schlaffen Penis beträgt 50% (Mautz et al., 2013). Nach dem von Veale, Miles, Bramley et al. (2015) erstellten Nomogramm liegt der von Frauen gewünschte Penis im schlaffen Zustand von der Länge her bei

Prozentrang 99, während der von Frauen gewünschte Penis im erigierten Zustand von der Länge her bei einer ernsthaften Langzeitbeziehung bei Prozentrang 96 und bei einem One-Night-Stand bei Prozentrang 98 liegt. Das bedeutet, dass nur 1 % der Männer mit ihrer Penislänge im schlaffen Zustand den weiblichen Wunschvorstellungen entsprechen und dass nur 4 % der Männer mit ihrer Penislänge im erigierten Zustand den Idealvorstellungen der Frauen bei einer ernsthaften Langzeitbeziehung entsprechen. In Partnerschaftsbeziehungen arrangieren sich die meisten Frauen mit der Penislänge des Partners. Nach der Studie von Lever et al. (2006) sind 84 % der Frauen mit der Penisgröße ihres Partners zufrieden, 14 % wünschen einen größeren Penis und 2 % wünschen einen kleineren Penis. Zwar ist die Penislänge nach der Studie von Mautz et al. (2013) deutlich unwichtiger als das Schulter-Hüfte-Verhältnis, jedoch zeigen Messungen der Augenbewegungen bei der Betrachtung der Bilder von nackten Männern, dass Frauen durchaus intensiv die Genitalregion betrachten (Nummenmaa et al., 2012). Prause et al. (2015) fragten ihre Probandinnen auch, ob sie jemals neben anderen Gründen den Kontakt zu einem Mann abgebrochen hatten, weil sein Penis bezogen auf die eigenen Wünsche zu groß oder zu klein war. Immerhin 20 der 75 Probandinnen bejahten diese Frage, und zwar bei 15 Probandinnen, weil der Penis zu klein, und bei fünf Probandinnen, weil der Penis zu groß gewesen sei.

Insgesamt ist festzuhalten, dass es genügend Gründe für einen Peniskomplex gibt. Die schulische Sexualerziehung könnte einen wichtigen Beitrag zum Abbau des Peniskomplexes leisten. Leider trägt sie manchmal zum Gegenteil bei. Etschenberg (2019, S. 7) weist völlig zu Recht darauf hin, dass die riesigen erigierten Holzpenisse, die Kondomhersteller für den Unterricht zum Üben des Überziehens von Kondomen zur Verfügung stellen, mehr als ungünstig sind, da sie falsche Normerwartungen transportieren und Mädchen beängstigen (die weltweite Penisdurchschnittslänge im erigierten Zustand liegt bei 13.1 cm, der für schulische Zwecke produzierte Holzpenis hat eine Länge von 15.5 cm).

Ziele der Sexualerziehung zur männlichen Sexualität
Jungen und Mädchen wissen, dass …
• die Vagina flexibel ist und sich an nahezu jede Penisgröße anpasst. • man aus der Penislänge im schlaffen Zustand nicht auf die Penislänge im erigierten Zustand schließen kann. • beim Blick auf den eigenen Penis dieser perspektivisch verzerrt kleiner erscheint. • Jungen/Männer und Mädchen/Frauen unrealistische Idealvorstellungen von der Penislänge/-größe haben. • Pornodarsteller nahezu immer einen ungewöhnlich großen Penis haben.

Zur Angst vor dem zu kleinen Penis gesellt sich noch die Angst vor der erektilen Dysfunktion. Im Unterschied zu seinen nächsten männlichen Verwandten, den Bonobo- und Schimpansenmännchen, fehlt dem menschlichen „Männchen" der Penisknochen (siehe Kap. 3.5). Der Penisknochen mit der dazu gehörenden Muskulatur ermöglicht beispielsweise dem Rüden das Eindringen in die Vagina auch ohne Erektion; die Erektion entwickelt sich dann erst danach in der Vagina. Beim menschlichen „Männchen" hingegen ist ein Eindringen in die Vagina ohne Erektion nahezu unmöglich. Die Erektion ist beim Menschen vollkommen vom Blutfluss abhängig. Interessanterweise ist die glatte Muskulatur der Schwellkörper im Ruhezustand des Penis kontrahiert. Erst wenn die glatte Muskulatur entspannt, kommt es zu einem arteriellen Bluteinstrom und zur Reduktion des venösen Abflusses (Beier et al., 2001; Buddeberg, 2005; Sigusch, 2005). Die Erektion ist mit dem parasympathischen Nervensystem verbunden, während das sympathische Nervensystem mit der Hemmung der Durchblutung der Genitalien sowie mit der Ejakulation verbunden ist. Bei Versagensangst führt die exzessive Stimulation des sympathischen Nervensystems zu einem „Anstieg des glattmuskulären Tonus im Penis" (McVary, 2016, S. 394), wodurch dann die für die Erektion nötige Erschlaffung der Gefäßmuskulatur verhindert wird. Auch bei einer organisch bedingten erektilen Dysfunktion (siehe Kap. 10) entwickelt sich fast immer sekundär eine zusätzliche psychogene Komponente der erektilen Dysfunktion. Die psychogene, mit Versagensangst verbundene erektile Dysfunktion ist besonders häufig nach einem Versagenserlebnis (beispielsweise nach Alkoholkonsum) oder bei einem neuen Sexualkontakt (McVary, 2016). Daraus kann ein Trauma für den Mann werden, wenn die neue Partnerin den Sexualkontakt anschließend dauerhaft beendet, beispielsweise weil sie die Versagensangst als Geringschätzung ihrer Attraktivität fehlinterpretiert. Während die Frau am Vaginalsex ohne Erregung teilnehmen kann, ist dies beim Mann ohne Erektion nicht möglich. Sowohl die Penisgröße als auch die erektile Dysfunktion sind ein häufiges Thema von Beleidigungen unter Jungen/Männern („große Sprüche und nix in der Hose", „du kriegst doch eh keinen hoch"; Wanielik, 2013, S. 270).

Abzubauende Sexualmythen sind:

- Männer zeigen ihre Liebe und Zuneigung durch einen erigierten Penis.
- Beim Sex zeigt ein Mann, was er kann, wobei der Orgasmus der Frau wie ein erzieltes Tor beim Fußball ist.
- Sex heißt immer Vaginalverkehr mit einem harten Penis und einer feuchten Vagina.
- Männer mit einem kleinen Penis können Frauen sexuell nicht befriedigen.
- Echte Männer können und wollen jederzeit.
- Jede Berührung ist sexuell und sollte zum Sex führen (Zilbergeld, 1996).

4.1.2 Der multiple Orgasmus des Mannes

Der multiple Orgasmus des Mannes ist ein beliebter Gegenstand in Zeitschriften, in Fernsehmagazinen, auf Internetseiten sowie in der populärwissenschaftlichen Ratgeberliteratur. Allein im deutschsprachigen Raum gibt es aktuell vier Ratgeberbücher zum multiplen Orgasmus des Mannes (Aalstedt, 2006; Chia & Abrams, 2018; Kleist, 2017; Pullien, 2006; Wolter, 2016). Verglichen mit diesem großen öffentlichen Interesse sind wissenschaftliche Untersuchungen zum multiplen Orgasmus des Mannes rar.

Der männliche Orgasmus ist zwar zumeist mit der männlichen Ejakulation assoziiert, Orgasmus und Ejakulation sind aber physiologisch und vom Erleben her unterschiedliche Prozesse. Zum männlichen und weiblichen Orgasmus gehören nach physiologischen Messungen die Gesichtsverzerrung, Hyperventilation („beschleunigte Atmung"), Tachykardie („Herzschnelligkeit"), erhöhter Blutdruck und unwillkürliche Muskelkontraktionen im Abstand von 0.8 Sekunden abgehend vom Musculus bulbospongiosus und vom Musculus ischiocavernosus über weitere benachbarte Muskeln im Beckenboden- und Rektalbereich. Gemessen wurden zudem Durchblutungsveränderungen in bestimmten Gehirnregionen (Alwaal et al., 2015) sowie die Ausschüttung von Oxytocin, Prolaktin und Endorphinen. Letztlich ist der Orgasmus ein zerebrales Ereignis, weshalb eine wissenschaftliche Definition schwerfällt und der Orgasmus für diejenigen, die noch nie einen erlebt haben, mystisch erscheint. Vom Erleben her gehören zum Orgasmus ein Gefühl der Sperre und dann ein Gefühl eines Übergießens von Wärme aus der Beckenregion über den ganzen Körper, ein Nachlassen von Spannungen, ein veränderter Bewusstseinszustand, Veränderungen in der Raum-, Zeit- und Identitätswahrnehmung, starke positive Emotionen sowie nach dem Orgasmus Entspannung (gilt als Kriterium dafür, dass ein Orgasmus stattgefunden hat) (Mah & Binik, 2001). Die Ausschüttung des „Kuschelhormons" Oxytocin senkt Angst und Aggressivität, fördert das Gefühl der Nähe und des Vertrauens zum Partner und erhöht nach den Daten einer empirischen Studie die Bereitschaft zur Selbstoffenbarung gegenüber dem Partner („postkoitale Kopfkissengespräche") (Denes & Afifi, 2014). Das Hormon Prolaktin wird beim Mann nach einer Ejakulation ausgeschüttet und steht im Verdacht, für den männlichen Ermattungszustand und das sexuelle Desinteresse in der Rückbildungsphase verantwortlich zu sein (Krüger et al., 2002; Wibowo & Wassersug, 2016, S. 140). Als zerebrales Ereignis kann der Orgasmus auch nach Rückenmarksverletzungen, nach radikaler Prostatektomie oder bei Multipler Sklerose erlebt werden. Bei individuellen Beschreibungen des Orgasmuserlebens zeigen sich keine Unterschiede zwischen einem männlichen und einem weiblichen Orgasmus. Unabhängige Beurteiler (Medizinstudenten und Psychologen) waren nicht in der Lage, die Orgasmusbeschreibungen von weiblichen und männlichen Studenten dem Geschlecht richtig zuzuordnen (Vance & Wagner, 1976).

Die Ejakulation ist physiologisch klarer zu beschreiben als der Orgasmus. Sie besteht aus zwei Phasen, nämlich Emissions- und Expulsionsphase. In der Emissionsphase wird zunächst der Blasenausgang gesperrt, um den Rückfluss des Spermas in die Blase zu verhindern. Danach wird Sekret der Prostata in die Harnröhre/Urethra ausgestoßen, dann gelangt durch die Kontraktion von Muskelzellen Sperma aus der Samenblase über den Samenleiter in den hinteren Teil der Urethra. Insgesamt kommt das Sperma zu 75 bis 80 % aus der Samenblase, zu 10 % aus der Prostata und ansonsten aus den periurethralen Drüsen sowie aus der Cowper-Drüse. Das Sekret der Cowper-Drüse wird zumeist bereits vor der Ejakulation abgegeben und dient vermutlich der Neutralisierung von Harnresten sowie als Gleitmittel; es kann bereits Spermien enthalten. In der Expulsionsphase wird das Sperma durch die Urethra mit einer Geschwindigkeit von etwa 17 km/h herausgeschleudert, und zwar unter anderem durch Kontraktionen des Musculus bulbospongiosus sowie des Musculus ischiocavernosus, wobei der Zugang zur Samenblase geschlossen bleibt. Der exakte Auslöser der Expulsion ist bislang unbekannt (Alwaal et al., 2015; Sommer, 2007, S. 41). Bei der retrograden Ejakulation erfolgt die Expulsion in die Harnröhre, was eine pharmakotherapeutische Nebenwirkung, Folge einer Prostatavergrößerung, das erwünschte Ziel einer taoistischen Sexualpraktik (die Körperenergie soll in den Körper zurückfließen) oder eine nicht gewünschte Folge einer Technik zur Erreichung eines trockenen Orgasmus sein kann (Hartman & Fithian, 1984/1990, S. 117). Zumeist treten Orgasmus und Ejakulation synchron auf, allerdings nicht zwingend. Tabelle 4 gibt hierzu einen Überblick:

Tab. 4: Zusammenhang zwischen Orgasmus und Ejakulation

	Ejakulation vorhanden	Ohne Ejakulation
Orgasmus vorhanden	• „Normale" Ejakulation • Ejaculatio praecox • Ejaculatio retarda • Retrograde Ejakulation	• Anejakulation (z. B. durch radikale Prostatektomie, Rückenmarksverletzung, Multiple Sklerose, Kastration bei Mann-zu-Frau-Transsexuellen, Drogen) • Medikamentös induzierter spontaner Orgasmus • Coregasm (Orgasmus bei sportlicher Übung) • Energie-Orgasmus (Tantra) • trockener Orgasmus (z. B. präpubertär oder durch Übung zum multiplen Orgasmus)
Ohne Orgasmus	• Anhedonic ejaculation (z. B. durch Antidepressiva, Depression oder bei Asexualität) • Schmerzen bei der Ejakulation (z. B. bei Multipler Sklerose) • Ejakulation durch rektale Elektrostimulation oder penile Vibrostimulation	• Weder Orgasmus noch Ejakulation

Die Trennung von Orgasmus und Ejakulation ist in den meisten Fällen die Folge schwerwiegender körperlicher Erkrankungen. Ein Orgasmus ohne Ejakulation kommt beispielsweise nach radikaler Prostatektomie, bei multipler Sklerose sowie nach Rückenmarksverletzungen häufiger vor. Spontane Orgasmen durch die Einnahme von Psychopharmaka (z.B. Antidepressiva, Neuroleptika) werden nach einer Untersuchung von Chen et al. (2018) in der Hälfte der Fälle ohne begleitende Ejakulation erlebt. Auch der sogenannte „Coregasm" (Orgasmus durch eine sportliche Übung) erfolgt oft ohne begleitende Ejakulation (Herbenick, 2015). Die orgasmusfreie Ejakulation durch die rektale Elektrostimulation oder durch die penile Vibrostimulation dient der Spermiengewinnung bei einem Kinderwunsch (Sommer & Schmitges, 2007); zudem kommt die orgasmusfreie Zwangsentsamung auch als Sklavenbehandlung im BDSM-Kontext vor. Kinsey et al. (1948/1964) beschreiben den trockenen Orgasmus als typisch für präpubertäre Jungen, als Krankheitsbegleiterscheinung sowie als Resultat des bewussten Zusammenziehens der Genitalmuskeln zur Praktizierung des „coitus reservatus" (S. 135). Den multiplen Orgasmus ohne zwischenzeitlichen Verlust der Erektion beschreiben Kinsey et al. (1948/1964) für etwa 2/3 der orgasmusfähigen Knaben vor der Pubertät (S. 158). Mit der Ejakularche verschwindet dann die Fähigkeit zum multiplen Orgasmus.

Was versteht man unter einem multiplen Orgasmus? In ihrer Übersichtsarbeit unterscheiden Wibowo und Wassersug (2015) zwischen zwei Formen des multiplen Orgasmus des Mannes, nämlich zwischen dem vereinzelten und dem kontinuierlichen multiplen Orgasmus des Mannes. Unter einem kontinuierlichen multiplen Orgasmus versteht man unmittelbar aufeinander folgende Orgasmen. Der kontinuierliche Orgasmus des Mannes mit mehreren Höhepunkten ohne Ejakulation wird beispielsweise als Effekt der Benutzung eines Prostatamassagegeräts beschrieben, wobei es jedoch nur Erfahrungsberichte, aber keine physiologischen Messungen gibt. Möglicherweise kann der kontinuierliche multiple Orgasmus auch unter dem Einfluss von Drogen erlebt werden, wobei dies vielleicht aber nur eine Selbsttäuschung ist. Der vereinzelte multiple Orgasmus besteht aus mehreren einzelnen Orgasmen ohne Rückbildungsphase (Verbleiben in der Plateauphase). Kennzeichnend für den vereinzelten multiplen Orgasmus ist, dass entweder nur der letzte Orgasmus von einer Ejakulation begleitet wird oder die Ejakulation bei den einzelnen Orgasmen sehr gering ist. Selten erfolgt der erste Orgasmus mit Ejakulation und danach folgen trockene Orgasmen. Whipple et al. (1998) untersuchten einen Mann, der bei der Untersuchung im Labor sechs Orgasmen mit Ejakulationen innerhalb von drei Minuten hatte. Es scheint also auch seltene Fälle von multiplen Orgasmen mit normaler Ejakulation zu geben. Sehr viel häufiger ist aber, dass multiple Orgasmen durch eine Unterdrückung der Ejakulation oder durch den Verlust der Ejakulationsfähigkeit auftreten, wie etwa nach einer radikalen Prostatektomie oder nach einer Kastration bei Mann-zu-Frau-Transsexuellen (Wibowo &

Wassersug, 2015). Einige Männer scheinen von Anfang an sowohl bei der Masturbation als auch beim Partnersex multiorgastisch zu sein, wobei sie dann fälschlicherweise annehmen, dass dies bei Männern der Normalzustand sei. Andere Männer entdecken im Laufe ihres Lebens zufällig ihre multi-orgastische Fähigkeit (Dunn & Trost, 1989; Hartman & Fithian, 1984/1990).

Die wichtigsten Studien zum multiplen Orgasmus des Mannes erfolgten durch *William E. Hartman und Marilyn Fithian,* die ähnlich wie Masters und Johnson den sexuellen Reaktionszyklus bei Männern und Frauen untersuchten und sexuelle Dysfunktionen behandelten. In ihrem Buch mit dem optimistischen Titel „Any Man Can" stellen sie ein Programm zum Erlernen des multiplen Orgasmus vor und verweisen auf Vorbilder in China („Tao der Liebe"), Indien (Tantra) und den USA (Oneida Community, siehe Kap. 3.7.4).

Ziel der von ihnen konzipierten Übungen ist es, den Punkt der ejakulatorischen Unvermeidlichkeit nach Belieben hinauszuzögern (Hartman & Fithian, 1984/1990, S. 54). Um dies zu erreichen, soll der Musculus pubococcygeus (PC-Muskel) durch regelmäßige Übungen trainiert und dann bei sexueller Aktivität zur Verhinderung der Ejakulation angespannt werden. Das Training des PC-Muskels (eigentlich eine Muskelgruppe, die sich vom Schambein bis zum Steißbein zieht) war ursprünglich von Arnold Kegel zur Behandlung von weiblicher Inkontinenz konzipiert worden. Als günstige Nebenwirkung berichteten seine Patientinnen vom Erreichen des weiblichen Orgasmus beim Vaginalverkehr (Roach, 2009). Der multiple Orgasmus soll nach Hartman und Fithian zunächst bei der Masturbation gelernt werden. Dabei soll die Selbststimulation möglichst lange und so nahe wie möglich bis zum Punkt der ejakulatorischen Unvermeidbarkeit hinausgezögert werden, wobei die Ejakulation dann durch manuelles Abdrücken (Presstechnik/Squeeze-Technik: Zusammendrücken der Eichel durch Daumen, Zeige- und Mittelfinger), durch das Anspannen des PC-Muskels und/oder durch das Herunterhalten der Hoden verhindert werden soll. In einer Partnerübung übernimmt dann die Partnerin die manuelle Stimulation des Penis sowie das manuelle Abdrücken nach Anweisung des Mannes (auch beschrieben als Technik zur Behandlung der Ejaculatio praecox in Fliegel & Veith, 2010, S. 71–74). Das so Gelernte soll dann auf den Vaginalverkehr in der Reiterstellung übertragen werden.

Hartman und Fithian kontrollierten das Erreichen des multiplen Orgasmus in einigen Fällen durch ein Messgerät, legten aber keine empirischen Daten zum Erfolg ihres Trainingsprogramms vor. Pauschal räumten sie ein, dass einige Männer trotz pflichtbewussten täglichen Übens vielleicht nie einen multiplen Orgasmus erreichten (Hartman & Fithian, 1984/1990, S. 133). Das von ihnen entwickelte Training sei aber trotzdem sinnvoll, weil man so den verlängerten Koitus erreichen und eine Ejaculatio praecox (siehe Kap. 10) behandeln könne.

Grundsätzlich stellt sich die Frage, ob multiple Orgasmen besser sind als einer. Westheimer und Lehu (2007/2018, S. 187) verneinen dies, da man ihrer

Meinung nach nur einen Orgasmus benötige, wenn dieser ein starkes, intensives und befriedigendes Gefühl sei. Multiple Orgasmen seien so wie viele Vorspeisen anstelle eines Hauptgerichts. In einer Interviewstudie von Dunn und Trost (1989, S. 383) wurden trockene Orgasmen von einigen Männern als verbunden mit stärkeren Wellen der Empfindung und einem längeren Glühen beschrieben. Andere beschrieben im Anschluss an den Orgasmus eine fast schmerzhafte Sensibilität des Penis. Wiederum andere sahen das Erlernen des multiplen Orgasmus als sportliche Herausforderung, die man meistern wollte.

Festzuhalten ist, dass es Männer gibt, die ohne Training von vornherein multiorgastisch sind. Zudem sind vermutlich die meisten Männer in der Lage, durch ein Training multiorgastisch zu werden. Bislang fehlen Studien zu der wichtigen Frage, ob multiple Orgasmen angenehmer sind als ein einzelner Orgasmus mit Ejakulation.

4.2 Weibliche Sexualität

In kaum einer Arbeit über die weibliche Sexualität fehlt Freuds These von der weiblichen Sexualität als „dark continent" (Freud, 1926/1975, S. 303) der Psychologie, eine These, die vor allem von Sexualforscherinnen immer wieder dankbar aufgenommen wird. Sowohl in den Medien als auch in der Wissenschaft wird jedoch die weibliche Sexualität häufiger thematisiert und erforscht als die männliche. Zu Freuds Zeiten war dies anders, da sich die Sexualwissenschaft im 18. Jahrhundert vor allem mit der Onanie und im 19. Jahrhundert vornehmlich mit den Perversionen beschäftigte (siehe Kap. 2), wodurch die männliche Sexualität stärker in den Blick geriet. Weit verbreitet war zudem die Auffassung, dass eine anständige Frau weder sexuelles Interesse noch sexuelle Erregung zeigen sollte, und zwar sowohl vor der Ehe als auch im Ehestand. In einem Sexualratgeber des Jahres 1816 mit dem Titel „Der Rathgeber vor bei und nach dem Beischlafe oder faßliche Anweisung, den Beischlaf so auszuüben, daß der Gesundheit kein Nachtheil zugefügt, und die Vermehrung des Geschlechts durch schöne, gesunde, und starke Kinder befördert wird" empfahl der Verfasser, das Weib möge „gleich der sanften Rose" dulden, dass der Mann ihre Reize auf verschiedene Art erproben wolle, sie aber „zeige ihm nicht, daß Begierden in ihr toben, die ihre Würde, ihre Achtung vermindern würden". „Geilheit und Schaamlosigkeit, Unersättlichkeit im Genusse der ehelichen Freuden" würden das Weib schänden und den Mann entkräften und „ihn mit Eckel für ein Wesen" erfüllen, „das nie den Genuß suchen […] darf" (Becker, 1816, S. 72). Im 18. und 19. Jahrhundert galt eine Frau eher als krank, wenn sie sexuelle Erregung oder gar einen Orgasmus zeigte; heute hingegen gilt sie eher als krank, wenn sie keine sexuelle Erregung und keinen Orgasmus zeigt.

Dem männlichen Peniskomplex entspricht bei der Frau der Brustkomplex. Während es bei der männlichen Sexualität kaum wissenschaftliche Kontroversen gibt, fällt bei der weiblichen Sexualität auf, dass viele Aspekte sehr umstritten sind. Bis heute wird kontrovers diskutiert:

- Gibt es verschiedene Orgasmusarten, und wenn ja, welche sind höherwertig?
- Gibt es einen G-Punkt oder auch noch andere Punkte (A-, O- oder U-Punkt)?
- Gibt es eine weibliche Ejakulation?
- Gibt es Faktoren, die die weibliche Orgasmuszuverlässigkeit beeinflussen?
- Welche Theorie erklärt am besten die Funktion des weiblichen Orgasmus?

4.2.1 Der Brustkomplex

Form und Aussehen der weiblichen Brust und des männlichen Penis entstanden vermutlich durch intersexuelle Selektion (siehe Kap. 3.5). Deshalb ist es kein Zufall, dass der Peniskomplex seine Entsprechung im Brustkomplex der Frauen hat. Während 45 % der Männer mit ihrer Penisgröße unzufrieden sind (Lever et al., 2006), sind nach einer Interneterhebung (N = 26 703) 70 % der Frauen mit ihren Brüsten unzufrieden, wobei sich 28 % der Frauen größere Brüste wünschen, 33 % weniger hängende Brüste und 9 % kleinere Brüste (Mehrfachnennungen waren nicht möglich). Jüngere Frauen wünschten sich vor allem größere Brüste, ältere Frauen hingegen weniger hängende Brüste. Frauen, die mit ihren Brüsten zufrieden sind, schätzen ihre eigene Attraktivität höher ein, entkleiden sich eher in Gegenwart ihres Partners und zeigen beim Sex eher ihre Brüste (Frederick et al., 2008).

Zur Entstehung eines „Brustkomplexes“ bei Frauen tragen bei:

- Vergleich mit den medial präsentierten Brüsten, die häufig nicht der Realität entsprechen (Bildmanipulation durch „Photoshop“)
- Unterschätzung der natürlichen Variabilität der weiblichen Brust
- Unkenntnis über die unterschiedliche Wachstumsgeschwindigkeit der linken und rechten Brust in der Pubertät
- übertriebene Brüste der „Barbiepuppe“
- Fehlen von normalen nackten Frauen im öffentlichen Raum

Vor diesem Hintergrund verwundert es nicht, dass immer mehr Frauen trotz vielfältiger Gesundheitsrisiken (z. B. erschwerte Brustkrebsfrüherkennung, Schwierigkeiten bei Schwangerschaft und Stillzeit) zum Mittel der Schönheitschirurgie greifen. Der weltweit häufigste chirurgische Schönheitseingriff ist die

Brustvergrößerung mit 1.8 Millionen, der dritthäufigste ist die Bruststraffung und -anhebung mit 1.6 Millionen und der siebthäufigste ist die Brustverkleinerung mit 500000 Operationen im Jahr (Statista, 2019). Die chirurgische Brustverkleinerung kann medizinisch indiziert sein (chronische Rückenschmerzen, Bandscheibenvorfall, chronische Nackenschmerzen).

Um die Körperzufriedenheit bei Mädchen und Frauen zu erhöhen, sollte in pädagogischen Kontexten nicht nur das Schlankheitsideal problematisiert werden, sondern auch das wirklichkeitsferne mediale Brustideal (pädagogisch hilfreich und aufklärend ist die im Internet seit vielen Jahren zu findende Brüste-Galerie der Zeitschrift „Bravo"). Zudem ist Sexualaufklärung über die unterschiedlichen Wachstumsgeschwindigkeiten und das damit verbundene unproportionale Aussehen der Brust im Jugendalter wünschenswert (siehe Hinz & Wagner, 2014, S. 87).

4.2.2 Gibt es verschiedene Orgasmusarten?

Die Frage nach den verschiedenen Orgasmusarten wurde maßgeblich von Freud und der psychoanalytischen Schule geprägt. In den drei Abhandlungen zur Sexualtheorie vertrat Freud die These, dass die Klitoris ihre erogene Reizbarkeit an die Vagina abzugeben habe:

> *„Die Klitoris behält dann die Rolle, wenn sie beim endlich zugelassenen Sexualakt selbst erregt wird, diese Erregung an die benachbarten Teile weiterzuleiten, etwa wie ein Span Kienholz dazu benützt werden kann, das härtere Brennholz in Gang zu setzen. Es nimmt oft eine gewisse Zeit in Anspruch, bis sich diese Übertragung vollzogen hat, während welcher dann das junge Weib anästhetisch ist. Diese Anästhesie kann eine dauernde werden, wenn die Klitoriszone ihre Erregbarkeit abzugeben sich weigert, was gerade durch ausgiebige Betätigung im Kinderleben vorbereitet wird. […] Ist die Übertragung der erogenen Reizbarkeit von der Klitoris auf den Scheideneingang gelungen, so hat damit das Weib seine für die spätere Sexualbetätigung leitende Zone gewechselt, während der Mann die seinige von der Kindheit an beibehalten hat. In diesem Wechsel der leitenden erogenen Zone sowie in dem Verdrängungsschub der Pubertät […] liegen die Hauptbedingungen für die Bevorzugung des Weibes zur Neurose, insbesondere zur Hysterie" (Freud 1905/1972, S. 124/125).*

In diesem Zitat findet man viele Leitideen Freuds zur weiblichen Sexualität: die Annahme der Schädlichkeit der Masturbation im Kindesalter, die Abwertung der klitoridalen Erregung als infantil, die Annahme eines notwendigen Leitzonenwechsels und die damit verbundene Disposition der Frau zur Neurose. Freuds Ausführungen trugen dazu bei, dass der Mythos vom vaginalen Orgasmus als Ziel der erwachsenen weiblichen Sexualität geboren wurde. Typisch für die Weiterentwicklung der Psychoanalyse sind die Ausführungen von Bergler, der unmissverständlich Frigidität und die Abwesenheit des vaginalen Orgasmus gleichsetzte: „The sole criterium of frigidity is the absence of vaginal orgasm" (Bergler, 1947, S. 17). Bergler leitete hieraus ab, dass das Fehlen eines vaginalen Orgasmus behandelt werden müsse und er empfahl auch gleich die passende Therapie, nämlich die Freudsche Psychoanalyse. Unmissverständlich heißt es bei ihm: „Every other form of therapy is a waste of time... The unconscious is sick, not the sex glands" (Bergler, 1947, S. 20). Aus berufspolitischer Perspektive war dieser Ansatz profitabel, bedeutete er doch, dass die große Mehrheit aller Frauen psychoanalytisch behandelt werden musste, zumal Bergler das Erreichen des vaginalen Orgasmus nur dann als normal ansah, wenn dieser ohne zusätzliche Klitorisstimulation erfolgte. Die Herabwürdigung des klitoridalen und die Hervorhebung des vaginalen Orgasmus bezeichnet Sabine zur Nieden (2004) völlig zu Recht als „eine kulturell verfeinerte Form der Klitorektomie" (S. 77).

Kritik an der Trennung zwischen dem minderwertigen klitoridalen und dem höherwertigen vaginalen Orgasmus erfolgte zunächst von Kinsey, danach von Masters und Johnson. Kinsey (siehe Kap. 2.6.1) führte an:

> *„Einige Psychoanalytiker und andere Kliniker behaupten, daß nur der vaginale Reiz und ein ‚vaginaler Orgasmus' einen psychologisch befriedigenden Höhepunkt im Geschlechtsakt der ‚sexuell reifen Frau' hervorbringen könne. […]. Die Literatur setzt meistens voraus, dass die Vagina selbst der Mittelpunkt des sensorischen Reizes sein sollte; und das ist […] eine physische und psychologische Unmöglichkeit" (Kinsey et al., 1954, S. 437).*

Nach Kinsey ist die Verschiebung einer Reizempfindlichkeit von der Klitoris zur Vagina noch nie beobachtet worden. Hunderte von Frauen ihrer Untersuchungsgruppe und Tausende von Patientinnen „gewisser Ärzte" seien durch ihre Unfähigkeit tief beunruhigt gewesen, eine „biologische Unmöglichkeit zu verwirklichen" (Kinsey et al., 1954, S. 438).

In ihren physiologischen Untersuchungen konnten Masters und Johnson (siehe Kap. 2.6.2) keinen Unterschied zwischen einem vaginal oder klitoridal ausgelösten Orgasmus feststellen, wobei sie verschiedenste Auslöser eines Orgasmus berücksichtigten. Mit diesen Untersuchungen hätte die Diskussion über die verschiedenen Orgasmusarten enden können. Bis heute wird jedoch immer noch über die Frage der verschiedenen Orgasmusmodalitäten und über ihre Wertigkeit gestritten. In den 1970er Jahren unterschieden Singer und Singer (1972) zwischen drei Orgasmusarten: einen Vulvaorgasmus, der durch die Klitoris ausgelöst werde, einen tiefen uterinen Orgasmus, der durch die Bewegung des Penis ausgelöst werde, und eine Mischform. Ladas et al. (1982) übernahmen dieses Konzept, ersetzten aber den uterinen Orgasmus durch den G-Punkt-

Orgasmus. Die Annahme eines G-Region in der Vagina ließ sich jedoch nicht belegen (siehe Kap. 4.2.3). Komisaruk et al. (2010) unterschieden zwischen einem klitoridalen, einem vaginalen und einem Cervix-(Gebärmutterhals-)Orgasmus, wobei sie behaupteten, dass die gleichzeitige Stimulation aller drei Orgasmusauslöser zur größten Intensität des Orgasmus führe (S. 17). Zumeist wird der klitoridale Orgasmus als aufreizend, scharf, aufspringend, weiter oben liegend, abgegrenzt und von kürzerer Dauer beschrieben, der vaginale Orgasmus hingegen als ausstreuend, tiefer liegend, ganzkörperlich, länger dauernd und psychisch befriedigender (Meston et al., 2004; Sayin, 2012). Mit explizitem Bezug auf Sigmund Freud und Wilhelm Reich wurde die Idee einer Überlegenheit des vaginalen Orgasmus von einer Forschergruppe um Stuart Brody mit großer Vehemenz in zahllosen Publikationen wiederbelebt (Brody 2007, 2010; Brody et al., 2011; Brody et al., 2010; Brody & Weiss, 2010, 2011; Costa & Brody, 2007, 2011) (siehe Kap. 4.2.4).

Unbestritten ist, dass es sowohl beim Mann als auch bei der Frau verschiedene Orgasmusauslöser gibt.

Tab. 5: Orgasmusauslöser bei Männern und Frauen

Orgasmusauslöser beim Mann	Orgasmusauslöser bei der Frau
• Penis (Vaginalverkehr, Analverkehr, Masturbation, manuelles Petting, Fellatio) • Prostatamassage (mit dem Finger oder einem Gerät) • Fetische • Lustmord, Tierquälerie, Pyromanie • Luftabschnürung	• Klitoris • Vagina (?) • Gebärmutterhals (?)
• Stimulation der Brustwarzen • Stimulation des Anus • Stimulation von Zonen (Hals, Oberschenkel etc.) • Kuss/Stimulation des Mundes • Schmerzzufügung oder -erleidung (BDSM) • Psychopharmaka (Chen et al, 2018) • Sexualträume (feuchte Träume) • Sportliche Übung (Coregasm, Herbenick, 2015) • Atemtechnik (Atem- und Energieorgasmus, Tantra) • Sexuelle Gedanken/Aufregende Situationen	

Ohne Anspruch auf Vollständigkeit wären als geschlechtsübergreifende Orgasmusauslöser die Stimulation der Brustwarzen zu nennen, die Stimulation des Anus, die Stimulation einer erogenen Körperstelle (z. B. Nacken, Ohrläppchen, Unterarm, Oberschenkel, Leistengegend, Hüfte, Finger und Zehen; Zonen-Orgasmus), der Kuss/die Stimulation des Mundes (Komisaruk & Whipple, 2011; Morris, 1968, S. 61), das Zähneputzen (Chuang et al., 2004), die Schmerzzufügung oder -erleidung (BDSM), Psychopharmaka (Chen et al., 2018), Sexualträume („feuchte Träume“) (Kinsey et al., 1954, S. 405 und S. 517), bestimmte Sportübungen (Coregasm, z. B. Cardiotraining mit anspruchsvollem Bauchmuskeltraining, zumeist ohne sexuelle Gedanken; Herbenick, 2015; Roach, 2009), Atem- und Meditationsübungen (Atem- und Energieorgasmus im Tantra), Gedanken (mental ausgelöster Orgasmus) sowie die direkte Stimulation des Gehirns durch implantierte Elektroden (Komisaruk & Whipple, 2011). Für Männer führten Kinsey et al. (1948, S. 170) neben sexuellen Stimuli als Orgasmusauslöser auch asexuelle Stimuli an wie Aufregung bei einem Unterrichtsvortrag, Aufregung beim Examen, Aufregung durch eine Unfallverletzung, nächtliche Furcht, Diebstahl eines Fahrrads, aufregendes Korbballspiel, Läuten einer Glocke und selbst erlebter Luftkampf im Kampfflugzeug. Hinsichtlich des mentalen Orgasmus bei Frauen führten Kinsey et al. (1954, S. 152) an, dass 2 % der Frauen der Gesamtstichprobe (siehe Kap. 2.6.1) einen Orgasmus durch die Fantasie ohne Berührung der Genitalien oder anderer Körperteile erlebt hatten. Komisaruk und Whipple (2011) berichten über einen Orgasmus beim Gebären („birthgasm“), nach der Defäkation, beim heftigen Urinieren, bei einem epileptischen Anfall oder durch die Aufregung, die die Hand eines Polizisten auf der Schulter hervorruft. Orgasmusauslöser nur beim Mann sind die unterschiedlichsten Stimulationen des Penis sowie der Prostata (Levin, 2018). Nahezu nur bei Männern gibt es nach Krafft-Ebing (1886/1997) fetischistische Orgasmusauslöser wie die weibliche Hand (S. 182), die weibliche Kleidung (S. 187), der Anblick eines hinkenden Mädchens (S. 187) oder das Zopfabschneiden (S. 191/2), wobei der Orgasmus jeweils ohne Berührung des Penis ausgelöst werden kann. Auch beim Lustmord beschreibt Krafft-Ebing (1886/1997) einen Fall, bei dem bei jedem Mord oder Mordversuch Spermaflecken auf dem Hemd zurückgeblieben waren (S. 82). Der Lustmörder will nach Purcell (2003, S. 282) nicht nur töten, sondern das Opfer vor oder nach dessen Tod quälen und verwüsten, um die ultimative sexuelle Befriedigung und einen Orgasmus zu erreichen. Orgasmen erreichen manche Männer auch durch Tierquälerei, Pyromanie oder durch seltene Paraphilien wie den sexuellen Kannibalismus (Degen, 2004, S. 89/90). Ebenfalls fast nur bei Männern ist die Hypoxyphilie zu finden. Es ist unklar, ob die Luftabschnürung selbst ein Orgasmusauslöser ist oder nur den durch Selbstbefriedigung erreichten Orgasmus verstärkt. Orgasmusauslöser nur bei der Frau sind die Stimulation der Klitoris, der Vagina (wobei unklar ist, ob die Stimulation nicht doch über die crura/Beine der Klitoris erfolgt) und des Gebärmutterhalses (Cervix-Orgasmus; Komisaruk et al., 2010, S. 17).

Masters und Johnson (1967) behaupteten aufgrund ihrer physiologischen Messungen, dass es keine verschiedenen Orgasmusarten gibt. Meston et al. (2004) halten dem entgegen, dass der Stand ihrer Messtechnik nicht ausgereicht habe, um physiologische Unterschiede genau zu erfassen. Es gäbe – wenn auch begrenzte – physiologische Daten, um zwischen klitoridaler und vaginaler Stimulierung zu unterscheiden. Es stellt sich aber die Frage, ob eine Typologisierung des Orgasmus sinnvoll ist. Anders als bei der weiblichen Sexualität wurde über Orgasmusarten beim Mann nicht gestritten (Colson, 2010). Im statistischen Durchschnitt ergeben sich vermutlich unterschiedliche physiologische Daten bei einem Lustmord-Orgasmus, bei einem Luftkampf-Orgasmus, bei einem Unterrichtsvortrags-Orgasmus, bei einem Coregasm, bei einem Energie-Orgasmus, bei einem penilen Orgasmus oder bei einem Prostata-Orgasmus. Klar ist zudem, dass Orgasmen je nach Auslöser unterschiedlich erlebt werden. Ansonsten wäre nicht erklärbar, dass es Personen gibt, die sich durch Luftabschnürung in Lebensgefahr begeben, um einen besonderen Orgasmus zu erleben. Orgasmen werden aber auch bei identischem Auslöser unterschiedlich erlebt. Von daher ist fraglich, ob eine Differenzierung nach Orgasmusarten sinnvoll ist. Besonders in Zeitschriften sind Aufzählungen mit entsprechenden Anleitungen populär („Es gibt 12 Arten von Orgasmen: So kriegen Sie alle!"). Der Lustmord- oder der Aufregungs-Orgasmus kommt in solchen Aufzählungen jedoch nie vor.

Die Kontroverse über die Unterscheidung zwischen dem klitoridalen und vaginalen Orgasmus wurde durch Forschungsergebnisse über Struktur und Größe der Klitoris teilweise entschärft. Durch die Sektion von Leichen (O'Connell et al., 1998; O'Connell et al., 2005; Rees et al., 2000) und durch Magnet-Resonanz-Spektrometer-Aufnahmen (Maravilla et al., 2003) wurde entdeckt, dass die Klitoris größer und komplexer ist (als bis dahin angenommen) und dass sie bis weit in die Schamlippen hineinreicht. Die Klitoris besteht aus der Spitze (Glans clitoridis), dem Körper (Corpus clitoridis), den Schenkeln der Klitoris (Crura clitoridis) und zwei Schwellkörpern (Corpora cavernosa clitoridis). Die Haube/Kapuze/Vorhaut der Klitoris (Präputium clitoridis) gehört zwar anatomisch nicht zur Klitoris, hat aber ähnlich wie die männliche Vorhaut eine große Bedeutung für die sexuelle Erregung und dient dem Schutz der Klitoris.

Das Wort „Klitoris" wurde und wird oft nur gleichbedeutend mit der sichtbaren Spitze (glans) benutzt. Zur Klitoris gehört jedoch nach derzeitigem Kenntnisstand nicht nur die sichtbare Spitze, sondern das gesamte hier bezeichnete und dargestellte Gewebe. Dieses Gewebe liegt tief verborgen bei den kleinen Schamlippen, beim Musculus bulbospongiosus sowie beim Musculus ischiocavernosus unterhalb der Schambeinfuge mit Gewebeverbindung zu den äußeren Schamlippen (O'Connell et al., 2005, S. 1190).

Als Länge des Klitorisgewebes werden von Rees et al. (2000) sieben bis acht Zentimeter angegeben. Mit dem Magnet-Resonanz-Spektrometer konnte im Labor gezeigt werden, dass sich bei erotischer Erregung (provoziert durch erotische Videos) das Volumen der Klitoris verdoppelte (Maravilla et al., 2003). Wie beim Penis wurden auch bei der Klitoris nächtliche Erektionen in den REM-Schlafphasen beobachtet (Karacan et al., 1970). Von außen sichtbar ist bei der Klitoris nur die Spitze (glans), und auch dies bei vielen Frauen nur, wenn die Haube/Kapuze der Klitoris zur Seite geschoben wird.

Es könnte also sein, dass der sogenannte „vaginale Orgasmus" durch die tief verborgenen Teile der Klitoris ausgelöst wird. Andererseits ist die von Kinsey sowie von Masters und Johnson vertretene Auffassung, dass jeder weibliche Orgasmus durch die Klitoris ausgelöst werde, wohl falsch, denn auch ohne Beteiligung der Genitalien kann ein Orgasmus ausgelöst werden (Komisaruk & Whipple, 2011). Der Weg zum Orgasmus ist bei Frauen und Männern sehr variabel. Letztlich ist der Orgasmus ein Phänomen im Gehirn und es gibt zum Orgasmus keinen richtigen oder falschen Weg, wenn man von den Wegen absieht, die sich ethisch, gesundheitlich oder gesetzlich verbieten.

4.2.3 G-Punkt, andere Punkte und weibliche Ejakulation

Bei der Suche nach dem Auslöser des vaginalen Orgasmus wurde von Ladas et al. (1982) der G-Punkt angeführt, wobei sie behaupteten, dass dies das stärkste erotische Zentrum der Frau sei. Benannt wurde der G-Punkt nach Ernst Gräfenberg (siehe Kap. 2.6). Über eine erogene Zone im Bereich der vorderen Vaginalwand berichtete er 1944 nur in einem Nebensatz. In einem später viel zitierten Aufsatz über die Rolle der Urethra/Harnröhre beim weiblichen Orgasmus beschrieb er 1950 explizit eine Zone um die Urethra herum, die mit einem Finger stimulierbar sei und die beim Orgasmus bei jeder Frau von außen gegen die Vaginalwand drücke und sich nach dem Orgasmus komplett entspanne. Die weibliche Urethra sei ähnlich wie die männliche Urethra im Penis durch einen Schwellkörper umhüllt, der beim Orgasmus anschwelle und vor allem im hinteren Bereich stimulierbar sei. Als weitere Belege für diese These galten ihm das Vorkommen der Onanie mit Haarnadeln in der Urethra sowie Fälle eines Verlusts der Orgasmusfähigkeit durch Diaphragmen, die die erogene Zone in der vorderen Vaginalwand abdeckten (Gräfenberg, 1950, S. 146). Als Konsequenz seiner Entdeckung empfahl Gräfenberg den Koitus in Seitenrückenlage sowie in der Position, in der die Frau in der Knie-Ellbogen-Schulter-Position liegt und der Mann dahinter steht, um so mit dem Penis die erogene Zone um die Urethra herum zu stimulieren.

Die Behauptung einer erogenen Zone entlang der Urethra in der vorderen Vaginalwand verknüpfte Gräfenberg mit der Annahme eines nicht aus Urin bestehenden Flüssigkeitsausstoßes während des Orgasmus, wobei er annahm, dass dieser aus den intraurethralen Drüsen stamme (Gräfenberg, 1950, S. 147). Die Behauptung eines G-Punktes wurde auch in der späteren Literatur zumeist mit der Annahme einer weiblichen Ejakulation verknüpft. Anstelle der intraurethralen Drüsen wird inzwischen von der Skene- oder Paraurethral-Drüse gesprochen, die der Prostata des Mannes entsprechen und für die weibliche Ejakulation verantwortlich sein soll (Darling et al., 1990; Davidson et al., 1989; Eicher, 1984; Nieden, 2004; Zaviačič et al., 1988).

In der neueren Literatur wird neben dem G-Punkt (eigentlich G-Region) noch von einem A-Punkt, einem O-Punkt und einem U-Punkt gesprochen. Der A-Punkt soll sich in der vorderen Vaginalwand unterhalb der Blase befinden (also an derselben Vaginalwand wie der G-Punkt, aber einige Zentimeter tiefer gelegen), der O-Punkt wird ganz hinten am inneren Ende der Vagina zwischen hinterer Vaginalwand und Mastdarm (neben dem Gebärmutterhals) und der U-Punkt direkt am Urethralausgang am vorderen Teil der vorderen Vaginalwand vermutet. Zudem sollen der Gebärmutterhals und die PC-Muskeln einen Orgasmus auslösen können (Morris, 2005, S. 212–215; Sayin, 2012, S. 699).

Seit dem Aufsatz von Gräfenberg sind inzwischen 70 Jahre vergangen, in denen nach dem G-Punkt gesucht, dieser jedoch nicht gefunden wurde. Bereits 2001 kam Hines zu dem Schluss, dass der G-Punkt seine Existenz nur der Macht der Suggestion verdanke. Der Mythos vom G-Punkt führe im besten Falle dazu, dass Frauen sich einbilden, einen G-Punkt zu haben, im schlechtesten Fall hingegen dazu, dass erfolglos und verzweifelt danach gesucht werde und Frauen sich dann als abnormal und gestört betrachten würden. Sein Fazit lautete: „the G-spot will remain a sort of gynecologic UFO: much searched for, much discussed, but unverified by objective means" (Hines, 2001, S. 362). Auch in zwei neueren Übersichtsarbeiten (Kilchevsky et al., 2012; Puppo & Gruenwald, 2012) wird der Standpunkt vertreten, dass der Glaube an den G-Punkt das Ergebnis einer Suggestion sei. Durch die mediale Verbreitung des Glaubens an den G-Punkt sowie an die weibliche Ejakulation werde bei den Frauen eine entsprechende Erwartungshaltung aufgebaut, die die Selbstwahrnehmung verändere und im besten Falle als Ergebnis eines Placebo-Effekts zu einem G-Punkt-Orgasmus führe. Befragungen von Frauen, insbesondere bei hochselektiven Stichproben (z.B. in Nieden, 2004, oder in Sayin, 2012), sind wenig aussagekräftig, da sie dem Rosenthal-Effekt (Interviewer-Erwartungs-Effekt), dem Placebo-Effekt und der Verzerrung durch soziale Erwünschtheit unterliegen. Es ist für Frauen sozial erwünschter, von einer weiblichen Ejakulation als von einem unfreiwilligen Urinausstoß während der sexuellen Aktivität auszugehen.

Aufschlussreich ist eine Zwillingsstudie von Burri et al. (2010). Da die menschliche Physiologie in starkem Maße genetisch geprägt ist, kann man davon ausgehen, dass die Aussagen von Frauen hinsichtlich ihres G-Punktes bei eineiigen Zwillingspaaren stärker übereinstimmen müssten als bei zweieiigen Zwillingspaaren. 56% aller befragten Frauen gaben in dieser Studie an, dass sie einen G-Punkt haben. Es zeigte sich jedoch kein signifikanter Unterschied in der Übereinstimmung der eineiigen und zweieiigen Zwillingspaare. Nach Meinung von Burri et al. (2010) lässt sich das Fehlen eines genetischen Einflusses auf den G-Punkt nur damit erklären, dass es keinen G-Punkt gibt. Kilchevsky et al. (2012) argumentieren, dass es unwahrscheinlich sei, dass sich in der Evolution bei Frauen zwei separate Lustzentren durchgesetzt hätten. Sie vermuten, dass „G-Punkt-Orgasmen“ durch die tieferliegenden Schenkel und Schwellkörper der Klitoris (siehe Kap. 4.2.2) ausgelöst werden.

Hinsichtlich des G-Punkts sind anatomische Untersuchungen entscheidend, hinsichtlich der weiblichen Ejakulation chemische Analysen des weiblichen Ejakulats. Auf der systematischen Suche nach dem G-Punkt konnten zuletzt Hoag et al. (2017) bei einer anatomischen Sektion mit histologischen Untersuchungen bei 13 Frauenleichen außer der Urethra und der Vaginalwand keine Struktur oder schwammiges Gewebe in der G-Punkt-Region finden. Die Befürworter des G-Punkts halten entgegen, dass es zwar keinen Beweis für die Existenz des G-Punkts gebe, aber auch keinen Beweis für dessen Nichtexistenz. Man muss entgegenhalten, dass es inzwischen genügend Möglichkeiten gab, den mysteriösen G-Punkt zu finden. Besonders problematisch ist, wenn der nicht vorhandene G-Punkt chirurgisch vergrößert wird, entweder durch eine Aufspritzung mit Hyaluronsäure oder durch das Spritzen von körpereigenem Fett (Herold et al., 2015). Solche Eingriffe sind kostspielig und mit einem hohen Infektionsrisiko verbunden. Doppelblindstudien zur Prüfung der Effektivität dieser chirurgischen Eingriffe gibt es nicht.

Hinsichtlich der weiblichen Ejakulation haben Zaviačič et al. (1988) bei wenigen ausgesuchten Probandinnen das weibliche „Ejakulat“ aufgefangen und untersucht. Bei einigen Probandinnen erfolgte die „Ejakulation“ erst nach langer Stimulation und vollständigem Ablauf der sexuellen Reaktionsphasen, bei anderen Probandinnen hingegen ohne sexuelle Reaktion. Der Hauptbestandteil des „Ejakulats“ war Urin, der Rest eine weißliche Zellschicht, von der man annimmt, dass sie aus der Paraurethraldrüse stammt. Das paraurethrale Drüsengewebe wird von manchen Autoren als weibliche Prostata bezeichnet, was umstritten und spekulativ ist (Alzate & Hoch, 1988).

In der Pornografie ist das Suchwort „squirt“ oder „squirting“ populär. Möglicherweise gibt es unterschiedliche weibliche „Ejakulationsarten“. Unter „squirting“ versteht man einen stärkeren Flüssigkeitserguss ausgelöst durch manuelle Stimulation, Vibratorstimulation, Vaginalverkehr oder Analverkehr. Salama et al. (2015) untersuchten diesen stärkeren Flüssigkeitserguss bei sieben gynäkologisch normalen Frauen, indem sie biochemische Untersuchungen des Ergusses und Ultraschalluntersuchungen der Blase vor der sexuellen Stimulation, während der sexuellen Stimulation sowie nach dem Flüssigkeitserguss durchführten. Als Ergebnis dieser Analysen kamen sie zum Ergebnis, dass „Squirting“ im Wesentlichen die unfreiwillige Emission von Urin während der sexuellen Aktivität ist.

Insgesamt ist festzuhalten, dass es keine Beweise für die Existenz eines G-Punktes sowie anderer besonderer Punkte in der Vagina der Frau gibt. Gut belegt ist hingegen die erstaunliche Größe der Klitoris (siehe Kap. 4.2.2). Es ist möglich, dass die angeblichen G-Punkt-, O-Punkt-, A-Punkt- oder U-Punkt-Orgasmen mit den inneren Teilen der Klitoris zu tun haben, das heißt mit den

Schenkeln und Schwellkörpern der Klitoris. Klar ist aber auch, dass die Klitoris für die Orgasmusauslösung nicht zwingend notwendig ist. Dafür sprechen die vielfältigen Varianten der nichtgenitalen Orgasmusauslösung (siehe Tabelle 5).

Während es keine Belege für die Existenz eines G-Punkts gibt, sind die Forschungsbefunde hinsichtlich der weiblichen Ejakulation etwas überzeugender. Es scheint so, dass der größte Teil des weiblichen „Ejakulats" aus Urin besteht, dass es daneben aber auch eine abgesonderte Substanz gibt, deren Ursprung im paraurethralen Drüsengewebe vermutet wird. Da die durchgeführten Untersuchungen bei hochselektiven Stichproben durchgeführt wurden, haben die Ergebnisse bislang eher den Status einer Kuriosität, ohne dass allgemeine Erkenntnisse über die weibliche Sexualität gewonnen wurden. Hier dürfte die weitere Forschung eine genauere Klärung ermöglichen. Die sogenannte „weibliche Ejakulation" kann, aber muss nicht mit dem weiblichen Orgasmus verbunden sein, und sie tritt wohl nur bei einer Minderheit der Frauen auf.

4.2.4 Was beeinflusst die weibliche Orgasmuszuverlässigkeit?

Männer und Frauen unterscheiden sich hinsichtlich vieler psychologischer Variablen und hinsichtlich ihrer sexuellen Reaktion zumeist nur wenig (Hyde, 2005). Einer der größten Geschlechtsunterschiede ist, dass Frauen im Vergleich zu Männern im Durchschnitt deutlich seltener einen Orgasmus beim vaginalen Sex erleben (Petersen & Hyde, 2010). Während Männer nahezu immer einen Orgasmus beim Vaginalsex erleben, liegt der Prozentsatz der Frauen, die hierbei einen Orgasmus erleben, zwischen 38 und 53 Prozent, ohne zusätzliche klitoridale Stimulation sogar nur bei 15 bis 35 Prozent (Lloyd, 2001, 2005).

Für einen beträchtlichen Teil der Frauen ist der Orgasmus beim Vaginalverkehr höchst unzuverlässig, für einige jedoch auch ziemlich zuverlässig (Frederick et al., 2018; Zietsch et al., 2011).

Da es einerseits Frauen gibt, die mit minimaler Stimulierung leicht zum Orgasmus kommen, und andererseits viele Frauen trotz passender Stimulierung und Vorbereitung nie oder nur selten einen Orgasmus beim Vaginalverkehr erleben, gibt es ein nachvollziehbares Bedürfnis, diesen Unterschied zu erklären. Nach der Attributionstheorie (Heider, 1958) sind Menschen naive Wissenschaftler, die das Verhalten anderer kausal zu erklären versuchen, und zwar in der Regel durch dispositionelle Eigenschaften der beobachteten Person. Weit verbreitet ist der Glaube, dass fehlende Orgasmen beim Vaginalsex zu tun haben mit Gehemmtheit, Verkrampftheit, erhöhter Selbstkontrolle, Zweifeln an der Attraktivität des eigenen Körpers, fehlender Entspannung, fehlender Offenheit für Erfahrungen, Schuldgefühlen, Ängsten, zu geringer Akzeptanz der eigenen Gefühle oder zu geringem Selbstbewusstsein. Diese Auffassung wird oft in den Printmedien vertreten und ist in der Bevölkerung weit verbreitet.

Welche dieser Kausalzuschreibungen lassen sich belegen? Kausale Zusammenhänge sollten experimentell belegt werden. Zum Zusammenhang zwischen Persönlichkeits-/Verhaltensvariablen und der Orgasmuszuverlässigkeit beim Vaginalverkehr gibt es keine experimentellen Studien. Stattdessen wurden in den letzten 70 Jahren verschiedenste Korrelationsstudien durchgeführt, aus denen man jedoch keine Kausalzusammenhänge ableiten kann, da es eine dritte verursachende Variable geben, die Kausalrichtung entgegengesetzt oder der Zusammenhang zufällig sein kann (Hinz, 2014b).

In ihrer klassischen Erhebung (siehe Kap. 2.6.1) fanden Kinsey et al. (1954) einen positiven signifikanten Zusammenhang zwischen der Orgasmuszuverlässigkeit beim Vaginalverkehr (= die prozentuale Häufigkeit, mit der während des Vaginalverkehrs ein Orgasmus erlebt wird) und den Variablen Bildungsstand (je höher der Bildungsstand, desto größer die Orgasmuszuverlässigkeit, also das Gegenteil von ‚Dumm fickt gut'), Lebensalter, Dauer der Ehe, voreheliches Liebesspiel mit Orgasmus und voreheliche Selbstbefriedigung mit Orgasmus. Sie fanden keinen signifikanten Bezug zum Alter bei Pubertätsbeginn, zur religiösen Herkunft, zum Ausmaß der Religiosität sowie zu den Techniken beim Liebesspiel und beim Koitus (S. 311/312). In einer methodisch aufwändigen Studie fand Fisher (1973) keine signifikanten Zusammenhänge zu den Variablen Femininität, Religiosität, emotionale Störungen, Aggressivität, Kleidungsstil, Alter bei Pubertätsbeginn, physische Attraktivität, Sportlichkeit, Alkohol- und Tabakkonsum, politische Einstellung, Einstellung zur Sexualität sowie Einstellung der Eltern zur Sexualität. Harris et al. (2008) fanden eine höhere Orgasmuszuverlässigkeit bei Extraversion, emotionaler Stabilität und Offenheit für neue Erfahrungen (ohne Angabe der Effektstärken). Burri et al. (2009) fanden eine höhere Orgasmuszuverlässigkeit bei größerer emotionaler Intelligenz ($r = .13$). Aufgrund von Korrelationsstudien mit unterschiedlichen Stichproben behauptete eine Forschergruppe um Stuart Brody, dass sich Frauen mit „reinen" vaginalen Orgasmen (ohne begleitende Klitorisstimulierung) durch mentale Gesundheit, Lebenszufriedenheit, Zufriedenheit mit Freundschaften und dem Partner, durch eine größere Fähigkeit zum Wahrnehmen und zum Äußern von Emotionen, durch größere Lust auf Sex sowie durch die seltenere Verwendung unreifer Abwehrmechanismen auszeichnen würden, während andererseits bei Frauen mit klitoridalen Orgasmen (durch Masturbation oder durch begleitende Klitorisstimulation) unreife Abwehrmechanismen sowie eine eingeschränkte psychische Gesundheit typisch seien (Brody, 2007, 2010; Brody et al., 2011; Brody et al., 2010; Brody & Weiss, 2011; Costa & Brody, 2007, 2011). Von verschiedenen Kritikern wurde dieser Forschergruppe neben forschungsmethodischen Fehlern (z. B. Alpha-Fehler-Kumulierung) eine „psychologische Klitoridektomie“ sowie eine Heiligsprechung des reinen Vaginalorgasmus vorgeworfen. Kritisiert wurde auch, dass nichtsignifikante Zusammenhänge nicht veröffentlicht wurden und dass Effektstärken nicht angegeben wurden (Levin, 2012, 2014; Prause, 2012a, 2012b; Therrien & Brotto, 2016). Zudem ergab ein Replikationsversuch einen gegenteiligen Befund (Laan & Rellini, 2012). Zietsch et al. (2011) korrelierten bei einer großen Stichprobe die Orgasmuszuverlässigkeit mit 19 Persönlichkeitsvariablen wie Extraversion, Neurotizismus, Impulsivität, Maskulinität, Einstellung gegenüber der Sexualität, Anzahl der bisherigen Sexualpartner, Alter beim ersten Vaginalverkehr etc. und kamen zu dem eindrücklichen Resultat, dass alle Korrelationen nahe bei Null lagen. Sie zogen aus dieser Studie den Schluss, dass die Orgasmuszuverlässigkeit nichts mit der Persönlichkeit zu tun hat und dass das Nichterleben eines Orgasmus beim Vaginalsex nicht pathologisiert werden sollte.

Insgesamt fällt auf, dass es entgegengesetzt zur häufigen Darstellung in den Printmedien keine oder nur sehr geringe Zusammenhänge zwischen Orgasmuszuverlässigkeit und Persönlichkeitseigenschaften gibt. Etwas bedeutsamer sind die Zusammenhänge zwischen der Orgasmuszuverlässigkeit und bestimmten sexuellen Verhaltensweisen.

Verschiedene Studien zeigen übereinstimmend, dass Frauen, die ihre sexuellen Wünsche aussprechen, den Orgasmus beim Vaginalverkehr zuverlässiger erleben (Hurlbert, 1991; Laan & Rellini, 2012; MacNeil & Byers, 2005; Montesi et al., 2011; Rehman et al., 2011).

Dies gilt auch für Frauen, die häufiger die Initiative zum Sex ergreifen (Kontula & Miettinen, 2016; Raboch & Raboch, 1992), wobei sich hierbei jedoch die typische Frage bei Korrelationsstudien stellt, nämlich: ‚Was ist die Henne und was ist das Ei‘?

Die Orgasmuszuverlässigkeit wird in populären vorherrschenden subjektiven Theorien nicht mit einer genetischen Disposition verbunden. Zwei umfangreiche Studien mit ein- und zweieiigen Zwillingen (eine britische und eine australische Stichprobe) zeigten übereinstimmend, dass der genetische Faktor ein bedeutender Einflussfaktor auf die Orgasmuszuverlässigkeit ist, und zwar mit etwa 45 % Varianzaufklärung für die Orgasmuszuverlässigkeit bei der Selbstbefriedigung und mit etwa 34 % Varianzaufklärung für die Orgasmuszuverlässigkeit beim Vaginalsex (Dawood et al., 2005; Dunn et al., 2005). Ein nahezu identisches Ergebnis zeigte sich auch in einer Studie mit finnischen ein- und zweieiigen Zwillingen (Zietsch & Santtila, 2011).

Frauen mit hoher oder niedriger Orgasmuszuverlässigkeit verdanken dies zu einem großen Teil den Genen ihrer Mütter und Großmütter.

Unklar ist, welcher Aspekt zur genetischen Disposition beiträgt. Denkbar sind bisher noch nicht klar identifizierte neurologische oder physiologische Faktoren (Wallen & Lloyd, 2011).

Seit den Studien von Masters und Johnson (1967) und der damit verbundenen Verbreitung des Vier-Stufen-Modells der sexuellen Reaktion gehört der weibliche Orgasmus zur Normalerwartung der weiblichen Sexualität. Nach Walter (1999) ist dies ein historisch neues Phänomen, das sich im Zuge der laborexperimentellen Forschung durchgesetzt hat. Es wird oft übersehen, dass Masters und Johnson (siehe Kap. 2.6.2) nur Probandinnen akzeptierten, die problemlos einen Orgasmus erreichen konnten. Dadurch erschien der weibliche Orgasmus fälschlicherweise als natürliche Begleiterscheinung des Vaginalverkehrs (Symons, 1979, S. 87).

Der weibliche Orgasmus beim Vaginalsex sollte in den Medien und in der Sexualerziehung nicht als Normalerwartung an das weibliche sexuelle Erleben vermittelt werden.

Diese Normalerwartung trägt erheblich dazu bei, dass Orgasmen beim Vaginalsex auch vorgetäuscht werden. In einer anonymen Befragung gaben 67 % der Frauen und 28 % der Männer mit Vaginalsexerfahrung an, dass sie mindestens einmal einen Orgasmus vorgetäuscht hatten. Als Begründung gaben sie an, dass sie sicher waren, einen Orgasmus nicht erreichen zu können und dass sie deshalb den Sex beenden, negative Folgen vermeiden (den Partner enttäuschen; unattraktiv erscheinen) und positive Folgen erzielen wollten (den Partner erfreuen) (Muehlenhard & Shippee, 2010). Szasz (1980) kritisierte an sexualtherapeutischen Programmen zum Erlernen des weiblichen Orgasmus (z. B. Barbach, 1977; Dodson, 1974; Heiman et al., 1978), dass das weibliche Genital dabei wie ein Haushaltsgerät betrachtet werde, bei dem die Besitzerin die Bedienungsanleitung nicht verstanden habe und nun durch Experten die Funktionsweise erklärt bekommen müsse. Dies reihe sich ein in die lange Geschichte, Frauen herabzusetzen. Jeffreys (1990) postulierte, dass für Frauen penetrativer Sex nicht unbedingt die lustvollste Form der Sexualität sei, dass Orgasmen nicht zentral für die sexuelle Erfüllung seien und dass der durch den Mann initiierte weibliche Orgasmus oft nur als Krückstock für das männliche Selbstbewusstsein diene. Befragungsstudien zeigen, dass Frauen anders als Männer eine gelungene Paarsexualität nicht am weiblichen Orgasmus festmachen, sondern an emotionaler Nähe und Zärtlichkeit (Böhm & Matthiesen, 2016). Die große Mehrzahl der dargestellten Studien zeigt, dass die Orgasmuszuverlässigkeit nichts mit emotionaler Verklemmtheit zu tun hat. Dies bedeutet, dass die weit verbreiteten Theorien, die den Orgasmus mit „Sich-Fallen-Lassen-Können", „Aufgabe der Selbstkontrolle" etc. in Verbindung bringen, nur Mythen sind.

Diese Mythen schädigen die sexuelle Gesundheit, da sie suggerieren, Mädchen und Frauen seien schuld, wenn sie keinen Orgasmus erleben.

4.2.5 Welche Funktion hat der weibliche Orgasmus?

Während der männliche Orgasmus zumeist mit der Ejakulation und insofern mit der Fortpflanzung verbunden ist, ist beim weiblichen Orgasmus der evolutionäre Sinn unklar und umstritten. Für die Fortpflanzung ist der weibliche Orgasmus nicht notwendig. Warum gibt es dann den weiblichen Orgasmus? Und warum ist er bei vielen Frauen so unzuverlässig? Warum ist die Klitoris so platziert, dass sie für vaginalen Sex eher ungünstig liegt und nur bei der Selbstbefriedigung und beim Cunnilingus problemlos der Lustbefriedigung dienen kann?

Eine Theorie über die Funktion des weiblichen Orgasmus muss erklären können, erstens warum es den weiblichen Orgasmus gibt und zweitens warum er beim Vaginalsex unzuverlässig ist. Die sechs wichtigsten Antwortversuche sollen hier wiedergegeben und erörtert werden. Es sind dies

- die Repressionstheorie,
- die Paar-Bindungs-Theorie,
- die Partnerwahl-Theorie,
- die Upsuck-Theorie,
- die Jackpot-Theorie,
- die Nebenprodukt-Theorie
- und die Überbleibsel-Theorie.

Die *Repressionstheorie* vertritt die Auffassung, dass der weibliche Orgasmus nur deshalb unzuverlässiger sei als der männliche, weil die weibliche Sexualität kulturell unterdrückt werde. Wilhelm Reich (1936/1966) (siehe Kap. 2.5.7) führte an, dass die Sexualerziehung „vom Zielpunkt: Keuschheit des Mädchens, Zwangstreue der Ehefrau bestimmt“ (S. 152) werde. Beides sei nur durch Sexualverdrängung bei der Frau leistbar. „Die sexuell anspruchslose, nicht sehr selbständige, sexualverneinende oder das Erotische bloß duldende Frau“ sei „die treueste, beste Ehegattin“ (Reich, 1936/1966, S. 152). Die Unzuverlässigkeit des weiblichen Orgasmus rühre vor allem daher, dass Frauen gelernt hätten, ihre eigenen sexuellen Bedürfnisse zurückzustellen. Die Repressionstheorie wurde explizit von der Feministin Mary Jane Sherfey (1972) vertreten, die ausführte, dass die weibliche Sexualität eine unersättliche Kraft sei, die zugunsten der ökonomischen Entwicklung unterdrückt werde.

Nach der *Paarbindungstheorie* von Desmond Morris (siehe auch Kap. 3.6) hat der weibliche Orgasmus die Funktion, die für die Aufzucht des Kindes notwendige Monogamie zu fördern. Die Frau gebe, anders als andere Affenweibchen, dem Mann kein deutliches Zeichen ihres Eisprungs. Die allermeisten Geschlechtsakte würden deshalb nicht der Fortpflanzung dienen, sondern der Lust bei beiden Geschlechtern, wodurch eine tiefe emotionale Beziehung entstünde (Morris, 2005, S. 208). Durch die Dauerbereitschaft der Frau zum Sex (auch nach Eintritt der Schwangerschaft) werde dem Mann die Monogamie versüßt. Sowohl die Dauerbereitschaft zum Sex als auch der weibliche Orgasmus sicherten die monogame Paarbindung, die für die Aufzucht der Jungen nötig war. Neben der Paarbindung habe der weibliche Orgasmus zudem die Funktion, dass die Frau nach dem Orgasmus liegen bleibe, sodass das Sperma nicht gleich wieder aus ihrem Körper hinauslaufe. Bei den Affenweibchen passiere dies nicht, da sie auf allen Vieren gingen und der Vaginaltrakt nach unten führe, bei der Frau hingegen laufe durch das Gehen auf zwei Beinen das Sperma unter dem Einfluss der Schwerkraft nach unten (Morris, 1968, S. 60–72).

Nach der von John Alcock entwickelten *Partnerwahl-Theorie* hat der weibliche Orgasmus die Funktion, den für die Frau geeigneten Partner zu finden. Wenn jede Frau leicht zum Orgasmus kommen würde, könnte der weibliche Orgasmus nicht als Partnerqualitätsdetektor dienen. Ein Mann, der einfühlsam und ausdauernd genug sei, um die Frau zum Orgasmus zu bringen, sei auch als Partner und Vater geeignet (Degen, 2004, S. 154/155).

Die *Upsuck- oder Aufsaug-Theorie* behauptet, dass der weibliche Orgasmus die Funktion habe, Spermien aufzusaugen. Ein Mann, der die Frau zum Orgasmus bringe, habe eine größere Chance auf eine Befruchtung. Die Frau könne mit dem Orgasmus aktiv Einfluss darauf nehmen, von wem sie befruchtet werden wolle (Baker & Bellis, 1993). Dies seien bevorzugt Männer mit symmetrischen Gesichtszügen und symmetrischem Körperbau (Thornhill et al., 1995) oder generell physisch attraktive Männer (Shackelford et al., 2000).

Die *Jackpottheorie* beruht auf der Theorie des operanten Konditionierens und wurde von Glenn Wilson (1987) so benannt. Sie vertritt die Auffassung, dass es evolutionär ungünstig wäre, wenn der weibliche Orgasmus ähnlich zuverlässig wäre wie der männliche, da dies bedeuten würde, dass die Frau in 50 % der Fälle ihren Orgasmus vor dem Mann erleben und dann möglicherweise den Koitus vor der männlichen Ejakulation beenden würde. Zudem wäre mit einer „Orgasmusgarantie“ die Lust auf Sex eingeschränkt. Dies gelte auch bei vollkommener Abwesenheit des Orgasmus beim Vaginalsex. Der weibliche Orgasmus folge einer variablen Quotenverstärkung nach Skinner. Die Hoffnung auf den möglichen Hauptgewinn (Jackpot), beispielsweise durch einen seltenen Multi- oder Superorgasmus, sei für die Aufrechterhaltung des sexuellen weiblichen Verhaltens viel effektiver als eine Immerverstärkung sexuellen Verhaltens durch den Orgasmus. Zudem sei es für die Fortpflanzung sinnvoller, wenn der weibliche Orgasmus, wenn überhaupt, schwerer, das heißt später erfolge.

Sowohl die Nebenprodukt-Theorie als auch die Überbleibsel-Theorie bestreiten eine Fortpflanzungsfunktion des weiblichen Orgasmus. Nach der *Nebenprodukt-Theorie* (Lloyd, 2001, 2005; Symons, 1979) ist der weibliche Orgasmus ein in der Evolution nicht beabsichtigtes Ergebnis der gemeinsamen embryonalen Entwicklung von Männern und Frauen (siehe Kap. 6) und insofern vergleichbar mit den männlichen Brustwarzen. Die Stimulation der weiblichen Brustwarzen führe zu sexueller Lust, wodurch Frauen evolutionär für das Stillen belohnt worden seien. Die männlichen Brustwarzen seien ein unbeabsichtigtes Nebenprodukt der gemeinsamen embryonalen Entwicklung und hätten keine Funktion, könnten aber durchaus zur sexuellen Stimulation genutzt werden. Die Ähnlichkeit von weiblichem und männlichem Orgasmus (z.B. Kontraktionen im Abstand von 0.8 Sekunden) habe damit zu tun, dass Klitoris und Penis denselben embryologischen Ursprung haben und deshalb homologe Organe seien. Ähnlich wie bei den männlichen Brustwarzen sei bei der Klitoris keine evolutionäre Funktion angelegt. Die Klitoris könne aber zur Orgasmusauslösung genutzt werden, wobei dies jedoch nur als ein mögliches Potenzial betrachtet werden sollte. Es gebe keinen Beweis dafür, dass die Selektion die Genitalien irgendeines weiblichen Säugetieres in die Richtung eines weiblichen Orgasmus entwickelt habe (Symons, 1979, S. 89).

Nach der *Überbleibsel-Theorie* von Pavličev und Wagner (2016) ist der weibliche Orgasmus ein evolutionäres Überbleibsel des bei Hasen, Kaninchen, Katzen, Frettchen, Waschbär, Kamel, Lamas, Koalas etc. durch Koitus ausgelösten Eisprungs (induzierte Ovulation). Die induzierte Ovulation ist in der Evolution älter als die vom Koitus unabhängige zyklische Ovulation (es gibt Hinweise, dass die koitus-induzierte Ovulation auch beim Menschen gelegentlich vorkommt; siehe Heldmaier & Neuweiler, 2004, S. 441). Die Prozesse, durch die im Gehirn die Ovulation in Gang gesetzt wird, sollen vergleichbar mit dem weiblichen Orgasmus beim Menschen sein. Die Klitoris liege bei Tieren mit induzierter Ovulation in der Vagina, was evolutionär sinnvoll sei, da bei ihnen die Fortpflanzung ohne induzierte Ovulation unmöglich sei. Bei Tieren ohne induzierte Ovulation liege die Klitoris weiter außen, weil der „Orgasmus" zur Fortpflanzung bei diesen Tieren nicht mehr notwendig sei, da die Ovulation nach einem festen Ablauf zyklisch erfolge.

Zu allen hier genannten Theorien gibt es gewichtige Einwände. Gegen die *Repressionstheorie* kann man anführen, dass auch bei Naturvölkern der weibliche Orgasmus unzuverlässig ist (Wilson, 1987) und dass empirische Studien keinen Zusammenhang zwischen der weiblichen Orgasmuszuverlässigkeit und Religiosität aufzeigten (Fisher, 1973; Kinsey et al., 1954; Michael et al., 1994), obwohl die christliche Religion ausgesprochen sexualrepressiv ist. Gegen die *Paarbindungs-Theorie* spricht, dass es viele Tierarten gibt, die monogame Partnerschaften pflegen, obwohl Sex in diesen Partnerschaften selten ist, also nicht zur Partnerbindung eingesetzt wird (Sommer, 1989). Gegen die Paarbindungs-

Theorie spricht zudem der sowohl bei Ratten als auch beim Menschen gut belegte Coolidge-Effekt (siehe Kap. 3.9), wonach bei beiden Geschlechtern das sexuelle Interesse nach vielen Verpaarungen mit demselben Partner stark absinkt und beim Auftauchen eines neuen Partners stark ansteigt, was gegen eine Bindungsfunktion von Sex spricht. Gegen die *Partnerwahl-Theorie* spricht die Tatsache, dass es einerseits Frauen gibt, die beim Vaginalverkehr immer zum Orgasmus kommen, und andererseits Frauen gibt, die dabei nie zum Orgasmus kommen (Kinsey et al., 1954; Zietsch et al., 2011). Diese Frauen können dann ihre Orgasmusfähigkeit nicht als Messgerät für die Partnerqualitäten einsetzen. Gegen die Partnerwahl-Theorie spricht zudem, dass es keine nachgewiesene Korrelation zwischen Partner- und Vaterqualitäten einerseits und „Bettqualitäten" andererseits gibt. Zudem wäre es ineffektiv, Männer auf diese Weise „untersuchen" zu müssen, da auch ein als „ungeeignet" bewerteter Mann beim Ausprobieren eine Schwangerschaft verursachen könnte. Gegen die *Upsuck- oder Aufsaug-Theorie* sprechen sowohl physiologische Messungen als auch die Logik der Evolutionstheorie. Eine spermienaufsaugende Funktion des weiblichen Orgasmus konnte genauso wenig belegt werden wie eine Erleichterung der Empfängnis (Lloyd, 2005; Zietsch & Santtila, 2013). Gegen die Upsuck-Theorie spricht auch die Evolutiontheorie: Wenn der weibliche Orgasmus die Empfängnis erleichtern würde, hätten sich „hochorgasmische" Frauen in der Evolution längst durchgesetzt, da sie stets mehr Nachwuchs gehabt hätten als die anderen Frauen und da die Orgasmusfähigkeit eine erbliche Komponente hat (siehe Kap. 4.2.4). Die *Jackpottheorie* ist faszinierend und durch die Lerntheorie Skinners gut begründet, sie stimmt aber nicht mit den empirischen Daten überein. Erstens kommt es nahezu nie vor, dass Frauen nach ihrem Orgasmus den Partnersex abbrechen und zweitens müsste die Orgasmuszuverlässigkeit bei Frauen vor dem Hintergrund der Jackpottheorie der Gaußschen Normalverteilung entsprechen. Dies ist aber nicht so, da es einerseits viele Frauen gibt, die beim Vaginalsex nie oder fast nie einen Orgasmus erleben, und es andererseits viele Frauen gibt, die beim Vaginalsex immer oder fast immer einen Orgasmus erleben (Kinsey et al., 1954; Zietsch et al., 2011). Nach der Jackpottheorie dürfte es diese Frauen nicht geben, da sie seltener Lust auf Vaginalsex hätten und sich somit weniger fortpflanzen würden. Sowohl für die Nebenprodukt- als auch für die Überbleibsel-Theorie spricht, dass beide Theorien eine evolutionäre Funktion des weiblichen Orgasmus verneinen, was mit der Tatsache übereinstimmt, dass der weibliche Orgasmus die Empfängnis weder erleichtert noch erschwert. Gegen die *Nebenprodukt-Theorie* spricht, dass die Klitoris stärker mit Nervenenden und -zellen (8 000 Nervenfasern) ausgestattet ist als der Penis, was der Theorie widerspricht, dass sie wie die männliche Brustwarze nur eine Art „Rest-Penis" ist. Im Unterschied zum Penis hat die Klitoris ausschließlich eine sexuelle Funktion (Morris, 2005, S. 212). Die *Überbleibsel-Theorie* ist neu und faszinierend, bislang aber noch wenig belegt.

Insgesamt ist festzuhalten, dass der weibliche Orgasmus nicht die Empfängnis erhöht, also keine Fortpflanzungsfunktion hat. Dies gilt aber auch für einige Orgasmen des Mannes, wie etwa der präpubertäre Orgasmus oder der durch die Prostata ausgelöste Orgasmus ohne Erektion des Penis und ohne Ejakulation. Es ist anzunehmen, dass in der zukünftigen Forschung weitere Theorien zur Erklärung der Funktion des weiblichen Orgasmus entwickelt werden. Am ehesten überzeugen die Theorien, die eine evolutionäre Funktion des weiblichen Orgasmus verneinen, nämlich die Nebenprodukt- und die Überbleibsel-Theorie. Beide Theorien sind geeignet, den sozialen Leistungsdruck hinsichtlich der weiblichen Orgasmusfähigkeit abzubauen.

Zusammenfassung

Aus feministischer Sicht und aus Sicht der Gendertheorie gibt es zwischen Frauen und Männern abgesehen von den Geschlechtsorganen keinen Unterschied. Dabei zeigt bereits ein Blick auf die Biologie, dass der Sexualdimorphismus beim Menschen deutlich ausgeprägt ist und dass es neben den Geschlechtsorganen erhebliche körperliche Unterschiede zwischen Männern und Frauen gibt. Im Bereich der Sexualität fällt beim Vaginalsex eine große Orgasmuszuverlässigkeit bei den Männern und eine geringe Orgasmuszuverlässigkeit bei den Frauen auf. Beim männlichen Sexualverhalten fällt eine größere Betonung von Leistung, Ausdauer und Potenz auf. Ein besonderes Problem der männlichen Sexualität ist der „Peniskomplex", das heißt der Glaube der Männer, einen zu kleinen Penis zu besitzen. Es gibt vielfältige Faktoren, die zu einer Penis-Selbstbild-Störung beitragen, unter anderem falsche Erwartungen von Männern und Frauen. Orgasmus und Ejakulation sind beim Mann zumeist verbunden, es gibt aber auch Ejakulationen ohne Orgasmus sowie Orgasmen ohne Ejakulation. Die Sexualforscher Hartman und Fithian entwickelten für Männer ein geeignetes Trainingsprogramm zum Erlernen von multiplen Orgasmen. Es fehlen Studien zur Frage, ob multiple Orgasmen wünschenswerter sind als ein einzelner Orgasmus.

Dem Peniskomplex der Männer entspricht der Brustkomplex der Frauen. Sowohl bei Männern als auch bei Frauen gibt es unterschiedliche Orgasmusauslöser. Die verschieden ausgelösten Orgasmen werden unterschiedlich erlebt. Es gibt zum Orgasmus keinen richtigen oder falschen Weg, allerdings verbieten sich manche Wege aus ethischen, gesundheitlichen oder gesetzlichen Gründen.

Die Klitoris ist sehr viel größer und komplexer als die von außen sichtbare Spitze der Klitoris. Den G-Punkt gibt es vermutlich nicht und die Existenz anderer erogener Punkte in der Vagina wurde bislang nicht bewiesen. Für die weibliche Ejakulation gibt es eher Belege, wobei jedoch nach empirischen Studien der größte Teil des behaupteten Ejakulats aus Urin besteht. Die weibliche Orgasmuszuverlässigkeit hat nichts mit Persönlichkeitseigenschaften zu tun, sie wird vielmehr zu einem recht großen Teil durch Gene beeinflusst. Einen positiven Effekt auf die Orgasmuszuverlässigkeit hat das Äußern-Können der sexuellen Wünsche.

Verschiedene Theorien haben versucht, die Funktion des weiblichen Orgasmus aufzudecken. Dabei überzeugen eher die Theorien, die keine evolutionäre Funktion des weiblichen Orgasmus behaupten. Gut belegt ist, dass der weibliche Orgasmus nicht die Empfängnis erleichtert. Der weibliche Orgasmus sollte als ein mögliches Potenzial angesehen werden, nicht hingegen als etwas standardmäßig zu Erwartendes.

Überprüfungsfragen

a) Zum Penis passen nach Auffassung des Kultursoziologen Nicolaus Sombart (1995) „die Kategorien des L............... und E.................."
b) Womit korreliert die Penislänge nicht, womit leicht? Ordnen Sie die folgenden Variablen zu: Körpergröße, Nasenlänge, Schuhgröße, Handgröße, Hodengröße, Verhältnis von Zeigefinger- zur Ringfingerlänge.
c) Die Penislänge liegt im weltweiten Durchschnitt nach der Metaanalyse von Veale, Miles, Bramley et al. (2015) im schlaffen Zustand bei 9.16 cm/10.16 cm/11.16 cm/12.16 cm/13.16 cm und im erigierten Zustand bei 13.12 cm/14.12 cm/15.12 cm/16.12 cm/17.12 cm.
d) Durch die Sektion von Leichen und durch Magnet-Resonanz-Spektrometer-Aufnahmen wurde entdeckt, dass die Klitoris größer und komplexer ist als bis dahin angenommen. Benennen Sie die einzelnen Teile der Klitoris!
e) Wie lang ist das Klitorisgewebe? 2–3 cm, 3–4 cm, 4–5 cm, 5–6 cm, 6–7 cm, 7–8 cm.
f) „Der weibliche Orgasmus hat die Funktion, die Monogamie zu fördern". Wie heißt diese Theorie und wie heißt ihr Autor?
g) Der weibliche Orgasmus folgt nach dieser Theorie einer variablen Quotenverstärkung nach Skinner: ....- Theorie

Fragen zum Nachdenken/Übungsanregungen

a) Stellen Sie sich vor, mit Zauberkraft könnten Sie Ihr Geschlecht wechseln. Was wären für Sie dann beim Sex die Vorteile, was wären die Nachteile?
b) Paul ist überzeugt davon, ein schlechter Liebhaber zu sein, weil er häufig beim Sex seine Erektion verliert oder zu früh ejakuliert. Er vermeidet deshalb sexuelle Situationen. Seine Partnerin schätzte bisher an Paul, dass er sich beim Sex viel Zeit nahm, um sie zu streicheln und zu erregen. Auch frühere Partnerinnen signalisierten Paul, dass der Sex mit ihm sehr gut war.
Welche Selbstverbalisationen (innerer Monolog) wären hilfreich, damit Paul gelassener wird, sich auf die lustvolle Seite der Sexualität konzentriert

und Sexualität nicht vermeidet? Was könnte seine Partnerin tun, um die Situation zu verbessern (Übung modifiziert aus Fliegel & Veith, 2010)?

c) Wenn es ein nebenwirkungsfreies Medikament zur sicheren Orgasmuserreichung beim Vaginalverkehr geben würde, würde Sie dieses Medikament nehmen? Wenn nein, warum nicht?
d) Falls Sie schon einmal einen Orgasmus vorgetäuscht haben, warum haben Sie dies getan? Was wäre die Alternative gewesen?
e) Der Orgasmus der Frau ist für Männer beim Sex wie ein erzieltes Tor beim Fußball: Ist dies Ihrer Erfahrung nach wahr oder falsch?
f) Es gibt Frauen, die noch nie in ihrem Leben onaniert haben. Was denken Sie, warum das so ist?
g) Ist Ihrer Meinung nach ein einziger Orgasmus völlig ausreichend oder finden Sie multiple Orgasmen besser?
h) Schreiben Sie für eine 9. Klasse einen kurzen Text um zu erklären, was ein Orgasmus ist!

5. Sexuelle Orientierung

Wahrheit oder Fiktion?	wahr	falsch
Analverkehr zwischen dem männlichen Liebhaber (Erastes) und einem 12- bis 18-jährigen Jüngling (Eromenos) war in der griechischen Antike normal.	❐	❐
Heterosexuelle Männer zeigen selten eine genitale Reaktion auf die Präsentation von Schwulenpornos.	❐	❐
Homosexuelles Verhalten als Übergangsphänomen im Jugendalter ist bei männlichen Jugendlichen nahezu ganz verschwunden.	❐	❐
Kinder, die geschlechtsuntypisch spielen, werden später häufiger homosexuell.	❐	❐
Es gibt ein Homosexualitäts-Gen.	❐	❐
Je mehr ältere Brüder ein Mann hat, desto eher ist er schwul.	❐	❐
Homosexuelle nehmen im statistischen Durchschnitt hinsichtlich ihrer Persönlichkeitseigenschaften, Fähigkeiten sowie ihrer Physiologie eine Zwischenposition zwischen heterosexuellen Männern und Frauen ein.	❐	❐
Homosexuelle Männer haben im Vergleich zu heterosexuellen Männern ein fünf- bis sechsfach erhöhtes Risiko für einen Suizidversuch.	❐	❐

Bei der „sexuellen Orientierung" geht es darum, ob man sich von Personen des eigenen Geschlechts sexuell angezogen fühlt, von Personen des anderen Geschlechts oder von beiden Geschlechtern. Es geht dabei um das sexuelle Empfinden und nicht um das Verhalten, da das Verhalten durch Aspekte wie Verfügbarkeit (monoedukative Schulen, Justizvollzugsanstalten), finanzielle Interessen (Prostitution) oder Moralvorstellungen beeinflusst sein kann. Es geht auch nicht um eine romantische Anziehung, sondern explizit um das sexuelle Angezogensein. Das Alter des Sexualobjekts spielt keine Rolle, weshalb Pädophilie und Gerontophilie nicht zur sexuellen Orientierung gezählt werden, wobei es aber durchaus Vorschläge gibt, die Alterspräferenz auch als Dimension der sexuellen Orientierung zu sehen (Seto, 2012). Die sexuelle Orientierung wird in der Regel durch Selbstaussagen gemessen. Eher selten wird die sexuelle Orientierung durch das Messen der genitalen Erregung erhoben. Der Begriff „Sexuelle Orientierung" ersetzt in der wissenschaftlichen Literatur zunehmend den Begriff „Homosexualität". Trotzdem geht es in der Forschung vor allem um

Homosexualität und nicht um Heterosexualität und eher selten um Bisexualität (Ashley, 2013; Rosario & Schrimshaw, 2014).

Im Mittelalter und in der frühen Neuzeit gab es keinen gesonderten Begriff für Homosexualität. Der Begriff *Sodomie* (nach Sodom und Gomorrha) wurde als Sammelbegriff für alle sexuelle Varianten verwendet, die nicht der Fortpflanzung dienen. Im heutigen englischen und französischen Sprachgebrauch wird das Wort Sodomie für Analverkehr gebraucht, im Deutschen hingegen für Geschlechtsverkehr mit Tieren (dafür wurde früher das Wort Bestialität verwendet; das Wort Sodomie wurde bis zum 19. Jahrhundert für Homosexualität verwendet). Vom „Urvater" der Homosexuellenbewegung, dem Juristen Karl Heinrich Ulrichs, stammt der Begriff *Uranismus* und die Bezeichnung Urninge für männliche Homosexuelle und Urninden für weibliche Homosexuelle. Mit dieser Begriffsbildung war die Auffassung verbunden, dass es drei Geschlechter gebe und dass Urninge das *dritte Geschlecht* seien (Hegener, 2005). Die frühen Sexualforscher Krafft-Ebing und Moll verwendeten den Begriff *„conträre Sexualempfindung"* als Bezeichnung für Homosexualität. Ein weiterer Begriff für Homosexualität war *„Inversion"* sowie die Benennung der Homosexuellen als „Invertierte" (z.B. bei Freud). Der heute vorherrschende Begriff „Homosexualität" (ὁμός = derselbe, gleich) wurde vom Schriftsteller *Kertbeny* erfunden und war zunächst nur als Fachbegriff im medizinischen Kontext üblich. Der Begriff Homosexualität wird von Laien oft falsch interpretiert (im Sinne von lateinisch homo = Mensch), setzte sich aber schließlich auch international durch.

Seit den 1990er Jahren ist die Rede von LGBT-Menschen (lesbian, gay, bisexual, transsexuell/-gender) oder inzwischen auch von LGBTQIA+-Menschen (… queer, intersex, asexual und sonstige Geschlechtsidentitäten). Diese Zusammenstellung ist politisch motiviert, denn Asexuelle und Transsexuelle haben wenig mit der sexuellen Orientierung zu tun, während Pädophile, die besser zum Begriff „Sexuelle Orientierung" passen würden (Seto, 2012), inzwischen von Homosexuellenverbänden als unerwünschte Bündnispartner angesehen werden. „Transsexualität" meint den Übergang zum anderen körperlichen Geschlecht, „Transgender" den Übergang zum anderen sozialen Geschlecht und „Transidentität" den Übergang zu einer anderen geschlechtlichen Identität. „Queer" meint alle Sexualitätsformen, die von der Norm abweichen, wobei allerdings Pädophilie dabei explizit nicht dazugehören soll. Nachdem die als Schimpfwörter verwendeten Begriffe „schwul" und „lesbisch" von der Schwulen- und Lesbenbewegung als Selbstbezeichnung verwendet wurden, gingen sie im angloamerikanischen Sprachraum als normal übliche Begriffe in die Fachliteratur ein, weshalb sie in diesem Buch auch verwendet werden.

Homosexualität wurde oft als Psychopathologie betrachtet und nicht als normale Variation des sexuellen Empfindens. Die American Psychiatric Association (APA) nahm Homosexualität 1952 als behandlungsbedürftige Störung in das Diagnostische und Statistische Manual mentaler Störungen (DSM) auf, entfernte sie aber 1973 wieder aus dieser Liste. In der 9. Auflage der Internationalen Klassifikation von Krankheiten (ICD) der Weltgesundheitsorganisation WHO hingegen wurde noch 1977 Homosexualität als mentale Krankheit aufgeführt, was erst mit der 10. Auflage im Jahre 1990 revidiert wurde. In den psychoanalytischen Fachgesellschaften galt Homosexualität als Symptom einer pathologischen Entwicklung, sodass Homosexuelle keine Ausbildung zum Psychoanalytiker machen konnten. Erst im Jahre 2002 beschloss die Internationale Psychoanalytische Vereinigung, dass homosexuelle Ausbildungskandidaten nur wegen ihrer sexuellen Orientierung nicht abgelehnt werden dürfen.

5.1 Geschichte des Umgangs mit Homosexualität

Die griechische als auch die römische Antike war gegenüber vielen Formen der Sexualität offen, so auch gegenüber der Homosexualität. Als Liebesideal galt in der griechischen Antike die päderastische Liebe eines erwachsenen Mannes (Erastes) zu einem 12- bis 18-jährigen Jüngling (Eromenos). Dieses Liebesideal ist vor dem Hintergrund der damaligen Abwertung von zumeist unausgebildeten und in der Öffentlichkeit nicht vorkommenden Frauen nicht verwunderlich. Nach damaliger Auffassung liebt man mit der Liebe zum Jüngling etwas menschlich Wertvolles, mit der Liebe zu einer Frau hingen etwas Unvollkommenes.

Beim Sex mit dem Jüngling war in der Antike der Analverkehr verboten, erlaubt war nur der Schenkelverkehr.

Höher bewertet wurde die rein geistige Liebe. Passive Sexualpartner beim Analverkehr wurden als „weibisch“ abgewertet. Die Bewertung des passiven Analverkehrs wird auch dadurch deutlich, dass es in Athen die Rettichstrafe für Ehebrecher gab: Dem Verurteilten wurde ein Rettich in den Anus eingeführt, wobei die Strafe vor Zuschauern durchgeführt wurde, was den Bestraften besonders demütigen sollte. Wenn in einer päderastischen Beziehung Analverkehr vorkam, wurde er als Vergewaltigung bewertet. Analverkehr in aktiver Form mit Sklaven und Frauen wurde hingegen positiv angesehen und galt bei Männern als Ausdruck ihrer Macht, während Frauen ihn eher als Verhütungsmethode ansahen (Dover, 1983; Rathus et al., 2011, S. 287). Die homosexuelle Beziehung hatte in der griechischen Antike auch eine militärische Bedeutung, da man davon überzeugt war, dass ein männliches Liebespaar in der Schlacht füreinander stärker einsteht als Kämpfer, die nicht miteinander verbunden sind. Als Musterbeispiel hierfür galt das mythologische Kämpferpaar Achill und Patroklos. In Rom wurde die Päderastie eher als fremd und unmännlich empfunden. Geschlechtsbeziehungen mit jungen männlichen Sklaven waren erlaubt, wobei noch stärker als in der griechischen Antike der passive Analverkehr bei römischen Bürgern verpönt war. Wenn sich ein freier Mann in die Rolle der Frau begab, verfiel er als „effeminatus" der Verachtung (Theißen, 1997, S. 12).

In den abrahamitischen Religionen Judentum, Christentum und Islam galt männliche Homosexualität als abscheuliche Sünde. Die Todesstrafe für Analverkehr zwischen Männern war bereits in der jüdischen Tora vorgesehen (Leviticus/3. Buch Moses, 20,13: „*Wenn jemand bei einem Manne liegt wie bei einer Frau, so haben sie getan, was ein Greuel ist, und sollen beide des Todes sterben*"). Mit der Christianisierung endete im Römischen Reich allmählich die Toleranz gegenüber der Homosexualität. *Im Jahre 390 n. Chr. wurde ein Gesetz erlassen, dass die Todesstrafe für die männliche Homosexualität vorsah.* Dieses Gesetz diente aber zunächst nur der Verfolgung innenpolitischer Gegner, da mit falschen Zeugenaussagen leicht gegen jeden der Homosexualitätsvorwurf erhoben werden konnte. In der Spätantike und im frühen Mittelalter wurde Homosexualität selten verfolgt; sie galt als Sünde, aber nicht als Straftat. Vereinzelt gab es Kampagnen gegen Homosexuelle, zum Beispiel, wenn man nach Ursachen für Naturkatastrophen, Pestepidemien oder Schiffsuntergängen suchte. Der Vorwurf der Sodomie (Analverkehr) wurde gegen den Templerorden erhoben, wobei auch hier dieser Vorwurf aus politischen Gründen erfolgte. Erste Hinrichtungen ausschließlich wegen Homosexualität erfolgten Ende des 13. Jahrhunderts. Homosexualität wurde als „willentlicher Abfall von Gottes Geboten interpretiert und so in enge Verbindung mit Ketzerei, später auch mit Hexerei (Teufelsbuhlschaft) gebracht" (Michelsen, 2016, S. 219). *In den meisten Regionen Europas, insbesondere in Spanien, Frankreich und vielen Städten Italiens, war die Todesstrafe auf dem Scheiterhaufen nach vorhergehender Folter und/oder Kastration die übliche Strafe für Homosexualität.* Im Spätmittelalter und in der frühen Neuzeit wurden sowohl der Analverkehr zwischen Männern als auch der Geschlechtsverkehr mit Tieren relativ häufig mit dem Tode bestraft, da man beides als Gotteslästerung ansah (Hergemöller, 2000; Wettstein, 1958). Bis „in die 1830er Jahre fanden in England regelmäßig Hinrichtungen wegen homosexuellen Geschlechtsverkehrs statt" (Dabhoiwala, 2014, S. 153), wobei in Österreich bereits 1787 und in Preußen 1794 die Todesstrafe wegen Homosexualität abgeschafft und durch eine Gefängnisstrafe ersetzt worden war.

Mit den Ideen der französischen Revolution wandelten sich in vielen Ländern Europas die Anti-Homosexuellen-Gesetze.

Unter dem Einfluss der Medizin wurde Homosexualität nicht mehr als religiöses Verbrechen angesehen, sondern als Krankheit.

Im Jahre 1869 publizierte der Psychiater Carl Westphal den Aufsatz „Die conträre Sexualempfindung, Symptom eines neuropathischen (psychopathischen) Zustandes“. Homosexualität ist nun keine Sünde mehr, sondern „eine angeborene Krankheit, für die Mediziner allein zuständig“ sind (Fiedler, 2010, S. 47). Krafft-Ebing (1886) sieht in seiner „Psychopathia sexualis“ Homosexualität als eine Folge der erblichen Degeneration an und spricht sich gegen jede Bestrafung von Homosexuellen aus (siehe Kap. 2.5.1). Der Homosexuelle sei „kein Verbrecher, sondern ein unzurechnungsfähiger Geisteskranker“ (Krafft-Ebing, 1886/1997, S. 429). Dass der Homosexuelle „pervers fühlt“, sei „nicht seine Schuld, sondern die einer abnormen Naturanlage“ (Krafft-Ebing, 1886/1997, S. 429). Diese Sichtweise kritisierte Ulrichs 1894 als „Psychiatrisierung“ der Homosexualität (Sigusch, 2008). In ähnlicher Weise hat sehr viel später Foucault (1983) die „Erfindung des Homosexuellen“ kritisiert, wobei er monierte, dass die gesamte Lebensweise, Persönlichkeit und Physiologie des „Homosexuellen“ unter dem Primat der sexuellen Orientierung konstituiert werde. Gegen Ulrichs und gegen Foucault ist anzuführen, dass die Pathologisierung der Homosexualität fast immer humanere Konsequenzen hatte als die religiöse Auffassung der Homosexualität als Todsünde und Blasphemie. Aktuell werden in mehreren islamischen Ländern oder in Teilregionen dieser Länder homosexuelle Handlungen zwischen Männern immer noch mit dem Tode bestraft: Iran, Jemen, Sudan, Saudi-Arabien, Nigeria, die Vereinigten Arabischen Emirate, Mauretanien, Irak, Katar, Somalia, Afghanistan, Tschetschenien. In all diesen Ländern wird Homosexualität nicht als Pathologie betrachtet, sondern als religiöses Verbrechen.

Im Deutschen Reich galt ab 1872 der § 175, durch den homosexuelle Handlungen bei Männern mit Gefängnis bedroht wurden. Dieser Paragraf wurde 1935 im Nationalsozialismus verschärft. Zwischen 1933 und 1945 wurden 50 000 Männer wegen Homosexualität verurteilt (Fiedler, 2010) und etwa 10 000 bis 15 000 Männer kamen in Konzentrationslager. Dort wurden sie als Homosexuelle gekennzeichnet („Rosa Winkel“) und sollten umerzogen oder durch Arbeit vernichtet werden. Zudem wurden Zwangskastrationen und zahlreiche medizinische Experimente durchgeführt, die teilweise virologischen Zwecken dienten (Fleckfieberexperimente), teilweise aber auch das Ziel hatten, die sexuelle Orientierung zu verändern, beispielsweise durch die Implantation von künstlichen Drüsen mit Testosteronabgabe. Die meisten Inhaftierten überlebten die Lagerzeit nicht (Lautmann, 1977). In der Bundesrepublik Deutschland galt der § 175 weiter, was zwischen 1953 und 1965 zu 100 000 Anklagen und etwa 50 000 Verurteilungen führte (Fiedler, 2010; Steinke, 2005). Ab 1969 waren homosexuelle Beziehungen zwischen Männern nur noch unter 21 Jahren verboten, ab 1972 nur noch, wenn ein Beteiligter unter 18 Jahre alt war; im Jahre 1994 wurde der § 175 abgeschafft.

Insgesamt ist festzuhalten, dass unter dem Einfluss des Christentums, Judentums und des Islam Homosexualität als schlimme Gotteslästerung verdammt wurde und dass diese Sichtweise viele Jahrhunderte die Einstellung zur Homosexualität prägte. In anderen Kulturen gab es liberale Haltungen gegenüber der Homosexualität, nämlich in der altgriechischen und altrömischen, in der ozeanischen und wohl auch in der präkolumbianischen Kultur (zumindest legen dies Abbildungen nahe; Brignoli & Saller, 2007).

5.2 Epidemiologie

5.2.1 Stabilität der sexuellen Orientierung

Es gibt nur wenige Längsschnittuntersuchungen zur Stabilität der sexuellen Orientierung. Eine Studie über einen Zeitraum von 10 Jahren zeigt für das Erwachsenenalter eine recht hohe Stabilität der sexuellen Orientierung bei homo- und heterosexuellen Männern sowie bei heterosexuellen Frauen. Als fließender erwies sich die sexuelle Orientierung homo- und bisexueller Frauen sowie der bisexuellen Männer (Mock & Eibach, 2012).

5.2.2 Epidemiologie bei Erwachsenen

Bei Studien zur Häufigkeit einer homo- oder bisexuellen Orientierung stellt sich das Problem, dass Homosexualität oft ungern zugegeben wird. Andererseits nehmen Personen mit homo- oder bisexueller Orientierung häufiger an wissenschaftlichen Studien zur Sexualität teil, da sie dies wichtig finden und sie gesellschaftliche Änderungen wünschen. Auch dies verfälscht die Ergebnisse („volunteer bias"). Eine der besten Studien zum Sexualverhalten ist die NHSLS-Studie (National Health and Social Life Survey) aus den 1990er Jahren, die Erwachsene im Alter von 18 bis 59 Jahren befragte (siehe Kap. 2.6.3). *In der Selbstdefinition bezeichneten sich in dieser Studie „1.4 Prozent der Frauen und 2.8% der Männer [...] als homosexuell oder bisexuell"* (Michael et al., 1994, S. 227). Deutlich höher lagen die Selbstangaben für eine homo- oder bisexuelle Orientierung in einer deutschen Wiederholungsstudie zur studentischen Sexualität in den Jahren 1981, 1996 und 2012. Bei den Männern bezeichneten sich zwei bis vier Prozent der Probanden als homosexuell und bei den Frauen ein bis zwei Prozent. Als bisexuell bezeichneten sich ein bis zwei Prozent der Männer und ein bis drei Prozent der Frauen. Die Rücksendequote lag in dieser Studie zuletzt jedoch nur noch bei 28% (Dekker & Matthiesen, 2015).

Während Männer sich eher strikt als hetero- oder homosexuell einordnen, sind Frauen hinsichtlich ihres sexuellen Verhaltens offener für homosexuelle

Episoden. So gaben in verschiedenen Studien deutlich mehr Frauen als Männer an, dass sie einmal Sex mit einem gleichgeschlechtlichen Partner hatten, definierten sich selbst aber seltener als homosexuell als die Männer. Im Gefängnis zeigen Frauen häufiger homosexuelles Verhalten als Männer. Frauen zeigen generell hinsichtlich des Geschlechts des Sexualobjekts eine größere Flexibilität, während Männer stärker festgelegt sind. Frauen haben, vermutlich aufgrund ihrer größeren Flexibilität, auch seltener homophobe oder biphobe Einstellungen (Lehmiller, 2014; Rathus et al., 2011).

Genitale Messungen und Gehirnmessungen (MRT-Scans) belegen, dass heterosexuelle Frauen sowohl durch lesbische, schwule und heterosexuelle Pornos erregt werden, während heterosexuelle Männer selten eine genitale Reaktion auf Schwulenpornos zeigen.

Bei der Präsentation von Schwulenpornos zeigt sich bei heterosexuellen Männern auch keine Aktivierung von Gehirnregionen, die auf Gehemmtheit schließen lassen, sodass heterosexuelle Männer nicht einfach nur ihre homosexuelle Neigung unterdrücken. Möglicherweise ist die sexuelle Orientierung bei Männern stärker biologisch festgelegt als bei Frauen (Lehmiller, 2014; Ryan & Jethá, 2016). Die derzeit beste evolutionäre Erklärung für eine gewisse Offenheit der sexuellen Orientierung bei Frauen ist die *„Alloparenting Hypothese"*. Nach dieser Hypothese hatte es für Frauen einen evolutionären Vorteil, von der Heterosexualität zur Homosexualität wechseln zu können. Eine alleinerziehende Mutter (beispielsweise als Folge einer Vergewaltigung) hatte eine bessere Chance, ihr Kind großzuziehen, wenn sie sexuell flexibel dann eine Beziehung mit einer Frau einging (Kuhle & Radtke, 2012).

Hinsichtlich der regionalen Verbreitung von sexuellen Orientierungen fällt auf, dass in den großen Städten deutlich mehr Homosexuelle als auf dem Land leben. Eine größere Stadt ermöglicht erstens mehr Anonymität und Privatheit, bietet zweitens ein toleranteres Umfeld und drittens mehr Möglichkeiten, einen homosexuellen Partner kennenzulernen.

5.2.3 Homosexuelles Verhalten als Übergangsphänomen im Jugendalter

Die passagere homosexuelle Betätigung von männlichen Jugendlichen ist in Deutschland stark zurückgegangen, nämlich von knapp 20 % im Jahre 1970 bis auf 1 % (bei Haupt- und Realschülern) bzw. 3 % (bei den Gymnasiasten) im Jahre 1990 (Schmidt et al., 1992, 1993). Dieser Rückgang hat damit zu tun, dass erstens durch die Koedukation die Geschlechtertrennung aufgehoben, zweitens durch die sexuelle Liberalisierung das Erleben von Sexualität zwischen Mädchen und Jungen ermöglicht und drittens die Gefahr einer Teenagerschwangerschaft durch die bessere Zugänglichkeit zu Verhütungsmitteln reduziert wurde. Auch homosexuell orientierte Jugendliche und junge Erwachsene machen heute fast immer zuerst gegengeschlechtliche sexuelle Erfahrungen. Nach verschiedenen Studien hatten zwischen 52 und 72 Prozent der schwulen Männer und zwischen 57 und 90 Prozent der lesbischen Frauen heterosexuelle Erfahrungen (Fiedler, 2004). Man kann also nicht mehr von der passageren homosexuellen Betätigung, sondern kann eher von der passageren heterosexuellen Betätigung bei schwulen Männern und lesbischen Frauen reden.

5.2.4 Sexuelle Orientierung bei Tieren

Wenn man die sexuelle Orientierung als das sexuelle Angezogensein und nicht als das sexuelle Verhalten definiert, so lässt sich die sexuelle Orientierung bei Tieren nicht untersuchen, da die Befragung als Forschungsmethode entfällt. Bei vielen Tierarten gibt es homosexuelles Sexualverhalten (Vasey & Sommer, 2006). Umstritten ist, in welchem Kontext dieses homosexuelle Verhalten zu sehen ist, ob es entsteht, weil die Männchen die Weibchen nicht erkennen können, ob es im Kontext eines zahlenmäßigen Ungleichgewichts zwischen Männchen und Weibchen entsteht, ob es die Folge eines starken Triebdrucks ist, ob es dem Ausdruck von Dominanz dient oder ob es Folge einer sexuellen Orientierung ist. Bei Graugänsen und bei Möwen konnten homosexuelle Paarbildungen beobachtet werden, aber diese Paarbildungen waren immer die Folge von Ungleichgewichten zwischen den Geschlechtern. Bei einem starken Überwiegen der Männchen gibt es homosexuelle Männerpaare, bei einem Überwiegen der Weibchen homosexuelle Frauenpaare, jedoch jeweils nur als zweite Wahl, wobei durch heterosexuelle Seitensprünge auch für Nachwuchs gesorgt wird. Die homosexuelle Paarbildung hilft, nicht an den Rand der Herde gedrängt zu werden, und wird aufgegeben, sobald das Geschlechtsverhältnis gleich ist. Homosexuelles Verhalten bei freier Wahl findet man bei männlichen Hausschafen. Etwa 10 % der Schafsböcke bevorzugen Analverkehr mit anderen Schafsböcken und verweigern Vaginalverkehr mit weiblichen Schafen. Forschungen zeigen, dass ein bestimmter Teil des Hypothalamus bei den homosexuellen Schafsböcken kleiner ist als bei den heterosexuellen Schafsböcken. Ob dies auch bei wildlebenden Schafen vorkommt, ist unklar (LeVay, 2011). Sehr lange homosexuelle Paarbildungen unabhängig vom zahlenmäßigen Verhältnis zwischen Männchen und Weibchen konnte man beim Großen Tümmler, bei der Rosenseeschwalbe, beim Laysanalbatros und bei der Großen Pechlibelle beobachten (Adriaens, 2019; Bagemihl, 1999). Ähnlich wie beim Menschen scheint homosexuelles Verhalten bei Männchen häufiger zu sein als bei Weibchen (Gray & Garcia, 2013). Insgesamt ist zu konstatieren, dass der

Forschungsstand hinsichtlich der sexuellen Orientierung bei Tieren unzureichend ist.

5.3 Ätiologie

5.3.1 Sexuelle Orientierung aus Sicht der Psychoanalyse und der Lerntheorie

Als Ursachen der sexuellen Orientierung benannte Freud (1905/1972) noch nicht übersehbare „Faktoren, die teils konstitutioneller, teils aber akzidenteller Natur“ (S. 56) seien. „Der Wegfall eines starken Vaters in der Kindheit“ begünstige „nicht selten die Inversion“ (S. 57). Von psychoanalytischen Autoren wird häufig hervorgehoben, dass homosexuelle Männer eine enge Beziehung zur Mutter und eine distanzierte Beziehung zum Vater haben. Die enge Beziehung zur Mutter und die Distanz zum Vater muss aber nicht die Ursache der Homosexualität sein, sondern könnte im Gegenteil die Folge der Homosexualität sein, beispielsweise die Folge des geschlechtsuntypischen Spielverhaltens eines später dann homosexuellen Jungen. Die Mutter freut sich dann, dass ihr Sohn einfühlsam, hilfsbereit und wenig aggressiv ist, während der Vater bedauert, dass sein Sohn wenig Begeisterung für Raufereien und männliche Hobbies zeigt (LeVay, 2011). Bell et al. (1981) suchten nach Erziehungseinflüssen und anderen psychosozialen Variablen als Faktoren der sexuellen Orientierung. Ihre Stichprobe bestand aus 979 Homosexuellen verschiedener kultureller Herkunft und verschiedener Bildungsschichten, zu der sie eine hinsichtlich kultureller Herkunft, Geschlecht, Alter, Beruf und Bildungsabschluss parallelisierte Stichprobe von 477 Heterosexuellen hinzufügten. Nach der Durchführung von jeweils vierstündigen Face-to-Face-Interviews und der Berechnung von Pfadanalysen fanden sie keine Beeinflussung der sexuellen Orientierung durch Erziehungspraktiken oder andere psychosoziale Faktoren. Der bedeutsamste Faktor war das Geschlechtsrollenverhalten in der Kindheit (siehe Kap. 5.3.3).

Kritiker einer liberalen Homosexuellengesetzgebung behaupten immer wieder, dass frühe homosexuelle Erfahrungen im Sinne der Lerntheorie die spätere sexuelle Orientierung prägen könnten. Man spricht hier von der Verführungs- oder Vampirtheorie: Wer einmal homosexuell verführt wurde, wird schwul/lesbisch und steckt dann wieder andere an. Belege für die Verführungs-, Vampir- oder Lerntheorie beim Erwerb der Homosexualität gibt es nicht. Gegen die Lerntheorie spricht, dass kulturell übliche sexuelle Kontakte zwischen Jungen und erwachsenen Männern, wie es sie als Initiationsritus bei den Sambia in Neuguinea gibt (siehe Kap. 10), keinen Einfluss auf die spätere sexuelle Orientierung haben (Herdt, 1982). Heutzutage werden die meisten homo- und/oder bisexuellen Erfahrungen typischerweise erst drei Jahre nach dem inneren Coming-out gemacht (Fiedler, 2014), sodass eine Prägung durch Verführung auszuschließen ist.

5.3.2 Ist die sexuelle Orientierung eine freie Wahl?

Insbesondere von religiös motivierten Kritikern der Homosexualität wird häufig behauptet, dass Homosexualität eine gewählte sexuelle Identität sei („Free Choice“ Model of Homosexuality). Manchmal unterstellt man „unreife“ Motive, wie etwa eine Angst vor dem Fremden. Dagegen spricht, dass auch bei Homosexuellen der Partner fremd ist und dass viele Homosexuelle zunächst heterosexuelle Erfahrungen gemacht haben. Sowohl frühere als auch neuere Forschungen zeigen, dass die sexuelle Orientierung nahezu immer keine freie Wahl oder gar ein gewählter „Lifestyle“ ist (Lehmiller, 2014, S. 149; LeVay, 2011, S. X). Gegen die Idee einer freien Wahl sprechen schon die erheblichen Nachteile, die mit einer homosexuellen Orientierung verbunden sind. Bei heterosexuellen Lesern hilft möglicherweise ein Gedankenexperiment: Man möge sich vorstellen, die Fortpflanzung des Menschen erfolge zukünftig im Labor und in einem Überwachungs- und Polizeistaat werde für alle Menschen verpflichtend vorgeschrieben, dass sie eine homosexuelle Beziehung führen müssen, selbstverständlich mit regelmäßiger sexueller Betätigung und nach Möglichkeit mit romantischen Gefühlen. Argumente gegen diese Vorschrift würden nicht akzeptiert, da die sexuelle Orientierung eine freie Wahl sei. Vermutlich löst diese Vorstellung bei vielen heterosexuellen Menschen ein ähnliches Unbehagen aus wie bei homosexuellen Menschen eine Verpflichtung zur Heterosexualität.

5.3.3 Sexuelle Orientierung und Kindheit

Retrospektive Studien zeigen, dass lesbische Frauen und schwule Männer eine Vorliebe für geschlechtsuntypische Spiele und Hobbies hatten. So wurde beispielsweise in der Kindheit Baseball am häufigsten von später heterosexuellen Männern gespielt, am zweithäufigsten von später lesbischen Frauen, mittelhäufig von später heterosexuellen Frauen und am seltensten von später schwulen Männern. Später lesbische Frauen fielen oft durch das Wegwerfen von Puppen sowie durch häufige Raufspiele mit den Jungen auf. Später schwule Jungen fielen dadurch auf, dass sie kein Interesse an Raufspielen hatten. Das methodische Problem dieser retrospektiven Studien ist, dass homosexuelle Erwachsene möglicherweise auf der Suche nach einer Erklärung für ihre sexuelle Orientierung die Erinnerung an ihre Kindheit verfälschen. Es wurden aber auch Videoaufnahmen aus der Kindheit ausgewertet, die ebenfalls zeigten, dass homosexuelle

Erwachsene in der Kindheit häufiger geschlechtsuntypisch spielten. In prospektiven Längsschnittuntersuchungen zeigte sich, dass Kinder, die geschlechtsuntypisches Spielverhalten zeigten, später häufiger homosexuell wurden. Die Wahrscheinlichkeit für eine homosexuelle Orientierung erhöhte sich auch, wenn man in der Kindheit mit dem eigenen Geschlecht unzufrieden war (Fiedler, 2004, S. 90; LeVay, 2011). Insgesamt stützen die empirischen Befunde die alte Theorie von Karl Heinrich Ulrichs (1825–1895), der aufgrund von retrospektiven Einzelfallstudien prähomosexuelle Jungen als sanfte und sensible Knaben mit mädchentypischen Stärken und Schwächen ansah (Schmidt, 2004a).

5.3.4 Die Bedeutung von Sexualhormonen

Der Testosteronspiegel ist bei schwulen und heterosexuellen Männern gleich. In Bezug auf lesbische Frauen gibt es Studien, die fanden, dass eher männliche lesbische Frauen (Butch) einen höheren Testosteronspiegel haben als eher weibliche lesbische Frauen (Femme) (siehe Kap. 5.4.1).

Die Bedeutung von Testosteron während der embryonalen und fetalen Phase wurde sowohl experimentell in Tierversuchen als auch nicht-experimentell (Ex-post-facto-Untersuchung) beim Menschen untersucht. Dabei zeigte sich, dass starke Testosterongaben bei weiblichen Embryos/Föten zu einer Vermännlichung führten und ein Testosteronmangel bei männlichen Embryos/Föten zu einer Verweiblichung mit Konsequenzen für die Physiologie, das Verhalten im Kindesalter, Persönlichkeitseigenschaften und die spätere sexuelle Orientierung. Beim Menschen gibt es die klarsten Befunde bei Mädchen, die am androgenitalen Syndrom leiden oder deren Mütter während der Schwangerschaft künstliche Gestagene erhielten. In beiden Fällen war die Klitoris dieser Mädchen stark vergrößert, ihr Spielverhalten eher männlich („Wildfangverhalten") und im Erwachsenenalter war ihnen die weibliche Geschlechtsrolle unangenehm und die berufliche Karriere sehr wichtig. Mädchen mit einer schweren Form des androgenitalen Syndroms tendieren im Vergleich zu einer Kontrollgruppe zu einer häufigeren homosexuellen Orientierung. Die größte Wahrscheinlichkeit, später lesbisch zu werden, zeigte sich bei den Mädchen, die zusätzlich durch geschlechtsuntypisches Spielverhalten aufgefallen waren. Der pränatale Testosteronspiegel diktiert aber nicht die sexuelle Orientierung, sondern beeinflusst sie nur, denn die meisten Mädchen mit einer schweren Form des androgenitalen Syndroms zeigen im Erwachsenenalter eine heterosexuelle Orientierung (Bischof-Köhler, 2002; Hyde & DeLamater, 2006; LeVay, 2011). Eine Studie von Ellis und Hellberg (2005) zeigt eine häufigere lesbische sexuelle Orientierung, wenn die Mütter während des ersten Trimesters der Schwangerschaft Schilddrüsenmedikamente oder amphetaminbasierte Schlankheitsmittel eingenommen hatten.

5.3.5 Genetische Befunde

Aufgrund auffälliger familiärer Häufungen wurde schon sehr früh die Frage aufgeworfen, ob die sexuelle Orientierung ererbt wird. Zu den Schwierigkeiten der durchgeführten Zwillings- und Adoptionsstudien gehört, dass die Aussagen zur sexuellen Orientierung häufig wenig reliabel sind und dass auch bei großen Zwillingsstichproben der Anteil der Menschen mit homosexueller Orientierung zu gering ist, um signifikante Berechnungen durchzuführen. *Zunächst einmal zeigen Studien zur familiären Häufung, dass sich bei gleichgeschlechtlichen Geschwistern von schwulen Männern oder lesbischen Frauen die Wahrscheinlichkeit für Homosexualität erhöht, wenn sie eineiige Zwillinge sind.* Der Anteil der Erblichkeit der Homosexualität wurde in verschiedenen Zwillingsstudien unterschiedlich angegeben und schwankt zwischen 18 und 65 % (Burri et al., 2015; LeVay, 2011, S. 164; Meyer, 2015). Es gibt Anhaltspunkte dafür, dass sich Homosexualität über die weibliche Linie vererbt, was bedeutet, dass ein homosexueller Mann über die Linie der Mutter einen homosexuellen Onkel und/oder einen homosexuellen Cousin hat. Es gab deshalb intensive Forschungen, in denen ein Homosexualitäts-Gen beim X-Chromosom gesucht wurde. Meyer (2015, S. 313) fasst die Forschungen dahingehend zusammen, *dass es ein spezifisches „Schwulen-Gen" nicht gibt, da man es sonst schon längst gefunden hätte.* Es gäbe vielmehr Dutzende, vielleicht sogar Hunderte von Genen, die im Zusammenspiel mit hormonellen Einflüssen die sexuelle Orientierung beeinflussen.

Wenn es viele Homosexualitätsgene gibt, stellt sich die Frage, warum diese Gene in der Evolution nicht ausgemerzt wurden. „Survival of the fittest" bedeutet in der Evolution, dass sich Arten durchsetzen, die mehr überlebenden Nachwuchs haben als andere Arten. Schwule Männer und lesbische Frauen haben nach verschiedenen Studien deutlich weniger Nachwuchs als heterosexuelle Männer und Frauen, was nach den Gesetzen der Evolution zur Folge hätte, dass nach einigen Generationen die Gene für Homosexualität ausgestorben wären. Von daher drängt sich die Theorie auf, dass einige der Homosexualitäts-Gene auch bei Heterosexuellen vorhanden sind und bei Heterosexuellen die Fortpflanzung fördern. LeVay (2011) bezieht sich vergleichend auf die Sichelzellenanämie: Personen mit zwei Kopien des verantwortlichen Gens entwickeln die oft tödliche Sichelzellenanämie, Personen mit nur einer Kopie dieses Gens haben eine größere Resistenz gegenüber der Malaria, was in malariaverseuchten Regionen überlebenswichtig ist. Deshalb findet man in malariaverseuchten Regionen Afrikas, dass dort bis zu 40 % der Bevölkerung das Sichelzellen-Gen tragen, während dieses Gen in malariafreien Regionen der Erde praktisch nicht vorkommt, weil es durch die Evolution ausgemerzt wurde.

Das Überleben der Homosexualitätsgene könnte nun ähnlich erklärt werden wie das Überleben der Sichelzellen-Gene. Eine Theorie behauptet, dass homosexuelle Männer und lesbische Frauen sich in besonderer Weise um den Nachwuchs ihrer Geschwister kümmern *(Theorie der Verwandtenselektion).* Für diese Theorie wurden auch Belege gefunden, gegen sie spricht aber, dass es kaum möglich ist, durch Fürsorge für die Nichten und Neffen den evolutionären Nachteil durch die fehlenden eigenen Nachkommen wettzumachen, denn jedes fehlende eigene Kind müsste durch das Engagement für zwei zusätzliche Nachkommen der Brüder oder Schwestern ausgeglichen werden. Besser belegt ist die *Theorie der fruchtbaren weiblichen Verwandten.* Hier wird angenommen, dass die Homosexualitäts-Gene bei heterosexuellen Frauen dazu führen, dass sie mehr Nachwuchs haben. Eine dritte Theorie *(Theorie der attraktiven männlichen Verwandten)* behauptet, dass die Homosexualitäts-Gene dazu führen, dass die heterosexuellen männlichen Verwandten empathischer, freundlicher und weniger aggressiv sind. Während homosexuelle Männer evolutionär gesehen zu viele dieser Gene besitzen, wirken diese Gene bei der heterosexuellen männlichen Verwandtschaft so, dass diese Männer attraktiver für Frauen werden, sodass diese Männer mehr Nachwuchs haben und den fehlenden oder geringeren Nachwuchs ihrer homosexuellen Verwandtschaft ausgleichen (LeVay, 2011).

5.3.6 Ältere-Brüder-Theorie

Gut belegt ist, dass bei Männern die Wahrscheinlichkeit für eine homosexuelle Orientierung mit der Anzahl der älteren Brüder ansteigt. Während die Wahrscheinlichkeit für Homosexualität bei fehlendem älteren Bruder bei etwa 2% liegt, steigt diese bei einem älteren Bruder auf 3% und bei zwei älteren Brüdern auf 4% an, wobei noch unklar ist, ob die Wahrscheinlichkeit für eine homosexuelle Orientierung mit der Anzahl der älteren Brüder linear oder exponentiell ansteigt. Ebenfalls noch ungeklärt ist, ob die Wahrscheinlichkeit für eine homosexuelle Orientierung auch mit der Anzahl älterer Schwestern ansteigt. Die derzeit dominierende Erklärung für den Ältere-Brüder-Effekt ist, dass das Immunsystem der Mütter Antikörper gegen den männlichen Fötus bildet, die bei jeder weiteren Schwangerschaft mit einem männlichen Fötus stärker werden und diesen eher homosexuell werden lassen (Lehmiller, 2014, S. 150; LeVay, 2011).

5.3.7 Neurologische Befunde

Wenn die Gehirne von Frauen und Männern unterschiedlich sind und homosexuelle Männer und Frauen in einigen Aspekten eine Zwischenposition zwischen Männern und Frauen einnehmen, ist zu erwarten, dass sich dies auch in neurologischen Besonderheiten zeigt. Der bekannteste Befund ist, dass ein Teil des Hypothalamus, der *INAH3-Kern,* sich von der Größe her bei Frauen und

Männern unterscheidet und dass die Größe dieses Kerns bei homosexuellen Männern der von Frauen entspricht oder zwischen der Größe von Frauen und Männern liegt (LeVay, 2011). Savic und Lindström (2008) stellten fest, dass die Amygdala homosexueller Männer von der Struktur her so aussieht wie bei heterosexuellen Frauen. Auch andere Gehirnteile haben möglicherweise einen Bezug zur sexuellen Orientierung, zum Beispiel Teile des Corpus Callosum (Verbindungsteil zwischen rechter und linker Gehirnhälfte). Auch das Größenverhältnis zwischen rechter und linker Gehirnhälfte wurde sowohl in Beziehung zum Geschlechtsunterschied als auch zur sexuellen Orientierung gesetzt (LeVay, 2011). Erschwert werden diese Forschungen dadurch, dass auch die Händigkeit von Bedeutung für die Morphologie des Gehirns ist. *Bei homosexuellen Männern und bei homosexuellen Frauen erhöht sich statistisch die Wahrscheinlichkeit für Linkshändigkeit um 34 % beziehungsweise 91 %* (Meyer, 2015, S. 303).

5.3.8 Implikationen biologischer Befunde

Wenn die sexuelle Orientierung keine freie Wahl ist, sondern jeder heterosexuell, bisexuell oder homosexuell geboren wird, ist niemand für die eigene sexuelle Orientierung verantwortlich. Die sexuelle Orientierung lässt sich zwar nicht monokausal aus den Genen oder dem pränatalen Testosteronspiegel ableiten, *aber das von vielen Homosexuellen ausgedrückte Gefühl, man sei so geboren („born this way"), wird durch die dargestellten wissenschaftlichen Befunde untermauert.* Personen, die die sexuelle Orientierung als freie Wahl ansehen, sind in der Regel intolerant gegenüber Homosexualität. Von daher ist anzunehmen, dass die Verbreitung der dargestellten biologischen Befunde die Toleranz gegenüber Homosexualität und die Unterstützung für die Rechte Homosexueller erhöht. Dies ist allerdings nicht zwingend so, da beispielsweise im Nationalsozialismus von einer genetischen Ursache der Homosexualität ausgegangen wurde und man daraus den Schluss zog, Homosexuelle zu vernichten. Das Wissen über biologische Einflussfaktoren könnte zukünftig auch die problematische Folge haben, dass Paare, die Nachwuchs anstreben oder erwarten, die sexuelle Orientierung ihres Nachwuchses manipulieren oder Föten abtreiben lassen, bei denen die Wahrscheinlichkeit für eine spätere homosexuelle Orientierung erhöht ist.

5.4 Besonderheiten bei Personen mit homosexueller Orientierung

Stereotype über Homosexuelle werden über die Medien verbreitet, und Homosexuelle werden häufig plakativ dargestellt. Aber unterscheiden sich Schwulen und Lesben von „Heteros“ empirisch belegbar?

5.4.1 Physiologische Besonderheiten

Homosexuelle Männer sind im statistischen Durchschnitt kleiner und leichter als heterosexuelle und sie waren bei der Geburt kleiner und schwerer. Zudem haben schwule Männer kürzere Gliedmaßen im Verhältnis zum Rumpf (in Richtung der Frauen), während umgekehrt lesbische Frauen eher längere Gliedmaßen im Verhältnis zum Rumpf haben (in Richtung der Männer). Bei lesbischen Frauen gibt es zwei unterschiedliche Typen, nämlich die männerähnliche „Butch“ und die weibliche „Femme“. Butches haben ein höheres Waist-to-Hip-Ratio (in Richtung der Männer), während sich Femmes in dieser Hinsicht nicht von heterosexuellen Frauen unterscheiden.

Es gibt viele Untersuchungen zu der Frage, ob Beobachter die sexuelle Orientierung einer Person richtig erraten können (= „Gaydar“, Kunstwort gebildet aus „gay“ und „Radar“). Homosexuelle haben im Vergleich zu Heterosexuellen eine etwas bessere Fähigkeit, die sexuelle Orientierung zu erkennen, da sie darin mehr Erfahrung haben und eine größere Motivation mitbringen (Brambilla et al., 2013). Ein eindeutiges Erkennen ist nicht möglich, aber die Forschung zeigt, dass die Trefferquote deutlich über der Zufallsquote liegt, was allerdings nicht am Erkennen der sexuellen Orientierung, sondern an der Wahrnehmung von Femininität und Maskulinität liegt (Schwartz & Kempner, 2015). Die sexuelle Orientierung einer Person wird vermutlich am Gang erkannt, am Waist-to-Hip-Ratio der Frauen oder an der Stimme. Homosexuelle Männer betonen ähnlich wie Frauen Vokale und sprechen sie länger aus. Dies könnte mit der Imitation von Frauen, mit der Imitation von schwulen Männern oder mit einer anderen Steuerung im Gehirn zu tun haben (LeVay, 2011). Wenn man davon ausgeht, dass schwule Männer pränatal schwächer und lesbische Frauen pränatal stärker Androgenen ausgesetzt waren, könnte dies auch im Gesicht erkennbar sein, da die Androgene neben der sexuellen Orientierung auch den Sexualdimorphismus des Gesichts beeinflussen. Kosinski und Wang (2017) entwickelten ein Computerprogramm, dass die sexuelle Orientierung bei Vorlage von fünf Fotografien bei Männern zu 91 % und bei Frauen zu 83 % korrekt bestimmen konnte.

5.4.2 Fähigkeiten, Persönlichkeitseigenschaften und Sexualverhalten

Nach einem weit verbreiteten Vorurteil sind homosexuelle Männer eher weiblich und homosexuelle Frauen eher männlich. Obwohl es sowohl eher weiblich als auch männlich auftretende homosexuelle Männer und eher weiblich (Femme) als auch eher männlich auftretende homosexuelle Frauen (Butch) gibt, legt die empirische Forschung insgesamt nahe, dass das Vorurteil mit Blick auf die statistischen Durchschnittswerte stimmt. In allen Bereichen, in denen Geschlechtsunterschiede nachweisbar sind, zeigt sich eine Mittelposition der homosexuellen Männer und Frauen. Bisexuelle und schwule Männer zeigen bei Aufgaben zur mentalen Rotation schlechtere Leistungen als die heterosexuellen Männer, während bisexuelle und lesbische Frauen die Leistungen der heterosexuellen Frauen übertreffen (Meyer, 2015). Bei Aufgaben zur Wortflüssigkeit erreichen schwule Männer dieselben guten Werte wie die heterosexuellen Frauen (oder schneiden sogar besser ab), während die lesbischen Frauen genauso schlecht abschneiden wie die heterosexuellen Männer. In der Selbsteinschätzung der eigenen Feminität/Maskulinität wählen homosexuelle Männer und Frauen einen Skalenabschnitt, der genau zwischen der Selbsteinschätzung der heterosexuellen Frauen und Männer liegt. Derselbe Befund zeigt sich, wenn man die beruflichen Interessen erhebt und die eher „männlichen" Berufe Automechaniker, Bauunternehmer, Elektroingenieur, Erfinder sowie die eher „weiblichen" Berufe Mode-Designer, Tanzlehrer, Florist und Sozialarbeiter anbietet. Hinsichtlich der Aggressivität zeigt sich, *dass schwule Männer weniger aggressiv sind als heterosexuelle Männer und dass lesbische Frauen aggressiver sind als heterosexuelle Frauen. Zudem zeigt sich, dass schwule Männer empathischer und künstlerisch interessierter sind als heterosexuelle Männer* (LeVay, 2011).

Wenn man diese Forschungsbefunde insgesamt betrachtet, so scheint die These vom dritten Geschlecht, die Karl Heinrich Ulrichs als Vorkämpfer für die Rechte von Homosexuellen vertrat, nicht ganz falsch zu sein (Hirschfeld sprach in ähnlicher Weise von einem Zwischengeschlecht). Zu beachten ist aber, dass es hier nur um Mittelwertsunterschiede geht und dass es innerhalb der Gruppe der homosexuellen Frauen und Männer mindestens so große Unterschiede gibt wie zwischen heterosexuellen Frauen und Männern.

Hinsichtlich des *Sexualverhaltens* gibt es teilweise keine Unterschiede zwischen heterosexuellen und homosexuellen Personen, teilweise aber doch. Lesbische Frauen haben zumeist genauso wie heterosexuelle Frauen wenig Interesse an unverbindlichem Sex und vielen Partnern. Lesben sind beim Sex ausdauernder darum bemüht, sich gegenseitig zu verwöhnen, und erleben zuverlässiger einen Orgasmus als heterosexuelle Frauen beim Sex mit Männern (Garcia et al., 2014). In Langzeitbeziehungen fanden Masters und Johnson (1979) den „besseren" Sex bei Lesben und Schwulen, weil sowohl heterosexuelle Frauen als auch heterosexuelle Männer beim Sex zu schnell, zu zielgerichtet und zu genitalfixiert waren und weil zu wenig darüber kommuniziert wurde, was Lust bereitet und was nicht.

Homosexuelle Männer haben genauso wie heterosexuelle Männer ein großes Interesse an unverbindlichem Sex (LeVay, 2011). Anders als heterosexuelle Männer finden homosexuelle Männer jedoch hierzu Partner, sodass einige homosexuelle Männer oft unverbindlichen Sex haben. Man spricht hier von „Cruising", womit gemeint ist, dass sich sexbereite Männer an bestimmten Orten (Baggerseen, Parkplätze, öffentliche Toiletten) einfinden und dort, häufig nur mit nonverbaler Kommunikation, nach einem für sie passenden Sexualpartner suchen. Hat man einen Partner gefunden, kommt es zum schnellen, unverbindlichen und anonymen Sex und geht anschließend wieder getrennte Wege. Da Frauen zu solchen sexuellen Begegnungen nicht bereit sind, kann man spekulieren, ob das Sexualverhalten heterosexueller Männer ähnlich wäre wie das der homosexuellen Männer, wenn Frauen hierzu zur Verfügung stünden (dies behauptet Symons, 1979). Typisch für männliche homosexuelle Paarbeziehungen scheint zu sein, dass neben der festen Liebesbeziehung für beide Partner flüchtige Seitensprünge erlaubt sind. Heterosexuelle Männer pflegen dasselbe Sexualverhalten, wenn sie für die flüchtigen Sexualkontakte die Dienste von Prostituierten in Anspruch nehmen.

5.4.3 Körperliche Erkrankungen

Männliche Homosexualität korreliert mit einem hohen Risiko für sexuell übertragbare Krankheiten, was vor allem mit der größeren Anzahl der Sexualpartner zu tun hat und erst in zweiter Linie mit dem größeren Ansteckungsrisiko beim Analverkehr. Der häufigste Übertragungsweg für homosexuelle Männer ist der ungeschützte passive Analverkehr mit Aufnahme des Virus über die Rektumschleimhaut (Marcus, 2000). In Deutschland leben derzeit etwa *17 600 Frauen und 73 100 Männer mit einer HIV-Infektion.* Bei den HIV/AIDS-Neudiagnosen im Jahre 2019 war der häufigste Übertragungsweg homosexueller Verkehr unter Männern (N = 1 600), gefolgt von heterosexuellem Geschlechtsverkehr (N = 650), gefolgt von injizierendem Drogengebrauch (N = 360) und der Mutter-Kind-Übertragung (N < 10) (Robert Koch Institut, 2020a, S. 13). In Deutschland ist das Risiko für eine HIV-Infektion bei homosexuellem im Vergleich zu heterosexuellem Geschlechtsverkehr stark erhöht, wobei bei den Zahlen zu den HIV-Neuinfektionen durch heterosexuellen Geschlechtsverkehr zu berücksichtigen ist, dass hier die Hälfte aller Fälle auf Ansteckungen in Subsahara-Afrika zurückgehen. Die höhere Vulnerabilität homosexueller Männer für sexuell übertragbare Krankheiten gilt noch ausgeprägter für die Syphilis. Nach den Daten des Robert Koch Instituts (2020b) für das Jahr 2019 *beruhten*

86% aller Syphilisübertragungen auf sexuellen Kontakten zwischen Männern und nur 14% auf heterosexuellen Kontakten. Insgesamt waren Männer 16-mal häufiger von Syphilis betroffen als Frauen.

5.4.4 Psychische Erkrankungen

Eine homosexuelle oder bisexuelle Orientierung geht bei Männern und Frauen mit einem erhöhten Risiko für Suizidalität und Depressionen einher. Metaanalysen zeigen, dass homosexuelle Männer im Vergleich zu heterosexuellen Männern ein *dreifach erhöhtes Risiko für eine Depression sowie ein fünf- bis sechsfach erhöhtes Risiko für einen Suizidversuch* haben. Für homo- und bisexuelle Männer liegt die Suizidversuchsrate zwischen 6 und 19 Prozent, wobei vor allem die Lebensphase vor dem und während des Coming-out(s) problematisch ist. Bei homo- und bisexuellen Frauen ist die Suizidalitäts- und Depressionsrate im Vergleich zu heterosexuellen Frauen ebenfalls stark erhöht. Bei homo- und bisexuellen Frauen und Männern gibt es ein erhöhtes Risiko für Angststörungen sowie für Substanzmissbrauch, wobei vor allem homo- und bisexuelle Frauen ein erhöhtes Risiko für Alkoholerkrankungen haben (Plöderl et al., 2009; Robert Koch Institut, 2014).

Als Erklärung für die erhöhte Suizidalität und Depressivität wird oft herangezogen, dass Homo- und Bisexuelle unter Diskriminierung oder wegen des Verheimlichens der sexuellen Orientierung unter einer erhöhten Stressbelastung leiden. Gegen die Diskriminierungshypothese kann angeführt werden, dass auch im toleranten Dänemark die Suizidrate bei Personen in eingetragenen Partnerschaften deutlich höher ist als bei Personen in heterosexuellen Partnerschaften. Gründe für das höhere Suizidalitäts- und Depressionsrisiko könnten sein:

- erhöhte HIV-Rate
- weniger Schutz durch Religiosität (Homosexuelle sind aus verständlichen Gründen seltener Mitglied von Religionsgemeinschaften)
- seltener Schutz durch eigene Kinder
- häufiger Missbrauchs- oder Gewalterfahrungen in der Kindheit
- häufiger Mobbingerfahrungen in der Kindheit wegen rollenuntypischem Verhalten (Plöderl et al., 2009)
- größerer Stress durch die Lebensweise mit sexuellen Seitensprüngen (bei homo- und bisexuellen Männern).

5.5 Coming-out

Beim Coming-out ist zu unterscheiden zwischen dem inneren Coming-out des Sich-Bewusstwerdens der eigenen sexuellen Orientierung und dem äußeren Coming-out der Mitteilung der sexuellen Orientierung an andere. In der Forschung werden verschiedene Phasenmodelle des Coming-outs diskutiert (Coleman, 1982; Milton & MacDonald, 1984). Nach dem weit verbreiteten Sechs-Stufen-Modell nach Cass (1979) ist die erste Stufe die Konfusion (erotische Gefühle gegenüber dem eigenen Geschlecht bemerken), die zweite Stufe der Vergleich (eigene sexuelle Orientierung mit anderen vergleichen), die dritte Stufe die Toleranz (eigene homo- oder bisexuelle Orientierung zunehmend akzeptieren), die vierte Stufe die Akzeptanz (beginnender Kontakt zu anderen homo-/bisexuellen Personen), die fünfte Stufe der Stolz (negative Aspekte der Heterosexualität und positive Aspekte der Homosexualität werden betont) und die sechste Stufe die Synthese (negative Einstellung zur Heterosexualität wird aufgegeben und eigene Homosexualität wird in die eigene Identität integriert). Das Bemerken des Anders-Seins kann sich in Stress, Verhaltensauffälligkeiten, psychosomatischen Symptomen, Suizidversuchen oder auch in der Bereitschaft zu ungeschütztem homosexuellen Sex ausdrücken. Ein Verstehen der eigenen Homosexualität kann während der Pubertät erfolgen, aber auch erst viele Jahre später. Homosexuelle Männer definieren sich selbst durchschnittlich mit etwa 16 bis 18 Jahren als schwul, homosexuelle Frauen erst mit etwa 20 bis 22 Jahren. In der Regel entsteht dann das Bedürfnis, sich jemandem anzuvertrauen, die eigene Wahrnehmung dadurch zu festigen und zu einer größeren Selbstakzeptanz zu gelangen.

Das äußere Coming-out erfolgt bei schwulen Männern durchschnittlich mit 20 Jahren, bei lesbischen Frauen durchschnittlich mit 21 Jahren (Fiedler, 2004). Ähnlich wie die Person selbst, benötigen Angehörige meistens Zeit, bis sie zu einer Unterstützung und zur Akzeptanz gelangen. Durchaus möglich ist, dass sich Freunde, Freundinnen, Bekannte und Angehörige nach dem Coming-out abwenden oder sogar aktiv mobben (Wanielik, 2013).

5.6 Diskriminierung

Im Grundgesetz fehlt zwar ein ausdrücklicher Schutz vor Diskriminierung wegen der sexuellen Orientierung, aber sowohl im Allgemeinen Gleichbehandlungsgesetz (bezogen besonders auf das Arbeits- und Mietrecht) als auch in der EU-Grundrechtecharta wird ausdrücklich der Schutz vor Diskriminierung wegen der sexuellen Orientierung angeführt. Vor dem Hintergrund der empirischen Befunde zu den Persönlichkeitseigenschaften (siehe Kap. 5.4.2) ist für „eher männliche" homosexuelle Frauen (Butch) ein überdurchschnittlicher beruflicher Erfolg zu erwarten und für „eher weibliche“ homosexuelle Männer ein eher geringeres Durchschnittseinkommen wegen der häufigeren Wahl schlecht bezahlter frauentypischer Berufe und wegen der geringeren, sich auch beruflich auswirkenden Aggressivität. Verschiedene Studien bestätigen diese zu erwartenden Gehaltsunterschiede (Klawitter, 2015). Da Homosexuelle seltener Kinder haben und von daher weniger Zeit und Ressourcen für Kinder investieren müssen, können sie sich stärker der eigenen beruflichen Karriere widmen und ihre finanziellen Mittel nur für sich ausgeben. Es gibt Anhaltspunkte dafür, dass homosexuelle Männer vergleichsweise mehr Geld für Reisen, Mode, Markenprodukte und Lifestyle ausgeben. Unklar ist, ob Frauen und Männer mit homosexueller Orientierung im deutschen Kultur-, Medien-, Wissenschafts- und Politikbetrieb oder in Fernsehserien im Verhältnis zu den epidemiologischen Daten über- oder unterrepräsentiert sind.

5.6.1 Einstellung Jugendlicher zur Homosexualität

Es gibt einige Studien zur Haltung Jugendlicher gegenüber der Homosexualität. Eine Studie bei in Jugendzentren betreuten Jugendlichen der Stadt Wien (Güngör & Nafs, 2016) zeigt homophobe Einstellungen vor allem bei Jugendlichen islamischen sowie russisch-orthodoxen Glaubens. Eine Studie von Klocke (2012) zur Akzeptanz sexueller Vielfalt an Berliner Schulen zeigt homophobe Haltungen vor allem bei männlichen Schülern mit türkisch-arabischem Migrationshintergrund. Ähnliche Ergebnisse zeigten sich bei einer Studie von Simon (2008) bei 922 Berliner Gymnasiasten und Gesamtschülern deutscher, russischer und türkischer Herkunft. Homophobe Einstellungen zeigten sich hier am stärksten bei männlichen türkischstämmigen Schülern und am zweitmeisten bei männlichen russischstämmigen Schülern. Zudem zeigte diese Studie, dass vor allem türkischstämmige Schüler mit starker Religiosität häufiger homosexuellenfeindlich eingestellt sind.

5.7 Sexuelle Orientierung als Unterrichtsthema

Bereits im Beschluss der Kultusministerkonferenz vom 3.10.1968 mit Empfehlungen zur Sexualerziehung in den Schulen tauchte unter dem Stichwort „sozialethische Probleme der menschlichen Sexualität sowie strafrechtliche Bestimmungen zum Schutz der Jugend und über sexuelle Vergehen“ neben Empfängnisverhütung, Promiskuität, Prostitution, Vergewaltigung, Abtreibung, Kuppelei, Verbreiten von Geschlechtskrankheiten, Triebverbrechen auch das Stichwort „Homosexualität“ auf. Dieser Kontext war kein Zufall, denn zur damaligen Zeit war das Ausleben von Homosexualität mit Gefängnisstrafe bedroht. Für die Mitte der 1980er Jahre verdeutlicht eine Erhebung von Glück et al. (1990) die damalige Einstellung von Lehrkräften und Eltern gegenüber der Homosexualität: 24% der Lehrkräfte und 48% der Eltern sahen Homosexualität als verfehlte Sexual- und Lebensform an.

Für die schulische Beschäftigung mit der sexuellen Orientierung spricht, dass Kinder und Jugendliche im Alltagsleben nahezu ausschließlich mit Heterosexualität als nicht hinterfragte Norm konfrontiert werden. Dies geschieht sowohl in neutraler Form beim Gespräch auf dem Schulhof, im Elternhaus oder im Sportverein („Wie sieht dein Traummann/deine Traumfrau aus?") als auch in abwertender Form durch Homosexuellen-Witze. Die angeführten Erhebungen zu den Einstellungen von Schülerinnen und Schülern aus Berlin und Wien zeigen, dass insbesondere türkisch-arabischstämmige Jungen mit starker Religiosität homosexuellenfeindliche Einstellungen haben. Auch vor diesem Hintergrund ist es sinnvoll, das Thema „Sexuelle Orientierung" im Unterricht zu behandeln. Im statistischen Durchschnitt muss davon ausgegangen werden, dass in einer Schulklasse ein Schüler oder eine Schülerin entweder derzeit homo- oder bisexuell empfindet oder in naher Zukunft sich der eigenen homo- oder bisexuellen Orientierung bewusst wird. Angesichts der erhöhten Depressivität und Suizidalität von homo- oder bisexuellen Jugendlichen ist es wichtig, wenn diese Jugendlichen im Unterricht wissenschaftliche Fakten über Homo- und Bisexualität erfahren. Die erwartete oder erlebte Diskriminierung erschwert sowohl das Bewusstwerden der sexuellen Orientierung als auch die Integration der sexuellen Orientierung in die eigene Persönlichkeit. Die Erwartung und das Erleben von Toleranz und persönlicher Unterstützung sind hilfreich beim Identitätsaufbau und bei der Entwicklung von Resilienz gegenüber allen Formen eines Schwulen-/Lesben-Bashings. Es gibt also empirisch gut belegbare Gründe für die Thematisierung der sexuellen Orientierung im Unterricht.

Unterricht über Homo- und Bisexualität sollte das Ziel haben, zu Toleranz und Akzeptanz gegenüber Homo- und Bisexuellen zu erziehen und homo- und bisexuelle Jugendliche im Coming-out-Prozess zu unterstützen.

Die in Deutschland dominierende „Sexualpädagogik der Vielfalt" oder „neoemanzipatorische Sexualerziehung" will deutlich mehr als Toleranz und Akzeptanz. Im Anschluss an die von Freud (1905/1972) vertretende Idee einer allgemeinen bisexuellen Anlage des Menschen setzt die „Sexualpädagogik der Vielfalt" an die Stelle der Heteronormativität die Bisexualität als Norm. Dies findet man bereits beim Sexualpädagogen Kentler (1975), der postulierte, dass wir „als bisexuelle Wesen geboren werden" (S. 142) und dass nur durch die Erziehung unser heterosexuelles Verlangen hervorgehoben und ausgestaltet, das homosexuelle hingegen unterdrückt werde. Ausschließlich heterosexuell sind nach dieser Sichtweise nur Menschen, die ihre homosexuellen Anteile verdrängen. Der Sexualpädagoge Sielert (2004) vertritt mit Bezug auf Kentler und die Theorie des Gender Mainstreaming die Auffassung, dass es das Ziel der Sexualpädagogik sein müsse, *„Heterosexualität, Generativität und Kernfamilie zu entnaturalisieren"* (S. 98). Die selbstbestimmte Lebensführung werde beschränkt, wenn durch die Sexualerziehung nahegelegt werde, „heterosexuell und in Kernfamilien mit leiblichen Kindern zu leben" (Sielert, 2004, S. 98). Im Sinne einer Pluralisierung der Lebensstile geht es Sielert darum, die Geschlechtsrollen aufzulösen, Homosexualität, Heterosexualität und die Kernfamilie aufzulösen und schließlich auch die biologische Elternschaft zu beseitigen (er verweist auf die Leihmutterschaft und die künstliche Befruchtung). Dann endlich beginne „eine lebendige [...] Vielfalt [...] zu gedeihen, die der potentiell inneren Vielfalt menschlicher Möglichkeiten" (Sielert, 2004, S. 107) entspreche. In seiner „Einführung in die Sexualpädagogik" behauptet Sielert (2005), „dass fünf bis zehn Prozent der Männer und etwas weniger Frauen sich als homosexuell identifizieren" (S. 87), dass Homosexualität ein subversiver Protest gegen die Zweigeschlechtlichkeit sei (S. 88), dass „zehn bis zwanzig Prozent der Bevölkerung in ihrem Verhalten bisexuell ausgerichtet" (S. 92) seien, dass wir durch Zwangsheterosexualität behindert würden und dass Kinder einen „bisexuellen Vollkommenheitsanspruch" (S. 89) hätten.

In der „Sexualpädagogik der Vielfalt" geht es nur am Rande um Akzeptanz und Toleranz; im Mittelpunkt steht das Bewerben eines behaupteten allgemeinen bisexuellen Potenzials.

Wie in der 1968er-Bewegung soll die bürgerliche Kleinfamilie zerstört werden und mit ihr die Monogamie, die Ehe und die Erziehung der Kinder durch die leiblichen Eltern. Zu den besonderen Risiken der Heterosexualität gehört aus dieser Sichtweise die Schwangerschaft. Passend hierzu werden Unterrichtsmaterialien präsentiert wie beispielsweise der „Heterosexuelle Fragebogen" der „Gewerkschaft Erziehung und Wissenschaft". Die Schüler sollen Fragen beantworten wie: „Laut Statistik kommen Geschlechtskrankheiten bei Lesben am wenigsten vor. Ist es daher für Frauen wirklich sinnvoll, eine heterosexuelle Lebensweise zu führen und so das Risiko für Geschlechtskrankheiten und Schwangerschaft einzugehen?" (GEW Baden-Württemberg, 2013, S. 19).

Der sexualpädagogische Ansatz von Sielert ging in viele Richtlinien und Bildungspläne ein. So heißt es in den Richtlinien für die Sexualerziehung in Nordrhein-Westfalen: „In der Sexualwissenschaft besteht Konsens darüber, dass sich menschliche Sexualität auf vielfältige Weise ausdrücken kann. Demnach sind Hetero-, Bi-, Homo- und Transsexualität Ausdrucksformen von Sexualität, die, ohne Unterschiede im Wert, zur Persönlichkeit des betreffenden Menschen gehören" (Ministerium für Schule, Wissenschaft und Forschung des Landes

NRW, 1999). Dieses Argument ist ein *naturalistischer Fehlschluss*. Von einem „Sein" (wie etwas ist) wird auf ein „Sollen" (wie etwas sein soll) geschlossen (siehe Kap. 3). Mit dem gleichen Argument könnte man auch behaupten, dass in der Sexualwissenschaft Konsens darüber besteht, dass sich menschliche Sexualität in Pädophilie, Sodomie und Nekrophilie ausdrücken kann und dass demnach Pädophilie, Sodomie und Nekrophilie, ohne Unterschiede im Wert, zur Persönlichkeit des betreffenden Menschen gehören. Pädophilie und Sodomie sind übrigens viel häufiger als Transsexualität. Nach empirischen Schätzungen gibt es in „Deutschland derzeit maximal 4000 Transsexuelle" (Becker, 2004, S. 160), was einem Bevölkerungsanteil von 0.0048 % entspricht. Dass die Transsexualität trotz dieser extremen Seltenheit an prominenter Stelle in die Richtlinien für die Sexualerziehung eingeht, verdankt sich dem Umstand, dass die Gendertheorie Transsexualität als Beweis für die These ansieht, dass das biologische Geschlecht abgesehen von der Gebärfähigkeit bedeutungslos sei, weshalb sie der Transsexualität nicht einfach nur mit Respekt begegnet, sondern sie als neues Ideal installiert (Aigner, 2017).

Auch in andere Lehrpläne ging die „Sexualpädagogik der Vielfalt" ein. So heißt es in den Richtlinien des Hessischen Kultusministeriums (2016): „Ziel der Sexualerziehung ist, Schülerinnen und Schülern ein offenes, diskriminierungsfreies und wertschätzendes Verständnis für die Verschiedenheit und Vielfalt der partnerschaftlichen Beziehungen, sexuellen Orientierungen und geschlechtlichen Identitäten in unserer Gesellschaft zu vermitteln" (S. 3). Da keine Einschränkungen genannt werden, heißt das, dass die Schülerinnen und Schüler auch ein wertschätzendes Verständnis für Polygamie und Sexkommunen lernen sollen, denn auch diese Formen gehören zur Verschiedenheit und Vielfalt partnerschaftlicher Beziehungen. Auch der Bildungsplan von Baden-Württemberg (Ministerium für Kultus, Jugend und Sport Baden-Württemberg, 2016) benennt als Kernanliegen die „Wertschätzung von Verschiedenheit". Weiter wird behauptet, dass Schülerinnen und Schüler ihr Bewusstsein für ihre eigene Identität schärfen, indem sie „sich mit anderen Identitäten befassen, sich in diese hineinversetzen und sich mit diesen auseinandersetzen". Angesichts dessen, dass Kinder und Jugendliche häufig noch nicht wissen, ob sie hetero-, homo- oder bisexuell orientiert sind, ist fraglich, ob das Hineinversetzen in andere Identitäten der Schärfung der eigenen sexuellen Identität dient.

Aufschlussreich sind die konkreten Unterrichtsmaterialien der „Sexualpädagogen der Vielfalt". So heißt es in den für die Grundschule des Landes Schleswig-Holstein hergestellten Unterrichtsmaterialien „Echte Vielfalt unter dem Regenbogen": „Familien sind verschieden. Manchmal gibt es einen Papa oder eine Mama. Hin und wieder gibt es einen Papa und eine Mama" (Lesben- und Schwulenverband Schleswig-Holstein e.V./PETZE-Institut für Gewaltprävention, 2014). Nach einer Erhebung des Statistischen Bundesamts leben in Deutschland 84 % aller minderjährigen Kinder bei ihren Eltern (74 % bei verheirateten, 10 % bei unverheirateten Eltern) und 17 % leben bei einem alleinerziehenden Elternteil (Baumann et al., 2018, S. 61). In den Unterrichtsmaterialien „Echte Vielfalt unter dem Regenbogen“ macht man aus 84 % aller Kinder „hin und wieder“, so als sei es eher selten, dass ein Kind bei seinen Eltern lebt. Gefeiert wird das Regenbogenkind, wobei ganz im Sinne von Sielert auch die Leih-/Mietmutterschaft bedacht wird. So heißt es in diesem Grundschulunterrichtsmaterial: „Marian erklärt: Meine Mama Loris kommt aus Dänemark und hat dort Samenzellen von einem netten Mann bekommen. Dann bin ich in ihrem Bauch gewachsen. In Deutschland hat mich dann meine Mama Dani adoptiert“. Auch die seltene Transsexualität sollen die Grundschulkinder wertschätzen: „Kay sagt: Mein Vater ist jetzt eine Frau. Sie meint, sie war irgendwie immer schon eine Frau. Ich finde, wir sind eine coole Familie“. *Es geht hier offenbar nicht um ein repräsentatives Abbild der Wirklichkeit, sondern um Verzerrung, Umerziehung und Indoktrinierung.* Transsexualität erscheint als Musterexemplar der geschlechtlichen Beliebigkeit. Dabei wird unterschlagen, dass Transsexualität ein schwerer medizinischer Eingriff mit irreversiblen Folgen ist und dass es auch den problematischen Transsexualismus gibt, der dadurch zustande kommt, dass ein „Experte daran mitwirkt, einen seelisch noch nicht organisierten Wunsch nach Geschlechtsumwandlung durch Mitagieren und falschen Liberalismus endgültig zu fixieren“ (Sigusch, 2005, S. 138). *Durch solche sexualpädagogischen Übungen wird das Erlernen des Wohnens im eigenen Körper (Fend, 2003) durch die Vermittlung der Lust an der beliebigen Geschlechtswahl ersetzt.*

In dem Praxismethodenbuch zur „Sexualpädagogik der Vielfalt“ (Tuider et al., 2012) sollen in der Altersstufe ab 13 Jahren zu verschiedenen „Erstes-Mal-Situationen“ Gedichte, Bilder, Skulpturen, Theaterstücke, Sketche oder Pantomimen vorbereitet werden. Jede Kleingruppe muss vier „Erstes-Mal-Karten“ ziehen, beispielsweise „Das erste Mal Analverkehr“ (Tuider et al., 2012, S. 152). In der Übung „3 – 2 – 1 – deins“ sollen für ein Mietshaus mit verschiedenen Parteien Gegenstände ersteigert werden. In dem Mietshaus wohnen eine alleinerziehende Mutter mit zwei Kindern, ein heterosexuelles Ehepaar ohne Kinder, ein schwules Paar, ein lesbisches Paar mit zwei Kindern, ein Liebespaar, eine betreute Wohngemeinschaft für drei Menschen mit Behinderungen und eine Spätaussiedlerin aus Kasachstan. In diesem Haus leben also alle Kinder nicht bei ihren Eltern und 1/3 der Erwachsenen sind homosexuell, was ziemlich genau dem Wunsch Sielerts nach Auflösung der heterosexuellen Kernfamilie entspricht. Ersteigern sollen die Schülerinnen und Schüler (ab 14 Jahre) für ihre Mietpartei dann Gegenstände wie Dildo, Potenzmittel, Handschellen, Lack/Latex, Leder oder Vaginalkugeln (Tuider et al., 2012, S. 51). In „Der neue Puff für alle“ sollen schließlich 15-jährige Schülerinnen und Schüler einen Puff so modernisieren, dass ein weißer heterosexueller Mann genauso bedient werden kann wie „eine Frau mit muslimischer (oder katholischer) Religionszugehörigkeit oder eine Trans-Frau, die beide lesbisch sind“ (Tuider et al., 2012, S. 75–76).

Man könnte zynisch entgegnen, dass bei aller verwirrenden Vielfalt ein römisches Bordell vielfältiger war, denn dort konnte man sich auch mit Lustknaben vergnügen, eine Variante, die bei Tuider et al. (2012) fehlt. Dass eine lesbische Muslima oder eine lesbische Trans-Frau einen Puff zur sexuellen Befriedigung aufsuchen, ist sehr unwahrscheinlich, wobei sich die Frage stellt, warum sich Jungen und Mädchen im Unterricht mit solchen Problemen beschäftigen müssen. Haarsträubend ist auch, dass mit der Übung „Der neue Puff für alle" nicht nur für sexuelle Vielfalt geworben wird, sondern der Puff positiv dargestellt wird.

Man braucht nicht viel Fantasie, um sich vorzustellen, wie Jungen, Mädchen und Eltern mit türkisch-arabischem Migrationshintergrund auf solche Übungen reagieren. Anstelle von Toleranz und Akzeptanz wird so Reaktanz und Homophobie erzeugt. Davon abgesehen gibt es für schulische Übungen zur Umerziehung und zur Wirklichkeitsverzerrung weder eine wissenschaftliche noch eine moralische Rechtfertigung. *Die Richtlinien zur Sexualerziehung als auch die Unterrichtsmaterialien zur „Sexualpädagogik der Vielfalt" sind das Ergebnis erfolgreicher Lobbyarbeit der Gender-Ideologie.* Die überwiegende Mehrheit der Kinder und Jugendlichen wächst bei heterosexuellen Eltern auf und die überwiegende Mehrheit der Erwachsenen empfindet heterosexuell. Es gibt keine wissenschaftlichen Belege für die Annahme einer grundsätzlichen Bisexualität des Menschen. Wenn Mündigkeit, Freiwilligkeit und die körperliche Unversehrtheit gegeben sind, gibt es keinen Grund, einzelne sexuelle Verhaltensweisen abzuwerten oder zu verbieten, aber es gibt auch keinen Grund, Jungen und Mädchen zur Wertschätzung bestimmter sexueller Varianten anzuhalten. Der Unterricht zur sexuellen Orientierung sollte das Ziel haben, für Toleranz und Akzeptanz sowie für die Unterstützung von homo- oder bisexuellen Schülerinnen und Schülern zu werben. Angesichts einer möglichen Ausbreitung islamisch-fundamentalistisch begründeter Homosexuellenfeindlichkeit ist dies für die Zukunft eine ausreichend große Aufgabe.

Zusammenfassung

Bei der sexuellen Orientierung geht es darum, ob man sich von Personen des anderen Geschlechts, des eigenen Geschlechts oder von beiden Geschlechtern sexuell angezogen fühlt. Es geht dabei um das sexuelle Empfinden und nicht um das sexuelle Verhalten. Im christlichen Abendland wurde Homosexualität im Hoch- und Spätmittelalter sowie in der Frühen Neuzeit mit dem Tod auf dem Scheiterhaufen bestraft, weil man homosexuelle Handlungen als Gotteslästerung ansah. In der Neuzeit wurde Homosexualität unter dem Einfluss der Medizin nicht mehr als religiöses Verbrechen, sondern als Krankheit angesehen. Die Häufigkeit einer homo- oder bisexuellen Orientierung ist schwer zu erheben und dürfte bei etwa 3 % liegen. Einen Einfluss auf die sexuelle Orientierung haben pränatal wirkende Sexualhormone, Gene sowie durch Schwangerschaften hervorgerufene Antikörper.

Die sexuelle Orientierung sollte in der Schule Unterrichtsthema sein, da erstens Toleranz gegenüber Minderheiten ein wichtiges gesellschaftliches Anliegen ist und weil homo- und bisexuelle Schülerinnen und Schüler Unterstützung beim Coming-out benötigen, insbesondere auch gegenüber allen Formen eines Lesben-/Schwulen-Bashings. Der seit einigen Jahren dominierenden „Sexualpädagogik der Vielfalt" geht es nicht um Toleranz und Akzeptanz, sondern um ein Hinterfragen jeder ausschließlichen Heterosexualität und damit um Werbung für eine bisexuelle Orientierung. Ziel der Sexualpädagogik sollte die Förderung von Toleranz und Akzeptanz gegenüber Homo- und Bisexuellen sein, nicht jedoch die Umerziehung und Indoktrination hin zur behaupteten bisexuellen Vollkommenheit.

Überprüfungsfragen

a) Welche sexuelle Praktik war in der griechischen Antike zwischen dem männlichen Liebhaber und dem Jüngling erlaubt und welche Praktik war verpönt?
b) Nennen Sie mindestens fünf Länder, in denen aktuell Homosexualität mit dem Tode bestraft wird!
c) Kann ein noch ungeborenes Mädchen durch künstliche Testosterongaben an die Mutter so beeinflusst werden, dass dieses Mädchen später sicher lesbisch wird?
d) Welche drei Theorien versuchen zu erklären, warum die Homosexualitäts-Gene im Laufe der Evolution nicht ausgemerzt wurden?
e) Was versteht man unter Cruising?
f) Nennen Sie zwei Gründe, warum homosexuelle Männer häufiger von einer HIV- oder Syphilis-Infektion betroffen sind!
g) Nennen sie fünf Gründe, warum homosexuelle Männer und Frauen anfälliger für Depressivität und Suizidalität sind?

Fragen zum Nachdenken/Übungsanregungen

a) Fänden Sie es gut, wenn Ihre Tochter lesbisch werden würde?
b) Fänden Sie es gut, wenn Ihr Sohn schwul werden würde?
c) Falls Sie Schwule/Lesben persönlich kennen: Stimmen die hier vorgestellten Forschungsbefunde mit Ihrem persönlichen Eindruck überein?
d) Wenn man durch pränatale Diagnostik die sexuelle Orientierung eines noch Ungeborenen vorhersagen könnte, sollten solche Tests erlaubt sein?

e) Wenn Sie durch den medizinischen Fortschritt bestimmen müssen, ob ihr Kind später heterosexuell, homosexuell oder bisexuell wird, welche sexuelle Orientierung würden Sie für Ihr Kind auswählen und warum?
f) Stellen Sie sich vor, durch eine Zeitmaschine dürften/sollten Sie Ihre Kindheit noch einmal erleben und Sie müssten wählen, ob Sie ein heterosexuelles, lesbisches oder schwules Paar als Eltern nehmen. Wie würden Sie sich entscheiden und warum würden Sie sich so entscheiden?
g) Sehen Sie sich verschiedene Spielfilme zum Thema Homosexualität an (z. B. „Blau ist eine warme Farbe", „Brokeback Mountain", „Raus aus Amal", „Die Konsequenz"). Welchen Film halten Sie für geeignet, ihn Jugendlichen zu zeigen und darüber zu diskutieren?

6. Sexualität im Lebenslauf

Wahrheit oder Fiktion?	wahr	falsch
Bereits bei männlichen Föten kommen Erektionen vor.	❐	❐
In der frühen Kindheit masturbieren Mädchen ebenso intensiv wie Jungen.	❐	❐
Die heutigen Jugendlichen machen immer früher sexuelle Erfahrungen.	❐	❐
Im Erwachsenenalter findet Vaginalsex nahezu ausschließlich in festen Paarbeziehungen statt.	❐	❐
Die meisten Großeltern haben keinen Sex mehr.	❐	❐

Erinnern Sie sich an die erste sexuelle Erfahrung, die Sie hatten? Überlegen Sie einen Moment, bevor Sie weiterlesen. Vermutlich haben Sie an den ersten Kuss gedacht oder an das berühmte „erste Mal“. Vielleicht haben Sie aber auch an Doktorspiele in Ihrer Kindheit gedacht oder an die Selbstbefriedigung in der Kindheit oder im Jugendalter. Wie sieht Ihr Sexualleben aus, wenn Sie 30 Jahre alt sind? Wie sieht Ihr Sexualleben aus, wenn Sie 70 Jahre alt sind? Um solche Fragen wird es in diesem Kapitel gehen. Einige dieser Themen sind historisch gesehen neu. Noch im 19. Jahrhundert wurden sexuelle Regungen bei Kindern und bei alten Menschen als krankhaft angesehen, weil sie zur falschen Lebenszeit aufträten (Sigusch, 2005).

6.1 Vorgeburtliche Entwicklung

Das Geschlecht des Kindes wird ausschließlich durch das Spermium des Vaters festgelegt. Wird dem X-Chromosom in der Eizelle der Frau durch das eindringende Spermium ein weiteres X-Chromosom zugefügt, entwickelt sich genetisch bedingt ein Mädchen, wird durch das Spermium ein Y-Chromosom zugefügt, entwickelt sich ein Junge. Für die Entwicklung der Geschlechtsorgane und des Gehirns sind sowohl Hormone der Mutter als auch embryonale Hormone wichtig (Fiedler, 2004; Rauh, 2008). Äußerlich betrachtet sind wir bis etwa zur sechsten Schwangerschaftswoche weder weiblich noch männlich, sondern gewissermaßen ein Zwitter. Erst ab diesem Zeitpunkt löst das Y-Chromosom bei Jungen die Ausschüttung von Testosteron aus. Der Genitalhöcker im Fötus bildet sich dann zur Eichel, die männlichen Hoden entwickeln sich aus den zunächst neutralen Keimdrüsen, die Geschlechtsfalten wachsen zur Unterseite des Penis zusammen (diese Falte ist beim Jungen/Mann zu sehen) und die weibliche Brust bleibt beim Jungen/Mann in einer nichtfunktionalen Form erhalten (Haeberle, 1985; Nieden, 2004). Beide Geschlechter haben sowohl weibliche als auch männliche Sexualhormone, aber die Mengen sind sehr unterschiedlich. Mit dem vorgeburtlichen Testosteroneinfluss verbunden ist das *Verhältnis von Zeigefinger- zur Ringfingerlänge.* Je mehr Testosteron beim Fötus ankommt, desto länger wird der Ringfinger, weshalb das Verhältnis von Zeigefinger- zur Ringfingerlänge bei Männern durchschnittlich niedriger ist als bei Frauen (Kraemer et al., 2007). Mädchen, die pränatal in einer jungentypischen Höhe dem Einfluss von Androgenen ausgesetzt sind, zeigen später eher jungentypisches Verhalten und häufiger eine homosexuelle Orientierung (siehe Kap. 5).

Die *Evolutionäre Neuroandrogenetische Theorie (ENA-Theorie)* nimmt an, dass die Geschlechtsunterschiede vor allem dadurch entstehen, dass Jungen zu Beginn des zweiten Schwangerschaftstrimesters, nach der Geburt zwischen dem 30. und 120. Lebenstag sowie in den Jahrzehnten nach Beginn der Pubertät in deutlich stärkeren Maße dem Hormon Testosteron ausgesetzt sind. Da die männlichen und weiblichen Gene beinahe gleich sind, konnten sich Frauen und Männer aber nicht völlig auseinanderentwickeln (Ellis, 2011; Hines et al., 2016). Die pränatale Wirkung der Sexualhormone zeigt sich auch daran, dass neugeborene Jungen ein stärkeres Interesse an bewegten Objekten, neugeborene Mädchen hingegen ein stärkeres Interesse an Gesichtern zeigen, was dafür spricht, dass das Gehirn durch die Wirkung der Hormone bereits bei der Geburt „vermännlicht“ oder „verweiblicht“ wurde (Connellan et al., 2000). Durch pränatale Ultraschalluntersuchungen konnte man bereits vor der 16. Schwangerschaftswoche bei männlichen Föten Erektionen mit einer Dauer von acht bis zehn Minuten beobachten. Beobachtet wurden zudem auch Berührungen der Genitalien (Graaf & Rademakers, 2006; Jacobovits, 2001; Schuhrke, 2015).

6.2 Kindheit

Das Sexualverhalten von Kindern lässt sich durch drei verschiedene Erhebungsmethoden erforschen: Erstens durch Beobachtungen von Eltern oder Erziehern, zweitens durch retrospektive Studien bei Erwachsenen und drittens durch Interviews mit Kindern. Beobachtungsstudien haben den Nachteil, dass die Beobachtungen vom Konzept des Beobachters abhängen, dass nur auszugsweise beobachtet werden kann und dass ältere Kinder sexuelle Handlungen oft verstecken. Ein beeindruckendes Beispiel für die Abhängigkeit der Beobachtungen vom Konzept der erwachsenen Beobachter ist, dass US-amerikanische Eltern kaum sexuelles Verhalten bei ihren Kindern wahrnehmen, während niederländische oder schwedische Eltern relativ viel beobachten, wobei es unwahrscheinlich ist, dass sich das Sexualverhalten der Kinder so stark national unterscheidet. Retrospektive Studien mit Erwachsenen haben den Nachteil, dass es für die Zeit bis zum dritten/vierten Lebensjahr keine Erinnerungen gibt und dass die Erinnerung oft verfälscht wird. Interviews mit Kindern sind nur mit älteren Kindern möglich und haben den Nachteil, dass möglicherweise nicht ehrlich geantwortet wird oder die Fragen zur Sexualität nicht verstanden werden (Graaf & Rademakers, 2006).

Bei der Geburt und im Säuglingsalter sind Erektionen des Penis keine Seltenheit, beispielsweise beim Wickeln. Auch bei neugeborenen Mädchen wurden Vaginallubrikationen und im ersten Lebensjahr Klitoriserektionen festgestellt. Die Orgasmusfähigkeit besteht spätestens vom vierten bis fünften Lebensmonat an, beispielsweise in Bauchlage durch rhythmische Bewegungen gegen eine Unterlage, wobei sich der Orgasmus physiologisch nicht vom Orgasmus Erwachsener unterscheidet (Sigusch, 2005). Im zweiten Lebensjahr sind Verhaltensweisen wie das Reiben der Genitalien gegen Gegenstände oder das rhythmische Zusammenpressen der Oberschenkel häufiger. Die gezielte Stimulation mit der Hand findet man eher erst mit dem dritten Lebensjahr (Graaf & Rademakers, 2006; Schuhrke, 1994, 2015). In der frühen Kindheit ist die intensive Masturbation, teilweise ohne Bewusstsein für die Umgebung, mit Stöhngeräuschen und mit Orgasmus, bei Mädchen mindestens so häufig wie bei Jungen, wobei diese Masturbation vergessen wird, da sie vor dem Alter des autobiografischen Gedächtnisses liegt. Weitere Verhaltensweisen in der frühen Kindheit sind das Berühren der Brüste weiblicher Personen, die Beobachtung anderer Menschen beim Ausziehen sowie das Zeigen der eigenen Geschlechtsteile gegenüber Kindern und Erwachsenen, wobei auch hier die Mädchen den Jungen keineswegs nachstehen (Graaf & Rademakers, 2006; Schuhrke, 1994, 2015). Die Häufigkeit der Masturbation nimmt vermutlich bis zum elften Lebensjahr ab oder sie wird nur von den Kindern erfolgreich versteckt und deshalb seltener beobachtet (Schuhrke, 2015). Es ist unklar, wie viel Prozent der Kinder insgesamt masturbieren. Nach einer Befragung bei holländischen und belgischen Müttern masturbieren bis zum Alter von elf Jahren ungefähr 60 % der Jungen und 40 % der Mädchen mit der Hand, 10 % der Jungen und 20 % der Mädchen masturbieren mit einem Gegenstand und etwa 10 % der Jungen und Mädchen reiben ihre Genitalien gegen andere Personen oder Möbelstücke (Sandfort & Cohen-Kettenis, 2000). Gerade die zuletzt genannte Verhaltensweise wird aber vermutlich nur von einer Minderheit der Erwachsenen als Masturbation interpretiert. Bei Kleinkindern und Kindern wurden auch gleich- und gegengeschlechtliche Doktorspiele beobachtet, wobei die gleichgeschlechtlichen Doktorspiele mit Ausziehen und Anschauen überwiegen. Daneben kommen auch das gegenseitige Berühren und Stimulieren der Genitalien vor sowie eher selten Kussspiele, oral-genitale Kontakte oder Einführungen in die Vagina. Zwang oder das Ausnutzen eines Altersunterschieds können bei Doktorspielen eine Rolle spielen. Das erste Interesse an den Genitalien des anderen tritt zumeist beim Urinieren auf (Schuhrke, 1994). Retrospektiv wurden als Gefühle bei den Doktorspielen Neugier, Aufgeregtheit und Glücksempfinden berichtet, aber auch Angst, Scham und Verlegenheit (Graaf & Rademakers, 2006). In einer retrospektiven Befragung bei jungen schwedischen Erwachsenen erinnerten sich 82.5 % der Befragten an Doktorspiele in der Kindheit (Larsson & Svedin, 2002). Sehr wichtig ist bereits im Kindesalter das Thema „Verliebtsein", auch wenn es mit Ärgern und Verspotten verbunden ist (Neubauer & Neubauer, 2012).

Ab wann kennen Kinder ihr Geschlecht? Babys können bereits männliche und weibliche Stimmen unterschiedlich kategorisieren und im Alter zwischen neun und zwölf Monaten die Geschlechter auch visuell unterscheiden, im Alter von zwei Jahren kennen aber die meisten Kinder ihr eigenes Geschlecht noch nicht. Im Alter von zweieinhalb Jahren gibt es mehr Treffer oberhalb der Zufallsrate und im Alter von drei Jahren wissen die meisten Kinder ihr Geschlecht. Sie können dann zumeist auch das Geschlecht anderer Personen zuordnen, wobei sie das Geschlecht an Äußerlichkeiten (z. B. Haarlänge und Kleidung) festmachen. Da das Geschlecht noch nicht als konstant angesehen wird, gilt auch der Wunsch nach einer Änderung des Geschlechts als erfüllbar. Es gibt noch Unsicherheiten über das Geschlecht bei Verkleidungen oder im Rollenspiel. Die Invarianz des Geschlechts wird erst im Alter von etwa sechs bis sieben Jahren verstanden. Kinder müssen hierzu zwischen äußerer Erscheinungsform und Wirklichkeit unterscheiden können und die biologischen Grundlagen der Geschlechtszugehörigkeit verstehen (Trautner, 1991, 2008).

Dass Kinder prinzipiell orgasmusfähig sind, die genitale Stimulation mögen, neugierig sind, Doktorspiele spielen und auch alle Anzeichen einer Verliebtheit (sowohl gleich- als auch gegengeschlechtlich) zeigen können, bedeutet nicht, dass die kindliche Sexualität gleichbedeutend wie die der Erwachsenen ist (Schmidt, 2004b). Freud war der Ansicht, dass die Sexualität der Kinder „polymorph pervers" sei, weil man bei Kindern nicht nur genitale Lust finde, sondern auch von ihm so bezeichnete Partialtriebe wie orale und anale Lust, Grausamkeit, Schau- und Zeigelust. Diese Partialtriebe finde man unverstellt bei Kindern; die Kinder seien die „polymorph Perversen". Auch wenn nach Freud (1905/1972) die gleichmäßige „Anlage zu allen Perversionen […] das allgemein Menschliche und Ursprüngliche" (S. 97) ist, so unterscheidet er doch grundsätzlich zwischen der kindlichen und der erwachsenen Sexualität und erwartet, dass die polymorph-perverse Triebenergie durch Sozialisation und Erziehung zur erwachsenen Sexualität verändert sowie zu Kultur und Arbeit sublimiert wird. Die kindliche Sexualität ist im Kontakt mit anderen nicht zielorientiert. Die sexuellen Handlungen erfolgen spontan, unbefangen, mit Neugier verbunden und eher egozentrisch. Kinder verstehen die soziale Funktion der Sexualität bei Erwachsenen noch nicht und müssen diese auch nicht verstehen. Deshalb sollten Erwachsene Kinder nicht zu sexuellen Spielen oder gar zum Koitus animieren. Die oft wiederholte Behauptung, in Eingeborenenkulturen wie beispielsweise bei den Trobriandern hätten Kinder Geschlechtsverkehr gehabt (Sigusch, 2005, S. 112), ist nach Schiefenhövel (2003) ein grobes Fehlurteil, weil Ethnologen den körperlichen Reifungsprozess falsch einschätzten und 14- bis 16-Jährige in europäischen Augen wie Zehnjährige aussahen. Erwachsene sollten nur in die kindliche Sexualität eingreifen, wenn ein Schaden vermieden werden muss oder wenn Zwang und Gewalt eine Rolle spielen. Eine zurückhaltende Sexualaufklärung sollte bereits im Kindergarten beginnen, nicht aber eine forcierte Sexualaufklärung, da Kindergartenkinder noch nicht alles wissen müssen, beispielsweise nicht die Technik des Vaginal-, Oral- oder Analverkehrs. So wie es bei Erwachsenen ein Recht auf Nichtwissen gibt (HIV- und Gendiagnostik nur bei Einwilligung der Person), so gibt es auch bei Kindern im Bereich der Sexualität ein Recht auf Unwissenheit. Die Beobachtung des Geschlechtsverkehrs der Eltern ist beispielsweise für Kinder keine hilfreiche Sexualaufklärung und auch kein angenehmes Erlebnis (Buddeberg, 2005).

6.3 Jugendalter

Das Jugendalter beginnt mit dem biologischen Vorgang der Pubertät, ausgelöst durch biologisch vorgeprägte Hormonausschüttungen. Sowohl der Beginn der Pubertät als auch das Entwicklungstempo während der Pubertät sind sehr variabel. Eine Geburtskohorte benötigt etwa zehn Jahre, bis für alle die biologische Entwicklung abgeschlossen ist. Die Pubertät der Mädchen beginnt ein bis zwei Jahre früher als die der Jungen, und zwar mit Fettablagerungen, der Rundung der Hüften sowie mit dem Wachsen der Brüste. Bei den Jungen beginnt die Pubertät mit dem Wachsen der Hoden, des Hodensacks und des Penis. Bei beiden Geschlechtern wachsen Schamhaare, zunächst glatt, dann gelockt. Bei den Mädchen wachsen die Eierstöcke, die Vagina, die Gebärmutter und die Schamlippen, bei den Jungen die Samenblasen, die Prostata und Barthaare (Oerter & Dreher, 2008). Bei Mädchen ändern sich die Körperformen stärker und sichtbarer als bei den Jungen (breitere Hüften, breitere Oberschenkel, Brüste). Mädchen nehmen in der Pubertät durchschnittlich elf Kilogramm an Körperfetten zu (Fend, 2003). Diese Fettzunahme ist biologisch sinnvoll, da sie Schwangerschaften, Geburten und Stillzeiten erleichtert und gegen Notzeiten absichert, steht aber dem gesellschaftlichen Schönheits- und Schlankheitsideal konträr entgegen (Hinz & Wagner, 2014).

Die Menarche erleben in Deutschland die Mädchen im Median mit 12.8 Jahren (Kahl et al., 2007), wobei die Zeitspanne etwa vom 11. bis zum 14. Lebensjahr dauert und es keine pathologische Abweichung ist, wenn die erste Menstruation mit 9 Jahren oder erst mit 18 Jahren erfolgt. Die überwiegende Mehrheit der Mädchen wird auf die Menarche vorbereitet: Nach einer Erhebung der

BZgA sagen 77 % der Mädchen (bei deutscher Herkunft), dass sie vorher Bescheid wussten und darauf vorbereitet waren, während 5 % völlig unvorbereitet waren (Bode & Heßling, 2015; Kluge, 1998). Die erste Ejakulation erfolgt bei den Jungen etwas später als die Menarche der Mädchen, wobei Jungen dazu neigen, verfrühte Angabe zur pubertären Entwicklung zu machen. 3 % der Mädchen und etwa 10 % der Jungen erleben die Menarche bzw. Ejakularche erst im 15. Lebensjahr oder später (Bode & Heßling, 2015). Bei deutscher Herkunft geben 55 % der Jungen an, dass sie auf die Ejakularche vorbereitet waren, während 10 % völlig ahnungslos waren (bei Migrationshintergrund waren 18 % völlig ahnungslos). Der Höhepunkt der sexuellen „Leistungsfähigkeit" im rein biologischen Sinne liegt bei Jungen „um das 18. Lebensjahr und nimmt danach langsam und stetig ab" (Maake, 2005, S. 27). Im Vergleich mit Jäger-Sammler-Kulturen erfolgt die Menarche heute etwa drei bis vier Jahre früher, was mit besserer Ernährung, selteneren Erkrankungen, einer besseren medizinischen Versorgung sowie geringerer körperlicher Arbeit zu tun hat (Jones & López, 2006). Die Auslösung der Menarche hat vor allem mit dem Körpergewicht zu tun. Sehr schlanke und sportliche Mädchen haben die Menarche später; ein höherer Body Mass Index (BMI) geht mit einer früheren Menarche einher. Auch Stressoren wie Scheidung der Eltern oder Verlust eines Elternteils sind mit einer Vorverlagerung der Menarche um etwa drei Monate verbunden. Gut belegt ist, dass der Pubertätsbeginn auch genetisch beeinflusst ist (Fend, 2003; Kracke & Silbereisen, 1994; Mustanski et al., 2004).

Kenntnisse über den Empfängniszeitpunkt geben 2/3 der Mädchen und 1/3 der Jungen an, wobei jeweils ein Drittel der Befragten mit dieser Selbsteinschätzung falsch liegt. Letztlich kann also nur jedes zweite Mädchen und jeder vierte Junge den Empfängniszeitpunkt sicher und richtig bestimmen (BZgA, 2006). Es fällt auf, dass vor allem Jungen kaum kompetente Ansprechpartner für den Themenbereich Sexualität haben, da Väter diese Aufgabe wenig wahrnehmen, Mütter hierfür nur bedingt geeignet sind und Mädchen zusätzlich noch Informationen von ihrer/m Frauenärztin/arzt erhalten, während bei Jungen diese ärztliche Seite fast gänzlich fehlt. Diese Lücke wird teilweise durch das Internet ausgeglichen, das von Jungen stärker als von Mädchen zur Sexualaufklärung herangezogen wird, wobei Jungen unter Sexualaufklärung im Internet vor allem Pornos verstehen.

Hinsichtlich der Häufigkeit der Selbstbefriedigung im Jugendalter gibt es einen großen Geschlechtsunterschied. Bei den 14-Jährigen geben 19 % der Mädchen und 54 % der Jungen an, dass sie sich in den letzten zwölf Monaten selbst befriedigt haben. Bis zum 18. Lebensjahr steigt dieser Anteil auf 44 % bei den Mädchen und auf 85 % bei den Jungen, bis zum 21. Lebensjahr auf 59 % der Mädchen und 88 % der Jungen (Bode & Heßling, 2015, S. 199).

Etwa die Hälfte der 14-Jährigen hat noch keine körperlichen Kontakte zum anderen Geschlecht. Mit 17 Jahren haben etwa 90 % der Jugendlichen schon einmal geküsst und etwa 2/3 haben Pettingerfahrungen, vor allem mit dem Streicheln der Brust, aber auch mit Genitalpetting (Bode & Heßling, 2015). Zur Häufigkeit von Oralsex wurden in der Erhebung der BZgA keine Daten erhoben. In einer US-amerikanischen Studie hatten etwa 20% der 16– bis 17-Jährigen Oralsex (Herbenick et al., 2010).

Der Anteil Jugendlicher mit Erfahrung beim Geschlechtsverkehr steigt mit dem Alter kontinuierlich an. Erfahrung mit Vaginalsex haben 6% der 14-Jährigen, 19% der 15-Jährigen, 39% der 16-Jährigen, 58% der 17-Jährigen, 69% der 18-Jährigen, 77% der 19-Jährigen, 84% der 20-Jährigen und 89% der 21-Jährigen (Bode & Heßling, 2015). Mädchen haben etwas früher Geschlechtsverkehr als die Jungen, was vermutlich sowohl mit dem unterschiedlichen Tempo der körperlichen Entwicklung als auch mit Altersunterschieden in Beziehungen zu tun hat. Im langzeitlichen Trend zeigt sich, dass sich der Beginn des ersten Geschlechtsverkehrs in den letzten 40 Jahren wenig geändert hat (Neubauer & Neubauer, 2012).

Die oft publizistisch beklagte Vorverlagerung sexueller Erfahrungen hat nicht stattgefunden.

Die Voraussetzung für Vaginalsex ist bei fast allen Jugendlichen eine enge emotionale Bindung an den Partner (feste Liebesbeziehung mit Treue). Die typische Partnerschaftsform im Jugendalter und im frühen Erwachsenenalter ist die „passagere Monogamie vor der Ehe“ (Sigusch, 2005, S. 3). Eher selten ist das „erste Mal“ vor allem für den sozialen Status wichtig (Matthiesen, 2013). Risikofaktoren für frühzeitigen Vaginalsex sind Alkoholkonsum, geringe Aufsicht und Unterstützung durch die Eltern, sexueller Missbrauch, schlechte Schulnoten und geringe Bildung sowie ein hohes Bedürfnis nach Konformität mit Gleichaltrigen (Grob & Jaschinski, 2003, S. 83–85).

Für etwa ein Drittel der Jugendlichen und jungen Erwachsenen war das „erste Mal“ auf den Tag genau vorhersehbar, für die anderen hingegen eher überraschend. Für 28% der Mädchen/Frauen und 7% der Jungen/Männer war der erste Vaginalsex etwas Unangenehmes und für 20% der Mädchen/Frauen und 16% der Jungen/Männer nichts Besonderes. Ein schlechtes Gewissen dabei hatten 13% der Mädchen/Frauen und 8% der Jungen/Männer. Als etwas Schönes haben 51% der Mädchen/Frauen und 76% der Jungen/Männer das „erste Mal“ erlebt (Bode & Heßling, 2015, S. 132). Berücksichtigen muss man jedoch, dass die Angaben der Jungen/Männer möglicherweise durch soziale Erwünschtheit verfälscht sind. Ganz ähnliche Ergebnisse ergaben sich in einer US-amerikanischen Studie, wobei hier jeweils zwischen der physischen und der psychischen Befriedigung beim „ersten Mal“ unterschieden wurde. Die Hälfte der befragten Mädchen/Frauen erlebten wenig oder gar keine physische Befriedigung und etwa 23% eine moderate Befriedigung, während die Jungen/Männer überwiegend befriedigt waren. Hinsichtlich der psychischen Befriedigung waren die Geschlechtsunterschiede geringer. Immerhin 6% der afroamerikanischen und 3% der kaukasischen US-Mädchen/Frauen gaben an, dass das „erste Mal" gegen ihren Willen erfolgte (Higgins et al., 2010).

Fast die Hälfte der befragten Mädchen/Frauen und auch ein großer Teil der Jungen/Männer haben das „erste Mal" nicht positiv erlebt.

Hinsichtlich des Zeitpunkts des ersten Geschlechtsverkehrs sind im Rückblick ein Drittel der Mädchen und etwa jeder siebte Junge der Meinung, dass es zu früh gewesen sei, während ungefähr jedes zwölfte Mädchen und jeder fünfte Junge den Zeitpunkt des „ersten Mals" im Rückblick als zu spät ansehen (Bode & Heßling, 2015, S. 134). Bei den Einschätzungen des „ersten Mals" als zu spät spielt bei den Jungen vermutlich die Männlichkeitsideologie eine Rolle. Der erste Geschlechtsverkehr ist für Jungen als Beweis für die männliche Normalität ungleich wichtiger als für Mädchen. Viele männliche Jugendliche sind der Auffassung, dass man erst dann ein „richtiger" Mann ist, wenn man es „geschafft" hat, mit einem Mädchen oder einer Frau zu schlafen. Durch die Medien und diverse Vorbilder erfahren Jungen, dass sie es sind, die aktiv sein müssen. „Richtige" Jungen sind fordernd, wollen weniger Zärtlichkeit als Sex, und vor allem wollen und können sie immer, egal wie es ihnen geht. Da die Kontaktaufnahme immer noch vornehmlich Aufgabe der Jungen ist, müssen sie häufiger als Mädchen mit der Enttäuschung leben, abgelehnt zu werden. Die traditionelle Männlichkeitsideologie verbindet Männlichkeit mit heterosexuellen Erfahrungen, weshalb Jungen häufiger und prahlender über Sex reden als Mädchen (Neutzling, 2000; Winter, 1994). Das Jugendalter ist für homosexuell Orientierte oft die Lebensphase des Coming-outs, wobei dies manchmal auch erst später erfolgt (siehe Kap. 5.5).

Etwa 3/4 der Jugendlichen verhüten beim ersten Mal mit dem Kondom, knapp die Hälfte mit der Pille (Mehrfachnennungen waren möglich), 7% mit sonstigen Methoden (z. B. Tagemethode) und 8% verwenden gar keine Verhütungsmethode (Bode & Heßling, 2015) (Zum Vergleich: In den USA verhüten 26% beim ersten Mal gar nicht; Higgins et al., 2010). Ungeschützter erster Geschlechtsverkehr ist besonders häufig bei Sex mit einem wenig bekannten Sexualpartner, bei niedriger Bildung sowie bei Jungen mit Migrationshintergrund. Keine Verhütung beim ersten Geschlechtsverkehr findet man in Deutschland bei 23% der Jungen mit Migrationshintergrund und Hauptschulbesuch, aber nur bei 3% der Mädchen ohne Migrationshintergrund und höherer Bildung (Bode & Heßling, 2015). Als Gründe für die Nicht-Verhütung beim „ersten Mal" wird angeführt, dass es zu spontan kam, dass man gehofft habe, dass schon nichts passieren werde, dass Alkohol oder Drogen im Spiel waren, dass man „aufpassen wollte", dass man sich nicht getraut habe, das Thema Verhütung anzusprechen, dass man sich auf den Partner verlassen habe oder dass man keine Kondome zur Hand gehabt habe (Bode & Heßling, 2015). Während sich Mädchen und Frauen beim Geschlechtsverkehr eine Schwangerschaft „einhandeln" und sich leichter infizieren können, haben Jungen und Männer häufig subjektiv das Gefühl, beim Vaginalsex nur etwas abzugeben, nicht aber sich etwas „einfangen" zu können. Die effektive Nutzung von Kondomen setzt ein hohes Maß an sexueller Sicherheit voraus, die Jugendliche zumeist nicht haben. Deshalb gehen sie „tendenziell eher das ‚abstraktere' Risiko einer HIV-Infektion" ein „als das ‚aktuelle' Risiko, der gerade so schönen Erektion die Gummimütze überzustülpen und sich damit der Lächerlichkeit preiszugeben" (Munding, 1996, S. 220).

Die Rate der Teenager-Schwangerschaften liegt in Deutschland wie in vielen europäischen Ländern vergleichsweise niedrig und ist ebenfalls wie in vielen Ländern seit Jahren rückläufig. Im internationalen Vergleich fällt auf, dass die Rate der Teenager-Schwangerschaften in den USA, in Großbritannien und in einigen osteuropäischen Staaten (Rumänien, Bulgarien) mindestens doppelt so hoch liegt wie in Deutschland. Bei einigen Staaten hat dies vor allem mit bestimmten Minoritäten zu tun, in Rumänien und Bulgarien mit der Roma-Kultur, in den USA mit Jugendlichen afroamerikanischer, indianischer oder hispanischer Herkunft. Etwa 90 % der Teenagerschwangerschaften sind ungewollt. In Deutschland sind Teenagerschwangerschaften häufiger bei geringer Bildung und Arbeitslosigkeit (Brachat-Schwarz, 2017).

6.4 Frühes und mittleres Erwachsenenalter

Das Sexualverhalten im frühen und mittleren Erwachsenenalter hat viel mit der familiären Situation zu tun, beispielsweise mit einer Schwangerschaft oder mit der Anwesenheit von Kindern. Bei der Geburt des ersten Kindes ist in Deutschland die Mutter in Durchschnitt bereits 30.1 Jahre alt, was zehn Jahre später ist als in Jäger- und Sammler-Kulturen (Statistisches Bundesamt, 2020b; Jones & López, 2006). Wichtiger als das Vorhandensein von Kindern ist für das Sexualverhalten jedoch, ob man allein oder mit einem Partner lebt. Gut belegt ist, dass Singles viel seltener Sex haben als Paare. In Deutschland leben etwa 20 % der Bevölkerung in Ein-Personen-Haushalten. Jüngere Frauen und Frauen mittleren Alters (bis 59 Jahre) leben viel seltener allein als gleichaltrige Männer (teilweise gibt es doppelt so viele männliche wie weibliche Singles). Erst nach dem 59. Lebensjahr steigen die weiblichen Single-Haushalte durch Verwitwung stark an. In den Paarbeziehungen (Ehe oder Lebensgemeinschaft) sind bei etwa 70 % der Beziehungen die Männer älter und bei etwa 20 % die Frauen älter (Baumann et al., 2018).

Zum Sexualverhalten Erwachsener gibt es keine aktuellen repräsentativen Erhebungen. Die letzte repräsentative Erhebung war die in den USA durchgeführte NHSLS-Studie (Michael et al., 1994) mit einer Teilnehmerquote von 79 % (siehe Kap. 2.6.3). Behelfsweise sollen hier die Ergebnisse einer deutschen Mehrthemenbefragung von Haversath et al. (2017) mit einer Teilnehmerquote von etwa 70 % sowie einer US-amerikanischen Studie mit einer Teilnehmerquote von 47 % (Herbenick et al., 2017) herangezogen werden. In Deutschland hatten in der Lebenszeitprävalenz bei den 25- bis 59-jährigen Frauen 95 % Vaginalverkehr, 61 % aktiven Oralsex, 64 % passiven Oralsex und 25 % Analsex und bei den gleichaltrigen Männern 97 % Vaginalverkehr, 70 % aktiven Oralsex, 73 % passiven Oralsex, 6 % passiven Analsex und 29 % aktiven Analsex. Im Trend als auch im Vergleich mit Erwachsenen im höheren Lebensalter zeigt sich deutlich, dass die jeweils jüngere Generation deutlich mehr Erfahrung mit Anal- und Oralsex hat (Haversath et al., 2017). Sowohl für Anal- als auch für Oralsex liegt die Lebenszeiterfahrung in der US-amerikanischen Studie von Herbenick et al. (2017) deutlich höher, was jedoch an einer Stichprobenverzerrung durch die geringere Teilnehmerquote liegen kann. Erfragt wurden vielfältige sexuelle Verhaltensweisen: Bei 40- bis 49-Jährigen machten jemals Erfahrungen mit Sex im Freien 56 %, mit Fesselungsspielen 26 %, mit Masturbation vor dem Partner 56 %, mit Rollenspielen 29 %, mit der Verwendung von Peitschen 21 %, mit Auf-den-Hintern-Schlagen („spanking") 40 %, mit der Vibrator/Dildo-Verwendung 51 %, mit der Verwendung von Anal-Sextoys 22 %, mit dem Senden von Nacktfotos (28 %), mit dem Besuch einer Swingerparty 6 % und mit dem Besuch einer BDSM-Party 5 % (Herbenick et al., 2017). Das Tragen von Reizwäsche kommt eher bei Frauen vor (75 %), bei Männern eher das Saugen/Lecken an Zehen (29 %), das Einnehmen von potenzsteigernden Mitteln (19 %), das Ansehen von Pornos (90 %), das Erleben eines „Dreiers" (23 %) und das Erleben von Gruppensex (15 %) (Herbenick et al., 2017). Berücksichtigt werden muss jedoch, dass Männer bei Angaben zu den Sexualerfahrungen gerne übertreiben und dass bei Erhebungen zur Sexualität „Verweigerer" eher eine traditionellere Einstellung zur Sexualität haben, seltener masturbieren, geringere sexuelle Erfahrungen haben und weniger an sexuellen Variationen interessiert sind (Crooks & Baur, 1990; Hyde & DeLamater, 2006; Strassberg & Lowe, 1995; Wagstaff et al., 2000).

Ähnlich wie im Jugendalter gibt es auch im Erwachsenenalter einen deutlichen Geschlechtsunterschied hinsichtlich der Häufigkeit der Selbstbefriedigung (Bode & Heßling, 2015; Dekker & Matthiesen, 2015; Michael et al., 1994; Petersen & Hyde, 2010; Richters et al., 2014). Dabei gibt es in festen Partnerschaften zunehmend „eine friedliche Koexistenz von Solo- und Paarsexualität" (Böhm & Matthiesen, 2016, S. 21). Es gibt Geschlechtsunterschiede hinsichtlich der Motive bei der Selbstbefriedigung: Männer greifen häufiger zur Selbstbefriedigung als Kompensation für einen fehlenden Sexpartner oder für zu seltenen Sex mit dem Partner, Frauen hingegen greifen häufiger zur Selbstbefriedigung als Mittel der Vervollständigung, auch wenn sie mit der Häufigkeit des Partnersex zufrieden sind (Regnerus et al., 2017). Nach einer Interviewstudie von Böhm und Matthiesen (2016) teilen bei der Selbstbefriedigung Männer und Frauen die Motive „Entspannung" und das „Vorhandensein sexueller Erregung", während die Motive „Triebabfuhr" und „Zerstreuung" eher von Männern genannt werden und das Motiv „Körperentdeckung" ausschließlich von Frauen genannt wird.

Schmidt et al. (2004) untersuchten in einer Interviewstudie (N = 776), wie sehr der Beziehungsstatus, das Lebensalter, das Vorhandensein und das Alter der Kinder sowie die Dauer der Beziehung die Sexhäufigkeit beeinflussen. Als wichtigster Faktor stellte sich der Beziehungsstatus heraus: *60-Jährige in einer Beziehung hatten durchschnittlich drei- bis viermal häufiger Vaginalsex als 30-jährige Singles.* Der zweitwichtigste Faktor für die Sexhäufigkeit war die Dauer der Beziehung. Die Koitusfrequenz sank mit der Dauer der Beziehung, und zwar unabhängig vom Lebensalter. 30-Jährige, 45-Jährige und 60-Jährige haben in etwa dieselbe Koitusfrequenz, wenn ihre Beziehung dieselbe Dauer hat. Die Koitusfrequenz ist zu Beginn einer Beziehung recht hoch, sinkt dann bis zum sechsten Beziehungsjahr und bleibt danach im Wesentlichen konstant. Ein weiterer Faktor, der die Koitusfrequenz reduziert, sind kleine Kinder (Schmidt et al., 2004). Buddeberg (2005) bezeichnet Kinder als „Sexualhemmer" (S. 125). Zudem beeinflusst auch eine Schwangerschaft die Koitusfrequenz. Im Verlauf einer Schwangerschaft sinkt die Koitusfrequenz von etwa neunmal im Monat auf drei- bis viermal im Monat im dritten Schwangerschaftstrimester und sinkt dann weiter auf einmal im Monat vor der Geburt und steigt dann wieder auf ein- bis dreimal im Monat nach der Geburt an, wobei ein kleine Gruppe bis zum zweiten Jahr nach der Geburt keinen Geschlechtsverkehr hat. Immerhin 13 % der Männer berichteten von einem negativen Einfluss ihrer Anwesenheit bei der Geburt auf die Partnersexualität (Sydow, 2014).

Anders als Medien wie Spielfilme etc. dies suggerieren, findet Sex im Erwachsenenalter fast ausschließlich in festen Langzeitbeziehungen statt, während sexuelle Außenbeziehungen oder Single-Sex quantitativ gesehen kaum eine Rolle spielen. Auch qualitativ ist der Sex nach empirischen Erhebungen in der monogamen Langzeitbeziehung befriedigender als der Single-Sex, was an der Sicherheit, an dem Verbringen von mehr Zeit sowie an der größeren Motivation zur Befriedigung des Partners liegen kann (Schwartz & Kempner, 2015).

6.5 Höheres Erwachsenenalter

Die Bedeutung der Funktionen der Sexualität (siehe Kap. 1.1) ändert sich im höheren Erwachsenenalter. Bei Frauen und zumeist auch bei Männern hat die Fortpflanzungsfunktion keine Bedeutung mehr. Auch die Sozialfunktion der

Sexualität dürfte bei den meisten im höheren Erwachsenenalter weniger wichtig werden, außer bei einer neuen Beziehungsbildung, beispielsweise nach der Verwitwung. Häufiger Sex trägt zu Beginn einer Paarbildung dazu bei, die Beziehung aufzubauen und zu erkunden. Bei längeren Beziehungen ist der gemeinsame Sex nach Auffassung von Schmidt et al. (2004) für die Aufrechterhaltung der Bindung nicht mehr essentiell. Andererseits zeigt eine Studie von Call et al. (1995) eine signifikante Korrelation zwischen ehelicher Zufriedenheit und der Häufigkeit von Partnersex. Die Identitätsfunktion der Sexualität ist im höheren Lebensalter bedeutsam, da Sexualität als wichtiger Bereich für die Lebensqualität angesehen wird (Buddenberg, 2005). Hinsichtlich der Gesundheitsfunktion ist unklar, ob Sex im höheren Erwachsenenalter nur ein Indiz für Gesundheit ist oder ob Sex im höheren Lebensalter zur Gesundheit beiträgt.

Auf die Wirkung eines fatalen gesellschaftlichen Sexualtabus weist Amendt (1970/1978) hin: „Einer der unmenschlichsten und terroristischsten Unterdrückungsmechanismen in dieser Gesellschaft besteht darin, daß man älteren und alten Menschen einredet, sie seien im Alter zur Sexualität unfähig“ (S. 129). Viele Kinder sehen ihre Eltern als asexuell an und können sich Sex bei ihren Großeltern erst recht nicht vorstellen (Schwartz & Kempner, 2015, S. 92). Sex im höheren Lebensalter hängt bei verheirateten Paaren von der körperlichen und psychischen Gesundheit beider Partner ab. Als Beeinträchtigungen der Sexualität werden Erkrankungen wie Bluthochdruck, Arthritis/Rheuma, Diabetes, Depressionen, Prostatavergrößerung und Prostatakrebs erlebt. Als Erleichterungen werden die nicht mehr notwendige Verhütung und die zeitliche Flexibilität angesehen, da weder auf Arbeitszeiten noch auf anwesende Kinder Rücksicht genommen werden muss. Die Orgasmusfähigkeit bleibt im höheren Lebensalter erhalten (Männer leiden seltener unter Ejaculatio praecox), ebenso wie die Größe der Klitoris und des Penis (Veale, Miles, Bramley et al., 2015). Die Lubrikation der Schamlippen und die Erektionsfähigkeit des Penis lassen im höheren Lebensalter deutlich nach. Die Erektion des Penis ist von geringerer Härte und von kürzerer Dauer und die Refraktärzeit ist länger (Buddeberg, 2005). Bei einigen Frauen sorgt die Menopause für Beschwerden wie nächtliches Schwitzen, Schlaflosigkeit, Stimmungsschwankungen und Reizbarkeit, wobei dies das Sexualleben jedoch zumeist weniger beeinflusst als körperliche Erkrankungen (Schwartz & Kempner, 2015, S. 93/4). Grundsätzlich gilt für die Sexualorgane dasselbe wie für alle Organe: Wenn man sie nicht benutzt, verliert man sie (use it or lose it) (Hyde & DeLamater, 2006, S. 307; Roach, 2009, S. 218).

Wie im frühen und mittleren Erwachsenenalter findet auch der Sex im höheren Erwachsenenalter nahezu ausschließlich in Paarbeziehungen statt. Frauen haben (unabhängig vom Weltkrieg, da für die Schweiz berechnet) ein größeres Verwitwungsrisiko als Männer (Höpflinger, 2013, S. 48), da erstens die Lebensdauer der Männer deutlich kürzer ist und zweitens bei der Eheschließung die Frauen zumeist jünger waren. Während verwitwete Männer häufig wieder heiraten können, stehen Frauen im höheren Lebensalter einem großen Männermangel gegenüber. So heirateten 65 % der Männer der Jahrgänge 1911 bis 1922 nach der Verwitwung, aber nur 36 % der Frauen dieser Jahrgänge (Baas et al., 2008, S. 14).

Das Sexualverhalten im höheren Erwachsenenalter hat vor allem mit dem Partnerstatus zu tun. Bei Verheirateten fanden Karraker und DeLamater (2013), dass 87 % der 57- bis 64-Jährigen im letzten Jahr sexuell aktiv waren, 70 % der 65- bis 74-Jährigen und 47 % der 75- bis 85-Jährigen. Ab dem 75. Lebensjahr überwiegen also die sexuell inaktiven Paare. Etwa 5 % der 57- bis 64-Jährigen, 3 % der 65- bis 74-Jährigen und 2 % der 75- bis 85-Jährigen haben drei- bis siebenmal in der Woche Sex. 27 % der 57- bis 64-Jährigen, 20 % der 65- bis 74-Jährigen und 7 % der 75- bis 85-Jährigen geben an, ein- bis zweimal in der Woche Sex zu haben. Es gibt also bei den Verheirateten eine Minderheit, die auch jenseits des 75. Lebensjahres noch sexuell sehr aktiv ist. Unabhängig von der Partnersituation geben in einer anderen US-Studie bei den über 70-Jährigen 46 % der Männer und 33 % der Frauen an, dass sie im letzten Jahr masturbiert hatten (DeLamater, 2012). Das sexuelle Interesse älterer Menschen korreliert mit ihrer Biografie: Wenn Sexualität in jüngeren Jahren wichtig war, so behält die Sexualität auch im höheren Lebensalter diesen Stellenwert (Buddeberg, 2005).

Die Anteile von Männern mit erektiler Dysfunktion steigen mit dem Alter an. Immer wieder zitiert wird die Massachusetts Male Aging Study, die Ende der 1980er Jahre durchgeführt wurde. Eine vollkommene erektile Dysfunktion zeigte sich bei 5 % der 40-Jährigen und bei 15 % der 70-Jährigen. Eine vollkommene, moderate oder minimale erektile Dysfunktion wurde bei 40 % der 40-Jährigen und bei 70 % der 70-Jährigen festgestellt, wobei die Veränderungen zwischen dem 40. und 70. Lebensjahr linear verliefen. Ein höheres Risiko für eine erektile Dysfunktion zeigte sich bei Männern mit geringerem Bildungsabschluss, mit Diabetes, mit Herzerkrankungen und mit Bluthochdruck, wobei der Tabakkonsum jeweils mit allen Risikofaktoren assoziiert war (Levy, 1994). Empirische Studien zeigen, dass Änderungen des Lebensstils wie eine Tabakabstinenz oder eine BMI-Reduktion wirksam sind bei der Behebung der erektilen Dysfunktion (Pourmand et al., 2004). Wenn der Partnersex im Alter aufgegeben wird, liegt dies häufiger an den Männern als an den Frauen (Hyde & DeLamater, 2006). Häufige organische Ursachen der erektilen Dysfunktion sind unerwünschte Nebenwirkungen von Medikamenten, operative Eingriffe im Abdominal-, Becken- und Urogenitalbereich sowie kardiovaskuläre und nervale Erkrankungen (Sigusch, 2005). Bei hoher sportlicher Aktivität sind Erektionsschwierigkeiten im Alter seltener (Buddeberg, 2005).

Ein Modell erfolgreichen Alterns ist das von Paul und Margret Baltes (1989) konzipierte *SOK-Modell, das für Selektion, Optimierung und Kompensation steht.* Dieses Modell kann auch für das Sexualverhalten im höheren Lebensalter angewandt werden. Selektion kann hier bedeuten, dass man nur gesundheitsverträgliche Positionen beim Vaginalsex verwendet (beispielsweise als Folge von Hüftgelenksersatz bei einem oder bei beiden Partnern), dass man den Vaginalsex verkürzt oder dass man auf ihn verzichtet und auf Oralsex, Petting oder Partnermassage umstellt. Optimierung bedeutet, dass man im ausgewählten Bereich sexuellen Handelns (z. B. Petting) die Fertigkeiten verbessert und Variationsmöglichkeiten erprobt. Kompensation bedeutet, Sexspielzeuge wie Dildos oder Vibratoren einzusetzen (beispielsweise für Männer zur Prostatamassage), Gleitmittel zur Kompensation von Lubrikationsproblemen zu verwenden, körperliche Problemzonen durch Reizwäsche und/oder Kerzenlicht zu verdecken oder in einem aktiveren Vorspiel den Penis manuell oder oral zur Erreichung der Erektion zu stimulieren. Oft fällt es älteren Menschen schwer zu begreifen, dass guter Sex etwas anderes sein könnte als Vaginalsex, weshalb dann unnötigerweise das Sexualleben ganz eingestellt wird. Westheimer (2008) empfiehlt verschiedene Sexspiele, das Verschenken von Gutscheinen für verschiedene sexuelle Handlungen, den Einsatz von Rollenspielen oder das Ansehen von Filmen, die ältere Paare beim Sex zeigen. DeLamater und Sill (2005) vertreten die Auffassung, dass ältere Paare mit dem Liebe machen sollten, was sie haben. *Hände, Lippen und die Zunge seien zuverlässig, Penis und Vagina seien es nicht.* Wenn der Vaginalsex wegen einer fehlenden Erektion oder Lubrikation nicht funktioniere, müsse man gewohnheitsmäßig auf Oralsex oder Petting ausweichen. Interessanterweise vertrat der Kulturphilosoph Herbert Marcuse (1957/1980) für alle Menschen die Auffassung, dass die „Abnahme des genitalen Supremats" anzustreben sei und dass es um die „Reaktivierung aller erogenen Zonen" sowie um das „Wiederaufleben der prägenitalen polymorphen Sexualität" (S. 199) gehe. Es gehe dann nicht mehr primär darum, die Genitalien mit denen einer anderen Person in Kontakt zu bringen. Ziel sei vielmehr die Erotisierung des Gesamtorganismus und die Lustgewinnung aus Körperzonen (Marcuse, 1957/1980, S. 202). Die von Marcuse geforderte Abkehr von der genitalen Sexualität bezog sich nicht auf einen bestimmten Lebensabschnitt, aber sein utopisches Konzept passt gut zu einer Form von Sexualität, die im höheren Lebensalter attraktiver sein könnte als das sture Festhalten an der genitalen Sexualität mit Kompensationsmöglichkeiten wie Viagra, Penisinjektionen (Schwellkörper-Autoinjektionstherapie = SKAT), Vakuumpumpen oder Penisimplantaten (Sigusch, 2005).

Es fällt Ärzten oft schwer, das Thema Sexualität anzusprechen, beispielsweise im Zusammenhang mit diagnostischen Untersuchungen, körperlichen Erkrankungen oder Operationen. So zeigte eine Fragebogenerhebung in den USA (bei einer geringen Rücklaufquote), dass nur 20 % der Operateure ein sehr kurzes Gespräch über Sex und die nötige Karenzzeit nach einer Hüftgelenksoperation führten. Dies trägt zu schweren Komplikationen wie beispielsweise eine Hüftluxation durch Vaginalverkehr nach Hüftgelenksersatz bei (Grote et al., 2008).

Zum Zusammenhang zwischen sexueller Aktivität im höheren Lebensalter und verschiedenen gesundheitlichen Daten gibt es viele Studien. Größere sexuelle Aktivität im höheren Lebensalter korreliert mit besseren kognitiven Fähigkeiten (Wortflüssigkeit und Raumorientierung). Als mögliche Kausalerklärung für diesen Zusammenhang wurde diskutiert, dass sexuelle Aktivität zu einer erhöhten Dopaminausschüttung führe, die sich positiv auf das Arbeitsgedächtnis auswirke (Wright et al., 2019). Viele Studien zeigen einen Zusammenhang zwischen sexueller Aktivität und Langlebigkeit. So konnten beispielsweise Seldin et al. (2002) mit den Daten einer lebenslangen Längsschnittstudie (Terman-Studie) zeigen, dass Frauen, die während des Geschlechtsverkehrs regelmäßig einen Orgasmus erreichten, länger lebten. In einer schwedischen Studie fand man bei verheirateten 70-jährigen Männern, dass deren Mortalität höher war, wenn sie schon früh den Geschlechtsverkehr aufgegeben hatten (Persson, 1981). Davey Smith et al. (1997) konnten für Männer zwischen 45 und 59 Jahren ein um 50 % verringertes Mortalitätsrisiko für Männer mit hoher Orgasmusfrequenz belegen. Es handelt sich bei den angeführten Studien um Korrelationsstudien, und der Kausalzusammenhang ist vermutlich fast immer so, dass ein guter Gesundheitsstand sowohl zu einer höheren Sexfrequenz als auch zur Langlebigkeit führt. Zudem gibt es weitere konfundierende Variablen wie die Art der Berufstätigkeit (körperlich arbeitende Männer hatten eine geringere Orgasmusfrequenz und eine höhere Sterblichkeitsrate) und der Tabakkonsum.

Zumeist wird als Ergebnis dieser Studien empfohlen, auch im höheren Lebensalter ein sexuell aktives Leben zu führen. Eine Langzeitstudie über fünf Jahre bei älteren (57–85 Jahre) US-amerikanischen Frauen (N = 1 158) und Männern (N = 1 046) kommt allerdings für Männer zu einer gegenteiligen Empfehlung (Liu et al., 2016). Nach den Daten dieser Studie erhöhte sich in den nächsten fünf Jahren für Männer, die mindestens einmal in der Woche Sex hatten, die Wahrscheinlichkeit eines Herzinfarktes, einer Herzinsuffizienz oder eines Schlaganfalls im Vergleich zur Gruppe der Männer ohne sexuelle Aktivität oder mit nur gelegentlicher sexueller Aktivität (zwei- bis dreimal im Monat). Zudem fanden sie eine signifikante Erhöhung des Auftretens eines Herzinfarkts, eines Schlaganfalls oder einer Herzinsuffizienz, wenn von Männern die sexuelle Aktivität als körperlich und emotional sehr befriedigend erlebt wurde. Bei Frauen hingegen fanden sie bei körperlich und emotional befriedigender Sexualität signifikant seltener Bluthochdruck. Über die Ursachen der gefundenen Zusammenhänge (möglicherweise Einnahme von Viagra bei häufiger sexueller Aktivität) konnten die Autoren dieser Studie nur spekulieren.

Zuverlässige Zahlen zur Wahrscheinlichkeit des Todes beim Sex gibt es nicht. Von Rechtsmedizinern wurde dargelegt, dass vor allem der Sex mit der jungen Geliebten oder Prostituierten gefährlich sei. Es mag plausibel sein, dass außerehelicher Sex das Herz-Kreislaufsystem mehr belastet. Andererseits ist aber auch klar, dass es nur zum Tod im Bordell oder bei der Geliebten Daten gibt, da der Tod durch Sex im Ehebett nahezu nie offengelegt wird. In einer deutschen Studie (Parzeller et al., 1999) fand man bei 21 000 Obduktionen 39 Fälle (0.29 %), bei denen der Tod beim oder nach dem Geschlechtsverkehr oder bei der manuellen Stimulation eingetreten war. Der reale Prozentsatz liegt aber vermutlich deutlich höher, da man nach dem Tod durch Sex mit dem Ehepartner keine Obduktion durchführen lassen wird (Roach, 2009).

Zusammenfassung

Die sexuelle Entwicklung beginnt im Mutterleib und wird durch Sexualhormone gesteuert. Zu Beginn des zweiten Schwangerschaftstrimesters, zwischen dem 30. und 120. Lebenstag und ab der Pubertät sind Jungen/Männer in deutlich stärkerem Maße dem Sexualhormon Testosteron ausgesetzt. Die Erektionsfähigkeit besteht bei Jungen bereits vor der Geburt. In der frühen Kindheit ist die intensive Masturbation, teilweise ohne Bewusstsein für die Umgebung und mit Orgasmus, bei Mädchen mindestens so häufig wie bei Jungen. Die kindliche Sexualität ist anders als die Sexualität der Erwachsenen. Fast alle Mädchen werden auf ihre erste Menstruation vorbereitet. Eine Vorverlagerung sexueller Erfahrungen im Jugendalter hat nicht stattgefunden. Fast die Hälfte der Mädchen und auch viele Jungen erleben das „erste Mal" nicht positiv. Im Erwachsenenalter findet Vaginalsex fast ausschließlich in festen Paarbeziehungen statt. Auch im höheren Erwachsenenalter sind viele Männer und Frauen sexuell aktiv. Bei gesundheitlichen Einschränkungen ist es für das sexuelle Glück nach dem SOK-Modell besonders wichtig, befriedigende Alternativen zu finden (Selektion), diese Alternativen zu optimieren und passende Hilfsmittel einzusetzen.

Überprüfungsfragen

a) Wodurch wird das Geschlecht des Kindes festgelegt?
b) Je mehr Testosteron beim Fötus ankommt, desto länger wird der ...finger.
c) In welchem Alter haben Jungen zum ersten Mal Erektionen?
d) In welchem Alter sind Jungen und Mädchen orgasmusfähig?
e) Im Vergleich mit Jäger-Sammler-Kulturen erfolgt die Menarche heute etwa ... Jahre früher.
f) Was versteht man unter dem SOK-Modell und welche Bedeutung hat dieses Modell für die Sexualität im höheren Erwachsenenalter?

Fragen zum Nachdenken/Übungsanregungen

a) Der zehnjährige Raoul wurde in den USA verhaftet und kam sieben Wochen in ein Jugendgefängnis, weil eine Nachbarin beobachtet hatte, wie er seiner fünfjährigen Schwester im Garten die Hose auszog und sie im Intimbereich berührte und küsste. Wie sähe in diesem Fall ein angemessenes pädagogisches Verhalten aus?

b) „Die siebenjährige Petra berichtet beim Mittagessen freudestrahlend, sie habe heute in der Schule zwölf Franken verdient. Auf nähere Fragen der Mutter erzählt sie, dass sie sich in der Pause auf dem Schulhof splitternackt ausgezogen habe und dafür von jedem Jungen ihrer Klasse einen Franken erhalten habe" (Buddeberg, 2005, S. 108). Wie reagieren Sie?

c) Sie und Ihr Freund/Ihre Freundin überlegen zusammenzuziehen. Ihr Freund/Ihre Freundin hat Bedenken wegen der Befürchtung, dass sie beide dann seltener gemeinsam Sex haben werden. Ist dieser Einwand Ihrer Meinung nach berechtigt, und was könnten Sie tun, damit sich Ihr gemeinsames Sexleben nicht reduziert?

d) Haben Sie schon mal mitbekommen, dass Ihre Eltern Sex haben? Welche Gefühle hatten Sie dabei? Warum ist die Vorstellung für die meisten furchtbar, obwohl sie doch nur deshalb leben?

e) Wie würden Sie einen Spielfilm finden, in dem ein Paar im höheren Erwachsenenalter (Ü 80) deutlich sichtbar Sex hat?

7. Prostitution

Wahrheit oder Fiktion?	wahr	falsch
In den USA und Europa gab es in den letzten 70 Jahren einen deutlichen Rückgang der Häufigkeit der Prostitution.	❐	❐
Es wird geschätzt, dass 1.5 % aller Frauen weltweit ganz oder teilweise ihren Lebensunterhalt durch Prostitution verdienen.	❐	❐
Die Urlaubsbegleitungs-Prostitution wird nur sehr selten von Frauen in Anspruch genommen.	❐	❐
In der wissenschaftlichen Forschung wurden nahezu ausschließlich Bordell-Prostituierte interviewt.	❐	❐
Die meisten Prostituierten aus Osteuropa sind Opfer von Menschenhandel und Zwangsprostitution.	❐	❐
Bei Prostituierten im hoch bezahlten Bereich wurde ein Anstieg des Selbstbewusstseins gemessen.	❐	❐
Oral- und Analsex sowie Paraphilien kommen in der Prostitution seltener vor als im statistischen Durchschnitt.	❐	❐

Prostitution ist das Anbieten und der Tausch einer sexuellen Aktivität mit Körperkontakt gegen Geld, Drogen, Geschenke, Vergünstigungen oder andere nichtsexuelle Dienstleistungen.

Anbieter und Kunden der Prostitution können weiblich, männlich, transsexuell, intersexuell sowie hetero-, homo- oder bisexuell sein. Es gibt fließende Übergänge zwischen eindeutiger Prostitution und sexuellen Interaktionen mit Tauschcharakter wie die ausgehaltene Geliebte, der Heiratstourismus/die Katalogehe, das „Sich-Hochschlafen", die Status-Austausch-Ehe/-Beziehung (jugendliche Sexyness gegen Geld/Lebensstil/Berühmtheit), die Zwangsverheiratung aus finanziellen Motiven oder auch Sex für ein Geschenk in einer festen Beziehung.

Zur Unterscheidung zwischen Prostitution und sexuellen Interaktionen mit Tauschcharakter ließe sich anführen, dass Prostitution zumeist auf viele Kunden ausgerichtet ist und sowohl die Fortpflanzung als auch romantische Gefühle ausschließt.

Eine strenge Abgrenzung gibt es aber nicht. Die oft zahlreichen Mätressen eines absolutistischen Herrschers wären dann eher keine Prostituierten, da aus diesen

Beziehungen zumeist Nachwuchs hervorgehen sollte (Reichel & Topper, 2003, S. 5). In internationalen und deutschen Publikationen wird anstelle des Begriffs „Prostitution“ inzwischen sehr oft der Begriff „sex work“ („Sexarbeit“) und entsprechend „sex worker“ („Sexarbeiterinnen und Sexarbeiter“) verwendet. Hierdurch will man erstens Formen wie Telefonsex, Cybersex, Camsex, Stripshows, Lapdancedarbietungen und die Pornografie mit aufnehmen, zweitens will man den ökonomischen Aspekt stärker betonen und drittens wird dieser Begriff auch von Personen verwendet, die sich für die Rechte der Sexarbeiterinnen und Sexarbeiter einsetzen und sich um eine gesellschaftliche Anerkennung bemühen (Benoit et al., 2018; Sanders et al., 2009). Der Begriff „sex work/Sexarbeit“ suggeriert, dass Sexarbeit eine normale Arbeit neben anderen Arbeiten wie Büroarbeit etc. ist. Es ist aber fraglich, ob Sexarbeit eine normale Arbeit ist, da es kaum Jugendliche mit diesem Berufsziel und kaum Eltern gibt, die sich diesen Beruf für ihre Tochter/ihren Sohn wünschen (Stallberg, 1991). Aus diesem Grund wird hier der „alte“ Begriff „Prostitution“ (pro = vorn, statuere = aufstellen) verwendet.

Die Prostitution ist ein traditioneller Forschungsgegenstand der Sexualwissenschaft und der Sozialwissenschaften. In der Sexualwissenschaft erfolgten frühe Forschungsarbeiten zur Prostitution durch Bloch (1912, 1924) und Ellis (1910) (siehe Kap. 2.5). Die Sexualwissenschaft verdankt einige ihrer Einsichten der Mitarbeit von Prostituierten, was bei den Forschungsarbeiten von Masters und Johnson besonders ins Auge sticht (siehe Kap. 2.6.2).

Forschungen zur Prostitution leiden an der fehlenden Zugänglichkeit dieses Bereichs (Ruhne, 2008). Prostituierte und Freier sowie Bordellbetreiber und Zuhälter gewähren selten einen genauen Einblick, was mit Schamgefühlen, befürchteten juristischen Problemen, Angst vor dem Aufdecken der Anonymität, Skepsis gegenüber Wissenschaftlern als auch mit zu geringen Interviewhonoraren zu tun hat (Grenz, 2007). Es gibt Blog-Webseiten von Prostituierten und Freiern im Internet, betrieben werden diese aber von Prostituierten und Freiern, die sicherlich nicht repräsentativ für die Gesamtgruppe sind. „Forschende wirken leicht wie Fremdkörper, die den reibungslosen Ablauf der auf Diskretion bedachten Prostitution durcheinanderbringen und dadurch das Geschäft verderben“ (Hinz & Petrova, 2013, S. 26). Schwierig ist auch, dass eine unmittelbare Konfrontation mit Gewalt in entsprechenden Milieus nicht auszuschließen ist (Sanders, 2005a). Interviews mit Prostituierten aus dem Ausland werden neben den sprachlichen Problemen durch Ängste vor der Polizei und vor dem Zuhälter erschwert. Für wissenschaftliche Studien erfolgt die Kontaktaufnahme zu Prostituierten nahezu immer über Beratungsstellen, was die Repräsentativität stark einschränkt. Zudem ist die Verweigerungsquote auch beim Kontakt über Beratungsstellen hoch. Eine Ausweitung der Stichprobe erfolgt oft im Schneeballsystem, wodurch die Stichprobe auf einen bestimmten sozialen Zirkel beschränkt bleibt (Sanders et al., 2009). Zu berücksichtigen ist immer die

Motivlage: Aussteigerinnen aus der Prostitution, die nur durch Opferschutzprogramme eine Aufenthaltsgenehmigung erhalten, stellen sich in einem Interview auch als Opfer dar.

7.1 Geschichte der Prostitution

Die Prostitution wird manchmal als das älteste Gewerbe der Welt bezeichnet, was ziemlich sicher falsch ist, da die Berufe „Medizinmann“ und „Hebamme“ wohl älter sind (Lister, 2020, S. 307). Vermutet werden darf aber, dass schon beim Homo erectus erfolgreiche Jäger mit Extrafleischportionen bezahlten, um sexuelle Gefälligkeiten zu erwerben. Gut belegt ist, dass die Prostitution in Form von Geschenken und Gegenleistungen im Tierreich vorkommt, beispielsweise bei Spinnen und Skorpionsfliegen in Form von Brautgeschenken als Voraussetzung für die Paarung (siehe Kap. 3.3.2). Auch bei unseren nächsten Verwandten, den Schimpansen und den Bonobos, ist der Tausch von Sex gegen Nahrungsmittel üblich (Waal, 2006; Hockings et al., 2007). In der griechischen und römischen Antike war die Prostitution weit verbreitet, wobei auf der Straße und in den Bordellen zumeist versklavte Frauen arbeiteten, aber auch versklavte Knaben und nur selten Männer. Neben der Straßen- und Bordellprostitution gab es im antiken Griechenland auch die gehobene Prostitution durch die Hetären (siehe Kap. 2.1), die dann in römischer Zeit im gesellschaftlichen Leben keine Rolle mehr spielten. Für wohlhabende Römer gab es die Sklavinnen und Sklaven im eigenen Haus; für die weniger Wohlhabenden und auch für Sklaven gab es viele Bordelle. Sex im Bordell kostete so viel wie ein Glas Wein; tödliche Geschlechtskrankheiten kannte man noch nicht.

Auch im Mittelalter war die Prostitution weit verbreitet, beispielsweise im Badehaus mit angeschlossenem Bordell und im sogenannten „Frauenhaus“ („vrouwenhus“), das in der Regel der Stadt gehörte und an einen „Frauenwirt“ (= Zuhälter) vermietet wurde. Dieser hatte im städtischen Auftrag für das Zimmer, das Bettgewand, für zwei tägliche Mahlzeiten, für die Einhaltung der Sperrstunden sowie für den möglichen Ausgang zum Kirchenbesuch zu sorgen und erhielt im Gegenzug ein Drittel der Einnahmen (Ziemann, 2017). Prostituierte wurden auch vom Klerus häufig aufgesucht. Während des Konstanzer Konzils von 1414 bis 1418 hielten sich 800 Prostituierte in der Stadt auf, wobei der Stadtrat die Preise festlegte. Für Sex mit einer Prostituierten waren drei Pfennige zu bezahlen, für eine Übernachtung sechs Pfennige (Schuster, 1996). Die Prostitution und die Institution des Frauenhauses wurden dann jedoch von Luther und vom aufkommenden Protestantismus massiv bekämpft (Ziemann, 2017).

In der Neuzeit kam es mit der massiven Aufstockung der Land- und Seestreitkräfte, dem Wachstum der Städte, dem Welthandel und der Besiedlung

Amerikas zu einer Ausbreitung der Prostitution in den Hafen- und Handelsstädten sowie in der Nähe der Militärniederlassungen. Die Prostitution wurde einerseits zwar bekämpft und junge Mädchen vor ihr gewarnt, andererseits wurde aber auch oft die These vertreten, dass die Prostitution schlimmere Vergehen wie Vergewaltigung, Homosexualität oder Verführung ehrbarer Frauen und Töchter verhindern würde, da junge Männer ein Ventil für ihren Geschlechtstrieb bräuchten und deshalb Freudenhäuser „so notwendig wie Klohäuschen" seien (Dabhoiwala, 2014, S. 135). Im 19. Jahrhundert war die Prostitution besonders stark verbreitet und bildete eine Art „Anhängsel der Ehe" (Grenz, 2007, S. 5), da man „normalen" Frauen kein sexuelles Begehren zuschrieb und Männer als sehr triebhaft ansah, wodurch die Prostituierte als stabilisierender Faktor der Ehe angesehen wurde. Zudem sollten noch unverheiratete Männer voreheliche sexuelle Erfahrungen machen dürfen, ohne sogenannten „ehrbaren Frauen" zu nahe zu treten oder jungen Mädchen die Jungfräulichkeit zu nehmen (Ziemann, 2017). Schließlich wurde die Prostituierte in der Kultur zu einer verklärten Figur. In Romanen, Theaterstücken, Opern und Filmen tauchte immer wieder das Klischee der schönen und unschuldig gefallenen Hure mit dem Herz aus Gold auf (z.B. Verdis Oper „La Traviata", Puccinis Oper „La Bohème" oder Keuns Roman „Das kunstseidene Mädchen").

Wenn man die Prostitution über alle Epochen betrachtet, so fällt auf, dass sie stets vorhanden und vielgestaltig und bei großem Armutsgefälle vergleichsweise billig war. Neben der schlecht bezahlten Armutsprostitution gab es immer auch die seltenere gehobene Prostitution (Hetären, Kurtisanen, Escortgirls). Da die Prostitution stets ein beliebtes Thema in den Medien ist, fiel in der Öffentlichkeit der Rückgang der Prostitution zumindest in den USA und in Europa in den letzten 70 Jahren kaum auf. So gaben im Kinsey-Report 69% der Männer an, zu irgendeinem Zeitpunkt Kontakt mit einer Prostituierten gehabt zu haben (Kinsey et al., 1948/1964, S. 549). In der NHSLS-Studie in den 1990er Jahren gaben 16% der Männer an, dass sie jemals Sex gegen Bezahlung hatten (Michael et al., 1994, S. 86). In einer späteren deutschen Erhebung waren es dann 8% der Männer, die jemals in ihrem Leben Sex mit einer Prostituierten hatten (Haversath et al., 2017). Dieser deutliche Rückgang hat nicht nur mit der HIV-Bedrohung zu tun, sondern auch mit der größeren Häufigkeit von vorehelichem Sex sowie den besseren Möglichkeiten für Gelegenheitssex. Das Aufsuchen einer Prostituierten zum Erleben des „ersten Mals" ist heute eher selten, war in früheren Zeiten aber weit verbreitet (Dabhoiwala, 2014, S. 253; Hyde & DeLamater, 2006, S. 441; Rathus et al., 2011, S. 607).

Seit 2002 ist die Prostitution in Deutschland gesetzlich geregelt, wodurch eine Grundlage für die Entgeltforderung als auch für die Versicherung in der Kranken-, Arbeitslosen- und Rentenversicherung geschaffen werden sollte. Diese Legalisierung ist politisch und wissenschaftlich hinsichtlich ihrer Auswirkungen umstritten, wobei die deutsche Regelung in der internationalen Forschung durchaus Zustimmung fand (Sanders, 2009). Während in Deutschland die Prostitution legalisiert wurde, wurde 1999 in Schweden der Kauf und die Vermittlung von sexuellen Diensten verboten, wobei Norwegen, Island, Irland und Frankreich folgten, wodurch der Umfang der Prostitution in Deutschland anstieg. Deutschland gilt inzwischen als ein Sexreiseland (beispielsweise für Amerikaner, Franzosen und Schweden). Auch das schwedische Modell führte zu Problemen, da die öffentliche Prostitution in die unsicheren Stadtränder (Wohnwagen-Prostitution) verdrängt wurde, Freier nun anonym blieben oder nebenberufliche Prostituierte bei einer Aufdeckung manchmal ihren normalen Arbeitsplatz verloren (Döring, 2014; Holmström & Skilbrei, 2017; TAMPEP, 2015). In einigen amerikanische Städten überführen als Prostituierte verkleidete Polizistinnen mögliche Freier, verhaften diese und veröffentlichen ihre Bilder („John Shaming“), was weitreichende Folgen nicht nur für die Freier, sondern auch für deren Angehörige haben kann (Anderson, 2017, S. 342). Es gibt also sehr unterschiedliche nationale Ansätze zur Regulierung oder Reduktion der Prostitution.

7.2 Vorkommen und Formen

Verlässliche Statistiken zur Häufigkeit der Prostitution gibt es nicht. Es wird geschätzt, dass 1.5 % aller Frauen weltweit ganz oder teilweise ihren Lebensunterhalt durch Prostitution verdienen (Benoit et al., 2018). Zahlen zur Prostitution in Deutschland sind trotz der erfolgten Legalisierung nicht zu finden. Nach einer wissenschaftlichen Hochrechnung arbeiten in Deutschland 64 000 bis 200 000 Prostituierte, wobei dies von der Definition für Prostitution sowie vom Einbezug von Teilzeit- oder Gelegenheitsprostituierten abhängt (Kavemann & Steffan, 2013; Mitrovic, 2006). Gültig angemeldet als Prostituierte sind in Deutschland 32 800 Einzelpersonen und 1 600 Prostitutionsgewerbestätten, wobei Zahlen für einige Bundesländer ganz fehlen und für viele Bundesländer unrealistisch niedrig liegen (Statistisches Bundesamt, 2018b). Reichel und Topper (2003) gehen bei der Prostitution in Deutschland von einem Umsatz von 14.5 Milliarden Euro aus. Etwa 65 % der in Deutschland tätigen Prostituierten stammen aus dem Ausland, vornehmlich aus osteuropäischen Staaten sowie aus Brasilien, Nigeria und Thailand (TAMPEP, 2009). Durch die Legalisierung der Prostitution und das große Angebot durch migrierende Prostituierte liegt der Preis für sexuelle Dienstleistungen in Deutschland derzeit in den meisten Bereichen sehr niedrig (Heberer, 2014).

Prostituierte unterscheiden sich hinsichtlich …

- ihrer Motive,
- ihrer Möglichkeit, sich selbst schützen zu können,

- der Anzahl und Schichtzugehörigkeit ihrer Freier,
- ihrer Möglichkeit, Freier und bestimmte sexuelle Handlungen abzulehnen,
- ihrer Abhängigkeit von Zuhältern,
- des Umfangs ihrer Ausbeutung durch Dritte,
- ihrer öffentlichen Sichtbarkeit,
- ihrer Kontrolle durch die Polizei und
- der Enge ihrer Beziehung zu anderen Prostituierten (Weitzer, 2009).

In Deutschland kann unterschieden werden zwischen

1. der *Escort-Service-Prostitution* mit hohen Preisen (von 1 000,– € für zwei Stunden bis 4 000,– € für einen Tag) im zumeist gehobenen Milieu mit bezahlter Anreise der Prostituierten und Sex in einem 5-Sterne-Hotel, manchmal auch beim Kunden im Haus („Out-call service"),
2. der *Wohnungs-/Modellwohnungs-Prostitution* mit festen zur Prostitution genutzten Mietwohnungen („Callgirls", „In-call service"),
3. der *Bordell-Prostitution* („Laufhäuser", „FKK-Sauna-Clubs", „Eroscenter", „Privat-Clubs"),
4. der *Straßenstrichprostitution* und schließlich
5. der außerhalb Deutschlands stattfindenden touristischen *Urlaubsbegleitungs-Prostitution.*

In Ländern, in denen die Prostitution verboten ist, kommen anstelle der Bordellprostitution die Massagesalon-Prostitution, die Nachtclub-Prostitution und die Strip-Club-Prostitution als gesonderte verdeckte Form der Prostitution vor (Weitzer, 2009). Seltene Formen der Prostitution sind:

6. Gigolos, die sich von älteren Frauen aushalten lassen,
7. Sugardaddy-Sugarbaby-Beziehungen,
8. Internet-Versteigerungen der eigenen Jungfräulichkeit,
9. Spionage-Prostitution („Romeos") für die Informationsgewinnung.

Nach einer groben Schätzung arbeiten 6 % aller Prostituierten in der Escort-Prostitution, 81 % in der Indoor-Prostitution (Bordell- und Modellwohnungsprostitution) und 11 % in der Straßenstrichprostitution (Döring, 2014). Die gehobene *Escort-Service-Prostitution* ist die Form der Prostitution, bei der zumeist ein vorheriges Kennenlernen an einem neutralen Ort (z. B. Restaurant) vorgesehen ist und bei der sowohl die Prostituierte als auch der Freier den sexuellen Kontakt ablehnen können, wobei für den Freier dann eine Aufwandsentschädigung anfällt. Ein Teil der Einnahmen geht an die vermittelnde Agentur, die für die Werbung und die Kontaktanbahnung zuständig ist. Betrieben werden diese Agenturen zumeist von ehemaligen oder noch tätigen Prostituierten; Zuhälter spielen bei dieser Form der Prostitution keine Rolle. Die Prostituierten bei der Escort-Service-Prostitution sind zumeist gebildet und kommen aus ökonomisch prosperierenden Ländern. Bei der *Wohnungs-/Modellwohnungs-Prostitution* entfällt das Kennenlernen an einem neutralen Ort. Der Vorkontakt erfolgt telefonisch, die Werbung über Kleinanzeigen in Tageszeitungen und über das Internet, wobei die Leistungen, der Preis und die Tabus vorab geklärt werden. Manche Prostituierte wohnen auch dauerhaft in diesen Wohnungen, andere teilen sich die gemietete Modellwohnung mit anderen. Der Organisationsaufwand ist für die Modellwohnungs-Prostituierten vergleichsweise hoch. Viele arbeiten in Modellwohnungen selbstständig und teilen sich ihre Arbeitszeit selbst ein; andere stehen unter der Kontrolle eines Zuhälters. Die Modellwohnungsprostitution ist im Vergleich zur Bordellprostitution unsicherer, da Sicherheitspersonal fehlt und die Tätigkeit isoliert erfolgt. Der einzige Schutz ist die Arbeit mit festen Stammkunden, das Führen eines längeren Telefonats bei einem Erstkontakt und die Vereinbarung von Kontrollanrufen vor und nach einem Freierbesuch. Die *Bordellprostitution* ist vermutlich eine der sichersten Formen der Prostitution, da die Bordelle bewacht werden, Freier von mehreren Personen gesehen werden und in Deutschland Notfallknöpfe vorgeschrieben sind. Andererseits ist die Bordellprostitution für die Frauen mit hohen Kosten für das Zimmer, die Bettwäsche, das Mobiliar, die Organisation und eventuell vorhandene Gemeinschaftseinrichtungen wie Bar, Restaurant, Sauna und Whirlpool verbunden. Einige der Bordellprostituierten geben zudem einen Teil ihrer verbliebenen Einnahmen an einen Zuhälter weiter. Die Arbeit im Bordell ist für manche Frauen Akkordarbeit mit vielen Freiern in einer Nacht, für andere Frauen hingegen oft mit langen Wartezeiten verbunden. Die Bordellprostitution war traditionell die Form der Prostitution, die staatlicherseits am ehesten gewünscht war, da man die Bordelle als notwendiges Übel kontrollieren, die Verbreitung sexuell übertragbarer Krankheiten so eher verhindern, ein Mindestalter durchsetzen und die Prostitution auf bestimmte, möglichst peripher gelegene Gebäude begrenzen konnte (Ziemann, 2017). *Straßenprostituierte* haben oft keine Kosten, da der Sex zumeist im Auto des Freiers stattfindet. Sie sind schon vom Setting her einem sehr hohen Gewalt- und Kriminalitätsrisiko ausgesetzt. Im Vergleich zu Indoor-Prostituierten werden Straßenprostituierte deutlich häufiger ausgeraubt, geschlagen, vergewaltigt, mit einer Waffe bedroht, gekidnappt oder ermordet (Weitzer, 2009). In einigen Städten wurden zum Schutz von Prostituierten sogenannte „Verrichtungsboxen" mit Sichtschutz, sanitären Einrichtungen und Notrufknöpfen eingerichtet. Die Honorare sind bei Straßenprostituierten am niedrigsten (20,– bis 60,– Euro mit langen Wartezeiten), wobei der Sex am schnellsten erfolgt, oft ohne jedes Gespräch. Anders als bei der Bordell-, Modellwohnungs- und Escort-Prostitution ist der Sex bei der Straßenprostitution fast immer einseitig, das heißt die Prostituierte stimuliert den Freier, aber der Freier stimuliert nicht die Prostituierte (beispielsweise durch

Massage, Petting oder Oralsex), was mit einem unterschiedlichen sexuellen Empfinden der Prostituierten bei ihrer Arbeit einhergeht. Prostituierte, die in mehreren Prostitutionsformen arbeiten, schätzen am Straßenstrich die Selbstbestimmung bei der Arbeitszeit und das Fehlen von Nebenkosten. Etwa 40 % aller Straßenprostituierten werden von einem Zuhälter überwacht, der einen erheblichen Teil der Einnahmen für sich vereinnahmt und manchmal als vermeintlicher oder wirklicher Lebenspartner fungiert. „Strichjungen" haben nahezu nie einen Zuhälter. Sie sind zumeist homosexuell oder bisexuell und eher selten heterosexuell. Manchmal unterhalten sie festere Beziehungen zu mehreren älteren Männern (Rathus et al., 2011, S. 615–616; Schult, 1978/2006).

Prostituierte werden oft während des Urlaubs aufgesucht, weil die Preise im Urlaubsland günstiger sind, es im Vergleich zum Heimatort nur ein geringes Risiko der Entdeckung gibt, die Rechtslage oft anders ist, die Risikobereitschaft im Urlaub generell höher ist und die Allgegenwart der Prostitution am Urlaubsort ethische Maßstäbe verändert. Eine besondere Form der Prostitution ist die *Urlaubsbegleitungs-Prostitution*, die zumeist für die komplette Urlaubszeit angelegt ist. Sie wird von Männern und in einem nicht unerheblichen Anteil auch von Frauen genutzt. Der weibliche Sex-Tourismus begann in den 1960er Jahren mit Reisen von skandinavischen, britischen und deutschen Frauen nach Italien, Griechenland und Spanien und bezieht sich heute auf Frauen aus Kanada, USA, Australien, Südkorea, Japan, Frankreich, Niederlande, Großbritannien und Deutschland, die in die Karibik („Sanky-Pankies" in der Dominikanischen Republik, „Rent-a-Dreads" in Jamaika, „Jineteros" auf Kuba, „beach bum" auf Barbados), nach Bali („Kuta Beach Boys"), Senegal („Drummer Boys"), Gambia („Bumsters"), Kenia oder Tunesien fliegen (Philipps, 2008; Rindermann, 1999; Taylor, 2006). Gesucht wird neben Sex und dem Erhalten von Komplimenten auch eine romantische Affäre mit Händchen-Halten, Umarmungen, Küssen und Massagen. Beliebte Sexreiseziele für Männer sind Südostasien (Thailand), Brasilien, Kenia, Kuba (Jineteras) und speziell für pädophile Männer Thailand, Kambodscha, Indonesien, die Philippinen, Indien, Brasilien und Mexiko. Die Bezahlung bei der Urlaubsbegleitungs-Prostitution erfolgt durch die Übernahme aller Urlaubsausgaben, durch Geschenke sowie durch Geld, wobei die Geldzahlung als freiwillige Familienunterstützung oder als soziales Engagement getarnt wird. Insbesondere Frauen zahlen nie direkt Geld für sexuelle Dienstleistungen an ihre „Toyboys", da dies die gewünschte Selbstbestätigung durch die scheinbare Romanze zerstören würde. Frauen schätzen am Sextourismus, dass sie aus ökonomischen Gründen die Kontrolle über die Beziehung haben und stets selbst bestimmen können, wann sie beginnt und wann sie endet (Taylor, 2006). Zur Bezahlung gehört beim männlichen und weiblichen Sextourismus auch die Hoffnung auf ein Visum in das Herkunftsland des Kunden/der Kundin. Die Urlaubsbegleitungs-Prostitution ist mit einem besonders hohen HIV-Ansteckungsrisiko verbunden, da erstens im Urlaub generell höhere Risiken eingegangen werden als im Alltag, zweitens die Verbreitung von HIV/Aids unter Prostituierten in Afrika und Südostasien deutlich stärker ist als in Deutschland und drittens die romantische Beziehung dazu verleitet, auf Kondome zu verzichten. Je partnerschaftlicher die Beziehungen (immerhin jeder fünfte Freier verliebte sich in die Frau) und je unprofessioneller das Prostitutionssetting empfunden werden, desto seltener werden Kondome verwendet (Kleiber & Wilke, 1993; Phillips, 2008; Rindermann, 1999).

Beziehungen zu *Gigolos* und *Sugardaddy-Sugarbaby-Beziehungen* gehören zu den sehr teuren Varianten der Prostitution, wobei Sex und eine gemeinsame Freizeitgestaltung gegen Geld und eine berufliche Förderung getauscht werden. Bei Sugardaddy-Sugarbaby-Beziehungen erfolgt die Kontaktaufnahme über Internetbörsen, wobei manche Sugarbabies Beziehungen zu mehreren Sugardaddies unterhalten. *Internetversteigerungen der eigenen Jungfräulichkeit* kommen nur vereinzelt vor und führen zu extrem hohen Preisen. Die *Spionage-Prostitution* gehört teilweise in den Grenzbereich der Prostitution, da aus ihr auch langandauernde Ehen mit Kindern hervorgingen.

Neben der Prostitution als Hauptberuf gibt es die gelegentliche Prostitution zur Finanzierung von Projekten (z.B. Studium, Eigentumswohnung). Studien zeigen, dass Prostituierte zwischen den verschiedenen Formen der Prostitution wechseln, also beispielsweise im Winter von der Straßenstrichprostitution zur Bordell-Prostitution übergehen (Hyde & DeLamater, 2006, S. 437). Escort-Prostituierte, die drogenabhängig werden, müssen eventuell zur Straßenprostitution wechseln. Ältere Prostituierte versuchen sich häufig als Domina. Ein Auf- und Abstieg zwischen den verschiedenen Formen der Prostitution ist eher selten: Entscheidend ist, in welcher Form der Prostitution jemand begonnen hat (Weitzer, 2009).

In der wissenschaftlichen Forschung wurden nahezu ausschließlich Straßenprostituierte interviewt, während Indoor-Prostituierte seltener erforscht wurden, was mit fehlenden oder zu geringen Interviewhonoraren, mit der Kontrolle durch Bordellbetreiber sowie mit dem häufigeren Kontakt von Straßenprostituierten zu Beratungsstellen zu tun haben dürfte (Rathus et al., 2011; Weitzer, 2009). Die häufigste Form der Prostitution ist die heterosexuelle mit weiblichen Anbietern und männlichen Kunden (Reichel & Topper, 2003). Es gibt aber auch männliche Prostituierte wie die Strichjungen, die sich homosexuellen Männern anbieten, aber auch Escort-Männer und Callboys, die zumeist von Paaren, aber auch von alleinstehenden Frauen gebucht werden.

7.3 Risikofaktoren für eine Prostitutionstätigkeit

In Studien belegte Risikofaktoren für eine spätere Prostitutionstätigkeit sind fehlende elterliche Unterstützung und Vernachlässigung, sexueller Missbrauch und körperliche Misshandlung, Alkohol- und Drogenkonsum (eigener und/ oder der Eltern), frühe sexuelle Erfahrungen, Ausreißerverhalten, geringe Schulbildung, Zugehörigkeit zu einer Minderheit und Suizidversuche (Clarke et al., 2012; Kramer & Berg, 2003; Rathus et al., 2011; Widom & Kuhns, 1996; Wilson & Widom, 2010).

Unmittelbare Motive zum Prostitutionseinstieg sind Verschuldung, Verarmung, Finanzierung des Drogenkonsums, Liebesbeweis und Finanzierung des vermeintlichen Partners (Loverboy-Methode), aber auch Erfahrungen wie Scheidung, Untreue/Ehebruch des Partners oder auch die Sehnsucht nach finanzieller Unabhängigkeit oder einem luxuriösen Lebensstil. Relativ selten spielen Neugier und Abenteuerlust eine Rolle. Daneben gibt es noch die familiär bestimmte Prostitution (Verkauf der eigenen Kinder in die Prostitution) und die Zwangsprostitution durch Entführung, Menschenhandel, Nötigung und Sklaverei (Brüker, 2011; Scambler, 2007).

Verlässliche Angaben über den Anteil von Zwangsprostituierten gibt es nicht, da Prostituierte zur Inanspruchnahme von Opferschutzprogrammen oft vortäuschen, zu ihrer Tätigkeit gezwungen worden zu sein (Schmidt, 2006). Vor allem die Medien berichten immer wieder von Fällen, in denen Frauen aus Osteuropa oder Afrika den Versprechungen der Menschenhändler glaubten und dann ungewollt in Bordellen landeten (Pates & Schmidt, 2008). Verschiedene Interviewstudien mit Prostituierten zeigen, dass dieses „Medienskript" eher die Ausnahme ist. Andrijasevic (2010) führte mit 15 in Italien tätigen ehemaligen Prostituierten aus verschiedenen Ländern Osteuropas Tiefeninterviews und fand nur bei einer Interviewpartnerin, dass diese hinsichtlich der Art der Tätigkeit in Italien im Unklaren gelassen wurde. Die übrigen 14 Interviewpartnerinnen entschieden sich bewusst bereits in ihrem Herkunftsland für die Prostitutionstätigkeit. Auch Hinz und Petrova (2013) fanden bei acht in Deutschland arbeitenden Prostituierten aus Bulgarien, dass diese sich bewusst für die Tätigkeit als Prostituierte entschieden. Ausschlaggebend war für die meisten der Wunsch nach ökonomischer und geografischer Mobilität. Getäuscht fühlten sich die migrierenden Prostituierten nicht über die Art ihrer Tätigkeit, sondern über die konkreten Arbeitsbedingungen. Aufgrund der Stigmatisierung der Prostitutionstätigkeit gaben sich aber fast alle Interviewpartnerinnen sowohl gegenüber ihrem Lebenspartner als auch gegenüber anderen Personen als Opfer der Zwangsprostitution aus (Andrijasevic, 2010). Auch eine Interviewstudie mit vietnamesischen Prostituierten in Kambodscha zeigt, dass fast alle Interviewpartnerinnen vorher wussten, dass sie in Kambodscha in einem Bordell arbeiten werden, wobei sie teilweise von früheren Prostituierten vorab Ratschläge bekamen. Belogen wurde sie allerdings über die tatsächlichen Probleme bei der Prostitution, wobei sie im Interview erklärten, dass sie bei ihrer Rückkehr nach Vietnam ebenfalls ein rosiges Bild verbreiten werden, damit sie von anderen nicht als gescheitert angesehen werden. Sechs der 72 Studienteilnehmerinnen gaben allerdings an, dass sie betrogen und belogen worden seien und dass sie dann mit der Prostitution beginnen mussten, um ihre Schulden zurückzuzahlen, was zweifellos Zwangsprostitution ist (Busza, 2004). Insgesamt ist festzuhalten, dass nur sehr wenige Prostituierte Opfer der Zwangsprostitution sind. Dies widerspricht einer in den westlichen Gesellschaften seit Ende des 18. Jahrhunderts vorherrschenden Überzeugung, dass Prostitution fast immer unfreiwillig ist, was zur Basis der Gesetzgebung, der Sozialpolitik und philanthropisch-kirchlicher Besserungsheime („Magdalenenheime“) wurde (Dabhoiwala, 2014, S. 336).

7.4 Copingstrategien

Prostitution ist emotional belastend, da man sich auf unterschiedliche und häufig neue Kunden einstellen muss und dabei, anders als beispielsweise Psychotherapeuten, viel von der eigenen Intimität preisgeben und oft eine erhebliche Verachtung ertragen muss. Häufige Copingstrategien sind die strikte Trennung zwischen privater und beruflicher Sexualität, Identität und Emotionalität, die Konzentration auf die Tätigkeit und das Abschalten der Gefühle und das Denken an das Geld, das Vermeiden von emotional berührenden Kunden und soziale Unterstützung durch andere Prostituierte (Lehmiller, 2014; Sanders et al., 2009). Sanders (2005a, 2005b) beschreibt eine ganze Reihe von Techniken, die der Trennung zwischen Prostitution und Alltagsleben dienen. Hierzu gehört zunächst einmal das Erfinden einer von einem selbst abgetrennten beruflichen Identität (Künstlername, fiktive Lebensgeschichte, fiktiver Beruf oder fiktives Studium, Perücke, Berufskleidung) (siehe auch Aden, 2008, S. 25). Zumeist wird die Rolle einer kinderlosen unabhängigen Single-Frau gespielt, die gerne ausgeht, lebenslustig und sexuell experimentierfreudig ist. Wichtig ist auch eine klare Grenzziehung zwischen erlaubten und unerlaubten beruflichen Sexualpraktiken. Auf solche Grenzen/Tabus wird bereits im jeweiligen Internetauftritt hingewiesen (z. B. keine Küsse, kein Analverkehr, keine Koprophilie). Dabei spielt es weniger eine Rolle, wo diese Grenze liegt, sondern dass sie eingehalten wird. Die Trennung zwischen beruflicher und privater Sexualität wird auch dadurch betont, dass im privaten Leben oft auf Oralsex, auf das Tragen von Reizwäsche oder gleich ganz auf Sex verzichtet wird. Die Grenze zum Kunden wird durch das genaue Einhalten der vereinbarten Zeit, die Verwendung von Kondomen und das Spielen einer Rolle aufrechterhalten. Eine wichtige Copingstrategie ist, dass man die Prostitutionstätigkeit wie die Tätigkeit einer Schauspielerin ansieht, die für einen Film Sexszenen vorspielt sowie Erregung und Orgasmen vortäuscht („it is no different to the actors who do the sex scenes“, Sanders, 2005b, S. 330). Die angeführten Copingstrategien funktionieren nur eingeschränkt oder gar nicht bei Straßenprostituierten und drogenabhängigen

Prostituierten (Natascha, 2009), da diese keine Kontrolle über die Einhaltung von Grenzen haben. Auch gegenüber Stammkunden lassen sich die emotionalen Grenzen und die künstliche Identität nur schwer aufrechterhalten. Prostituierte aus dem Ausland wünschen oft sogar den emotionalen Kontakt, beispielsweise weil sie ihren Zuhälter loswerden wollen und eine langfristige private Beziehung zu einem Freier suchen (Andrijasevic, 2010).

7.5 Gesundheitsstand und -verhalten

Die Gesundheit und das Gesundheitsverhalten von Prostituierten sind ein wichtiger Bereich der staatlichen Gesundheitspolitik, da die Ausbreitung von Krankheiten verhindert werden soll. Internationale Studien zeigen für viele europäische Länder, für Nordamerika und Australien im Unterschied zu asiatischen und afrikanischen Ländern eine hohe Rate der Kondombenutzung sowie vergleichsweise geringe HIV-/AIDS-Raten. Häufigere Risikoverhaltensweisen werden bei jungen und bei drogenabhängigen Prostituierten beobachtet (Döring, 2014; Sanders et al., 2009).

Die psychische Gesundheit hängt stark von den Formen der Prostitution ab. Prostituierte sind keine homogene Gruppe, und es gibt erhebliche Unterschiede zwischen Straßen- und Indoor-Prostituierten sowie zwischen inländischen und migrierenden Prostituierten (Rössler et al., 2010; Weitzer, 2009). Typische psychische Störungen bei Prostituierten sind Depressionen, Angsterkrankungen, Apathien, Selbstwertprobleme, emotionale und soziale Absonderung, Alkohol-, Tabak- und Drogenabhängigkeit (vor allem Kokainabhängigkeit), Kauf- und Konsumsucht, Posttraumatische Belastungsstörungen, Burnout, Männerfeindlichkeit, Schamgefühle, Untergewicht, Brustschmerzen, Abszesse, Waschzwänge sowie ungewollte Schwangerschaften und Fehlgeburten (Farley, 2003; Farley et al., 2003; Landolt et al., 2010; Lehmiller, 2014; Raines-Milenkov 2011; Rössler et al., 2010; Sanders et al., 2009; Schuster, 2005). Einige dieser Störungen haben einen klaren Bezug zur Prostitution, wie die emotionale und soziale Absonderung als Folge der Lügen zur Geheimhaltung der Prostitution, die Alkoholsucht als Folge des Alkoholkonsums bei Anbahnungsgesprächen bei der Clubprostitution, die Kokainsucht durch die Nähe zu kokainkonsumierenden Kolleginnen und Freiern, die Kauf- und Konsumsucht als Folge ungewöhnlich großer und subjektiv leicht verdienter Geldeinnahmen, die Männerfeindlichkeit als Folge der Konfrontation mit als abartig empfundenen sexuellen Abweichungen, Waschzwänge als Folge des Gefühls des „Besudelt-Seins“, ungewollte Schwangerschaften als Folge geplatzter Kondome oder von kondomfreiem Geschlechtsverkehr und schließlich Fehlgeburten als Folge von unvorsichtigem Koitus während der Schwangerschaft. Neben den unmittelbaren Gewalterfahrungen und den lebensgeschichtlichen Schicksalen dürften folgende Gründe für die psychischen Störungen verantwortlich sein: Prostituierte müssen Privatheit, Intimität und persönliches Interesse simulieren, emotional einfühlend sein, eine künstliche Identität vorspielen, lange nächtliche Arbeitszeiten bewältigen sowie mit Schamgefühlen und der massiven Verachtung ihrer Tätigkeit leben (Scambler, 2007). Die Prostitution wird zumeist nicht aus Berufung, sondern als Gelegenheitsberuf zum Gelderwerb gewählt. Sie bietet kein soziales Prestige, wird häufig von Zuhältern kontrolliert, verfügt kaum über ein gemeinsames Berufsethos, ist sehr heterogen und wird oft verschwiegen, was zu einem schwierigen Doppelleben führt. Psychisch belastend sind auch die häufigen Umzüge, die damit zusammenhängen, dass Freier Abwechslung schätzen. Die Prostitution bietet kaum Aufstiegs-, jedoch vielfältige Abstiegsmöglichkeiten, da der jüngere Nachwuchs eine stetige Entwertung bis hin zur völligen Verdrängung bewirkt. Drogensüchtige sind in der Prostitution besonders gefährdet, da sie in der Phase des starken Drogenverlangens (Craving) zu jeder sexuellen Variante bereit sind, was viele Freier ausnutzen (Natascha, 2009).

Während Farley et al. (2003) behaupten, dass Prostitution in jeder Form psychisch krankmachend sei, unterscheiden Rössler et al. (2010) in ihrer Datenauswertung zwischen den verschiedenen Formen der Prostitution. Bei europäischen Prostituierten in Studios fanden sie im Vergleich zur Normalbevölkerung kaum psychische Auffälligkeiten, während sie jeweils im Zusammenhang mit Gewalterfahrungen bei Straßenprostituierten und bei nichteuropäischen Prostituierten Angststörungen, Posttraumatische Belastungsstörungen und Depressionen fanden. In vielen Forschungsinterviews und in vielen Einzelfallberichten ist zu erkennen, dass psychische Störungen oft schon vor der Prostitution bestanden und dann durch die Prostitution verstärkt wurden. Einige Probleme haben auch weniger mit der Prostitution zu tun, sondern mit ausbeuterischen privaten Beziehungen (Aden, 2008; Döring, 2014; Hinz & Petrova, 2013; Laura D., 2008; Natascha, 2009). Positiv werden von einigen Prostituierten die Zeitflexibilität, die sofortige Entlohnung und die berufliche Selbstständigkeit wahrgenommen. Bei Prostituierten, die im besser bezahlten Bereich arbeiten, wurde ein Anstieg des Selbstwertgefühls und der Selbstwirksamkeit gemessen, was mit der Kontrolle über die Arbeitsbedingungen, mit dem sehr hohen Einkommen und der positiven Rückmeldung durch die Freier zu tun haben dürfte (Döring, 2014; Weitzer, 2009).

7.6 Freier

Es gibt männliche heterosexuelle Freier, männliche homosexuelle Freier, männliche pädophile Freier und weibliche heterosexuelle Freier. Die mit Abstand größte Gruppe ist die der männlichen heterosexuellen Freier. Bei Haversath et al. (2017) gaben 8 % der befragten Männer an, mindestens einmal Kontakt zu einer Prostituierten gehabt zu haben, wobei im statistischen Durchschnitt Kontakte mit 4 weiblichen Prostituierten angegeben wurden. Nach Meinung von Gerheim (2002) sollte man den Begriff „Freier“ nur für Männer verwenden, die wiederholt kommerzielle sexuelle Angebote in Anspruch nehmen. Nach verschiedenen Studien sind von den Männern, die jemals eine Prostituierte in Anspruch genommen haben, nur ein kleiner Teil regelmäßige Prostitutionsnutzer. In einer Internetbefragung in verschiedenen skandinavischen Ländern gaben in Dänemark (in diesem Land ist die Prostitution legal) 2.6 % der Männer und 0.01 % der Frauen an, dass sie im letzten halben Jahr für Sex bezahlt haben (Kotsadam & Jacobsson, 2012, S. 396). In einer australischen Studie mit mehr als 20 000 Probanden gaben 16.7 % der Männer und 0.3 % der Frauen an, dass sie jemals für Sex bezahlt hatten. Im letzten Jahr hatten 2.3 % der befragten Männer für Sex bezahlt, und zwar vornehmlich Männer ohne Partner, in abgelegenen Gegenden wohnend oder mit höherem Alkoholkonsum (Richters et al., 2014). In einer US-amerikanischen Studie wurden festgenommene Freier der Straßenprostitution mit der Gesamtbevölkerung verglichen. Die Freier waren seltener verheiratet, häufiger unglücklich verheiratet, ganz generell eher unglücklich und sie hatten eine liberalere Haltung gegenüber der Sexualität, wobei die Unterschiede zur Gesamtpopulation gering waren und die Freier aus allen Bevölkerungsschichten stammten (Monto & McRee, 2005). In Deutschland sind heterosexuelle Freier im Vergleich zur Gesamtbevölkerung eher jünger (20 bis 40 Jahre), eher ledig, eher geschieden, eher bedrückt, unglücklich und sexuell unzufrieden. Hinsichtlich Gehemmtheit und Aggressivität fielen keine Besonderheiten auf. Freier in Deutschland haben überwiegend einen höheren Bildungsabschluss, während deutsche Sextouristen überwiegend einen niedrigeren Bildungsabschluss haben (Kleiber & Veiten, 1994; Kleiber & Wilke, 1993).

Forschungen über Prostitutionskunden sind ähnlich schwierig wie die über Prostituierte, da vielen Freiern das Thema peinlich ist und sie Angst vor der Entdeckung haben. Es gibt allerdings auch Freier, die auskunftsfreudig sind, weil sie gesellschaftlich etwas verändern wollen (Grenz, 2007). Einblick in die Motive der Freier kann man durch Freier-Foren im Internet (Döring, 2014), durch Internet-Bekenntnisse, durch die Schilderungen der Prostituierten (Aden, 2008) sowie durch Interviews mit Freiern (Gernheim, 2002; Grenz, 2007; Sanders, 2008) gewinnen, wobei eine repräsentative Stichprobengewinnung nicht möglich ist. Die Motive der Freier sind ähnlich vielfältig wie die Formen der Prostitution. Genannt werden:

- Genießen von Macht durch Geld (über den Körper eines Abhängigen, beim Aussuchen der Prostituierten etc.)
- Nutzen der Prostituierten als emotionale Ressource (Beziehungsersatz, zwischenmenschliche Nähe und Zärtlichkeit, Ersatz in der Einsamkeit, „girlfriend-experience“)

- Zu seltener Sex in der Ehe/Beziehung oder Sexersatz bei Fehlen eines Partners
- Umsetzen von anders nicht erfüllbaren Sexualritualen/Rollenspielen (z. B. Sex mit dem Untersuchungsrichter, Sex mit dem Priester in der Kathedrale, Sex mit Krankenschwester/Sekretärin/Flugbegleiterin/Schülerin/Tochter, Vergewaltigungsrollenspiel)
- Ausleben von besonderen Wünschen (z. B. Sex mit Zwillingen, Dreier, Sex mit Transsexuellen)
- Ausleben von Paraphilien, für die man keinen Sexualpartner gewinnen kann (z. B. BDSM, Urophilie, Koprophilie)
- Wunsch nach vielfältigen, abwechslungsreichen und zählbaren sexuellen Erfahrungen
- Unfähigkeit, Frauen angemessen zu streicheln und zu berühren (dies wird von Prostituierten bei manchen Freiern so wahrgenommen; Aden, 2008)
- Fehlende Zeit und/oder fehlende Motivation zum Suchen eines Partners
- Fasziniert-Sein vom Rotlichtmilieu und der Prostitution
- Sex mit einer jungen Frau/einem jungen Mann, bei der/dem man vom Alter her im realen Leben keine Chance hätte
- Schüchternheit und Gehemmtheit, wodurch (bei manchen Männern lebenslang) kein unbezahlter sexueller Kontakt mit einer Frau gelingt
- Kontaktarmut und Selbstzweifel
- Körperliche und/oder geistige Behinderungen, durch die auf anderem Wege kein Sexualpartner gefunden werden kann
- Neugier
- Wunsch nach Erniedrigung einer Frau
- Wunsch nach sexuellem Kontakt ohne Werbeaufwand und ohne Verpflichtungen
- Reaktion auf das Verlassen-Werden
- Wunsch nach dem „ersten Mal"
- Wunsch nach Sexualpraktiken, die von der Partnerin abgelehnt werden (z. B. Oralsex, Vaginalsex in der Doggystyle-Position, Analsex)
- Madonna-Huren-Komplex: Der Ehefrau und Mutter der Kinder will man Sex nicht zumuten.

Die angeführten Motive sind unterschiedlich und teilweise auch gegensätzlich. So gibt es einerseits Freier, die nur Prostituierte suchen, denen der Sex mit ihnen auch selbst Spaß macht, und andererseits gibt es Freier, denen es ganz im Gegenteil besondere Befriedigung bereitet, wenn die Prostituierte den Sex mit Abscheu und Widerwillen über sich ergehen lässt (hierzu werden gezielt drogenabhängige oder unerfahrene Prostituierte gesucht). Kleiber und Veiten (1994) haben versucht, eine psychologische Typisierung der Freier vorzunehmen. Durch eine Faktorenanalyse konnten sie die sehr unterschiedlichen Typen

„Playboy“, „Verlierer“ und „Familienvater/Daddy“ herausarbeiten. Für die meisten Freier ist der Gang zu Prostituierten eine ähnlich rationale Entscheidung wie für die Frauen die Entscheidung zur Prostitution. Wenn beispielsweise der Wunsch nach Sexualpraktiken, die von der Partnerin abgelehnt werden, im Mittelpunkt steht, ergeben sich als Alternativen erstens dauerhafter Verzicht auf diese Sexualpraktiken, zweitens Beendigung der Beziehung und Suche nach einer neuen Partnerin oder drittens das episodische Aufsuchen von Prostituierten (Döring, 2014). *Da Freier wenig Rücksicht auf die Bedürfnisse und Auffassungen der Prostituierten nehmen müssen, zeigt sich männliche Sexualität in der Prostitution variantenreich und hemmungslos, was sicherlich auch damit zu tun hat, dass mit dem Gang zu einer Prostituierten bereits ein Tabu durchbrochen wurde. Oral- und Analsex sowie Paraphilien kommen in der Prostitution viel häufiger vor als im statistischen Durchschnitt.*

Für viele Freier ist der Gang zu einer Prostituierten mit dem Eingeständnis des Scheiterns verbunden. Das Überwiegen von ledigen und geschiedenen Männern lässt vermuten, dass die Prostitution hier als Surrogat für eine fehlende Beziehung dient (Kleiber & Veiten, 1994). In den Freierforen im Internet sind allerdings andere Selbstwahrnehmungen verbreitet: Obwohl der Sex gegen Bezahlung eigentlich keine Leistung ist, findet man in diesen Foren sehr viel Stolz, und zwar Stolz auf die sexuelle Erfahrung, das sexuelle Durchhaltevermögen, auf erfolgreiches Überreden der Prostituierten zu vorab nicht vereinbarten Leistungen, auf ein erzieltes günstiges Preis-Leistungs-Verhältnis, auf erreichte sexuelle Reaktionen der Prostituierten und auch darüber, das erlangte Wissen über die Qualität einer Prostituierten im Forum weitergeben und den Service bewerten zu können.

7.7 Lässt sich Prostitution ethisch rechtfertigen?

Prostitution gibt es im Tierreich und sie gibt und gab es in allen menschlichen Kulturen. Es wäre aber ein naturalistischer Fehlschluss, daraus eine ethische Rechtfertigung abzuleiten. Die Prostitution ist psychisch sehr belastend, körperlich gefährlich und man kann diesen Beruf nicht lebenslang ausüben. Dies gilt allerdings für viele Berufe. In einer Interviewstudie bei registrierten Prostituierten in der Stadt Zürich gaben fast 40 % der Befragten an, dass sie ihre Arbeit mögen und etwa ein Drittel sahen ihre Arbeit als hilfreich an (Rössler et al., 2010). Es gibt Prostituierte, die der Meinung sind, dass sie ihr Hobby zum Beruf gemacht haben. Sehr viel häufiger ist jedoch, dass die Prostituierte den Freier nur als Geldquelle und der Freier die Prostituierte nur als Lustquelle ansieht, wodurch sich beide gegenseitig verdinglichen.

Die ethische Grundlage für alle sexuellen Handlungen sollte ein gültiger Konsens zwischen den handelnden Personen sein, wobei die Interessen anderer

Personen und grundlegendere Werte wie beispielsweise das Leben nicht verletzt werden dürfen. Das Einverständnis zwischen zwei Personen setzt voraus, dass beide mündig (erwachsene geistige Reife und mental/psychisch nicht beeinträchtigt) und situativ (ohne Alkohol- oder Drogeneinfluss sowie ohne Bedrohungssituation) in der Lage sind, sich bewusst zu entscheiden. Zudem setzt ein Konsens voraus, dass man ausreichende Informationen über den Sexualpartner (z. B. über das Vorhandensein von Geschlechtskrankheiten) und die beabsichtigte sexuelle Handlung hat. Bei minderjährigen, drogenabhängigen oder in Armut lebenden Prostituierten ist somit ein freiwilliger Konsens nicht gegeben.

Zawisza (2011) vergleicht den Kontrakt zwischen der Prostituierten und dem Freier mit dem Kontrakt beim Frisör oder bei der Massage: Man kauft in diesem Kontrakt nicht den Körper des anderen, sondern nur eine spezifische Fähigkeit oder Handlung, die mit diesem Körper ausgeübt wird. Kritsch kann man gegen diesen Vergleich einwenden, dass die Benutzung des Körpers einer Prostituierten viel intimer ist als die Benutzung des Körpers eines Frisörs oder Masseurs. Belliotti (1993) vertritt die These, dass Prostitution ethisch vertretbar ist, wenn die Prostituierte nicht abhängig ist, nicht aus ökonomischer Not handelt, wenn sie ihre Arbeitsbedingungen bestimmt und ihre Freier aussuchen und überwachen kann, wenn sie ihre Arbeit als Ausdruck von Kreativität und sie keine Missbilligung ihrer Berufswahl erlebt, wenn der Freier und die Prostituierte gegenseitig um ihr Wohlbefinden besorgt sind und wenn sich beide nicht nur instrumentell, sondern auch als Person wahrnehmen (S. 256). Belliotti räumt selbst ein, dass dies dann eher wie eine spezielle Art von Sexualtherapie und nicht wie Prostitution aussieht. Zudem kann man einwenden, dass das Sexualverhalten außerhalb der Prostitution oft auch nicht den hier aufgestellten moralischen Ansprüchen entspricht. Wer beispielsweise im Kontext einer Party Oralsex mit einer ihm namentlich unbekannten Person hat, wird den anderen vermutlich auch nur instrumentell wahrnehmen und nicht sehr um dessen Wohlbefinden besorgt sein.

Ein wichtiger ethischer Grundsatz ist das *„Prinzip der Selbstanwendung"*. Wenn man die Prostitution ethisch bejaht, muss man sowohl für sich selbst als auch für seine Kinder den Prostitutionsberuf prinzipiell als akzeptabel ansehen. Zudem muss man auch die Möglichkeit bejahen, dass man selbst durch Prostitution entstanden sein könnte, denn trotz des Einsatzes von Verhütungsmitteln ist die Zeugung von Leben durch Prostitution prinzipiell möglich.

7.8 Prostitutionsausstieg und Präventionsmöglichkeiten

Personen, die sich aus akuter Geldnot nach einer langen Phase des Abwägens (Welche Alternativen habe ich? Will ich das wirklich? Kann ich das? Werde ich dadurch mein Ziel erreichen? Welches Risiko besteht?) zum ersten Mal prostituieren, tun dies oft mit dem Vorsatz, dass dies das erste und letzte Mal sein wird. Nach dem Rubikonmodell der Motivation (Heckhausen & Gollwitzer, 1987) gibt es aber nach dem Überschreiten beim ersten Mal kein „Zurück" mehr. Wenn einmal die Hemmschwelle überwunden wurde und viel Geld mit einem kurzen und geringen Arbeitsaufwand verdient wurde, bleibt es nicht bei der einmaligen Prostitution, da man sich nun bereits ohnehin schon einmal prostituiert hat.

Zu den psychischen Folgen der Prostitution gehört auch, dass durch die oft sehr hohen Einnahmen (in der Indoor-Prostitution) der normale Umgang mit Geld verlernt und ein luxuriöser Lebensstil gepflegt wird. Die wenigsten der finanziell erfolgreichen Prostituierten legen ihr Geld in Immobilien oder Aktien an, sondern eher in Prada-, Gucci- oder Chanel-Täschchen sowie in Geschenke für Angehörige und Freunde, um Anerkennung zu erhalten. Vor einem Ausstieg aus der Prostitution muss häufig erst die Kauf- und Konsumsucht bewältigt werden. Erschwerend ist, dass die Qualifikation für einen anderen Beruf meistens fehlt und sich im Lebenslauf eine schwer zu erklärende Lücke auftut (bei hauptberuflicher Prostitution). Zudem sind die Verdienstmöglichkeiten in normalen Berufen selbst bei guter Qualifikation sehr viel niedriger als bei der Prostitution, woran man sich erst gewöhnen muss (Aden, 2008, S. 85).

Bei Straßenprostituierten ist die Ausgangslage anders. Nach einer langen Phase der Entwertung sind die Einnahmen hier oft nicht höher als bei anderen Verdienstmöglichkeiten. Trotzdem fällt auch hier der Ausstieg aus der Prostitution oft schwer, erstens wegen einer psychischen Abhängigkeit vom Zuhälter, zweitens wegen einer (oft schon seit der Kindheit) „erlernten Hilflosigkeit" und drittens wegen der massiven Schwankungen bei den Prostitutionseinnahmen. Diese Schwankungen wirken wie eine variable Quotenverstärkung und befördern ähnlich wie bei einer Spielsucht die Idee, dass man noch einmal das große Los ziehen könnte, beispielsweise durch einen verliebten reichen Freier (Hinz & Petrova, 2013).

Maßnahmen gegen die Prostitution waren in der frühen Neuzeit strenge Bestrafungen wie Auspeitschen, Einsperren, Brandmarkung, Zwangsarbeit und Erhängen, was abschreckend wirken sollte. Im Zuge der Kolonialisierung wurden Prostituierte häufig deportiert, um in den Kolonien als Ehefrauen die Reproduktion zu sichern (Dabhoiwala, 2014; Steiner, 2014). Das vorherrschende Konzept der Primärprävention der Prostitution war die Abschreckung, und zwar nicht nur durch strenge Strafen, sondern beispielsweise auch durch Gemälde wie der Bilderzyklus „Aufstieg und Fall einer Hure" (1730–1732) von William Hogarth. In diesem Bilderzyklus wurde detailreich dargelegt, wie ein naives, unschuldiges Mädchen aus der Provinz nach London kommt, dort durch eine Kupplerin zur Prostituierten wird, einen verschwenderischen Lebensstil führt, verhaftet wird, im Arbeitshaus des Gefängnisses landet und schließlich trotz qualvoller medizinischer Quecksilberbehandlung im Alter von

23 Jahren an Syphilis stirbt. Dieses Abschreckungskonzept wurde auch auf Jahrmärkten in Wachsfigurenkabinetten umgesetzt. In Separatausstellungen wurden die Auswirkungen von Geschlechtskrankheiten wie Syphilis auf drastische Weise in Szene gesetzt. Im Vorwort zu Winklers „Ausstellung für Wissenschaft und Kunst" wurde behauptet: „Mit Stolz kann ich sagen: Mein Cabinet hat des Guten schon viel gestiftet. Mancher junge Mann kehrte nach Beschauung desselben auf dem Pfade schaudernd um" (Nagel, 2017, S. 27). Oder es hieß: „Ich habe Männer gesehen, die betrunken hereinkamen und das Kabinett nüchtern verließen" (Nagel, 2017, S. 27).

Das Abschreckungskonzept bezog sich in Deutschland im 18., 19. und 20. Jahrhundert in erster Linie auf Jungen und Männer und hatte vor allem das Ziel, die befürchtete „venerische Durchseuchung der deutschen Bevölkerung" zu verhindern (Linse, 1987). Daneben ging es auch darum, Mädchen und Frauen durch Abschreckung von der Prostitution fernzuhalten. Das Abschreckungskonzept ist auch heute noch in vielen Ländern weit verbreitet. In Deutschland wird die Drogenprävention manchmal mit der Prostitutionsprävention verbunden, beispielsweise durch die schulische Lektüre von Büchern wie „Christiane F. Wir Kinder von Bahnhof Zoo" oder „Seelenficker". Problematisch ist, dass diese Bücher aus Neugier und Sensationslust zwar verschlungen werden, aber nur die abschrecken, die ohnehin nicht in Gefahr standen. Bei manchen Mädchen sind durch das geweckte Interesse und die Heroisierung der Hauptpersonen sogar gegenteilige Effekte beobachtet worden (Koch, 1992; Schlömer, 1992).

Neben der Abschreckung dienen auch Informationen der Primärprävention, beispielsweise Informationen über die Loverboy-Methode („Ich gehöre ihm", TV-Film, ARD, 2017). In den osteuropäischen Prostitutionsherkunftsländern sind Warnungen vor den Methoden der Menschenhändler weit verbreitet. Dies hilft sicherlich vor der Irreführung, hilft aber nicht, wenn sich Mädchen und Frauen aufgrund ihrer Armut bewusst prostituieren wollen. Hier wäre es sinnvoll, wenn die psychischen Folgen der Prostitution deutlicher in den Mittelpunkt gerückt würden (Hinz & Petrova, 2013). Die wirksamste Form der Prostitutionsprävention ist allerdings nicht die Verhaltensprävention, sondern die Verhältnisprävention. Hierzu gehören die schulische Ausbildung der Mädchen (beispielsweise aus Roma-Familien), das Verbot der Zwangsverheiratung von minderjährigen Mädchen, die soziale Gleichwertigkeit von Mädchen und Jungen, die Überwindung der Jugendarbeitslosigkeit und eine ausreichende staatliche Ausbildungs- und Studienförderung.

Zusammenfassung

Prostitution ist der Verkauf einer sexuellen Aktivität mit Körperkontakt. Eine scharfe Abgrenzung zwischen Prostitution und sexuellen Interaktionen mit Tauschcharakter gibt es nicht. In der westlichen Welt gab es in den letzten 70 Jahren einen deutlichen Rückgang der Häufigkeit der Prostitution, was mit der stärkeren Verbreitung von vorehelichem Sex sowie von Gelegenheitssex zu tun hat. Die Prostitution wird vor allem von heterosexuellen Männern in Anspruch genommen, wobei nur etwa 2 bis 3% der Männer regelmäßige Freier sind. Die Motive der Freier sind sehr unterschiedlich, und auch die Formen der Prostitution unterscheiden sich stark. Fehlende elterliche Unterstützung in Kindheit und Jugendalter ist ein Hauptrisikofaktor für eine Tätigkeit im Prostitutionsbereich. Wichtige Copingstrategien von Prostituierten sind die strikte Trennung von beruflicher und privater Identität und die innere Distanz zur Tätigkeit. Der Ausstieg aus der Prostitution ist schwierig, wenn eine berufliche Qualifikation fehlt, der Umgang mit Geld nicht beherrscht wird und erlernte Hilflosigkeit das Verhalten kennzeichnet.

Überprüfungsfragen

a) Nennen Sie verschiedene sexuelle Interaktionen mit Tauschcharakter, die üblicherweise nicht als Prostitution angesehen werden.
b) Warum konnte man im 19. Jahrhundert die Prostitution als Anhängsel der Ehe ansehen?
c) Wie viel Prozent aller Frauen verdienen nach Schätzungen ganz oder teilweise ihren Lebensunterhalt durch Prostitution?
d) Nennen Sie die verschiedenen Formen der Prostitution.
e) Nennen Sie die wichtigsten Copingstrategien bei Prostituierten.
f) Welche Formen des Sexualverhaltens kommen in der Prostitution häufiger vor?
g) Wie müssten nach Belliotti (1993) die Rahmenbedingungen sein, damit sich die Prostitution ethisch rechtfertigen ließe?

Fragen zum Nachdenken/Übungsanregungen

a) Eine nicht mehr junge SPD-Ortsvorsteherin hat eine sexuelle Beziehung mit einem jungen schwarzafrikanischen Flüchtling und nimmt ihn zu Urlaubsfahrten in verschiedene Länder mit. Ist dies Prostitution oder ein „Aufstehen gegen rechte Hetze“, wie sie selbst postuliert?
b) Stellen Sie sich vor, Sie wären nach einen Unfall nicht mehr in der Lage, sich selbst zu befriedigen. Wäre dann für Sie die Inanspruchnahme einer Prostituierten/eines Callboys vertretbar?

c) In Dänemark bekommen Behinderte in einigen Regionen einmal im Monat einen Prostituiertenbesuch bezahlt. Finden Sie es in Ordnung, dass der Besuch von Prostituierten in Behinderteneinrichtungen erlaubt ist? Finden Sie es in Ordnung, wenn der Staat/die Krankenkasse diesen Besuch bezahlt?
d) Vom Thema „Prostitution" geht für viele Frauen und Männer eine gewisse Faszination aus. Warum ist das so?
e) Stellen Sie sich vor, Sie würden ein Bordell erben. Würden Sie dieses dann schließen oder nach ihren Vorstellungen ändern? Falls Sie es ändern würden, was würden Sie ändern?
f) Wie wäre es für Sie, wenn Ihre Tochter als Escort-Girl oder Ihr Sohn als Gigolo arbeitet?
g) In den USA arbeiten in vielen Städten als Prostituierte verkleidete Polizistinnen, die interessierte Freier verhaften. Anschließend werden Bild, Name und Anschrift des Freiers veröffentlicht („John Shaming"). Ist dies ein akzeptabler Ansatz zur Reduktion der Prostitution?

8. Pornografie

Wahrheit oder Fiktion?	wahr	falsch
Da die Firma Sony keine Pornos auf ihren Videoformaten erlaubte, setzte sich das Konkurrenzformat der Firma JVC durch.	❐	❐
Von 1969 bis 1980 war in Dänemark die Kinderpornografie erlaubt.	❐	❐
Eltern sind verpflichtet, ihre Kinder durch die Installation von Filtersoftware vor Pornografie zu schützen.	❐	❐
Pornos werden häufiger von Menschen mit geringerem Bildungsstand gesehen.	❐	❐
Lesbische und bisexuelle Frauen sehen viel häufiger Pornos als heterosexuelle Frauen.	❐	❐
Von Gehirnforschern wird die These vertreten, dass Pornokonsum zu einem Abbau der grauen Substanz im Belohnungszentrum führt.	❐	❐
In Staaten, in denen sich die Pornografie ausbreitete, konnte zeitgleich ein Absinken der Sexualstraftaten beobachtet werden.	❐	❐

Der Begriff „Pornografie“ in der heutigen Begriffsbedeutung wurde zuerst im Jahre 1830 vom Altphilologen Karl Otfried Müller für die bei der Ausgrabung von Pompeji gefundenen Kunstwerke verwendet (Spitzer, 2015). Der Begriff besteht aus den altgriechischen Wörtern πόρνη (= Hure) und γράφειν (schreiben, malen, einritzen). Eine Definition des Begriffs Pornografie ist schwierig. Häufig wird zwischen guter Erotik und schlechter Pornografie unterschieden. Unklar ist aber, wie man Erotik und Pornografie voneinander abgrenzen kann. Sind beispielsweise die Zeichnungen junger Mädchen von Egon Schiele mit betonten Geschlechtsteilen erotische Kunst oder Kinderpornografie? Eine anerkannte und befriedigende Definition des Begriffs „Pornografie“ gibt es nicht (Martyniuk & Dekker, 2018). Nach verschiedenen Entscheidungen in der obersten deutschen Rechtsprechung versteht man unter Pornografie Schriften, „die Sexualität vergröbernd, aufdringlich, übersteigert oder anreißerisch darstellen“, „die ausschließlich einen sexuellen Reiz auslösen sollen oder den Sexualtrieb aufstacheln“, „in denen Sexualität überbewertet und ohne Sinnzusammenhang zu anderen menschlichen Lebensäußerungen dargestellt wird, also etwa von emotionalen Bezügen losgelöst wird, sodass die Menschen zum bloßen, auswechselbaren Objekt der Begierde degradiert werden, wobei spurenhafte gedankliche Inhalte lediglich zum Vorwand für provozierende Sexualität genommen werden“ oder „die die Grenzen des sittlichen Anstandes, die nach allgemeinen gesellschaftlichen Wertvorstellungen gezogen werden, eindeutig überschreiten“ (Schmidt, 2017, S. 344). Wenn man den Aspekt der ausschließlichen Auslösung eines sexuellen Reizes berücksichtigt, könnte man einen bedeutenden Teil der gesamten Bildenden Kunst und Literatur als Pornografie ansehen. Zu Recht weist Schmidt darauf hin, dass in der juristischen Pornografiedefinition die Lustfunktion der Sexualität negiert wird und dass es im Bereich der Sexualität keine Einigkeit über die gesellschaftlichen Wertvorstellungen gibt. Sie schlägt deshalb vor, den Begriff „Pornografie“ juristisch zu streichen und stattdessen „im Gesetz ausdrücklich zu benennen, welches sexuell explizite Material in Bezug auf welchen Schutzzweck bestimmten Verboten unterliegen soll“ (Schmidt, 2017, S. 347).

8.1 Geschichte der Pornografie

Bei frühen steinzeitlichen Felsritzungen ist oft unklar, ob sie religiös-sakralen Zwecken dienten oder als Pornografie anzusehen sind. Die früheste aus Kalzit gefertigte pornografische Skulptur ist etwa 11 000 Jahre alt und zeigt ein Paar beim Koitus in der einander zugewandten Sitzposition („Die Liebenden von Ain Sakhri“). Pornografische Darstellungen findet man in der ägyptischen, griechischen und römischen Antike auf Vasen, Öllampen, Fresken, Papyrusrollen sowie auf den Eintrittsmünzen der Bordelle. Die Fresken in den Wartebereichen der römischen Bordelle hatten nicht nur dekorative Funktion, sondern sollten die Freier in Stimmung bringen. Auch in anderen Kulturen findet man vielfältige pornografische Darstellungen, beispielsweise Keramikgefäße in der Moche-Kultur in Peru (2. bis 6. Jahrhundert n. Chr.) mit Darstellungen der Fellatio, des Vaginalverkehrs, des hetero- und homosexuellen Analverkehrs sowie mit aufklärerisch wirkenden anatomisch deutlichen Darstellungen der Schamlippen und der Klitoris (Mathieu, 2003).

Die Geschichte der Pornografie hatte stets viel mit der Verbreitung und dem Erfolg von Medien zu tun. Jedes neue Medium wurde immer auch sofort für die Pornografie genutzt. Nach Steinritzzeichnungen, Papyrusrollen, Vasen, Keramiken, Skulpturen, Fresken und Gemälden ist das erste pornografische Massenmedium der Buchdruck, dann die Fotografie und damit verbunden das Fotomagazin, danach der Film und das Kino, schließlich die Videokassette und der Videorekorder, sodann das Privat-, Satelliten- und Bezahlfernsehen und zuletzt das Internet. Der Buchdruck wurde unter anderem auch mit der Verbreitung pornografischer Texte und Abbildungen erfolgreich, so zuerst im 16. Jahrhundert durch Pietro Aretino, der sowohl mit einer Erörterung über die grundsätzlichen Möglichkeiten einer Frau (Nonne, Gattin, Prostituierte) als auch mit einem kurzen bebilderten Text zu den Stellungen beim Sexualverkehr Furore machte (darunter auch heterosexueller Analverkehr). Im 18. Jahrhundert wurden in England in großer Stückzahl Drucke berühmter Kurtisanen verkauft (Dabhoiwala, 2014). Ebenfalls erfolgreich waren Romane mit explizit pornografischen Beschreibungen, die entsprechend illustriert auf den Markt kamen, wie etwa die Romane „Thérèse, die Philosophin" (1748 erschienen) und „Fanny Hill, Memoirs of a Woman of Pleasure" (1749 erschienen). Der Verleger des letztgenannten Romans verdiente damit nach heutigen Maßstäben mehr als eine Million Pfund.

Neben den Buchdruck als Medium der Pornografie trat dann die Fotografie auf. Aktfotografien dienten Malern und Bildhauern als Vorlagen, weil sie preisgünstiger als echte Modelle waren. Sie wurden auch unter dem Ladentisch verkauft, in erotischen Posen, verspielt, hinter Blumen verhüllt, im antiken Setting, im Bordell oder als Freilandakt. Im Rahmen der kolonialen Begeisterung wurden auch in großer Zahl exotische Postkarten mit Schmuck tragenden nackten Maurinnen, „Negerinnen" oder Südseeinsulanerinnen hergestellt, wobei man diesen Aktfotografien zur Vermeidung der Zensur einen völkerkundlichen Anschein gab. Es gab aber auch im viktorianischen Zeitalter bereits explizite „Hardcore-Fotografien" (Lister, 2020).

Kurz nach Erfindung des Films wurden die ersten Erotikfilme gedreht, meistens kurze Stripteasefilme, die am späten Abend unter dem Titel „pikante Filme für Herrenabende" in Wanderkinos gezeigt wurden. Der vermutlich erste Pornofilm entstand 1908 in Frankreich und zeigt einen Soldaten, der in der Gaststätte nichts mehr zu essen bekommt und als Ausgleich seinen sexuellen Appetit bei der Magd stillen darf (Schrenk & Moorstedt, 2016). Die meisten pornografischen Stummfilme sind verschollen. Aufgrund gesetzlicher Verbote und des damit verbundenen finanziellen Risikos entwickelte sich der Pornofilm zunächst eher langsam. Bis in die 1970er Jahre hinein waren gedruckte Magazine das Hauptmedium der Pornografie. Verborgen am Kiosk oder an Tankstellen wurden Magazine wie „Schlüsselloch", „Anal", „Abgespritzt", „Adam und Eva" oder für pädophile Kunden „FKK-Jugend" verkauft. 1969 war dann Dänemark das erste Land, das die Pornografie legalisierte, und zwar – heute unvorstellbar – alle Formen der Pornografie, also auch die Kinderpornografie, die erst 1980 in Dänemark wieder verboten wurde (Grampes, 2019). Anfang der 1970er Jahre stellten in Deutschland die Aktualitäten-/Bahnhofkinos ihr Programm auf Sexfilme um und waren damit bis Anfang der 1990er Jahre erfolgreich. In Deutschland waren vor allem die Schulmädchenreport-Filme mit insgesamt 100 Millionen Zuschauern ein großer kommerzieller Erfolg. In den USA spielte der Low-Budget-Pornofilm „Deep Throat" geschätzte 600 Millionen US-Dollar ein und wurde auch öffentlich wahrgenommen.

Die Kinoerfolge endeten erst mit der Erfindung des Videorekorders. Nun wurden die Bahnhofskinos von den Videotheken abgelöst, die es ermöglichten, Pornofilme zu Hause im geschützten privaten Rahmen anzusehen. In den Videotheken gab es im vorderen Bereich normale Spielfilme und im mindestens genauso großen hinteren Bereich Pornofilme zum Ausleihen. Die Pornografie beeinflusste die Videotechnik maßgeblich: In den frühen 1970er Jahren gab es mehrere Videoformate, vor allem Betamax der Firma Sony und VHS der Firma JVC. Da die Firma Sony keine Pornofilme auf ihrem Videoformat erlaubte, setzte sich schnell das VHS-Format durch (Schwartz & Kempner, 2015, S. 256). Beim Verleih von Pornovideos musste man allerdings immer noch eine Videothek betreten, von denen es in Deutschland 8 000 gab. Daneben trat bereits das Privatfernsehen auf, dessen Ausbreitung wesentlich durch Erotikmagazine, erotische Videoclips und Softpornos befördert wurde. Der Videorekorder erlaubte, nächtliche erotische Filme der Fernsehausstrahlung zeitversetzt anzusehen und aufgenommene, gekaufte oder geliehene Filme in beliebiger Form vorzuspulen, zurückzuspulen oder, je nach technischer Ausstattung, in Zeitlupe zu betrachten.

Das Sterben der Videotheken erfolgte dann mit dem Anbieten von Filmen aller Art im Internet. Die Internetpornografie ermöglicht die völlige Anonymität und Unkontrolliertheit des Nutzers, die leichte Zugänglichkeit und die weitgehende Kostenfreiheit. Zudem müssen Filme nicht mehr gelagert werden (wo sie beispielsweise von Kindern entdeckt werden konnten). Es gibt für jeden Geschmack eine extrem große Auswahl und über Suchfunktionen auch eine recht gute Ordnung des verfügbaren Materials. Wer mag, kann je nach Stimmung genau nach den Filmen suchen, die ihn oder sie gerade ansprechen, unabhängig von der Tageszeit, unabhängig vom eigenen Alter, an jedem Ort mit Internetzugang, beliebig wiederholbar, abwechslungsreich, unbeobachtet oder nach Wunsch mit anderen. Der Begriff „Porno“ oder „Pornografie“ wird heute nahezu ausschließlich für den „Internetpornofilm“ verwendet, da nur wenige an eine DVD, eine Videokassette, eine Fotografie, ein Magazin, einen Comic oder einen Buchtext denken. Das Motiv für die Darbietung von Pornofilmen im Internet ist ähnlich wie bei der Prostitution vor allem der Gelderwerb. Daneben gibt es auch Motive wie Exhibitionismus, Suche nach Aufmerksamkeit oder Berühmtwerden-Wollen (vor allem bei ins Netz gestellten Amateurfilmen) (Lehmiller, 2014, S. 366). Für die USA schätzt man, dass der Umsatz der Pornoindustrie bei sechs Billionen Dollar liegt, was etwa der Hälfte des Umsatzes der Hollywood-Filmindustrie entspricht. In den USA gibt es etwa 1 200 bis 1 500 Pornodarsteller in etwa 200 Pornoproduktionsfirmen (Griffith et al., 2013). Verlässliche Angaben gibt es nicht, und der Umsatz ist weltweit aufgrund der vielen kostenlosen Pornoangebote genauso wie die Gagen für die Darsteller seit den 1990er Jahren rückläufig. In einer US-amerikanischen Erhebung im Jahre 2015 gaben 10 % der Stichprobe (134 heterosexuelle, 534 homosexuelle und 153 bisexuelle Männer) an, ein kostenpflichtiges Abonnement für Internetpornos abgeschlossen zu haben (Downing et al., 2016). 70 % aller kostenpflichtigen Pornoangebote sind in den USA angesiedelt, während 60 % aller kostenlosen Pornoserver außerhalb der USA stehen (Zook, 2007). Der Trend der letzten Jahre ist, dass mit

Pornografie immer weniger Geld verdient wird, dass die Pornostudios seltener geworden sind, dass sich viele Darstellerinnen mit selbst produzierten Aufnahmen selbstständig vermarkten und dass die in den Pornostudios arbeitenden Darstellerinnen häufiger als früher gleichzeitig im Bereich der Prostitution tätig sind.

8.2 Rechtliche Situation

Der rechtliche Umgang mit Pornografie ist ähnlich wie bei der Prostitution in nahezu jedem Land anders. In Deutschland ist der Besitz und das Ansehen von Pornografie (außer Kinder-/Missbrauchspornografie und Jugendpornografie) für Erwachsene nicht strafbar. Strafbar ist aber das Anbieten, Überlassen und Zugänglichmachen von Pornografie gegenüber einer Person unter 18 Jahren, was bedeutet, dass Erwachsene Jugendlichen keine Pornos überlassen dürfen, also beispielsweise auch keine Internetadresse mit Pornofilmen weitergeben dürfen. Bei der Internetpornografie lassen sich Verstöße gegen das Anbieten von Pornografie nicht bestrafen, da die Server nahezu immer im Ausland stehen (nur 1.6% aller Pornoserver stehen in Deutschland; Zook, 2007), weshalb die meisten Anbieter auf einen „Klick" zur Altersbestätigung verzichten. Wer Kinder oder Jugendliche vor pornografischen Inhalten im Internet schützen will, kann auf den entsprechenden Geräten eine Filtersoftware installieren, was aber nicht verpflichtend ist.

Strafbar ist in Deutschland die Verbreitung gewalt- oder tierpornografischer Schriften (der Gesetzgeber verwendet den Begriff „Schriften", meint aber sämtliche Medien, also auch Bilder und Filme), nicht aber deren Besitz. Ebenfalls verboten ist die Verbreitung sowie der Besitz jugendpornografischer Schriften (mit sexuellen Handlungen von, an oder vor einer 14 bis 18 Jahre alten Person oder aber die Wiedergabe einer ganz oder teilweise unbekleideten 14 bis 18 Jahre alten Person „in unnatürlich geschlechtsbetonter Körperhaltung", § 184c StGB). Problematisch ist, dass einerseits auch bei älteren Pornodarstellerinnen deren Jugendlichkeit durch eine entsprechende Kleidung betont wird, andererseits jedoch von Pornoproduzenten generell betont wird, dass alle Darsteller mindestens 18 Jahre alt sind, sodass der Konsument das Alter der Darsteller nicht erkennen kann. Die bewusste Inszenierung von Kindlichkeit/Jugendlichkeit in Pornos (z.B. Schulmädchenaccessoires, Kinderfrisur, Kuscheltiere, Spielzeug) ist nicht strafbar, wenn die Darstellerin erkennbar älter als 18 Jahre alt ist, da das Spiel mit Fantasien erlaubt ist. Verschärft wurden zuletzt die Bestimmungen zur Kinder-/Missbrauchspornografie. Hier ist auch bereits die „sexuell aufreizende Wiedergabe der unbekleideten Genitalien oder des unbekleideten Gesäßes eines Kindes" (§ 184b StGB) strafbewehrt. Auch Animes, Cartoons, Comics oder Comicfilme können Kinderpornografie sein. Ein Besitz pornografischer Schriften liegt vor, sobald eine Datei auf eine Festplatte oder ein Speichermedium abgespeichert wurde. Umstritten ist, ob auch das Betrachten strafbar ist, da der Inhalt dabei auch automatisch auf den Rechner geladen wird. Lehrerinnen und Lehrer dürfen im Unterricht keine pornografischen Schriften präsentieren, es sei denn, alle Schüler sind älter als 18 Jahre alt. Von daher kann Pornografie nur Unterrichtsthema sein, wenn man im Unterricht auf exemplarische Beispiele verzichtet (siehe Kap. 8.7).

8.3 Pornografiekonsum

Die Erforschung der Nutzung der Internetpornografie ist schwierig, da Umfrageergebnisse stark durch soziale Erwünschtheit verfälscht werden. In einer früheren Erhebung in Deutschland gaben nur 2 % der Befragten an, regelmäßig pornografische Internetseiten zu nutzen. Setzte man hingegen Protokoll-Software ein, um das Surfverhalten im Internet mitzuschneiden, sah das Ergebnis anders aus: Auf 33 % aller deutschen Onlineanschlüsse wurden regelmäßig pornografische Internetseiten angeklickt (Döring, 2004). Nach einer von der britischen Zeitung Guardian in Auftrag gegebenen Analyse waren im Juli 2013 12.5 % aller Webseitenaufrufe aus Deutschland Pornoseiten (Sawall, 2013).

Ganz generell ist der Pornokonsum häufiger bei Männern, Jüngeren, Unverheirateten sowie bei sexuell aktiveren und freizügigeren Personen. Der wichtigste Faktor ist wie bei der Selbstbefriedigung das Geschlecht: Nach einer kanadischen Studie hatten in den letzten 12 Monaten 72 % der männlichen und 24 % der weiblichen Studierenden Internetpornos angesehen (Boies, 2002). In einer australischen Studie mit mehr als 20 000 Probanden gaben 63 % der Männer und 20 % der Frauen an, dass sie im letzten Jahr Pornos gesehen hatten (Richters et al., 2014). In einer US-Studierendenbefragung gaben 86 % der Männer und 31 % der Frauen an, dass sie Pornografie nutzen. 48 % der Männer, aber nur 3 % der Frauen gaben an, dass sie Pornografie wöchentlich ansehen (Carroll et al., 2008). Bei einer Gelegenheitsstichprobe norwegischer und schwedischer Studierender gaben 80 % der Männer und 10 % der Frauen an, dass sie in den letzten drei Monaten mindestens wöchentlich Internetpornos angesehen hatten. Nur 1 % der Männer und 20 % der Frauen hatten im letzten Jahr keine Pornografie gesehen. Am häufigsten wurde die Mainstream-Pornografie angesehen, am zweithäufigsten die BDSM-Pornografie (Kvalem et al., 2014). Auch Matthiesen (2013) fand, dass am häufigsten konventioneller „Heterosex“ mit ausgeprägtem Vorspiel und häufigem Stellungswechsel angesehen wird, eventuell noch ein „Dreier“ oder „Lesbensex“, dass aber keine Konsummuster hin zu extremeren Sexvarianten zu erkennen sind. In Deutschland sahen in den letzten zwölf Monaten 85 bis 90 % der 18- bis 60-jährigen und 73 % der 61- bis 75-jährigen Männer Pornografie, wobei im Vergleich dazu Frauen (vor allem die älteren Frauen) deutlich seltener Pornografie sahen (Matthiesen et al., 2017). Obwohl Single-Männer häufiger Pornografie konsumieren, ist auch in festen Beziehungen für die meisten Männer (60 %) die Pornografienutzung Teil ihres Sexuallebens, ähnlich wie die Selbstbefriedigung (Böhm & Matthiesen, 2016; Martyniuk & Dekker, 2018). Ein weiterer Aspekt des Pornografiekonsums ist die sexuelle Orientierung: Nach einer von Træen und Daneback (2013) bei norwegischen Männern und Frauen durchgeführten Fragebogenerhebung hatten 94 % aller Männer (unabhängig von der sexuellen Orientierung), 92 % aller lesbischen oder bisexuellen Frauen und 67 % aller heterosexuellen Frauen jemals Pornografie gesehen. Bei denen, die jemals Pornografie gesehen hatten, wurde weiter erhoben, wie oft sie den Pornografiekonsum mit der Selbstbefriedigung oder dem Partnersex verbunden hatten (jeweils nur bei denen, die Selbstbefriedigung bzw. Partnersex hatten). Bei schwulen oder bisexuellen Männern lag der zeitliche Anteil der Pornografienutzung während der Selbstbefriedigung bei 51 %, bei heterosexuellen Männern bei 41 %, bei lesbischen oder bisexuellen Frauen bei 24 % und bei heterosexellen Frauen bei 12 %. Bei schwulen oder bisexuellen Männern lag der zeitliche Anteil der Pornografienutzung während des Partnersex bei 10 %, bei den lesbischen oder bisexuellen Frauen bei 8 % und bei heterosexuellen Männern und Frauen bei 4 %.

Das vor allem männliche Interesse an der Pornografie lässt sich mit der evolutionären Theorie (siehe Kap. 3) erklären: Männer, die durch vorbeiziehende Frauen stärker erregt waren als andere Männer, haben sich evolutionär eher durchgesetzt, da sie mehr Nachwuchs zeugten, wenn sie Frauen für kurzfristige Sexualkontakte gewinnen konnten. Frauen, die sich in ähnlicher Weise erregen ließen und sich dadurch auf eine zufällige Paarung einließen, haben hingegen anders als Männer ihren Reproduktionserfolg minimiert, da sie dann nicht in notwendiger Weise auf die Vaterschaftsfähigkeit achten konnten. Von daher hat sich evolutionär bei Männern das Interesse an der Schaulust durchgesetzt und bei den Frauen das stärkere Interesse an langfristig angelegten romantischen Situationen (Rathus et al., 2011, S. 625; Rye & Meaney, 2007). Ähnlich wie Menschen können übrigens auch Affen durch die Darbietung von Pornos sexuell animiert werden (männliche leichter als weibliche Affen), und eine experimentelle Studie mit männlichen Makaken zeigte, dass die Männchen für die bildliche Darbietung des Hinterteils weiblicher Makaken mit Fruchtsaft bezahlten (Deaner et al., 2005).

8.4 Pornografiesetting und Funktionen der Pornografie

Die Funktion der Pornografie hat viel mit dem interpersonellen Setting des Konsums zu tun. Unterscheiden lässt sich, ob man die Pornografie

1. allein ansieht (Solosetting),
2. mit dem festen Partner ansieht (Paarsetting),
3. mit der gleichgeschlechtlichen Peergroup ansieht (homosoziales Setting) oder
4. mit der gemischtgeschlechtlichen Peergroup ansieht (heterosoziales Setting) (Matthiesen et al., 2011).

Bei männlichen Jugendlichen und bei Männern ist das Solosetting die dominierende Form des Pornografiekonsums. Das homosoziale Setting kommt bei Jungen vor allem beim allerersten Pornokonsum und beim Betrachten von krassen Formen der Pornografie vor. Ziel ist in diesem Setting nicht die sexuelle Erregung, sondern „die Demonstration von Lässigkeit und Kompetenz im Umgang mit Sex“ (Schmidt & Matthiesen, 2011, S. 367–368). Es geht darum, eine Mutprobe zu bestehen, anzugeben oder sich gemeinsam zu belustigen. Dies ist in der gleichgeschlechtlichen Mädchengruppe genauso. Auch hier geht es nicht um Erregung, sondern um das Brechen eines Tabus, um Neugier sowie um einen Lacherfolg (Matthiesen et al., 2011). In der gemischtgeschlechtlichen Peergroup erfolgt das Sehen von Pornos nahezu immer auf Initiative der Jungen, wobei dieses Setting selten vorkommt. Ähnlich wie im homosozialen Setting geht es hier um die Aspekte Belustigung, Aushalten der Peinlichkeit sowie um eine Mutprobe. Das Paarsetting spielt beim Pornokonsum im Jugendalter keine bedeutende Rolle, wohl aber im Erwachsenenalter. Im Jugendalter erfolgt der Pornokonsum im Paarsetting zumeist auf Initiative der Jungen, wobei es als schwierig erlebt wird, wenn die Reaktion auf den Porno dann unterschiedlich ist (Matthiesen et al., 2011). Bei erwachsenen Paaren zeigte sich, dass der Konsum von Pornografie im Paarsetting im Vergleich zum Konsum im Solosetting mit einer größeren sexuellen Partnerschaftszufriedenheit einherging (Maddox et al., 2011).

Mit dem jeweiligen Konsumsetting hängt die Funktion der Pornografie eng zusammen. Folgende Funktionen der Pornografie können benannt werden:

- Selbstbefriedigungsfunktion
- Vorlustfunktion (sowohl allein in Vorbereitung auf den Partnersex als auch im Paarsetting)
- Wissensvermittlung (z. B. über Sexstellungen)
- Befriedigung der Neugierde, des Voyeurismus und des Reizes des Verbotenen
- Belustigung
- Demonstration von Coolness und Kompetenz
- Ersatzbefriedigung von Neigungen, die in der Realität selten oder nie ausgelebt werden können oder die man auch nicht ausleben will (Dreier, BDSM, Vergewaltigung, Gruppensex, Gangbang)
- Exhibitionismus (eigene Sexvideos ins Netz stellen)

8.5 Wirkungen der Pornografie

Bei der Bekämpfung der Pornografie gibt es ähnlich wie bei der Bekämpfung der Prostitution eine Allianz linker Systemkritiker, orthodoxer Feministinnen und fundamentalistisch-„christlicher" Sittenwächter. Gemeinsam sind sie überzeugt, dass von der Pornografie fatale Wirkungen ausgehen. Systemkritiker räsonieren über die Manipulation der Massen durch die Pornoindustrie, Feministinnen über die Reduktion von Frauen als Sexobjekte und die „christlichen" Fundamentalisten glauben an den Untergang des Abendlandes durch die Zurschaustellung körperlicher Intimität (Degen, 2004; Schwartz & Kempner, 2015).

Die Wirkungsforschung hinsichtlich der Pornografie steht vor ähnlichen forschungsmethodischen Problemen wie die Wirkungsforschung in Bezug auf gewaltverherrlichende Filme oder Spiele (Western, Actionfilme, Ego-Shooter/ First-Person Shooter). Nahezu alle Wirkungsstudien sind Korrelationsstudien, aus denen keine kausalen Schlussfolgerungen gezogen werden können, unabhängig davon, ob die gefundenen Korrelationen positiv, negativ oder nahe bei Null liegen. Es gibt allerdings auch experimentelle Untersuchungen, die zur Klärung von Kausalzusammenhängen sinnvoll sind. Hierbei werden jedoch immer nur die kurzfristig folgenden Verhaltensweisen gemessen, sodass man über die Langzeitwirkungen nichts aussagen kann. Zudem fehlt bei experimentellen Untersuchungen zur Pornografiewirkung die ökologische Validität: Im realen Leben wird der Porno selbst ausgesucht und beim Pornokonsum wird masturbiert oder man hat im Anschluss Sex mit seinem Partner, was im psychologischen Labor nicht vorgesehen ist. Deshalb kann die Pornografiepräsentation im Labor Frustration auslösen. Wenn dann im zweiten Teil des Experiments die Probanden mit Frauen zusammenarbeiten müssen, hat das zu beobachtende aggressivere Verhalten gegenüber den Frauen vielleicht gar nichts mit den Pornografieinhalten zu tun, sondern mit der experimentell ausgelösten Frustration (Ruddock, 2015; Weitzer, 2015). Zuletzt gibt es noch den Ansatz, die Pornokonsumenten selbst nach den für sie spürbaren Wirkungen zu befragen. Dieser Forschungsansatz ist berechtigt, aber es ist zu erwarten, dass Pornografiekonsumenten nur wenige negative Wirkungen benennen, denn dies würde sonst zu kognitiver Dissonanz führen.

Im Mittelpunkt der Forschung standen bislang vor allem die negativen Folgen der Pornografie. Erst in jüngster Zeit wurden auch positive Folgen der Pornografie benannt. Tabelle 6 gibt einen Überblick über die behaupteten und diskutierten Wirkungen der Pornografie.

Tab. 6: Wirkungen der Pornografie

Behauptete, diskutierte und erforschte Wirkungen der Pornografie	
Negative Wirkungen	Positive Wirkungen
• Pathologische Gehirnveränderungen • Pornosucht • Sexunlust, sexuelle Abstumpfung, Impotenz • Sexuelle Verwahrlosung • Sicht auf Frauen und Männer als Sexobjekten • Egozentrismus und Beziehungsunfähigkeit • Negatives Körperselbstbild • Höhere Ansprüche an sexuelles Können und Aussehen des Partners • Sexueller Leistungsdruck • Relativierung sexueller Gewalt/Animation zur Vergewaltigung/Nötigung • Wunsch nach Schamlippenkorrektur, Brustvergrößerung, Penisverlängerung	• Lustgewinn • Durch begleitende Selbstbefriedigung die Reaktionen des eigenen Körpers besser kennenlernen • Weniger Sexualstraftaten • Befriedigung der natürlichen Neugier • Mehr sexuelles Wissen (Stellungen, Variationen) • Klarheit über eigene sexuelle Orientierung gewinnen • Größere Selbstakzeptanz bei sexuellen Minderheiten • Abbau von Vorurteilen gegenüber sexuellen Minderheiten • Konkrete Anregungen und größere Offenheit für Variationen • Ersatz für die Realisierung ungesunder sexueller Verhaltensweisen (z. B. Gangbang, Sandwich)

8.5.1 Negative Wirkungen

Ein extremes Argument gegen die Pornografie ist die Behauptung, dass der Pornokonsum ähnlich wie der Konsum von psychotropen Substanzen das Gehirn schädige, was bei der noch nicht abgeschlossenen Gehirnentwicklung im Jugendalter besonders problematisch sei. Hierfür wurden die Gehirne männlicher Jugendlicher, die sich selbst als pornosüchtig bezeichneten, mit den Gehirnen von Suchtkranken verglichen. Verbreitet wurde diese Theorie in der Wissenschaftsdokumentation „Porn on the Brain" (Marengo & Hepton, 2014), die in Deutschland unter dem Titel „Nur Porno im Kopf" (3sat) ausgestrahlt wurde. Kühn und Gallinat (2014) untersuchten die Gehirne von 64 Männern und fanden einen Zusammenhang zwischen einem höheren Pornokonsum und einem geringeren Volumen der grauen Gehirnsubstanz im rechten Nucleus caudatus, der zum Belohnungssystem des Gehirns gehört. Bei der Darbietung sexuell stimulierender Bilder war die Gehirnaktivität der Vielseher geringer, was für einen Gewöhnungseffekt sprechen könnte. Voon et al. (2014) kamen zu einem anderen Ergebnis, da die Gehirne von Pornovielsehern im Vergleich zu einer Kontrollgruppe bei der Darbietung von kurzen Pornovideos eine größere Aktivität in der Amygdala, in der Substantia nigra und im Striatum zeigten, jedoch eine geringere Aktivität bei nur erotischen Videos. Die Datenlage hinsichtlich der behaupteten Gehirnveränderungen durch den Pornografiekonsum ist auffallend dünn. In dem von Kühn und Gallinat (2014) mitpublizierten

Streudiagramm zum Zusammenhang zwischen dem Pornokonsum und dem Volumen der grauen Substanz fällt auf, dass der Zusammenhang nur aufgrund einiger Ausreißer signifikant wird. Die groß angekündigten Nachfolgestudien (z. B. https://www.mpib-berlin.mpg.de/pressemeldungen/pornografie-ist-ein-gesellschaftliches-tabu; 2.6.2014) fanden entweder nicht statt oder wurden nicht publiziert.

Nachdem die Internetspielsucht als Suchterkrankung im DSM-5 (Diagnostic and Statistical Manual of Mental Disorders) aufgenommen wurde, vertraten einige Forscher die Auffassung, dass der Pornokonsum auch in das Suchtkonzept passe, da sowohl das Craving-Verhalten als auch die neurologischen Prozesse im Gehirn ähnlich seien (Kraus et al., 2016; Love et al., 2015). Steele et al. (2013) untersuchten 52 Personen, die sich selbst als pornosüchtig ansahen. Im EEG konnten sie keine Gewöhnungseffekte bei der Präsentation von Pornos erkennen, weshalb Pornokonsum nicht mit dem Kokainkonsum vergleichbar sei. Mit der These der Pornografiesucht ist die Behauptung verbunden, dass das Sehen von Pornos zu sexueller Abstumpfung, Sexunlust sowie Potenzstörungen führe (Wilson, 2014). Prause und Pfaus (2015) stellten in einer Studie mit 280 Männern jedoch fest, dass Pornovielseher im Labor eine stärkere Erregung bei der Präsentation von sexuellen Filmen zeigten, dass sie mehr Lust auf Sex und keine häufigeren Impotenzerlebnisse hatten. Dies würde dafür sprechen, dass die Pornovielseher nur generell ein stärkeres sexuelles Interesse haben. Sowohl durch die Pornografie als auch durch sexuelle Handlungen werden keine fremden Chemikalien ins Gehirn eingeführt. Grundsätzlich kann jede menschliche Aktivität exzessiv betrieben werden, was manchmal zu körperlichen Schäden sowie zu Gehirnveränderungen führt, da jede Aktivität das Gehirn verändert. Anders als andere exzessiv betriebene Tätigkeiten hat die mit dem Pornokonsum verbundene Selbstbefriedigung natürliche Grenzen (wundgeriebener Penis, wundgeriebene Klitoris) und sie beansprucht vergleichsweise wenig Zeit. Anders als bei Suchterkrankungen sind im Bereich der Sexualität keine Entzugserscheinungen bekannt. Es gibt keine verbindlichen Normen über den Umfang sexueller Aktivitäten und deshalb gibt es weder zu viel noch zu wenig Sex und ebenfalls weder zu viel noch zu wenig Pornografiekonsum. Dem Konzept einer Sex- oder Pornografiesucht liegt ein unbegründetes Wertesystem zugrunde. Alle bisherigen Studien mit „Pornografiesüchtigen" beruhten auf einer Selbstdiagnose von „Betroffenen" (Ley, 2012; Schwartz & Kempner, 2015). Eigentlich hat die Internetpornografie nur frühere Onanievorlagen (Modekataloge, Zeitschriften) ersetzt, ohne dass dadurch die Onaniefrequenz erhöht worden ist (Matthiesen, 2014, S. 189). Die Diskussion über die schädlichen Wirkungen der Pornografie ähnelt der alten Debatte über die schädlichen Wirkungen der Selbstbefriedigung (siehe Kap. 2.4), zumal es ausschließlich um die Pornografie im Solosetting geht. Ähnlich wie in der Antionaniekampagne des 18. Jahrhunderts gibt es zweifelhafte medizinische Begründungen, eine mediale Dramatisierung, persönliche Einzelfallschilderungen sowie in der abstinenzorientierten Antipornobewegung (NoFap-Bewegung) ein religiöses Sendungsbewusstsein. Mit „PORN KILLS LOVE"-T-Shirts in Damen-, Herren- und Kindergrößen (!!!) will man beispielsweise nicht weniger als die Menschheit retten. Auf amerikanischen Internetseiten findet man kostenlose Sexsucht-Tests (https://lifeworks-recovery.com/internet-sex-screening-test/; https://www.sexhelp.com/am-i-a-sex-addict/), wobei man je nach Testergebnis an Therapie- und Beratungsangebote sowie an Sexsuchtselbsthilfegruppen verwiesen wird. Der misslungene Versuch, den Pornokonsum zu beenden, gilt dabei als Symptom der Pornosucht. Zu befürchten ist, dass der Kampf gegen die „Pornografiesucht" genauso schädigt wie der frühere Kampf gegen die „Onaniesucht", als man ebenfalls den Jugendlichen vermittelte, dass ihre Lust „entweder in die überirdisch-seelische Hölle führt oder ins irdisch-körperliche Verderben" (Sigusch, 2005, S. 110). Wie bei der Debatte über die Onanie gilt das damals angeführte Argument von Wilhelm Stekel (1912): Nicht die Pornografie macht krank, sondern die von den Pornokritikern erzeugte Angst vor den Folgen des Pornokonsums (= Noceboeffekt), was manche Pornokonsumenten dazu verleitet, gegen ihre „Sucht" durch Abstinenzversuche anzukämpfen.

Zur Pornografiekritik gehört auch die Behauptung einer sexuellen Verwahrlosung mit Buchtiteln wie „Generation Porno" (Gernet, 2010) oder „Deutschlands sexuelle Tragödie. Wenn Kinder nicht mehr lernen, was Liebe ist" (Siggelkow & Büscher, 2008). Zu Recht führen Dekker und Matthiesen (2015) an, dass diese These nur „auf anekdotischer Evidenz und einer unzulässigen Verallgemeinerung problematischer Einzelschicksale" (S. 248) beruhe. Mehrere Studien zeigen übereinstimmend, dass sich das Sexualverhalten Jugendlicher in Deutschland in den letzten Jahrzehnten nicht verändert hat und dass Liebe und Treue für Jugendliche gleichbleibend bedeutende Werte sind (Bode & Heßling, 2015; Dekker & Matthiesen, 2015; Döring, 2013).

Vielfältig wurde auch der Versuch unternommen, negative Folgen des Pornografiekonsums durch Korrelationsstudien zu belegen. Dabei stellt sich regelmäßig das Henne-Ei-Problem („Was war zuerst da: die Henne oder das Ei?") und zudem gibt es fast immer dritte Variablen, die den Zusammenhang besser erklären können. An der gut belegten Korrelation zwischen dem Pornokonsum und der Offenheit gegenüber außerehelichem Sex (Wright et al., 2014) soll dies exemplarisch aufgezeigt werden: Erstens kann der Pornokonsum durch Lernen am Modell zu außerehelichem Sex animieren („Von der Henne zum Ei!"), zweitens kann die größere Offenheit für außerehelichen Sex zu einem höheren Pornokonsum führen („Vom Ei zur Henne!"), drittens können sich beide Prozesse gegenseitig verstärken und viertens kann eine dritte Variable wie beispielsweise Sensation Seeking dazu führen, dass jemand sowohl neugieriger auf Pornos als auch auf außerehelichen Sex ist, sodass gar kein Ursache-Wirkungs-Zusammenhang zwischen Pornokonsum und der Offenheit für außerehelichen

Sex bestehen muss. Solche Interpretationsprobleme stellen sich genauso bei den gefundenen Zusammenhängen zwischen dem Pornografiekonsum und den Variablen „Wahrnehmung von Frauen als bloßen Sexualobjekten“ (Peter & Valkenburg, 2007), eheliche Zufriedenheit (Perry, 2017), sexuelle Aggressivität (Malamuth et al., 2000), Sozialstatus (Yang, 2016) und Körperzufriedenheit (Borgogna et al., 2018).

In einer von Kohut et al. (2017) durchgeführten Befragung von Paaren wurden eher selten negative Effekte des Pornokonsums genannt. Aufgeführt wurden unrealistische Erwartungen (Muskeln, Schlankheit, Penisgröße, Brustgröße und -form, Schamlippenform, Durchhaltevermögen, Orgasmusfähigkeit, Bereitschaft der Frau zum Facial), ein reduziertes Interesse am Partnersex sowie ein geringeres sexuelles Selbstbewusstsein.

8.5.2 Positive Wirkungen

Positive Folgen der Pornografie „wie Aufklärung und Wissensvermittlung, Lust, Diversifizierung sexueller Praktiken, Abbau von Vorurteilen, Erweiterung des Spektrums sexueller Fantasien und Verhaltensweisen“ wurden „bislang kaum erforscht“ (Matthiesen, 2014, S. 171). Wenn Pornografie als Mittel der Selbstbefriedigung verwendet wird und die Selbstbefriedigung erstens an sich eine positive sexuelle Aktivität ist und zweitens auch dazu dient, die Reaktionen des eigenen Körpers besser kennen zu lernen, dann ist auch die Pornografie positiv zu bewerten. Zudem hat Pornografie die positive Funktion, eingeschränkte Sichtweisen auf sexuelle Praktiken zu erweitern, was Frauen und Männern hilft, sich beim experimentellen Ausprobieren sicherer zu fühlen (Schwartz & Kempner, 2015, S. 255).

Als mögliche positive Folge der Pornografie wurde schon sehr früh (mit der Legalisierung der Pornografie in Dänemark im Jahre 1969) die These vertreten, dass Sexualstraftaten bei einer Legalisierung der Pornografie seltener würden, da sich potenzielle Straftäter leichter durch die Pornografie abreagieren könnten (Katharsisthese). Tatsächlich zeigen verschiedene Studien, dass in den Staaten, in denen sich die Pornografie ausbreitete, zeitgleich ein Absinken der Anzahl der Sexualstraftaten beobachtet werden konnte (McNair, 2013; Schwartz & Kempner, 2015, S. 257). Es handelt sich hier aber nur um eine Korrelation, aus der man keine kausalen Schlüsse ziehen kann.

Das konkrete Sexualverhalten wird normalerweise nicht durch die Beobachtung bei anderen Personen erlernt und es wird auch nicht durch Erwachsene lehrend vermittelt. In diesem Kontext stellt die Pornografie eine Ausnahme dar, da man in ihr Sexualverhalten explizit sehen kann. Die Pornografie hilft, die natürliche Neugier zu befriedigen, neue Koitusstellungen und sexuelle Variationen kennenzulernen sowie Klarheit über die eigenen sexuellen Neigungen und die eigene sexuelle Orientierung zu gewinnen (Kvalem et al., 2014). Einige Autoren betonen, dass die Pornografie auch sexuellen Minoritäten einen Raum gebe (beispielsweise BDSM- oder Fetischismus-Anhängern), dass sie die Akzeptanz für außerhalb des Mainstreams liegende Formen der Sexualität erhöhe und deshalb die Welt zu einem besseren Ort mache (Döring, 2013; McNair, 2013). Einige Verhaltensweisen, die sehr häufig in Pornos vorkommen, kommen beim derzeitigen Sexualverhalten in den jüngeren Generationen häufiger vor. Dies gilt vor allem für den Oralsex, aber auch für Fesselungsspiele (die möglicherweise durch „Fifty Shades of Grey" populär wurden), für Analsex, für Spanking sowie für die Intimrasur bei Frauen und Männern (Braun et al., 2013; Herbenick et al., 2017). Insofern ist anzunehmen, dass die Pornografie über das Lernen am Modell durchaus das Sexualverhalten beeinflusst. Kohut et al. (2017) befragten Paare nach den von ihnen wahrgenommenen Effekten der Pornografie. Als positive Aspekte wurden das Gewinnen von Informationen (z. B. wie man Oralsex richtig macht), das Erkennen von Vorlieben und Abneigungen, das sexuelle Experimentieren und Variieren, die Verbesserung der Kommunikation über Sexualität sowie eine größere Akzeptanz gegenüber nichtnormativen sexuellen Vorlieben und Wünschen genannt.

Insgesamt ist festzuhalten, dass es wohl Wirkungen der Pornografie gibt, und zwar sowohl positive, negative als auch neutrale. Für eine Dramatisierung besteht kein Anlass. Ein bekannter Effekt ist, dass Menschen durchgehend denken, dass Medien auf andere („dritte") Personen eine stärkere Wirkung haben als auf sie selbst (Dritte-Person-Effekt) (Moser & Hertel, 1998). Dies gilt für die angenommene Wirkung der Werbung, des Fernsehens, aber auch für die Pornografie. Deshalb neigt man dazu, für andere etwas verbieten zu lassen, von dem man überzeugt ist, dass es einem selbst nicht schadet. Unrealistisch ist dabei nicht die Selbsteinschätzung, sondern die Einschätzung der Wirkung auf andere Menschen.

8.6 Ethische Aspekte der Pornografie

Ähnlich wie bei der Prostitution stellt sich auch bei der Pornografie die Frage der ethischen Rechtfertigung. Es gibt allerdings Unterschiede: Während beim Vorhandensein einer festen Beziehung das Aufsuchen einer Prostituierten ein sexueller Betrug ist, lässt sich dies beim Konsum eines Pornofilms nicht behaupten. Es gibt zwar Frauen, die den Pornokonsum ihres Partners als einen Treuebruch ansehen, mit dem gleichen Recht könnten aber auch Männer von einem Treuebruch reden, wenn sich Frauen romantische Liebesfilme ansehen. Von feministischer Seite wird gegen die Pornografie eingewandt, dass Frauen in ihr zum Sexobjekt abgewertet würden und dass der körperliche Vergleich am weiblichen Selbstwertgefühl nage. Genauso könnten sich aber auch Männer beschweren, dass ihre Frauen Filme, Serien und Romane mögen, in denen die Männer Chefärzte, berühmte Künstler, adlige Erben, Milliardäre oder erfolgreiche Unternehmer sind, was unrealistische Erwartungen wecken und das männliche Selbstwertgefühl verletzen könnte.

Ein ethisches Problem der Pornografie ist die mögliche psychische und/oder körperliche Schädigung der Darsteller. Vieles von dem, was über Pornografie geschrieben wird, folgt der Perspektive, dass die Darstellerinnen und Darsteller ausgebeutet und unterdrückt werden (Weitzer, 2015). Weit verbreitet ist auch die Überzeugung, dass Pornodarstellerinnen aus zerrütteten Familienverhältnissen mit häufigem sexuellem Missbrauch kommen, psychisch krank sind und häufig Drogen nehmen. In einer Studie verglichen Griffith et al. (2013) 177 Pornodarstellerinnen mit Studentinnen und Flughafenbeschäftigten bei gleichem Durchschnittsalter, gleicher ethnischer Herkunft und gleichem Familienstand. Die Pornodarstellerinnen gaben viel häufiger eine bisexuelle Orientierung an (2/3 aller Befragten), hatten ihren ersten Vaginalsex im Durchschnitt zwei Jahre früher, hatten sowohl lebenslang als auch im letzten Jahr deutlich mehr private Sexualpartner und gaben eine höhere Anzahl gewünschter Sexualpartner sowie mehr Freude an der Sexualität an. Anders als erwartet hatten die Pornodarstellerinnen keine häufigeren kindlichen Missbrauchserfahrungen, ein höheres Selbstbewusstsein, eher positive Gefühle und erlebten mehr soziale Unterstützung. Die Drogenerfahrungen der Pornodarstellerinnen waren allerdings umfassender. Insgesamt bestätigte sich anders als bei Prostituierten nicht das Stereotyp der psychisch kranken Pornodarstellerin.

Es bleibt das ethische Problem, dass sich Pornodarstellerinnen und -darsteller aufgrund der zumeist fehlenden Kondomnutzung in Pornofilmen mit einer sexuell übertragbaren Krankheit anstecken können. Zwar gibt es zumindest in den USA sehr umfassende Vorschriften hinsichtlich der vorgeschriebenen ärztlichen Untersuchungen (Rathus et al., 2011, S. 622), aber eine Ansteckung ist trotzdem möglich. Dieses ethische Problem des Pornokonsums (McKnee et al., 2008) entfällt, wenn Paare, die ohnehin in einer Beziehung sind, sich beim Sex filmen lassen oder sich selbst filmen.

8.7 Pornografie als Unterrichtsthema

Pornografie ist in den Schulen bislang oft nur durch die Einladung eines auswärtigen „Experten" zu einem Elternabend ein Thema. Präsentiert werden dann häufig hoch-selektive unästhetische (verpixelte oder mit Balken versehene) Pornobilder, Daten zur Pornografieverbreitung sowie dramatische Botschaften zu Pornografieschäden.

Für Teenager ist es heute normal, dass sie vor dem ersten Geschlechtsverkehr einen Porno gesehen haben (Lofgren-Martenson & Mansson, 2010). Nach den Daten einer Erhebung von Martyniuk und Dekker (2018) sehen junge Männer etwa vier Jahre vor dem ersten Geschlechtsverkehr einen Porno (S. 242). Von daher stellt sich die Frage, ob Pornografie den ersten Geschlechtsverkehr erleichtert oder erschwert. In den von Matthiesen et al. (2011) durchgeführten Interviews geben zumindest die Mädchen an, dass es für ihr „erstes Mal" hilfreich gewesen sei, eine Vorstellung davon bekommen zu haben, „wie man so anfängt" und „wie das so abläuft" (S. 24).

Wichtige Aspekte des „ersten Mals" kommen jedoch im Pornofilm nicht vor: Erstens Probleme beim Finden eines ungestörten Ortes, zweitens Schwierigkeiten beim Entkleiden, drittens Unkenntnisse, Unsicherheiten und fehlende Vereinbarungen beim Petting und beim eventuellen Oralsex, viertens Schamgefühle und Hemmungen, fünftens die möglicherweise unterschiedlich ausgeprägte Bereitschaft zum „ersten Mal", sechstens Schwierigkeiten beim Überziehen eines Kondoms, siebtens mögliche Erektionsprobleme in der Aufregung des „ersten Mals", achtens Probleme mit dem Jungfernhäutchen etc. Diese Liste lässt sich beliebig fortsetzen und zeigt, dass das „erste Mal" und die Pornowelt sich deutlich unterscheiden. Nach einigen Interviewstudien ist den Jugendlichen dieser Unterschied jedoch klar. Jugendliche halten nach Matthiesen (2014) „die virtuelle Welt der Pornos und ihre reale Sexwelt klar auseinander" (S. 182). Der Sex in der Pornografie erfolgt nach Meinung der Jungen ohne Gefühle, ohne Zärtlichkeit, inszeniert, künstlich, exaltiert, öffentlich und zeitlich gehetzt. Die Mädchen finden den Sex im Porno zu krass, zu wild, zu laut und zu übertrieben. Zudem monieren sie das zu kurze Vorspiel sowie das Fehlen von Intimität und Liebe (Matthiesen, 2014). Schrenk und Moorstedt (2016) führen an, dass es noch nie eine Generation gab, „die so gut darin ist, zwischen Realität und Fiktion zu unterscheiden".

Ist es dann nötig, das Thema „Pornografie" im Unterricht zu behandeln? Die Studienergebnisse von Matthiesen beziehen sich auf Jugendliche, die bereits Erfahrungen mit der Partnersexualität gesammelt haben. Ein Vergleich der Porno- mit der Durchschnittssexualität ist aber schwerer, wenn das „erste Mal" mit all seinen Unwägbarkeiten noch bevorsteht.

Pornografie-Kompetenz wird oft gefordert (Etschenberg, 2019; Freitag, 2013; Kimmel et al., 2018; Tarrant, 2015). In den publizierten Unterrichtsmaterialien wird eine grundsätzlich ablehnende Haltung gegenüber der Pornografie eingenommen. So kommt in Freitags (2013) Praxisbuch zur Prävention von Internet-Pornografie-Konsum alles vor, was gegen die Pornografie angeführt werden kann: Pornos würden einsam und süchtig machen, sie seien künstlich, würden zum Partnertausch und zum Benutzen anderer als Objekte animieren, und durch den Pornokonsum fördere man Erniedrigung und Gewalt in der Pornoindustrie. Ähnlich wie Freitag stellt auch Etschenberg (2019) die negativen Effekte der Pornografie in den Mittelpunkt, wobei sie zugibt, dass sich diese leider „nicht wissenschaftlich nachweisen" (S. 154) ließen. Der Pornokonsum wird mit dem Tabak- und Alkoholkonsum verglichen und die Abstinenz als Ziel angesehen. Wie Freitag wäre auch Etschenberg ein effektiver digitaler Filter zur Verhinderung des Zugangs zur Pornografie am liebsten. Pornokompetenz sei nur eine Notlösung, „wenn es keine andere Lösung gibt …" (Etschenberg, 2019, S. 147). In ihren Überlegungen bezieht Etschenberg sich vor allem auf die Thematisierung von Pornografie bei Kindern. Pornografie sei ein schwieriges Unterrichtsthema, da man einerseits nicht davon ausgehen könne, dass jedes Kind bereits Pornografie gesehen habe, es aber andererseits verboten sei, Kindern pornografische Bilder zur Veranschaulichung zu zeigen. Sie schlägt vor, in Absprache mit den Eltern stark verpixelte, nachgestellte oder nur beschriebene Bilder zu verwenden (Etschenberg, 2019, S. 161). Anders als Etschenberg halten es Kimmel et al. (2018) nicht für eine gute Idee, bereits mit Kindern über Pornografie zu sprechen. Sie empfehlen die von ihnen entwickelten Unterrichtsmaterialien ab 14 und teilweise erst ab 16 oder 18 Jahren (Kimmel et al., S. 83). Obwohl Kimmel et al. (2018) ebenfalls anführen, dass es keine belegten Schäden durch Pornografie gibt, beharren sie darauf, dass es „einen gewissen Prozentsatz gefährdeter Jugendlicher" (S. 78) gebe und dass die gefährliche Übernahme von Normvorstellungen aus dem Porno unterbunden werden solle. Zu den Normvorstellungen der Pornografie gehöre die Dominanz des Mannes, die Unterwürfigkeit und Sexwilligkeit der Frau, die latente Aggressivität, die Reduktion der Frau auf ein Sexobjekt und die Animierung zum Analverkehr. Verhindert werden soll, „dass sich falsche bzw. unrealistische Vorstellungen von Sexualität festsetzen" (Kimmel et al., 2018, S. 80). In den konkreten Unterrichtsmaterialien nimmt die pornokritische und feministische Position einen breiten Raum ein; zudem geht es um die Vermittlung rechtlicher Kenntnisse.

Insgesamt fällt auf, dass die bisher vorliegenden (von Frauen konzipierten) Unterrichtsmaterialien vor allem pornokritisch sind. Gegen den Unterricht über Pornografie ist einzuwenden, dass hierdurch bei Kindern das Interesse für Pornografie erst geweckt werden kann, dass Jugendliche das Gefühl bekommen können, dass man ihnen etwas Eigenes und Privates wegnehmen will, dass Pornografie zu keinen nachgewiesenen Schäden führt und dass im Unterricht eine normierende Erziehung nach dem Motto „Blümchensex ist gut, tabuloser Sex ist schlecht" nicht erfolgen sollte. So fordert beispielsweise Etschenberg (2019), dass Mädchen und Jungen vor einer Partnerschaft erfragen sollten, welche Art Porno der andere bevorzugt, und sie führt an, dass es für eine Partnerschaft eine schlechte Voraussetzung sei, „sich von der Erniedrigung einer Frau anmachen zu lassen" (S. 165). BDSM-Sex gehört offenbar nicht zu dem Sex, den Etschenberg als partnerschaftsfähig ansieht, nicht einmal in der Porno-Fantasie. Gegen alle pornokritischen Unterrichtsmaterialien ist anzuführen, dass der Pornokonsum eine eigene berechtigte Form des Sexuallebens darstellt und Jugendlichen der Verzicht auf jede Form der sexuellen Befriedigung in der Gegenwart nicht zugemutet werden darf (siehe Kap. 9.1), dass der Pornokonsum mit keinem Schwangerschafts- und Ansteckungsrisiko verbunden ist und dass er drittens auch ethisch vertretbar ist (außer bei Kinder-/Missbrauchspornografie).

Für eine Thematisierung der Pornografie im Unterricht spricht der in Studien bekundete Gesprächsbedarf Jugendlicher (Neubauer, 1999) und die Intention, die Verbreitung falscher Pornonormvorstellungen zu verhindern. Ein Pornoaufklärungsbedarf besteht bei sexunerfahrenen Jugendlichen. Hier dürfte eine gemeinsam mit der Klasse erstellte Gegenüberstellung von Pornosex und Durchschnittssex hilfreich sein, wobei dabei allerdings nur die Jugendlichen mitarbeiten können, die beide Seiten kennen.

Zusammenfassung

Eine anerkannte und befriedigende Definition des Begriffs „Pornografie" existiert nicht. Pornografie gibt es seit mindestens 11 000 Jahren. Sie hatte stets viel mit der Ausbreitung und dem Erfolg von Medien zu tun. Jedes neue Medium wurde immer auch sofort für die Pornografie genutzt. Der Umfang des Pornokonsums wird in Befragungen oft nicht zugegeben, was erkennbar ist, wenn man die Befragungsergebnisse mit den Ergebnissen von Protokollsoftware der Internetnutzung vergleicht. Beim Pornografiesetting kann unterschieden werden zwischen dem Solosetting, dem Paarsetting sowie dem Peergroupsetting (homosozial oder heterosozial). Bei Männern ist das Solosetting das häufigste Pornografiesetting, zumeist in Verbindung mit Selbstbefriedigung. Funktionen der Pornografie sind die Erregungsauslösung bei der Selbstbefriedigung, die Vorlustfunktion (als Vorbereitung auf den Partnersex), die Wissensvermittlung (z. B. über Sexstellungen), die Befriedigung der Neugierde, des Voyeurismus sowie des Reizes des Verbotenen, die Belustigung sowie die Demonstration von Coolness und Kompetenz (z. B. im Peergroupsetting), die Ersatzbefriedigung von nicht umsetzbaren Neigungen und Exhibitionismus (wenn man selbst Filme ins Netz stellt). Zu den Wirkungen der Pornografie gibt es inzwischen eine kaum mehr überschaubare Menge an Publikationen. Im Mittelpunkt standen hier lange die vermuteten negativen Folgen des Pornografiekonsums. Zuletzt wurden auch positive Wirkungen erforscht. Für eine Dramatisierung der Folgen des Pornokonsums besteht kein Anlass. Mit etwas Sarkasmus formuliert: Die negativste Folge des Pornokonsums ist das „Sich-Einfangen" von Computerviren.

Überprüfungsfragen

a) Der Begriff Pornografie wurde von Karl Otfried Müller 1830 in Bezug auf die Ausgrabungen in Ägypten geprägt. Richtig oder falsch?
b) Es hat Jahrzehnte gedauert, bis nach der Erfindung des Films die ersten Pornofilme gedreht wurden. Richtig oder falsch?

c) Nennen sie die in der Forschung diskutierten negativen und positiven Wirkungen (jeweils mindestens acht) der Pornografie!
d) Was versteht man unter der Henne-Ei-Problematik?
e) Was ist der Third-Person-Effect?

Fragen zum Nachdenken/Übungsanregungen

a) Würden Sie auf den technischen Geräten ihrer Kinder eine Filtersoftware zum Schutz vor pornografischen Inhalten installieren? Falls ja, warum und bis zu welchem Alter; falls nein, warum nicht?
b) In einer siebten Klasse haben einige Schüler Pornofilme auf ihre Handys geladen und zeigen sich diese gegenseitig. Wie sollte man reagieren?
c) Ihr Kollege/Ihre Kollegin hat bei einem Pornofilm mitgemacht, der nun von Schülern entdeckt wurde. Wie würden Sie reagieren und welche Konsequenzen sind Ihrer Meinung nach angemessen? Was ist, wenn die Pornofilmtätigkeit viele Jahre zurückliegt?
d) Sollte das Thema „Pornografie" im Unterricht behandelt werden? Was spricht dafür, was dagegen?

9. Sexualerziehung

Wahrheit oder Fiktion?	wahr	falsch
Auf der Insel Tahiti fand Geschlechtsverkehr mit sieben- bis achtjährigen Mädchen als religiöses Fest in aller Öffentlichkeit statt.	❒	❒
Sexualverhalten wird auch ohne Erziehung durch Konditionierungsprozesse, durch bewusstes Ausprobieren sowie durch das Lernen am Modell ausreichend erlernt.	❒	❒
Der Kampf gegen die Selbstbefriedigung ist die Geburtsstunde der Sexualpädagogik.	❒	❒
Der Nationalsozialismus war sexualfeindlich.	❒	❒
Es gab Aufklärungsbücher, die dafür warben, dass Kinder Erwachsenen beim Sex zusehen und hinterher mit ihnen darüber reden.	❒	❒

Erziehung meint im Unterschied zur Sozialisation einen gewollten, geplanten und organisierten Eingriff durch Erwachsene oder durch Jugendliche. Erziehung ist eine rationale Handlung mit bewusst gewählten Zielen, wobei Lernen in Gang gesetzt und die Entwicklung der Persönlichkeit unterstützt werden soll. Da menschliche Sexualität vor allem auch ein Produkt der Kultur ist (siehe Kap. 1.2), soll sie ähnlich wie Sprache, Gesang, Ernährung etc. vermittelt und „kultiviert" werden.

Sexualerziehung ist die gewollte, geplante, gezielte und organisierte Einflussnahme auf sexuelle Wahrnehmungen, Einstellungen, Intentionen und Verhaltensweisen.

Erziehung bezieht sich nicht nur auf Kinder und Jugendliche, sondern auch auf Erwachsene. *Unterschieden werden kann zwischen der freundschaftlich-geschwisterlichen, der elterlichen, der schulischen, der öffentlich-staatlichen* (z.B. HIV-Aufklärungsplakate) *und der medial-privaten Sexualaufklärung* (Youtube, GoFeminin, Jugendzeitschrift „Bravo"). Angesichts der mit dem Internet verbundenen Anonymität und der allgemein gestiegenen Internetnutzung ist die online vermittelte Sexualaufklärung inzwischen die beliebteste Form, wobei hier insbesondere auch sexuelle Minoritäten nach Informationen suchen (Döring, 2017). Die Pornografie gehört nicht zur Sexualerziehung, da von Pornografie kein bewusster und gezielter Einfluss ausgeht. Auch die schulische Koedukation gehört nicht zur Sexualerziehung, da sie nicht mit sexualpädagogischer Absicht erfolgte. Trotzdem war die schulische Koedukation ein wichtiger

Beitrag, da sie den Kontakt und die Unbefangenheit des Umgangs zwischen den Geschlechtern erleichtert und dadurch möglicherweise mehr geleistet hat als der obligatorische Sexualkundeunterricht (Buddeberg, 2005, S. 108).

Die Begriffe „Sexualerziehung“ und „Geschlechtserziehung“ werden oft synonym verwendet, wobei mit dem Wort „Geschlechtserziehung“ als Konnotation verbunden ist, dass es hier auch um Themen wie Rollenerwartungen, Familie etc. geht. Andere Begriffe mit jeweils anderen Bedeutungsschwerpunkten sind „Sexuelle Bildung“, „Sexualaufklärung“, „Sexualkunde“, „Sexualhygiene“ oder „Förderung der sexuellen Gesundheit (Sexual Health Promotion)“.

Erziehung lässt sich „in vormodernen Gesellschaften“ ... „mit den Stufen des Vormachens, Nachmachens und Mitmachens beschreiben“ (Wigger, 2012, S. 338). Der englische Seefahrer James Cook berichtete von einer öffentlichen sexuellen Kulthandlung auf Tahiti:

> *„Ein junger, fast zwei Meter großer Mann führte die Riten der Venus mit einem jungen, etwa elf bis zwölf Jahre alten Mädchen in Gegenwart mehrerer unserer Leute und einer großen Anzahl Eingeborener aus, ohne dabei auch nur das leiseste Gefühl für unschickliches oder unanständiges Verhalten zu zeigen; es wurde vielmehr deutlich, daß er in völliger Übereinstimmung mit den Sitten des Orts handelte. Unter den Zuschauern befanden sich mehrere Frauen von hohem Rang, die ... dem Mädchen Anweisung gaben, wie es seine Rolle zu spielen habe, wozu, trotz seiner Jugend, kaum Notwendigkeit zu bestehen schien“ (Cook, 1840, S. 56, zitiert in der Übersetzung nach Haeberle, 1985, S. 305).*

Das Erlernen des Sexualverhaltens erfolgte hier offenbar sowohl durch das Mitmachen, durch direkte Anweisungen von erwachsenen Frauen sowie für die Zuschauer durch das Lernen am Modell (die Alterseinschätzung von Cook stimmte vermutlich nicht, denn die Körper waren in Eingeborenenkulturen durch die Auseinandersetzung mit Malaria und anderen Infektionskrankheiten im Vergleich zu Europa zumeist unterentwickelt, siehe Schiefenhövel, 2003). Auch in Europa spielte das Lernen am Modell bei der kulturellen Aneignung des Sexualverhaltens lange Zeit eine bedeutende Rolle. Bis zum 15. Jahrhundert kannte man in Europa keinen separaten Schlafraum und bis ins 20. Jahrhundert hinein war für die Mehrheit der Bevölkerung das Leben auf engstem Raum ohne abgetrennten Schlafraum Normalität (Flanders, 2014). Angesichts der Wohnverhältnisse war es normal, sexuelle Betätigungen anderer Erwachsener, der älteren Geschwister oder der Eltern mitzubekommen. Daneben bot auf dem Lande die Beobachtung des Sexualverhaltens der Haus- und Nutztiere vielfältiges Anschauungsmaterial. Das Lernen am Modell erfolgt heutzutage in erster Linie durch Medien.

Neben dem Lernen am Modell wird Sexualverhalten auch durch bewusstes Ausprobieren nach *„Versuch und Irrtum“* sowie durch Konditionierungsprozesse (klassisches und operantes Konditionieren) erlernt. Beispiele für die operante Konditionierung sind Lustempfindungen bei der Selbstbefriedigung (positive Verstärkung), Versöhnungssex (negative Verstärkung), Schmerzen beim Vaginalsex/Algopareunie (positive Bestrafung) oder Beenden des Anlächelns (Bestrafung durch Verstärkerentzug).

Für ein kulturell angemessenes Erlernen von Sexualverhalten sind das Konditionierungslernen, das Lernen durch „Versuch und Irrtum" sowie das Lernen am Modell nicht ausreichend, da

1. *das Verstärkungslernen in der Sozialisation häufig kulturell anzustrebenden Zielen widerspricht* (beispielsweise durch Witze über Oralsex oder Homosexualität),
2. *das Erlernen durch „Versuch und Irrtum" oft zu riskant ist* (siehe HIV-Prävention, Schwangerschaftsverhütung) und
3. *die Möglichkeiten durch Lernen am Modell begrenzt sind* (wegen der Verborgenheit expliziter sexueller Verhaltensweisen).

Die menschliche Sexualität folgt keinem blinden Sexualtrieb (siehe Kap. 1.2). Sie gehört zur Sphäre der Kultur und muss ähnlich wie Sprache und Gesang durch Erziehung vermittelt werden. Unsere Kultur hat wenig Ähnlichkeit mit der von Cook beschriebenen sexuellen Kultur auf Tahiti im 19. Jahrhundert. Die sexuelle Entfaltung in unserer Kultur bedarf der Entwicklung von sexueller Intelligenz (Conrad & Milburn, 2002).

9.1 Geschichte der Sexualerziehung

Über die Sexualerziehung in der *Antike, im Mittelalter und in der frühen Neuzeit* ist wenig bekannt. Die moderne Sexualerziehung begann im *18. Jahrhundert* als Gefahrenabwehrpädagogik mit dem Kampf gegen die Onanie. Im Anschluss an die Ärzte (siehe Kap. 2.4) kämpften Eltern, Kindermädchen, Hauslehrer, Schulmeister, Philanthropen, Geistliche und Volkserzieher gegen die angebliche Geisel der Menschheit.

Der Kampf gegen die Selbstbefriedigung ist die schändliche Geburtsstunde der Sexualpädagogik.

Berühmte Onaniebekämpfer waren Rousseau, Basedow, Salzmann, Campe und Kant. Jean-Jacques Rousseau (1762/1970) forderte, dass man den Zögling auch nachts von der Selbstbefriedigung abhalten müsse, da dieser sonst seine Gesundheit, seine Seele und sein Leben verliere (S. 678–681). In Deutschland kämpften der Philosoph der Aufklärung, Immanuel Kant, und die Reformpädagogen Christian Gotthilf Salzmann und Johann Heinrich Campe mit Vehemenz gegen das angeblich verwüstende Laster der Onanie. Campe (1787), der einen Preis zur Bekämpfung der Onanie ausgeschrieben hatte, berichtete detailliert und zur Nachahmung empfohlen über die Infibulation, das heißt über die mehrfache Durchnagelung der Vorhaut sowie über das Durchziehen eines Messingdrahtes zur Verhinderung einer Erektion (S. 217–220). Neben diesen medizinischen Maßnahmen setzten Sexualpädagogen vor allem auf Abschreckung. In Fallbeschreibungen schilderte man detailliert den qualvollen Krankheits- und Sterbeverlauf der „Onanisten". Methodisch setzte man auf Anschaulichkeit, beispielsweise durch Bildgeschichten, aber auch durch Wachsfigurenkabinette, in denen man blühende Mädchen und Jungen vor der Onanie und grässlich entstellt, verkrüppelt, hässlich, abgemagert und ausgezerrt nach der Onanie darstellte (Stengers & van Neck, 2001). Der Kampf gegen die Onanie beschränkte sich nicht auf Kinder, Jugendliche oder Erwachsene. So schildert Rohleder (1899), dass ein Hengst mit morgendlichen und abendlichen Kaltwasserbädern behandelt wurde, damit er sich das Laster der Onanie abgewöhne.

Zur Bekämpfung der Prostitution und des Ehebruchs setzte man ebenfalls auf Abschreckung. So empfahl der Pädagoge der Aufklärung Basedow (1771/1965) in seinem Methodenbuch: „Ungefähr im fünfzehnten Jahre sollte ein Knabe … mit seinen Eltern oder Aufsehern etlichemal ein Lazarett besuchen, wo die Huren und Ehebrecher durch häßliche und höchst schmerzhafte Krankheiten für ihre […] Sünden büßen" (S. 101). Eine Aufklärung über den Geschlechtsverkehr sollte unterbleiben, um die Neugier nicht zu wecken. Zudem wurde empfohlen, alles Geschlechtliche als eine widerwärtige Schweinerei darzustellen. Durch die Beschäftigung mit übelriechenden Körperabsonderungen wie Menstruationsblut, Ausfluss oder Samenerguss solle man den Ekel schüren (Metzinger, 2011, S. 8). Campe empfahl, den Geschlechtsunterschied nicht an Bildern, sondern an Leichen beizubringen (Koch, 2000, S. 38).

Überlegungen zu einer schulischen Sexualbelehrung begannen im *Deutschen Kaiserreich,* wobei die Gefahren der Onanie, der Homosexualität, des vorehelichen Geschlechtsverkehrs sowie der Prostitution thematisiert werden sollten (Schuster, 1990; Smith, 2010). In einer Erhebung im Jahre 1912 gaben 99 % der männlichen Studenten voreheliche Erfahrungen an, wobei 75 % ihren ersten Koitus mit einer Prostituierten, 17 % mit einem Dienstmädchen und nur 4 % mit einem Bürgermädchen aus der eigenen Schicht hatten (Holl, 1986, S. 211). Der Bordellbesuch gehörte zu den Männlichkeitsritualen und durch ungeschützten Geschlechtsverkehr kam es häufig zu einer Ansteckung mit Gonorrhöe oder Syphilis. Die Angst vor der *„venerischen Durchseuchung der deutschen Bevölkerung"* (Linse, 1987, S. 163) war Hintergrund für eine Verfügung des Preußischen Schulministeriums, Aufklärungsunterricht an Schulen vorzubereiten. Dabei sollte es um die „Vermittlung von sittlicher Reinheit" und um die langjährige Keuschheit bis zur Ehe gehen. Es entstand aber weder eine Empfehlung noch ein Erlass (Mildenberger, 2004; Rohleder 1912). Sexualaufklärung wurde als gefährlich angesehen, weil sie zur sexuellen Frühreife führen könne. Stattdessen empfahl man „*Willensgymnastik*", da man durch das Ertragen von Hunger, Durst, Müdigkeit oder Schmerzen auch sexuelle Wünsche besiegen lerne. Man propagierte das Tragen von weiter Kleidung ohne Hautreizungen, die Entfernung von Hosentaschen, Selbstbeherrschung, anstrengende körperliche Arbeit, Ablenkung durch Turnen, Hygiene der Fantasie und eine umsichtige Medienauswahl (keine erregenden Romane) (Foerster, 1907; Rohleder, 1912; Sauerteig, 1999; Templin, 2016). Zur Bestrafung der Onanie empfahl man die körperliche Züchtigung, den Karzer, die demonstrative Verachtung sowie die Schulentlassung mit Eintragung des Ausschließungsgrundes in das Abschlusszeugnis (Cohn, 1894; Rohleder, 1899). Im Jahre 1900 wurde ein Schüler von seinem Hauslehrer wegen Onanie zu Tode geprügelt (Hagner, 2010).

Im Kaiserreich wurden erste Bücher für die elterliche Sexualerziehung publiziert, die jedoch eher als verhüllende Sexualpädagogik anzusehen sind. Sie räumten zwar mit dem Märchen vom Klapperstorch auf, erklärten aber nicht den Geschlechtsverkehr, sondern beriefen sich auf Gott, die Liebe des Vaters, den Ruf der Eltern oder auf ein springendes „Lebensfünklein aus dem Schoße des Vaters in der Mutter Schoß" (Dürerbund, 1913, S. 341).

In der *Zeit der Weimarer Republik* kam es zu einem gesellschaftlichen Wandel, wobei sich bei der schulischen Sexualerziehung nichts änderte. In der Schule ging es weiter um die Erziehung zur sexuellen Selbstbeherrschung. Eine schulische Sexualaufklärung fand nicht statt. Wenn überhaupt, gab es ärztliche Schulentlassungsvorträge, in denen vor Geschlechtskrankheiten gewarnt wurde (Barkow, 1980). Außerhalb der Schule gab es Vortragsabende und Aufklärungsbroschüren im politisch linken Lager mit Informationen über die Empfängnisverhütung (Sauerteig, 1999). Wichtig waren Kinofilme, die teilweise wissenschaftlich („Hygiene der Ehe", „Die Prostitution", „Die Liebe zum gleichen Geschlecht"), teilweise voyeuristisch intendiert waren („Freie Liebe", „Verlorene Töchter", „Die Geschichte einer Gefallenen", „Polygamie") (Hohmann, 1985). Der marxistische Sexualpädagoge und Arzt Max Hodann (1928b) erklärte in der Schrift „Bringt uns wirklich der Klapperstorch?" ziemlich klar und für Kinder gut lesbar, was Geschlechtsverkehr ist. Dies war jedoch eine Ausnahme. Die höchste Form der elterlichen Sexualerziehung war eher der Besuch einer Sammlung antiker Statuen zur Betrachtung nackter Männer und Frauen (Mildenberger, 2004). Eine Veränderung der Sexualmoral zeigte sich in der stärkeren Verbreitung der Abtreibung und des „*Präventivverkehrs*". Unter „Präventivverkehr" verstand man den Geschlechtsverkehr mit Verhütung, wobei die häufigsten Verhütungsmethoden Coitus interruptus, Vaginalspülungen und die Verwendung von Präservativen (aus Gummi, Fischblase, Schafsdarm) waren (Marcuse, 1917). Mode, Tanz, Kinofilme und Werbeplakate wurden erotischer (Stölken, 1990). In der Zeit der Weimarer Republik verstärkten sich zwei Bewegungen, die bereits im Kaiserreich begonnen hatten, nämlich die „Nacktkultur- und Luftbadbewegung“ und die „Eugenikbewegung“. Politisch umfassten beide Bewegungen das gesamte Spektrum von den Sozialisten bis hin zu den völkisch Bewegten. Die Sozialisten priesen die Nacktkultur als ein Mittel, um sich von der Enge der Stadt und der Arbeit in der dunklen Fabrik in einem „Licht- und Sonnenbad“ zu erholen. Die völkischen Autoren dachten an die Vorteile für die rassische Eugenik, da die Zurschaustellung arischer Körper ein Mittel sei, damit nur Starke und Gesunde sich zur Züchtung von reinrassigen Ariern paaren. Zudem versprach man sich von der Nacktkultur, dass man Juden so leichter erkennen könne (Horst, 2013; Wedemeyer-Kolwe, 2004). Auch die Eugenikbewegung war eine parteiübergreifende Bewegung und versprach die Züchtung eines besseren Menschengeschlechts. Verfechter der Eugenik waren beispielsweise der marxistische Sexualpädagoge Hodann (1928a), der Sexualforscher Hirschfeld (siehe Kap. 2.5.6), der katholische Anthropologe und Theologe Muckermann sowie der völkische Rassenhygieniker Lenz. Anders als in den USA, in Kanada, Schweden, Norwegen, Finnland, Dänemark, Großbritannien und in der Schweiz kam es in Deutschland aufgrund des Parteienstreits nicht zu einer Umsetzung der Eugenik.

Dies änderte sich dramatisch in der *Zeit des Nationalsozialismus*. Die Eugenik führte in Deutschland bis 1945 zu Eheverboten einerseits sowie Kindergeld und Ehestandsdarlehen andererseits, zu schätzungsweise 360 000 Zwangssterilisationen, zu eugenisch bedingten Abtreibungen und zur Ermordung von etwa 100 000 psychisch Kranken und Behinderten. Zudem wurde die Eugenik als Vererbungslehre, Rassenhygiene und Rassenkunde ein neues verpflichtendes Unterrichtsfach im Umfang von drei Wochenstunden (Harten et al., 2006). Wie bereits in der Weimarer Republik war Sexualerziehung kein Unterrichtsgegenstand. Ein Erlass aus dem Jahre 1933 untersagte ausdrücklich sexuelle Belehrungen vor der Klasse (Holl, 1986). Es gab allerdings im Bereich der Sexualität auch kaum etwas, was man verhindern wollte, abgesehen von der sogenannten „Rassenschande“ (jeder intime Kontakt zwischen Ariern und Nichtariern) und der Homosexualität. In der SS-Wochenzeitung „Das schwarze Korps“ wurden nackte „arische“ Mädchen abgebildet, wobei man sich im launigen Stil über die christliche Sexualmoral lustig machte. Man schimpfte über die christliche Bigotterie und warb für den Stolz auf den Körper und die natürlichen Freuden des Geschlechtslebens. An die Führerinnen im BDM (Bund Deutscher Mädchen) erging die Anweisung, dass sie die Mädchen zum vorehelichen Geschlechtsverkehr ermutigen sollten (Herzog, 2005). Trotz der propagierten Geschlechtertrennung schuf man immer wieder Möglichkeiten des Kontakts zwischen den Geschlechtern. Bemerkenswert ist folgende Episode: Vom Reichsparteitag in Nürnberg im Jahre 1936 kehrten 900 BDM-Mädchen schwanger zurück. Ein schwangeres Mädchen gab nicht weniger als 13 Hitlerjungen als mögliche Väter an (Kater, 2005). Neben anderen Faktoren war die Sexualfreundlichkeit ein Aspekt, der zur Begeisterung für das nationalsozialistische Regime beitrug. Die kirchliche Sexualmoral wurde abgelehnt; uneheliche Kinder sollten mit ehelichen Kindern gleichgestellt, Scheidung und Wiederheirat erleichtert werden. Die Schule sollte den Willen zur Ehe und zur Nachkommenschaft stärken und Mädchen auf ihre Rolle als künftige Mütter vorbereiten.

Das Ende des Krieges bedeutete für viele Frauen und Mädchen das Erleben von Massenvergewaltigungen; damit verbunden waren ungewollte Schwangerschaften, Abtreibungen und Traumata. Bei manchen Frauen schloss sich die Schutzprostitution (eine sexuelle Beziehung mit einem Besatzungsoffizier zum Schutz vor Vergewaltigungen) oder die Überlebensprostitution an. Etwa ab Mitte der 1950er Jahre gelang es in Westdeutschland der katholischen Kirche, sich als Bollwerk gegen den Nationalsozialismus darzustellen und die öffentliche Sexualmoral zu prägen. Von der Kirche verurteilt wurden nicht die eigenen Mitläufer, sondern Frauen mit unehelichen Kindern, jugendgefährdende Schriften sowie der Verkauf und die Werbung für Verhütungsmittel. Durch die Pressezensur dominierten die kirchlichen Sexualratgeber: Selbstbefriedigung sei schädlich und beeinträchtige die Gesundheit, voreheliche Enthaltsamkeit sei verpflichtend, Frauen sollten sich als Ehefrauen für ihre Männer aufopfern und sich um die Kinder und ums Heim kümmern. Sexuelle Probleme in der Ehe wurden damit erklärt, dass die Frauen durch voreheliche Erfahrungen verdorben worden seien. Behauptet wurde, dass Petting vor der Ehe zur Frigidität führe und dass vor- und außerehelicher Geschlechtsverkehr Krebs verursache (Herzog, 2005; Holl, 1986). Die repressive Sexualerziehung der Nachkriegszeit forderte für die Jugend explizit sexuelles Unwissen. So hieß es bei Hunger (1954): „Ein Sexualwissen der Jugend ist grundsätzlich unerwünscht, ja unnötig und nicht ungefährlich. Je weniger die Jugend vom Sexualleben weiß, davon bewegt und umgetrieben wird, desto besser für sie und für uns als Erzieher“ (S. 7). Im Übrigen propagierten Sexualpädagogen wie in früheren Zeiten die Willensgymnastik im Kampf gegen die Onanie, forderten die sexuelle Enthaltsamkeit bis zur Ehe und sahen den Zweck der Sexualität nur in der Fortpflanzung. Die Fortpflanzung setze jedoch eine geistige Reife voraus, die man erst im Erwachsenenalter nach der Eheschließung habe.

Eine entscheidende Änderung der Sexualmoral erfolgte dann mit der Einführung der hormonellen Empfängnisverhütung sowie mit der Verbreitung der Forschungsbefunde von Kinsey sowie von Masters und Johnson. Anfang der 1960er Jahre veröffentlichten Zeitschriften illustrierte Sexualaufklärungsserien. Die Mode veränderte sich dramatisch hin zum Minirock und zum Bikini am Strand. An den Zeitungskiosken setzten sich „Oben-Ohne-Titelbilder“ durch. Im Jahre 1967 wurde auf Veranlassung der Bundesgesundheitsministerin Käte Strobel der Aufklärungsfilm „Helga – Vom Werden des menschlichen Lebens“ gedreht. Dieser Film war ein erstaunlicher Publikumserfolg und wurde weltweit von 40 Millionen Zuschauern gesehen (Holl, 1986). Die als „Sexwelle“ oder als „sexuelle Revolution“ bezeichnete Wende der Sexualmoral am Ende der 1960er

Jahre führte schließlich in der Bundesrepublik zu länderübergreifenden Empfehlungen der Kultusministerkonferenz zur Sexualerziehung an Schulen. Man beschloss im Jahre 1968, dass Sexualaufklärung in der Schule stattfinden soll (kurz zuvor war in der DDR ein entsprechender Erlass verabschiedet worden). Dabei solle sachlich begründetes Wissen erworben werden und dieses Wissen solle es ermöglichen, sich angemessen sprachlich auszudrücken, Wertempfinden und Gewissen zu entwickeln und die Notwendigkeit sittlicher Entscheidungen einzusehen. Aufgeführt wurde zudem, was thematisch in den ersten sechs Schuljahren, bis zum Ende des neunten oder zehnten Schuljahres sowie bis zum Ende des dreizehnten Schuljahres behandelt werden soll. Von einem neuen Schulfach wurde Abstand genommen. Die Sexualerziehung sollte sich in verschiedenen Unterrichtsfächern sowie in außerunterrichtlichen Schulveranstaltungen vollziehen. Juristische Einsprüche gegen die schulische Sexualerziehung wurden im Jahre 1977 durch ein Urteil des Bundesverfassungsgerichts zurückgewiesen. An der fächerübergreifenden Konzeption der Sexualerziehung hat sich in Deutschland bis heute nichts geändert. Sie ist mit dem bedeutenden Nachteil verbunden, dass es eine spezielle universitäre Ausbildung der angehenden Lehrerinnen und Lehrer in Sexualwissenschaft und Sexualpädagogik nicht gibt.

Im Mittelpunkt der schulischen Sexualerziehung standen stets biologische Aspekte, also biologische Entwicklung, Spermien und Eizellen, die Entwicklung des Kindes im Mutterleib und die Geburt. Informiert wurde zumeist auch über Verhütungsmittel und Geschlechtskrankheiten. Die Reduktion auf die reine Faktenvermittlung hatte möglicherweise mit der juristischen Kontroverse um die Sexualerziehung zu tun, entstand aber auch durch die fehlende Ausbildung der Lehrerinnen und Lehrer. Neben der reinen Informationsvermittlung blieb der Sprachstil einem Problemdiskurs verhaftet (Berenike-Schmidt, 2015). Die psychosozialen Aspekte der Sexualität wie „Verliebtheit", „Flirten", „das erste Mal", „Liebeskummer", „Lustempfinden", „Homosexualität" als auch konkrete sexuelle Praktiken wie „Petting", „Selbstbefriedigung", „Oralsex" oder „Vaginalsex" kamen in der schulischen Sexualerziehung sehr selten vor (Glück et al., 1990; Hinz, 2003). Man mied „heiße Eisen" und überließ sie der Peergroup oder der Jugendzeitschrift „Bravo" und dem dort arbeitenden „Dr. Sommer"-Team. Ermutigende Aufklärungsbücher, die es vor dem Hintergrund der 1968er-Bewegung durchaus gab (Amendt, 1970/1978; Jacobi et al., 1972; McBride & Fleischhauer-Hardt, 1974/1986), wurden in der schulischen Sexualerziehung nicht verwendet. Mitte der 1990er Jahre erfolgte zum einen eine Neuausrichtung der Sexualerziehung in der Grundschule durch die Berücksichtigung der Thematik des „sexuellen Missbrauchs" und zum anderen ergab sich in den weiterführenden Schulen ein bedeutender Motivationsschub durch die Verbreitung der HIV-Erkrankung. Angesichts der neuen tödlichen Bedrohung gehörte nun die konkrete Vermittlung der Kondomverwendung zu den selbstverständlichen Inhalten. Durch bedeutsame gesellschaftliche Veränderungen („Ehe für alle") und durch politische Vorgaben öffnete sich die Sexualerziehung zuletzt der Thematik der sexuellen Vielfalt, wobei die damit verbundene Ideologie umstritten war und ist (siehe Kap. 5.7).

9.2 Ziele und Ethik der Sexualerziehung

Ziele der Sexualerziehung sind die Abwehr von Gefahren, die reine Informationsvermittlung und die Ermutigung. *Die Abwehr von Gefahren begründet sich durch das, „von dem wir vernünftigerweise nicht wollen können, dass es ist"*. Dies sind das Leiden durch sexuelle Unwissenheit, Fehlvorstellungen (z. B. über die Penisgröße), sexuelle Funktionsstörungen, sexuelle Gewalt, sexuelle Nötigung, sexuellen Missbrauch, Zwangsverheiratung, Identitätsstörungen, Cybermobbing, Diskriminierung, ungewollte Schwangerschaften, die HIV-Infektion und Geschlechtskrankheiten. Als Ermutigung orientiert sich Sexualerziehung am Ziel der sexuellen Bildung und des sexuellen Wohlbefindens.

Nach dem Urteil des Bundesverfassungsgerichts aus dem Jahre 1977 muss die Schule für verschiedene Wertvorstellungen sowie religiöse oder weltanschauliche Überzeugungen offen sein. Dies darf aber nicht bedeuten, dass die ethischen Aspekte der Sexualität, die in den Empfehlungen der Kultusministerkonferenz im Jahre 1968 explizit aufgeführt wurden, ersatzlos entfallen können. Während die Ethnologie bei der Beobachtung des menschlichen Sexualverhaltens auf Werturteile verzichten sollte, benötigt die Pädagogik eine ethische Grundlegung, da die Sexualerziehung zur Sphäre der menschlichen Kultur gehört. Eine wertfreie Sexualerziehung gibt es nicht (Szasz, 1980, S. 100).

Es kann vernünftigerweise nicht Ziel der Sexualerziehung sein, den Menschen einfach nur „Tier sein zu lassen", wie dies Nietzsche emphatisch postulierte. Dies wäre eine Raubtierkultur, bei der nur einige wenige auf Kosten anderer zu sexuellem Wohlbefinden gelangen. Auch ein hedonistisches „Was beliebt ist auch erlaubt" (Busch, 1877/1959, S. 274) ist nicht zielführend, da Sexualverhalten auch destruktiv und gewalttätig sein kann. Verbote mit Bezug auf bestimmte sexuelle Verhaltensweisen (z. B. Voyeurismus) sind durch den gesellschaftlichen Wandel weniger wichtig geworden.

Die Sexualmoral bezieht sich heute kaum mehr darauf, dass einzelne sexuelle Verhaltensweisen an sich pathologisch (wie z. B. Sadismus, Masochismus, Fetischismus) oder unmoralisch sind (wie früher Onanie, Oralsex, Analsex, Sex vor der Ehe). Entscheidend ist vielmehr das gegenseitige informierte Einvernehmen.

Unmoralisch sind der Zwang, weil er dem Einvernehmen widerspricht, und die Täuschung (über den sexuellen Akt oder über die Gefühle), weil sie der Informiertheit als Grundlage des Einvernehmens widerspricht (Belliotti, 1993). Schmidt (2004c) spricht von einem Wechsel von der traditionellen Moral zur *Verhandlungs- und Konsensmoral.* Eine Verhandlungsmoral setzt voraus, dass die Beteiligten frei und entscheidungsfähig sind. Berücksichtigt werden muss auch der mögliche schädigende Effekt auf die involvierten Personen als auch auf Dritte (beispielsweise Kinder) (Belliotti, 1993). Das *Prinzip der Nichtschädigung* (Beauchamp & Childress, 2001) ist ein wichtiger Grundsatz des Sexualverhaltens und der Sexualerziehung. So hat ein aufsehenerregendes Werbeplakat zur Kondombenutzung vielleicht einen positiven Einfluss auf das Gesundheitsverhalten Erwachsener, verstört aber möglicherweise Kinder, die mit einem solchen Plakat überfordert sind. Zudem sind auch höhere ethische Prinzipien zu beachten, beispielsweise das „Recht auf Leben". So rechtfertigt das gegenseitige informierte Einvernehmen nicht die dauerhafte Schädigung oder Tötung des Sexualpartners (z. B. bei der Wahl von ungeschütztem Sex trotz bekannter HIV-Infektion).

Mit Bezug auf das von John Stuart Mill entwickelte Prinzip des größten Glücks könnte man positiv *das für alle Menschen größtmögliche sexuelle Glück* als Ziel der Sexualerziehung definieren. Problematisch wird dieses Prinzip, wenn man das sexuelle Glück vieler Personen gegen die Einschränkung des Wohlbefindens bei wenigen Personen aufrechnet. So hatte Campanella (1623/1960, S. 131) in seiner Beschreibung des idealen Sonnenstaates keine Bedenken, unfruchtbare und schwangere Frauen für das sexuelle Glück der Männer einzusetzen, um die von ihm konzipierte eugenische Fortpflanzung nicht zu stören. Zum größtmöglichen sexuellen Glück aller Menschen gehört notwendig die Beachtung von *Mindeststandards für das sexuelle Glück des Einzelnen.*

Die ethische Grundlage für das menschliche Sexualverhalten und für die Sexualerziehung sollte

- das für alle Menschen größtmögliche sexuelle Glück
- bei einem vollständigen informierten Einverständnis des Einzelnen
- unter Einhaltung von individuellen Mindeststandards
- bei Nichtschädigung der beteiligten Personen sowie von Dritten
- bei Berücksichtigung höherer ethischer Prinzipien wie das „Recht auf Leben" sein.

Auf der Basis dieser ethischen Grundlegung ergeben sich die Ziele für die Sexualerziehung. Das vollständige informierte Einverständnis auf der Grundlage einer Verhandlungs- und Konsensmoral verlangt, dass man die eigenen sexuellen Wünsche erkennt und mitteilt. Durch die traditionellen Geschlechtsrollen ist das Äußern-Können der eigenen Bedürfnisse in heterosexuellen Beziehungen jedoch bei beiden Geschlechtern erschwert. Jungen/Männer müssen erstens stets sexuelle Wünsche behaupten (sie können bei einer intimen Verabredung schlecht sagen, dass sie lieber reden würden) und zweitens haben Jungen/Männer gelernt, dass es für sie zielführender ist, ihre sexuellen Wünsche zu verheimlichen. Mädchen/Frauen hingegen gelten als bedrohlich oder als „Schlampen“, wenn sie ihre sexuellen Wünsche explizit äußern. Ein anzustrebendes Ziel der Sexualerziehung ist es, die eigenen sexuellen Bedürfnisse erkennen und ausdrücken zu können. Dazu gehört auch, dass man Sex gemeinsam plant und sich von dem Mythos verabschiedet, dass guter Sex immer spontan sein muss (Zilbergeld, 1996).

In seinem Bestseller „The Joy of Sex“ nennt Alex Comfort (1972) zwei Regeln für guten Sex: „‚Don't do anythink you don't really enjoy‘, and the other is ‚Find your partner's needs and don't balk them if you can help it‘“ (S. 13). Dies setzt erstens voraus, dass man die eigenen Bedürfnisse kennt, und zweitens, dass man die sexuellen Wünsche des Partners erkennen kann. Kinder, Jugendliche und Erwachsene sollten befähigt werden, über sexuelle Handlungen selbst zu entscheiden *(„Entscheidungsfreiheit“).* Es gibt in der westlichen Kultur im Bereich der Sexualität keine Durchschnittsnorm, die vorschreibt, welche sexuellen Handlungen in welcher Reihenfolge mit welchem Partner ab welchem Alter stattfinden sollen und welche nicht. Sexualerziehung sollte dazu ermutigen, auch „nein“ sagen zu können. Zur Freiheit der Entscheidung gehört auch das Recht auf die freie Wahl des Sexual- oder Ehepartners.

Kentler (1970) vertritt mit Bezug auf Schleiermacher die Position, dass das augenblickliche Glück eines Kindes nicht zugunsten seines zukünftigen Glücks geopfert werden darf. Deshalb hätten Kinder das Recht auf sexuelle Befriedigung. Auch wenn dem zuzustimmen ist, stellt sich die Frage, um welche Form der Sexualität es dabei geht. Nach Schleiermacher (1826/1957) ist es ethisch bedenklich, wenn ein „Lebensaugenblick als bloßes Mittel für einen anderen“ (S. 46) geopfert wird. Schleiermacher betont aber auch, dass in der Erziehung die Beziehung zur Zukunft nicht gänzlich entfallen kann. Da ein angenehmes kindliches und jugendliches Sexualleben auch mit Selbstbefriedigung, Pornokonsum, Händchenhalten, Schmusen, Küssen, Knuddeln etc. möglich ist, darf die sexuelle Erziehung durchaus mit dem Hinweis verbunden sein, dass Geschlechtsverkehr zwar sehr schön ist, dass es aber sinnvoll sein kann, damit noch zu warten. Eine *„Kultur des Wartens“* (Reuter, 2019) mag konservativ erscheinen, aber Sexualität ist kein Trieb mit einer sich aufstauenden Energie in einem Dampfkessel und es gibt keine Sexualstauung, die man kontrolliert über ein Ventil zum Abfließen bringen muss (siehe Kap. 1.2). Für eine „Kultur des Wartens“ spricht auch, dass frühzeitiger Vaginalsex mit vielen negativen Variablen korreliert. Man kann zwar aus Korrelationen keine Kausalitäten ableiten, es ist aber trotzdem erwähnenswert, dass frühzeitiger Vaginalsex einhergeht mit Variablen wie höheres Bedürfnis nach Konformität mit Gleichaltrigen, höherer Alkohol- und Tabakkonsum, schlechtere Schulnoten, geringere Bildung im weiteren Lebenslauf sowie eine höhere Wahrscheinlichkeit für eine sexuell übertragbare Erkrankung (Grob & Jaschinski, 2003; Olesen et al., 2011). Dies bedeutet nicht, dass Oral-, Vaginal- und Analsex im Jugendalter verhindert werden sollten. Es gibt aber keinen Grund zu besonderer Eile, und dies darf auch pädagogisch vermittelt werden. Bei der Partnersexualität kommen sich zwei zunächst fremde Menschen ungewöhnlich nahe. Man offenbart dabei Schwächen und macht sich verletzbar. Wünschenswert ist, dass beide Sexualpartner gegenseitig um ihr Wohlbefinden besorgt sind und den anderen nicht nur als Instrument für das eigene Wohlbefinden sehen (Belliotti, 1993).

Historisch war die Sexualerziehung nahezu immer ausschließlich *Gefahrenabwehrpädagogik.* Es ging nicht um sexuelle Entfaltung, sexuelles Glück und Wohlbefinden, sondern um die Verhinderung von Onanie, von vor- und außerehelicher Sexualität, von Homosexualität, von Prostitution und von Geschlechtskrankheiten. Erst in der betont lustfreundlichen Sexualaufklärung der 1960er Jahre rückte die *Ermutigung* in den Mittelpunkt der Sexualpädagogik. Die Ermutigungen waren sehr umfassend. Man warb direkt oder indirekt für: Nackt-Sein, Doktorspiele mit vaginalem und/oder analem Eindringen, mütterliches Streicheln und Kraulen des kindlichen Penis, Zuschauen beim Geschlechtsverkehr („wenn menschen miteinander vögeln, möchten sie gern mit dem anderen allein sein. Aber manchmal schauen ihnen andere dabei zu. Auch kinder. Weil sie neugierig sind. Niemand wird davon blind, und hinterher können sie darüber reden"; Jacobi et al., 1972, S. 18), Verwendung der Vulgärsprache, Sex mit beiden Geschlechtern, Onanie, Oralsex, Recht auf den Orgasmus, Loswerden des Jungfernhäutchens, Verschreiben-Lassen der Pille, Analverkehr, Partnerwechsel und Partnertausch, Geschlechtsverkehr in der Schule, Schwangerschaftsabbruch etc. (Amendt, 1970/1978, 1993; McBride & Fleischhauer-Hardt, 1974/1986; Møller, 1987). Einige dieser Ermutigungen sind problematisch, da erstens Kinder zu erwachsenen sexuellen Handlungen ermutigt werden, zweitens die Eltern-Kind-Grenze nicht beachtet wird, drittens eine ethische Reflexion fehlt und viertens mit dieser Form der sexuellen Befreiung neue Selbst- und Fremdzwänge einhergehen, vor allem für die Mädchen und Frauen (Sigusch, 2005).

Im ebenso populären wie umstrittenen Aufklärungsbuch „Sexfront" wettert Amendt (1970/1978) gegen die Ehe, wehrt sich gegen Onanie oder Petting als Vaginalsexersatz, fordert die kostenlose Verteilung der Pille, kritisiert Dating- und Flirt-Handbücher und polemisiert gegen Reizwäsche aus dem Beate Uhse-Versandhaus, da solche Produkte nur der Erhaltung der bürgerlichen Ehe und Kleinfamilie dienen würden. Stattdessen empfiehlt er die Beendigung einer Beziehung, wenn sich keine psychische oder sexuelle Übereinstimmung erzielen lasse.

Bewahrenswert ist, dass die lustfreundliche Sexualpädagogik der 1960er Jahre die Gefahrenabwehrpädagogik durch eine Ermutigungspädagogik ergänzt hat.

Problematisch ist bei Amendt (1970/1978) die sehr limitierte Sexualethik (er fordert nur den Einsatz von Verhütungsmitteln sowie den Verzicht auf Sex bei einer Geschlechtskrankheit). Vor dem Hintergrund der dargelegten ethischen Grundlage für das menschliche Sexualverhalten kann man außer zu Onanie, Petting, Oralsex und Geschlechtsverkehr auch zu „konservativen“ Zielen ermutigen, nämlich

- zu einer „Kultur des Wartens“ oder zumindest zu einer „Kultur der sexuellen Entschleunigung“,
- zur Selbsterkenntnis hinsichtlich der je eigenen sexuellen Bedürfnisse,
- zum Äußern-Können sexueller Wünsche und zum Nein-Sagen-Können,
- zum Flirten bei der Partnersuche (anders als Amendt, der dies als bürgerlich ablehnt),
- zur Entscheidungsfreiheit und Entscheidungskompetenz sowohl bei der Partnerfindung als auch beim sexuellen Verhalten,
- zur kommunikativen Kompetenz in der Partnerschaft,
- zur sexuellen Entfaltung und wiederholten sexuellen Erneuerung innerhalb einer Beziehung (Ermutigung zur Monogamie)
- sowie zur Nutzung sexueller Hilfsmittel (einschließlich Pornografie).

Im Kontext hetero- oder homosexueller Beziehungen beim Vorhandensein von Kindern ist die Monogamie mit sexueller Treue die Partnerschaftsform, die bei sexueller Entfaltung und steten Erneuerung innerhalb der Beziehung dem Ziel des für alle größtmöglichen sexuellen Glücks am ehesten entspricht, wobei eine Schädigung von Dritten durch einen ausgeschlossenen liebenden Dritten (siehe Goethes „Werther“) allerdings möglich ist. Bei den Partnerschaftsformen Polygynie und Polyandrie wird jeweils ein bedeutender Teil der Menschheit vom Glück der Partnersexualität ausgenommen, weil dann ziemlich viele Menschen „leer“ ausgehen, es sei denn, Polygynie und Polyandrie wären in derselben Gesellschaft gleich verteilt. Bei den Partnerschaftsformen „Promiskuität“, „Polyamorie“ sowie „Monogamie mit offenen Seitensprüngen“ ist zwar das größtmögliche sexuelle Glück bei vollständigem informiertem Einverständnis der Sexualpartner möglich, es kommt aber häufig zu einer Schädigung von Dritten (der Kinder), zum Leiden durch Eifersucht und zu einem höheren Ansteckungsrisiko für sexuell übertragbare Krankheiten. Zudem kann man infrage stellen, ob beispielsweise ein promiskes Leben wirklich mit dem größtmöglichen Glück verbunden ist. Liest man die aufschlussreichen autobiografischen Schilderungen von Catherine Millet (2001) mit ihren zahlreichen Geschlechtspartnern, so fällt eben auch ein bedrückendes Gefühl von Unerfülltheit und

Leere auf. Im Jugendalter und frühen Erwachsenenalter ist beim Fehlen von Kindern für viele das Sammeln von sexuellen Erfahrungen wichtig. Hierbei ist die serielle Monogamie mit sexueller Treue viel häufiger als die Polyamorie, die Promiskuität oder die Monogamie mit offenen Seitensprüngen. Bei der Monogamie mit heimlichen Seitensprüngen fehlt das Leiden durch Eifersucht, dafür aber auch das vollständige informierte Einverständnis. Die Partnerschaftsform „Alleinerziehende Mütter/Väter" ist nach vielen Studien vor allem für Kinder schädigend (siehe Kap. 3.7.3).

Neben der ethischen Grundlegung ist die *wissenschaftliche Fundierung der Sexualerziehung* ein entscheidender Faktor. Im Beschluss der Kultusministerkonferenz des Jahres 1968 hieß es klar, dass die Sexualerziehung in der Schule wissenschaftlich fundiert sein muss. Bereits Kentler (1970) beklagte ein Zurückbleiben der Sexualerziehung hinter den Erkenntnissen der Sexualwissenschaft. Tatsächlich findet man in Schulbüchern, Aufklärungsheften, -broschüren und -büchern fachliche Fehler sowie entscheidende Lücken. Wenn sich dann aufgrund der fehlenden universitären Ausbildung noch Halb- und Unwissen der Fachkräfte hinzugesellt, verursacht die Sexualerziehung unnötiges Leid. Es sollte vermieden werden, dass Kinder oder Jugendliche besorgt sind,

- weil sie keinen Sexualtrieb bei sich entdecken (siehe Kap. 1.2),
- weil sie glauben, zu häufig zu onanieren (siehe Kap. 2.4),
- weil sie ihren Penis für zu klein halten (insbesondere nachdem sie im Unterricht am riesigen Holzpenis das Überziehen der Kondome geübt haben, siehe Kap. 4.1.1),
- weil sie die wahre Größe der Klitoris nicht kennen (siehe Kap. 4.2.2),
- weil sie ihre Schamlippen als deformiert ansehen,
- weil sie auch im Schulbuch mit einem wirklichkeitsfernen Brustideal konfrontiert werden (siehe Kap. 4.2.1),
- weil sie den G-Punkt suchen und nicht finden (siehe Kap. 4.2.3),
- weil sie keinen Orgasmus erreichen, obwohl der auch im Schulbuch vorkommt und der Partner den erwartet (siehe Kap. 4.2.4),
- weil sie glauben, sie seien zu gehemmt, verkrampft, kontrolliert, ängstlich, schuldbewusst oder zu wenig selbstbewusst, um einen Orgasmus zu erleben (siehe Kap. 4.2.4),
- oder weil sie glauben, zu häufig Pornos anzusehen und damit ihr Gehirn zu schädigen (siehe Kap. 8.5).

9.3 Methoden der Sexualerziehung

Nach dem Urteil des Bundesverfassungsgerichts aus dem Jahre 1977 müssen Eltern rechtzeitig über die Inhalte und den methodisch-didaktischen Weg der schulischen Sexualerziehung informiert werden; sie haben aber kein Mitbestimmungsrecht bei der Ausgestaltung des Unterrichts (Koch, 1983). Obwohl eine Befreiung von der schulischen Sexualerziehung rechtlich nicht möglich ist und die Gerichtsurteile hierzu klar sind, stellt sich die Frage, ob beispielsweise bei christlichen Sektenmitgliedern das juristische Ausfechten für die Kinder hilfreich ist. Wenn einem die Sexualerziehung aus inhaltlichen Gründen wichtig ist, sind Zwangsvorführungen zu den Unterrichtsstunden oder Zwangsmaßnahmen gegen die Eltern nicht zielführend. Pädagogisch lässt es sich nicht rechtfertigen, den typischen juristischen Ablauf in Gang zu setzen, der mit der Nichtzahlung eines Bußgeldes und einem anschließenden Gefängnisaufenthalt der Eltern endet. Damit gibt man Eltern die Gelegenheit, sich als Märtyrer und religiös Verfolgte zu präsentieren.

Eine methodische Schwierigkeit der Sexualerziehung liegt darin, dass es eine angemessene Sprache des Redens über Sexualität nicht gibt. Die alleinige Benutzung der Vulgärsprache (wie in Amendt 1970/1978) ist anbiedernd, unwissenschaftlich und schnoddrig, die alleinige Benutzung der medizinisch-lateinischen Fachsprache hingegen ist steril, kalt, unverständlich und die Benutzung der Hochsprache ist bürokratisch, verhüllend und ungenau, was der aufklärenden Intention des Unterrichts widerspricht (siehe Kap. 1.3). Eine Lösung für dieses Dilemma gibt es nicht. Die beste Variante dürfte sein, erstens die unterschiedlichen „Sprachen“ des Redens über Sexualität selbst zu thematisieren und zweitens bei manchen Gelegenheiten alle Varianten gleichzeitig zu verwenden, wie dies in einigen Aufklärungsbüchern (z. B. Furian, 1981/1996; Herrath & Sielert, 1993) praktiziert wird. Man könnte dann beispielsweise sagen: „Wenn eine Frau den Penis eines Mannes mit ihren Lippen und ihrer Zunge stimuliert, gibt es dafür verschiedene Ausdrücke. Medizinisch korrekt heißt es Fellatio, allgemein sagt man Oralsex oder Oralverkehr und manche sagen auch Flötenspiel, Blowjob, Blasmusik oder blasen, obwohl man dabei gar nicht bläst“. Klar ist: Lehrerinnen und Lehrer, die nur über Vaginalsex, nicht aber über Oral- und Analsex reden können, sind für die Vermittlung von Wissen über die Ansteckung mit sexuell übertragbaren Krankheiten ungeeignet.

Als Gefahrenabwehrpädagogik gehört die Sexualerziehung zum Bereich der Prävention und Gesundheitsförderung. Bei den Präventionskonzepten kann unterschieden werden zwischen individuumszentrierten Präventionsansätzen (Verhaltensprävention) und Maßnahmen der Umweltgestaltung (Verhältnisprävention). Zur Verhältnisprävention gehört beispielsweise das Aufstellen von Kondomautomaten oder die Übernahme der Kosten für Verhütungsmittel. In der Verhaltensprävention gibt es vielfältige theoretische Konzepte, die teilweise auch gut evaluiert wurden. Hierzu gehören unter anderem die Arbeit mit Furchtappellen, das Konzept der Alternativaktivitäten, der massenmediale Ansatz (Kino- und Fernsehspots, Plakate), die Informationsvermittlung, die Theorie des geplanten Handelns, das Transtheoretische Modell der Verhaltensänderung, das HAPA-Modell (HealthActionProcessApproach-Modell), die affektive Erziehung, der Ansatz zum sozialen Einfluss und das „Life Skills Training".

Sowohl die Arbeit mit Furchtappellen (z. B. Filme mit dem Sensenmann bei Kampagnen zu HIV/Aids) als auch das Konzept der Alternativaktivitäten (z. B. Sport als Ablenkung von der Onanie) spielen in der heutigen Sexualerziehung kaum noch eine Rolle. Furchtappelle bewirken allerdings Aufmerksamkeit. Zudem führte die Furcht vor HIV/Aids zu einem vorsichtigeren Sexualverhalten, vor allem in den 1980er/1990er Jahren. Die Furchtappellforschung zeigt, dass Furchtappelle nur in Verbindung mit konkreten Handlungsinstruktionen (z. B. Kondome verwenden) eingesetzt werden sollten (Barth & Bengel, 1998). Von zentraler Bedeutung in der Sexualerziehung ist die Informationsvermittlung, insbesondere auch bei der Verhinderung von ungewollten Schwangerschaften und sexuell übertragbaren Krankheiten.

Abb. 6: Sprachlosigkeit beim Thema „Verhütung". Zeichnung von Hans M. Scheurlen

Wissen ist aber nur die notwendige, nicht die hinreichende Bedingung für präventives Handeln. Zur Überbrückung des Wegs vom Wissen zum Handeln haben sich in der Suchtprävention Lebenskompetenzansätze bewährt, die auch im Bereich der Sexualerziehung sinnvoll sind. Nach verschiedenen Modellen (HAPA-Modell, Theorie des geplanten Handelns) hängt beispielsweise die Verhaltensabsicht zur Kondomverwendung von der Einstellung gegenüber der Kondomverwendung, von der sozialen Norm (vor allem in der Peergroup) sowie von den Selbstwirksamkeitserwartungen ab (Kann ich die Kondombenutzung gegenüber dem Partner durchsetzen? Kann ich Kondome kaufen und korrekt verwenden?). Die Umsetzung der Verhaltensabsicht hängt dann einerseits von den auftretenden Problemen und andererseits von den Fähigkeiten der Jungen und Mädchen ab. Die Norm in der Peergroup lässt sich nicht direkt beeinflussen, aber im Unterricht kann man Gelegenheit geben, Meinungen und Einstellungen hinsichtlich der Kondombenutzung auszutauschen. Die Fähigkeiten der Jungen und Mädchen lassen sich im Unterricht trainieren, und zwar am sinnvollsten bei vorheriger Ausbildung einzelner Jungen und Mädchen im Peer-Education-Ansatz. In Rollenspielen werden dann Situationen in verschiedenen Schwierigkeitsstufen durchgespielt, wie beispielsweise an der Kasse Kondome kaufen, mit dem Partner ein Gespräch über „safer sex" beginnen, gegen den Gruppendruck sich mit dem „ersten Mal" Zeit lassen, ein Gespräch mit der Mutter über einen Besuch bei der Frauenärztin beginnen etc. Um den Übergang vom Rollenspiel in den Alltag zu erleichtern, gehören zu Verhaltenstrainings auch Hausaufgaben, beispielsweise ein Kondom kaufen oder mit einem Elternteil über Verhütung reden. Aus der Suchtpräventionsforschung ist bekannt, dass die schulische Prävention besonders erfolgreich ist, wenn man immer wieder auch Auffrischungsstunden („booster sessions") durchführt (Hinz, 2005, 2006).

Da die schulische Sexualerziehung mit dem Anspruch auftritt, Gefahren zu verhindern und das sexuelle Glück zu erhöhen, sollte ihr Erfolg evaluiert werden, wozu ein Kontrollgruppendesign nötig wäre. Bislang wurde in Deutschland jedoch nur untersucht, welche Inhalte unterrichtet werden und wie die Jungen und Mädchen selbst ihren Aufklärungsgewinn durch die Schule einschätzen. Für die Effektivität der schulischen Sexualerziehung in Deutschland könnte die im internationalen Vergleich relativ niedrige Rate der Teenagerschwangerschaften sprechen. Es ist aber unklar, ob dies mit der Sexualerziehung, mit der Verfügbarkeit von Verhütungsmitteln, mit kulturell-ethnischen oder mit sozialen Unterschieden zu tun hat (siehe Kap. 6.3).

In den USA wurde anders als in Deutschland in der Sexualerziehung zwischen Abstinenz- und Risikoreduktionsprogrammen gestritten (Gegenfurtner & Gebhardt, 2018; Schwartz & Kempner, 2015). In *Abstinenzprogrammen* wird die sexuelle Abstinenz vor der Ehe propagiert und es werden keine Informationen über Verhütungsmittel vermittelt. Stattdessen werden in religiösen Zeremonien („Purity balls") Jungfräulichkeitsversprechen abgelegt. In *Risikoreduktionsprogrammen* wirbt man ohne moralische Argumentation für die Vorteile des Hinausschiebens von Sex, informiert über Verhütungsmittel, Aids und Schwangerschaft und trainiert in Rollenspielen, beispielsweise dem „Überreden zum Sex" zu widerstehen (soziale „Impfung"). Empirische Studien zeigen, dass Risikoreduktionsprogramme erfolgreicher sind, dass nämlich die teilnehmenden Jungen und Mädchen ihr „erstes Mal" später haben und dass sie seltener von Schwangerschaften betroffen sind als die Teilnehmer der Abstinenzprogramme (Blake et al., 2003; Kohler et al., 2008; Prendergast et al., 2017; Schwartz &

Kempner, 2015). Methodisch überzeugend ist eine Experimentalstudie von Markham et al. (2012) mit randomisierter Zuteilung der beteiligten Schulen zum Abstinenzprogramm, zum Risikoreduktionsprogramm („It's Your Game… Keep it Real!") sowie zu einer Kontrollgruppe ohne jede Intervention (je Bedingung fünf Schulen). Für insgesamt 1258 Mädchen und Jungen (nahezu ausschließlich hispanischer und afroamerikanischer Herkunft) konnten Daten vor der Intervention (7. Schuljahr) sowie zwei Jahre nach der Intervention (9. Schuljahr) erhoben werden. Im Vergleich der drei Gruppen zeigte sich eine Überlegenheit des Risikoreduktionsprogramms. Die Teilnehmerinnen und Teilnehmer des Risikoreduktionsprogramms zeigten eine deutlich verringerte Wahrscheinlichkeit für den Beginn von Partnersex (Vaginal-, Oral-, Analsex) sowie für Vaginal- oder Analsex ohne Kondom. Spätere Evaluationsstudien (Coyle et al., 2016; Potter et al., 2016) konnten diese positiven Effekte jedoch bei anderen Stichproben nicht bestätigen. Untersuchungen zur Effektivität der Abstinenzprogramme zeigen hingegen eindeutig, dass diese unwirksam beziehungsweise sogar kontraproduktiv sind. Das Jungfräulichkeitsversprechen führt dazu, dass man beim Brechen des Versprechens den ersten Sex nicht bewusst plant, sondern einfach so passieren lässt, sodass beim ersten Sex dann die Wahrscheinlichkeit für ungeschützten Sex erhöht ist (Schwartz & Kempner, 2015; Stanger-Hall & Hall, 2011).

Zur Sexualerziehung gehören nicht nur die Informationsvermittlung und die Gefahrenabwehrpädagogik, sondern auch die Ermutigungspädagogik. Ein Beispiel hierfür ist ein schulisches Flirttraining, in dem die Jungen und Mädchen lernen sollen, ein Gespräch zu beginnen (Beginn mit Äußerlichkeiten wie Schmuck, Kleidung), im Gespräch Gemeinsamkeiten zu finden und am Ende eine Verabredung auszumachen. Ein solches Training dient nicht nur als Ermutigung im Kontext der Sexualerziehung, sondern gibt Jugendlichen auch einen Lernraum für positive Selbstverbalisationen („Ich habe das Recht, einen Versuch zu machen, und das habe ich gut gemacht."). Zudem wird Jugendlichen mit einem solchen Flirttraining ein funktionaler und gesunder Ersatz für die Kontaktfunktion des Alkohol- und Tababkonsums angeboten (Hinz, 2006). Zudem dient ein Flirttraining auch der Prävention von nichteinvernehmlichem Exhibitionismus, Frotteurismus, Voyeurismus und sexueller Gewalt (siehe Kap. 10), indem Jugendlichen der kulturell übliche Weg über eine Begegnung zur nichttaktilen Interaktion über die taktile Interaktion zur genitalen Vereinigung nahegebracht wird.

Insgesamt fällt für die Sexualerziehung auf, dass sie bislang vor allem auf die Informationsvermittlung setzte. Die Ermutigung fehlte oft ganz und auch die ethische Dimension der Sexualität spielte oft nur eine geringe Rolle.

Zusammenfassung

Da menschliche Sexualität zur Sphäre der Kultur gehört, muss sie ähnlich wie Sprache, Gesang, Ernährung vermittelt bzw. „kultiviert“ werden. Sexualerziehung ist die gewollte, geplante, gezielte und organisierte Einflussnahme auf sexuelle Wahrnehmungen, Einstellungen, Intentionen und Verhaltensweisen. Unterschieden werden kann zwischen der freundschaftlich-geschwisterlichen, der elterlichen, der schulischen, der öffentlich-staatlichen und der medial-privaten Sexualaufklärung. Für ein kulturell angemessenes Erlernen von Sexualverhalten sind das Konditionierungslernen, das Lernen durch Versuch und Irrtum sowie das Lernen am Modell nicht ausreichend. Die Geburtsstunde der modernen Sexualerziehung ist der Kampf gegen die Onanie im 18. Jahrhundert. Die schulische Sexualerziehung begann in Deutschland im Jahre 1968. Bis heute blieb sie zentriert auf die biologische Informationsvermittlung. Lebenskompetenztrainings, die die Kluft zwischen Wissen und Handeln überbrücken können, wurden in der schulischen Sexualerziehung bislang kaum eingesetzt. Das Ziel der Sexualerziehung sollte ethisch begründet werden. Ein vernunftbegründetes Ziel ist das für alle Menschen größtmögliche sexuelle Glück bei einem vollständigen informierten Einverständnis. Hieraus lassen sich Unterrichtsziele wie Entscheidungskompetenz und das Äußern-Können sexueller Wünsche ableiten. Die Sexualpädagogik hinkt dem Stand der sexualwissenschaftlichen Forschung oft weit hinterher. Randomisierte Wirksamkeitsstudien zu einzelnen Zielen der schulischen Sexualerziehung gibt es bislang in Deutschland nicht.

Überprüfungsfragen

a) Definieren Sie, was unter „Sexualerziehung“ zu verstehen ist?
b) Nennen Sie zwei pädagogische Onaniebekämpfer!
c) Welche Vertreter der Sexualpädagogik behaupteten, dass Petting vor der Ehe zur Frigidität führe?
d) Was war typisch für die traditionelle Sexualmoral im Vergleich zur heutigen Verhandlungs- und Konsensmoral?
e) Wie lauten die zwei Regeln für guten Sex von Alex Comfort?
f) Von welchen Faktoren hängt nach verschiedenen Gesundheitsmodellen die Kondombenutzung ab?

Fragen zum Nachdenken/Übungsanregungen

a) Bei einer Skifreizeit sagt man Ihnen, dass ein/e Schüler/in erkrankt ist und deshalb beim Gruppenabend fehlt. Um nach ihm/ihr zu sehen, gehen sie zum Zimmer dieses/r Schülers/in und verzichten auf das Anklopfen, weil sie ihn/sie nicht unnötig wecken wollen. Sie sehen und hören, dass der/die

Schüler/in im Bett liegt und onaniert und wollen das Zimmer unbemerkt wieder verlassen. Leider werden sie aber nun mit großen Augen angesehen und müssen etwas sagen.

b) Welche „Sprache" wollen Sie in der schulischen Sexualerziehung nutzen und warum?

c) Durch die Spende eines großen Möbelhauses konnte in einer Ecke des Schulflures ein gemütliches Sofa aufgestellt werden. Auf diesem sitzen seit einiger Zeit immer wieder Pärchen aus der neunten Klasse, die sich abknutschen und sich befummeln. Von anderen Neuntklässlern wird dies belustigt betrachtet und manchmal auch kommentiert; zudem sehen einige Fünftklässler zu.

   Als Lehrer/Lehrerin dieser Schule kommen Sie nun an der Situation vorbei. Wie reagieren Sie?

d) Zu was sollte die Sexualerziehung ermutigen?

10. Belastete Sexualität und Sexualberatung

Wahrheit oder Fiktion?	wahr	falsch
Vaginismus ist eine Entzündung der Vaginalmuskulatur.	❐	❐
Bei der Therapie von sexuellen Funktionsstörungen arbeiteten Masters und Johnson auch mit Surrogat-Partnerinnen.	❐	❐
Das Koitusverbot ist ein Element der Sexualtherapie.	❐	❐
70 % der Studenten und 40 % der Studentinnen würden anderen beim Sex heimlich zusehen, wenn es keine Gefahr der Entdeckung gäbe.	❐	❐

Bereits bei Bonobos und Schimpansen ist das Sexualverhalten variationsreich. Der Begründer des Begriffs und des Programms der Sexualwissenschaft Iwan Bloch (siehe Kap. 2.5.3) wies wiederholt auf das besonders ausgeprägte „geschlechtliche Variationsbedürfnis" beim Menschen hin. Er sah dies als eine für den Menschen typische physiologische Erscheinung und als die „endgültige, letzte Ursache aller geschlechtlichen Perversionen, Aberrationen, Abnormitäten" und „Irrationalitäten" an (Bloch, 1919, S. 490). Auch Freud (1905/1972, S. 80) betrachtete die „Anlage zu den Perversionen" als „ein Stück der für normal geltenden Konstitution" (siehe Kap. 2.5.2). Kann man von Perversionen und Abnormitäten reden, wenn diese doch typisch für den Menschen sind? Ist die große sexuelle Variabilität des Menschen nicht einfach ein Ergebnis der unbegrenzten menschlichen Imagination und Erfindungsgabe (Szasz, 1980, S. 10)?

Bei Betrachtung der Geschichte der „Internationalen statistischen Klassifikation der Krankheiten und verwandter Gesundheitsprobleme" (ICD) der WHO sowie des „Diagnostischen und statistischen Manuals psychischer Störungen" (DSM) der APA (American Psychiatric Association) fällt auf, dass die Betrachtung sexueller „Auffälligkeiten" einem starken gesellschaftlichen Wandel unterliegt. So findet man im ICD 7 von 1958 unter dem Oberbegriff „Psychopathien" Diagnosen wie „Homosexualität", „Nymphomanie" und „Transvestismus" (Statistisches Bundesamt, 1958). Einige dieser „Diagnosen" sind inzwischen entfallen, andere werden kontrovers diskutiert.

Es gibt in der Klinischen Psychologie eine lange und wichtige Debatte über den Begriff der Verhaltensauffälligkeit. Am häufigsten herangezogen werden die Bemühungen von Davison und Neale (1996) in ihrem Lehrbuch „Klinische

Psychologie". Zur Definition abweichenden Verhaltens führen sie verschiedene Merkmale an, wobei sie einräumen, dass keine Definition angemessen ist. Als Kriterien nennen sie die *statistische Seltenheit*, die *Verletzung von Normen*, die *persönliche Belastung*, die *Unfähigkeit oder Dysfunktion* und das *unerwartete Verhalten*. Das zuerst angeführte Kriterium, die *statistische Seltenheit*, ist beim Sexualverhalten angesichts der Variabilität der Sexualität kein sinnvolles Merkmal abweichenden Verhaltens. Beim Kriterium „Verletzung von Normen" ist zwischen der gesellschaftlich vorherrschenden, der juristischen, der individuellen und der Paar-Norm zu unterscheiden. Da Geschlechtsverkehr bei anderen Menschen nur selten zu beobachten ist, sind bei der Sexualität die individuelle Norm und die Paar-Norm sehr wirksam. Das heißt, wir neigen dazu, unser eigenes Sexualleben als normal anzusehen, das aller anderen hingegen als abweichend, da es für uns keine korrigierende Instanz gibt (außer beim Wechsel des Partners oder beim Lesen von wissenschaftlichen Erhebungen). Die individuelle und die Paar-Norm sind deshalb kein sinnvolles Kriterium für abweichendes Sexualverhalten. Auch bei den juristischen, gesellschaftlich vorherrschenden und religiösen Normen neigen wir dazu, die jeweils eigene kulturelle Norm als „natürlich" und die Norm in anderen Kulturen als „pervers" anzusehen. Hierzu einige Beispiele:

- Der Kuss ist in vielen Kulturen der Welt verbreitet, aber keineswegs eine von Natur aus festgelegte Sexualpraxis. Die Thonga in Afrika kannten den Kuss nicht, und als sie ihn zuerst bei den Europäern sahen, lachten sie darüber und sagten, dass die Europäer gegenseitig Speichel und Schmutz aufessen (Hyde & DeLamater, 2003).
- Bei den Sambia im Osten von Papua-Neuguinea wird jeder präpubertäre Jungen von erwachsenen Männern entführt und muss dann durch Fellatio das Sperma der erwachsenen Männer aufnehmen, da man glaubt, dass die Aufnahme des Samens durch Fellatio entscheidend für die Maskulinisierung sei. Den Jungen wird vermittelt, dass der Samen der Männer ähnlich nährend sei wie die Milch der Mutterbrust. Man müsse Samen ansammeln, um in der männlichen Kriegergesellschaft Kraft und Mut zu erwerben; ansonsten bleibe man klein und schwach. Der erste Samenerguss der Jungen erscheint ihnen dann als Beweis ihrer Theorie (Herdt, 1982).
- Ein altes Gesetz im US-Bundesstaat Kalifornien verbietet es, vor dem Partner beim Vorspiel einen Orgasmus zu haben (Lehmiller, 2014).
- In vielen, kulturell patriarchalisch und zumeist islamisch geprägten Ländern ist bei Mädchen die Verheiratung ab einem Alter von neun Jahren erlaubt.

Diese Beispiele zeigen, dass beim Sexualverhalten die soziale Norm kein Kriterium für abweichendes Sexualverhalten sein kann, da die sozialen Normen extrem unterschiedlich sind und häufig auch der medizinischen Norm entgegenstehen (so sind beispielsweise bei Mädchen im Teenageralter Komplikationen während der Schwangerschaft und bei der Geburt die Haupttodesursache; World Health Organisation, 2020; Odimegwu & Mkwananzi, 2016).

Auch das Merkmal *„unerwartetes Verhalten"* ist beim Sexualverhalten kein sinnvolles Kriterium, da die Erwartbarkeit von der jeweiligen sozialen Norm abhängt. Öffentlicher Oralsex während einer Vorlesung wäre „unerwartetes Verhalten", bei einer Sexparty hingegen nicht.

Als sinnvolle Merkmale eines abweichenden Sexualverhaltens bleiben somit nur die Kriterien *„Unfähigkeit oder Dysfunktion"* sowie *„persönliche Belastung"*. Die Unfähigkeit oder Dysfunktion spielt eine zentrale Rolle bei den sogenannten „sexuellen Funktionsstörungen". Hierzu gehören mit Bezug auf die Phasen der sexuellen Reaktion Appetenz-, Erregungs-, Orgasmus- und Satisfaktionsstörungen (Sigusch, 2005). Einige dieser „Störungen" sind jedoch entweder keine Belastungen oder sie sind dies nur in Bezug auf einen Partner (beispielsweise fehlendes oder gesteigertes sexuelles Verlangen). Das Erleben als Störung ist im Bereich des Sexuellen sehr subjektiv. Eine „Ejaculatio defizienz" muss beispielsweise keine Störung, sondern kann beim Erlernen des multiplen Orgasmus ein angestrebtes Ziel sein (siehe Kap. 4.1.2). Und eine erektile Dysfunktion kann unwichtig sein, wenn man nach dem SOK-Modell eine optimierte Alternative gefunden hat (siehe Kap. 6.5). Letztlich ist entscheidend, ob die jeweilige Unfähigkeit oder Dysfunktion für einen selbst oder für den Partner belastend ist, denn man sollte keine Dysfunktionen behandeln, unter denen niemand leidet (Buddeberg, 2005). Von daher hilft auch das Kriterium Unfähigkeit oder Dysfunktion nur beschränkt bei der Definition einer sexuellen Verhaltensauffälligkeit. *Es bleibt als Kriterium „persönliches Leid", wobei dieses noch durch das Kriterium des „Leids bei Anderen" ergänzt werden muss, da Sexualität zumeist in einem sozialen Kontext steht.*

10.1 Sexuelle Funktionsstörungen

Sexuelle Funktionsstörungen können als belastete Sexualität empfunden werden, wenn man selbst oder der Partner darunter leidet. Sie gehören seit den Forschungen von Masters und Johnson (siehe Kap. 2.6.2) zum „klassischen" Aufgabenbereich der Sexualberatung und Sexualtherapie. Das von ihnen entwickelte verhaltenstherapeutische Behandlungsprogramm beruht im Wesentlichen darauf, Erwartungsängste abzubauen und eine bereits erfolgte negative Konditionierung durch systematische Desensibilisierung wieder abzubauen, sodass sexuelle Erregung mit Entspannung und angenehmen Gefühlen verbunden ist und nicht mit Angst. Für die Wirksamkeit der Behandlung spielt es, anders als bei tiefenpsychologischen Ansätzen, keine Rolle, wodurch die negative Konditionierung entstanden ist. Vor einer Behandlung ist zu prüfen, ob es medizinische Gründe für die Funktionsstörung gibt und ob bei beiden Partnern ein Leidensdruck besteht. Die häufigsten Anlässe für eine Paartherapie sind „erektile Dysfunktion", „Vaginismus", „Dyspareunie" und „Ejaculatio praecox". Eine der ältesten Beschreibungen einer psychisch bedingten erektilen Dysfunktion findet man in beeindruckender Form in den Liebesgedichten „Amores" bei Ovid (16 v. Chr.):

> *„Ich hielt sie in meinen Armen, doch ich war schlaff (languidus) und zu nichts zu gebrauchen. Als schmachvolle Last lag ich im unbewegten Bett und konnte mich nicht, obwohl ich es wollte und sie nicht weniger, des sonst so hilfreichen Geschlechtsteils (inguinis) erfreuen. Zwar schlang mir um den Hals sie ihre Elfenbeinarme, weißer als sithonischer Schnee, steckte mir tief in den Mund die begehrlich ringende Zunge, legte ihr Bein verführerisch unter meins, wisperte zärtliche Worte, nannte mich ihren Gebieter (dominum) und sprach, was man sonst noch so spricht zur Erregung der Lust, doch mein Glied, wie vom frostigen Schierling berührt, ließ mich bei dem, was mir im Sinn war, schnöde im Stich. Schlaff lag ich da wie ein Klotz, eine nutzlose Last, halb Mensch von Fleisch und Blut, halb gespenstischer Schatten. […] Hinzu kam noch die Scham (pudor), und die Scham hat mir noch mehr geschadet. Welch wunderbare Frau war da vor meinen Augen? Und ich berührte sie so, wie sie sonst nur von ihrem Hemd berührt wird. Die Unglückliche, verdient hätte sie es, alles zu erregen, was lebt und Mann heißt, ich aber lebte gerade nicht und war kein Mann (vir). […] Und welche Freuden hab ich mir nicht ausgemalt im Stillen, welche Stellungen im Geiste nicht schon eingenommen? Dennoch lag mein Glied jämmerlich da, wie abgestorben (praemortua), schlaffer als die gestern gepflückte Rose. Und jetzt erhebt es sich wieder, findet zur Unzeit (intempestiva) zu alter Stärke und Gesundheit, jetzt verlangt es nach Arbeit und Soldatendienst. Schäm dich und bleib liegen, du schlechtestes Stück (pars pessima nostri) von mir. Du betrügst deinen Herrn (dominum). Auch war mein Mädchen sich nicht zu schade, ihn sanft in die Hand zu nehmen und ihn zu reizen (sollicitare). Doch als sie sah, dass keine ihrer Künste ihn zum Stehen bringen konnte, rief sie: ‚Was treibst du für ein Spiel (ludis) mit mir? Was zwang dich, Irrer, ohne es zu wollen, deine Glieder auf meinem Bett auszustrecken?'"*

Diese Beschreibung der psychisch bedingten erektilen Dysfunktion verdeutlicht sehr gut die problematischen kognitiven Rückkopplungsprozesse: das Gefühl der Schmach, der Scham und der Unmännlichkeit, die Wahrnehmung der Diskrepanz zwischen den geplanten Sexstellungen und der Realität sowie die Wahrnehmung der Enttäuschung der Partnerin. Da eine Alternative zum geplanten Vaginalsex nicht erwogen wird, bleiben nur Flucht und Selbsterniedrigung.

Unter *Vaginismus* versteht man „eine unwillkürliche und reflexartige Verkrampfung des äußeren Drittels der Scheide und der Beckenbodenmuskulatur" (Bräutigam & Clement, 1989, S. 86). Sie führt zu einer starken Verengung des Scheideneingangs, sodass der Penis, ein Finger oder ein Tampon nicht eingeführt werden kann. Der vaginistische Krampf erfolgt unwillkürlich und entgegengesetzt zur bewussten Absicht, wenn beispielsweise aufgrund eines Kinderwunsches das Eindringen des Penis gewünscht ist. Am häufigsten ist der primäre Vaginismus (Vaginalverkehr war noch nie möglich), seltener ist der sekundäre Vaginismus, der durch ein traumatisches Erlebnis ausgelöst werden kann. Der Vaginismus beeinträchtigt zumeist nicht die sexuelle Erregungs- oder Orgasmusfähigkeit.

Neben dem Vaginismus ist eine weitere sexuelle Funktionsstörung bei Frauen die *Dyspareunie/Algopareunie*, worunter man Schmerzen beim Geschlechtsverkehr versteht. Die Ursachen hierfür können somatisch, aber auch psychisch bedingt sein. Die Symptomatik verfestigt sich, wenn als Kompromiss dem Partner zuliebe Vaginalsex ohne Vorspiel im Schnelldurchgang erfolgt, wodurch der gesamte Bereich der Sexualität negativ besetzt wird (Reizgeneralisierung) (Buddeberg, 2005).

Von einem vorzeitigen Samenerguss *(„Ejaculatio praecox")* spricht man, wenn die Ejakulation ungewollt bereits vor dem Einführen des Penis in die Vagina oder während oder kurz nach dem Eindringen erfolgt. In einer internationalen Studie (Waldinger et al., 2005) mit einer jeweils selbst durchgeführten Stoppuhrmessung der Länge des Vaginalverkehrs (gemessen vom Eindringen bis zur Ejakulation) bei 500 Paaren ergab sich ein Medianwert von 5.4 Minuten, wobei dieser bei jüngeren Probanden (18–30 Jahre) bei 6.5 Minuten und bei älteren Probanden (älter als 51 Jahre) bei 4.3 Minuten lag. Die Spannweite reichte von 0.55 bis 44.1 Minuten. Bei diesen Werten ist zu berücksichtigen, dass ziemlich sicher das Wissen über die Messung die Probanden zum längeren Vaginalverkehr animiert hat. Obwohl aufgrund der erheblichen natürlichen Spannweite kein zeitlicher Wert genannt werden kann, ab wann Vaginalverkehr zu kurz ist, kann die reale oder gefühlte „Ejaculatio praecox" einen großen Einfluss auf die sexuelle Zufriedenheit sowie auf die Partnerschaft haben (Sigusch, 2005). Bemerkenswert ist, dass die „Ejaculatio praecox" nur bei Männern eine sexuelle Funktionsstörung ist, bei Frauen hingegen nicht. Eine schnelle sexuelle Reaktion ist beim Mann eine Manifestation der sexuellen Inkompetenz, bei der Frau hingegen der sexuellen Kompetenz. Problematisch an der Diagnose „Ejaculatio praecox" ist schließlich auch, dass die sehr schnelle Ejakulation evolutionär vermutlich angelegt ist. Die „Ejaculatio retarda" (verzögerte oder ausbleibende Ejakulation) ist nicht als sexuelle Funktionsstörung anzusehen, wenn sich Mann und Frau frei genug fühlen, den Vaginalverkehr zu beenden (Szasz, 1980). Die „Ejaculatio retrograda" (rückwärtige Ejakulation in die Samenblase) ist eine häufige medizinische Folge einer Prostataentfernung, wobei das Orgasmuserleben durch die Richtung der Ejakulation nicht beeinträchtigt wird (Buddeberg, 2005, S. 161).

Manchmal verfestigen sich sexuelle Funktionsstörungen, indem man sexuelle Situationen vermeidet, wodurch dann eine Entlastung („negative Verstärkung/Vermeidungslernen") erfolgt, aber auch keine korrigierende Erfahrung.

10.1.1 Therapie sexueller Funktionsstörungen

Die Psychotherapie sexueller Funktionsstörungen erfolgt prinzipiell im Paarsetting, da der Partner bei den therapeutischen Übungen benötigt wird und die Überwindung einer sexuellen Funktionsstörung auch die Partnerbeziehung verändert. Bei alleinstehenden Männern mit erektiler Dysfunktion oder Ejaculatio praecox, die auch wegen ihrer sexuellen Funktionsstörung keinen intimen Partner gewinnen konnten, arbeiteten Masters und Johnson zeitweise mit Surrogat-Partnerinnen, was umstritten, aber erfolgreich war. Vor einer therapeutischen Behandlung ist abzuklären, erstens ob überhaupt eine sexuelle Funktionsstörung (oder vielleicht nur eine Fehlinformation oder eine falsche Normerwartung) vorliegt, zweitens ob die Funktionsstörung nur Symptom eines verborgenen Partnerschaftskonflikts ist und drittens ob eine andere behandlungsbedürftige psychische oder somatische Erkrankung vorliegt. Bei einer erektilen Dysfunktion ist die Unterscheidung zwischen einer psychischen oder somatischen Erkrankung einfach: Bei einer psychisch bedingten erektilen Dysfunktion kommt es in den REM-Schlafphasen auch weiterhin zu Erektionen, was beispielsweise mit einem um den Penis gebundenen Briefmarkenstreifen überprüft werden kann, da dieser bei einer nächtlichen Erektion reißt. Zur Vermeidung von negativen Selbstverbalisationen, übersteigerten Selbstbeobachtungen, hohen Leistungserwartungen und Versagensängsten sind bei einer Paartherapie nach Masters und Johnson drei Grundregeln fundamental: Erstens das *Koitusverbot*, zweitens die Egoismusregel und drittens die Vetoregel. Das Koitusverbot soll verhindern, dass es zu weiteren negativen Erfahrungen kommt oder, falls ohnehin keine Koitusversuche gemacht werden, dass deshalb negative Gefühle entstehen. Leistungsorientiertheit, Versagens- und Erwartungsängste sollen vermieden werden und jeder Druck soll aus der Situation genommen werden. Verboten ist nicht nur der Koitus, sondern auch jede andere sexuelle Partneraktivität, die über die Programminhalte hinausgeht (z. B. genitales Petting; erlaubt ist die Selbstbefriedigung). Außerhalb der therapeutischen Übungen sind nur sexuelle Aktivitäten erlaubt, die auch aktuell im Übungsprogramm vorkommen. Wichtig ist zudem, dass jede Person für sich selbst verantwortlich ist und nur das tun oder zulassen soll, was ihm/ihr gefällt. Hieraus ergibt sich für die Interaktion des Paars zum einem die Egoismusregel und zum anderen die Vetoregel. Unter der *Egoismusregel* versteht man, dass jeder nur auf seine eigenen Impulse und Wahrnehmungen achtet und dabei davon ausgehen darf, dass den anderen die Handlungen nicht stören, falls er/sie dies nicht kundtut. Man ist also nicht für den anderen verantwortlich und kann sich auf die eigenen Empfindungen konzentrieren. Unter *Vetoregel* versteht man, dass jeder ausdrücken soll, wenn ihm/ihr eine sexuelle Handlung nicht gefällt, sodass dann der andere diese Handlung modifizieren oder beenden soll. Durch diese Regeln soll sichergestellt werden, dass jeder jeweils mit sich selbst in Kontakt bleibt.

Nach Einzelgesprächen und einem Paargespräch erfolgen die Partnerübungen in fünf Stufen: Sensate Focus I, Sensate Focus II, Sensate Focus III, „Quiet Vagina“ und „Erkundender Koitus“. „Sensate Focus“ bedeutet so viel wie Fokussierung auf die eigenen Sinne. Beim „Sensate Focus I“ soll zunächst der Rücken des Partners gestreichelt werden, danach sollen die Rollen getauscht werden; dann soll die Vorderseite des Partners gestreichelt werden, woran sich wiederum ein Rollentausch anschließt. Genitalien und Brüste müssen ausgespart werden, zudem soll das gleichzeitige gegenseitige Streicheln unterbleiben, damit man sich ganz auf die eigenen Empfindungen konzentrieren kann. In der Regel tritt bei dieser Übung keine sexuelle Erregung auf; falls sie aber doch auftritt, soll dies signalisiert werden und das Streicheln/Berühren soll modifiziert werden, damit die Erregung abklingt. In dieser ersten Phase der Behandlung geht es also vor allem um das Zulassen von Entspannung und um das Berühren des Körpers. Die Übungen sollen so lange fortgeführt werden, bis jeder mindestens gelegentlich das Streicheln als angenehm und entspannend erlebt (in der Regel sind drei bis vier begleitende Therapiesitzungen zum Durcharbeiten der Erfahrungen notwendig, sodass man für die Phase „Sensate Focus I“ von etwa drei bis vier Wochen ausgehen kann). „Sensate Focus II“ unterscheidet sich von „Sensate Focus I“ nur dadurch, dass die Brüste und Genitalien nicht ausgespart, sondern oberflächlich miteinbezogen werden, wobei es nur um Entspannung, nicht aber um sexuelle Erregung geht, die vermieden werden soll. Die Übung soll mit dem Streicheln „neutraler“ Körperteile beendet werden. Beim „Sensate Focus III“ können zwei unterschiedliche Phasen unterschieden werden: Zuerst geht es um ein erkundendes Streicheln, bei dem jeder Partner zunächst die eigenen Geschlechtsteile benennt, berührt und dabei erklärt, in welchen Bereichen man berührungssensibel ist und wo auch festere Berührungen angenehm sind. Danach soll jeder die Genitalien des Partners erkundend streicheln. In einer zweiten Phase soll mit dem Aufbau sexueller Erregung beim Partner gespielt werden, wobei zwischen intensiver Erregung und Entspannung abgewechselt werden soll. Das lineare Modell „Erregung – Steigerung der Erregung – Orgasmus“ soll überwunden werden. In der Phase „Quiet Vagina“ (ruhige Vagina) soll der Mann auf dem Rücken liegen und die Frau bei bestehender Erektion den Penis des Mannes in der Reiterstellung einführen, sich auf den Partner legen, sich jedoch nicht bewegen und den Penis nach spätestens zwei bis drei Minuten wieder ausführen, falls er nicht schon vorher herausgeglitten ist. Dies soll mehrmals wiederholt werden. Bei fehlender Erektion soll die Frau in derselben Position den Penis an ihre Genitalien legen oder ihre Genitalien mit dem Penis streicheln. Abschließend legen sich beide abwechselnd auf den Bauch und lassen sich auf der Rückseite streicheln. Auch diese Übung soll dazu dienen, Leistungsdruck abzubauen. In der letzten Therapiephase „Erkundender Koitus“ soll die Frau in der Reiterstellung mit verschiedenen Beckenbewegungen experimentieren (Hauch et al. 2013; Hoyndorf et al., 1995).

Je nach Funktionsstörung werden weitere Übungen in dieses Behandlungsschema eingebaut, nämlich das Trainieren des PC-Muskels nach Arnold Kegel (siehe Kap. 4.1.2), das Betrachten des eigenen nackten Körpers in einem großen Spiegel, das Betrachten und die erkundende Berührung des eigenen Genitalbereichs und des ganzen Körpers, die Selbststimulation und das Spiel mit der Erregung (Lange & Rethemeier, 2013; Kleber et al., 2013). Bei Ejaculatio praecox sollen Masturbationsübungen mit der Presstechnik/Squeeze-Technik (siehe Kap. 4.1.2) durchgeführt werden. Bei Vaginismus werden die dargestellten Übungen ergänzt durch Übungen mit Hegarstäben/Dilatoren (leicht gekrümmte abgerundete Stahlstäbe), wobei diese nach einer gedanklichen Vorbereitung und begleitender Entspannung mit der Hand aufgewärmt und mit aufgetragener Gleitcreme langsam in die Vagina eingeführt werden sollen, natürlich beginnend mit der geringsten Größe (Lange & Rethemeier, 2013).

Während diese von Masters und Johnson entwickelte Therapie sexueller Funktionsstörungen viele Jahre alternativlos war, lassen sich inzwischen nahezu alle sexuellen Funktionsstörungen auch medizinisch behandeln, nämlich medikamentös oder operativ. Da sexuelle Funktionsstörungen für die meisten Betroffenen peinlich sind und sich viele eine schnelle Behebung ihres Leidens wünschen, sind vor allem pharmakotherapeutische Lösungen sehr begehrt (Buddeberg, 2005). Auch psychisch bedingte sexuelle Funktionsstörungen lassen sich häufig pharmakotherapeutisch behandeln. Zum einen wirkt neben dem Medikament der Placeboeffekt, zum anderen führen Erfolgserlebnisse zu einem Abbau von negativen Konditionierungen. So wurde vor einigen Jahren entdeckt, dass Botox, ein Nervengift, das in der ästhetischen Medizin zur Faltenglättung verwendet wird, bei Injektion in die Vaginalmuskulatur als Mittel gegen Vaginismus wirkt, da es die Muskulatur lähmt, wodurch ein Scheidenkrampf unmöglich wird. Botox wirkt nur zwei bis sechs Monate, aber durch die Auflösung der erlernten Konditionierung (Eindringen mit dem Penis bedeutet Schmerz) ist es möglich, dass der Vaginismus auch beim Nachlassen der Botoxwirkung dann überwunden ist. Auch die „Ejaculatio praecox" lässt sich außer durch Sensate-Focus-Übungen, Kegel-Übungen und die Presstechnik/Squeeze-Technik durch bestimmte Antidepressiva behandeln, die die Nebenwirkung haben, die Ejakulation zu verzögern. Auch die organisch/operativ verursachte „Ejaculatio retrograda" lässt sich ebenfalls durch spezielle Antidepressiva behandeln (Sigusch, 2005). Zur Behandlung der erektilen Dysfunktion wurde das im Jahre 1996 entdeckte Medikament „Viagra" berühmt. Dieses hat die sexuellen Möglichkeiten für Männer im höheren Lebensalter stark verändert, sodass die Bedeutung von Viagra für Männer mit der Bedeutung der Antibaby-Pille für Frauen verglichen worden ist. Hervorzuheben sind die gute Wirksamkeit (vor allem auch bei psychisch bedingten Erektionsstörungen) und die vergleichsweise geringen und zumeist unproblematischen Nebenwirkungen. Generika und andere Präparate wie „Levitra", „Cialis" und „Spedra" werden inzwischen ebenfalls häufig eingesetzt, wobei die regelmäßige Verwendung stark von der ärztlichen Beratung und dem Einbezug der Partnerin abhängt (Buddeberg, 2005; Sigusch, 2005). Andere einigermaßen vertretbare medizinische Möglichkeiten zur Behandlung der erektilen Dysfunktion sind die Schwellkörperautoinjektionstherapie, Vakuumpumpen und das Aphrodisiakum Yohimbin (Lehmiller, 2014; Schneider et al., 2003; Sigusch, 2005; Sperling et al., 2005). Eine Behandlung mit Sexualhormonen zur Behandlung der erektilen Dysfunktion sollte unterbleiben, da hierdurch eventuell die Lust auf Sex zunimmt, die erektile Dysfunktion aber bleibt, sodass die Belastung des Patienten steigt. Auch eine reine Placeboverordnung ist kritisch zu sehen (Buddeberg, 2005). Während eine wirksame medizinische Behandlung bedeuten kann, dass die psychische Problematik damit ebenfalls überwunden ist, kann umgekehrt eine medizinisch verursachte sexuelle Funktionsstörung auch eine psychische Problematik verursachen. Die psychische Problematik kann dann die sexuelle Funktionsstörung aufrechterhalten, auch wenn die medizinischen Ursachen beseitigt sind (Sigusch, 2005). Bei organisch bedingten sexuellen Funktionsstörungen sind die angeführten medizinischen Interventionen oft sehr hilfreich. Im Sinne des Modells der selektiven Optimierung mit Kompensation (Baltes & Baltes, 1989) ist es aber auch wichtig zu begreifen, dass guter Sex etwas anderes sein kann als Vaginalsex (siehe Kap. 6.5). Bei psychisch bedingten sexuellen Funktionsstörungen sind die medizinischen Interventionen vergleichsweise schnell und bequem. Problematisch ist aber, dass man die Überwindung der psychischen Störung dann nicht dem eigenen Bemühen zu verdanken hat und dass mit dem Erfolg der pharmakotherapeutischen Behandlung die Motivation für die Ausweitung der eigenen sexuellen Kompetenzen sinkt.

10.2 Paraphilien

Was ist im Bereich der menschlichen Sexualität normal, unnatürlich, verwerflich, abstoßend, verachtenswert, krank, behandlungsbedürftig oder auszusperren? Der Begriff „Paraphilie“ („abseitige Vorlieben“) ersetzt seit einigen Jahrzehnten den früheren Begriff „Perversion“ (lateinisch „perversus“ = verdreht, verkehrt), wobei zur Perversion früher auch die Homosexualität gehörte (Fiedler, 2004). Ähnlich wie Krafft-Ebing (1886/1997) kommen heutige Autoren auf sehr lange Paraphilie-Listen (über 500 Varianten) (Aggrawal, 2009). Man kann unterscheiden zwischen Paraphilien, die nur eventuell bei dem Betroffenen Stress verursachen (beispielsweise, weil man keinen Partner findet, der diese Vorliebe teilt oder toleriert), und Paraphilien, durch die anderen Personen Leid zugefügt wird und die deshalb kriminell sind. Zur ersten Gruppe gehören die Paraphilien „Fetischismus“, „transvestitischer Fetischismus“, „Sadomasochismus“, „Urophilie/Urolagnie“ und „Koprophilie“. Häufig gibt es bei diesen Vorlieben zunächst keine Übereinstimmung mit dem Sexualpartner, aber eine Bereitschaft zum Entgegenkommen und zum Lernen, aus der jeweiligen Variante einen Lustgewinn zu ziehen (menschliche Sexualität als Kulturphänomen).

Behandlungswünsche können entstehen, wenn jemand seine Lebensmöglichkeiten als zu eingeschränkt betrachtet. Das folgende (etwas ältere) Fallbeispiel veranschaulicht, dass die durch eine erfolgreiche Behandlung erreichte „Durchschnittssexualität" nicht immer mit dem sexuellen Glück identisch ist:

Eine 36-jährige allein lebende Professorin erlebt Orgasmen nur, wenn sie von einer Frau mit einem Stock geschlagen wird. Zur Umsetzung dieses Settings engagiert sie regelmäßig Prostituierte. Da sie erstens einen Kinderwunsch hat und zweitens große Angst hat, dass eine von ihr engagierte Prostituierte eine ihrer Studentinnen sein und ihre „Perversion" offenlegen könnte, entschließt sie sich zu einer psychoanalytischen Behandlung. In der Psychoanalyse gelingt es, eine Urszene aufzudecken, nämlich die Lustgefühle bei der körperlichen Bestrafung durch eine verehrte Nonne beim Besuch des Klosterinternats. Nach einer Empfehlung, es mit einem Mann einmal kurzfristig zu versuchen, entsteht daraus ungeplant eine langfristige Beziehung, die in eine Ehe einmündet. Der Kinderwunsch erfüllt sich. Nach vielen Jahren trifft sie zufällig ihren Analytiker. Auf die Frage, ob sie jetzt glücklich sei, antwortet sie: „Ja, aber der Glanz meines Lebens ist verschwunden".

Offenbar war der ausgelebte Masochismus eine geschätzte Besonderheit in ihrem Leben. Für diese Professorin wäre heute auch eine andere Lösung ohne Behandlung denkbar: Sie würde ihren Masochismus genießen, hätte keine Angst vor der Entdeckung, könnte sich bei Bedarf „outen" und der Kinderwunsch ließe sich durch eine Samenspende oder einen toleranten Partner realisieren.

In seinem Bestseller-Ratgeber „The Joy of Sex. A Gourmet Guide of Love Making" bewirbt Alex Comfort unter der Überschrift „Pickles and Sauces" sexuelle Variationen, die nicht einmal neunzig Jahre zuvor als abscheuliche Perversionen betrachtet wurden. Comfort (1972/1981) postuliert: „Wenn man sich weigert, irgendeine andere als die Missionarsstellung einzunehmen, so ist das ebenso ein Fetisch wie wenn man nur beim Tragen eines Taucherhelms potent ist. Zum normalen Sex gehören bevorzugte Gelüste und Mannigfaltigkeit" (S. 224). Anders als in anderen Lebensbereichen gibt es im Bereich der Sexualität eine Neigung zur ausschließenden Normierung. Während die bizarre Welt der Briefmarkensammler, Comicsammler, Kleintierzüchter, Motorradfreunde, Dampflokfreunde, Schützenfreunde etc. als immaterielles Kulturerbe angesehen wird, wird die bizarre Welt des Sexualverhaltens oft pathologisiert. Die Einordnung der einvernehmlichen sexuellen Variationen Fetischismus, transvestitischer Fetischismus und Sadomasochismus als behandlungsbedürftige Störungen in DSM V und ICD 10 wurde wiederholt nicht nur von Interessenverbänden, sondern auch von Fachleuten infrage gestellt (Moser, 2019; Moser & Kleinplatz,

2006; Reiersøl & Skeid, 2006). Diese Kritik trug dazu bei, dass im ICD 11 diese einvernehmlichen sexuellen Variationen nicht mehr aufgeführt werden.

Als paraphile Störungen werden im ICD 11 (gültig ab 2022) nun Exhibitionismus, Frotteurismus, Voyeurismus, sexueller Sadismus (jeweils nur bei fehlender Einvernehmlichkeit), andere nichteinvernehmliche paraphile Störungen (z.B. Sex mit Leichen oder Tieren) sowie Pädophilie aufgeführt. Bei der Beschreibung aller Paraphilien wird ganz im Sinne der Konsensmoral (siehe Kap. 9.2) explizit aufgeführt, dass einvernehmlicher Exhibitionismus, einvernehmlicher Voyeurismus, einvernehmlicher Sadismus und Masochismus sowie einvernehmlicher Frotteurismus keine Paraphilien sind. Bei der Pädophilie hingegen spielt die Einvernehmlichkeit keine Rolle, was damit zu tun hat, dass Kinder die Tragweite einer sexuellen Beziehung mit einem Erwachsenen nicht einschätzen können.

Von *Exhibitionismus* redet man nicht, wenn politische Motive (z.B. nackte Brüste bei den Femen-Aktivistinnen; nackter Körper bei Ärzten als Protest gegen den Mangel an Covid-19-Schutzmaterial), Aufmerksamkeitsmotive (Flitzer auf Fußballfeldern), Mutproben oder Lebenshaltungen (Nacktwandern oder Nacktradeln in der Gruppe) im Mittelpunkt stehen. Strafrechtlich gibt es in Deutschland Exhibitionismus nur bei Männern, was angesichts des Gleichheitsgrundsatzes eine Besonderheit im Strafrecht ist und damit erklärt wird, dass weiblicher Exhibitionismus keine negativen Auswirkungen habe. Exhibitionisten geht es um die sexuelle Erregung durch die schockierte Reaktion von Fremden. Exhibitionismus wird in Deutschland verfolgt, wenn nicht nur die Geschlechtsteile entblößt werden, sondern sich auch jemand hierdurch beeinträchtigt und belästigt fühlt und der Täter hierbei eine sexuelle Motivation hat, wobei der Strafrahmen bei Handlungen gegenüber Minderjährigen höher liegt. In einer US-Studierendenbefragung gaben 40% der Studentinnen und 12% der Studenten an, dass sie mindestens einmal einen Exhibitionisten erlebten. In etwa der Hälfte der Fälle masturbierte der Exhibitionist. Nur 9% der Befragten meldeten den Vorfall der Polizei (Clark et al., 2016). In Strafverfahren angeklagte Exhibitionisten sind zumeist vielfache Wiederholungstäter (auch andere Strafdelikte) mit gering ausgeprägter sozialer Kompetenz, was der Hintergrund dafür sein kann, dass eine normale sexuelle Beziehung nicht gelingt (Lehmiller, 2014). Das sehr häufige Versenden von nichtverlangten Penisbildern könnte als moderne milde Form des Exhibitionismus angesehen werden.

Ähnlich wie der Exhibitionismus steht auch der *Frotteurismus* für die Unfähigkeit, in kulturell üblicher Weise in aufeinanderfolgenden Schritten mit einem Sexualpartner in Kontakt zu kommen (Begegnung, nichttaktile Interaktion, taktile Interaktion, genitale Vereinigung). Unter Frotteurismus versteht man das nichteinvernehmliche Sich-Reiben an Po, Brust oder Oberschenkel einer fremden Person, wobei die Überfüllung in Verkehrsmitteln oder in sonstigen Menschenansammlungen ausgenutzt wird. In der Befragung von Clark et al.

(2016) gaben 24% der Studentinnen und 7% der Studenten an, dass sie mindestens einmal in ihrem Leben Opfer von Frotteurismus waren. Im Unterschied zum Exhibitionismus kommt es beim Frotteurismus nahezu nie zu einem Strafverfahren.

Unter *Voyeurismus* versteht man das Betrachten von sexuellen Handlungen oder von nackten oder sich entkleidenden Personen, die nicht wissen, dass sie beobachtet werden. Voyeurismus ist eine weit verbreitete Neigung, die evolutionär angelegt sein dürfte. In einer Studie gaben 83% der befragten Studenten und 74% der Studentinnen an, dass sie eine sehr attraktive Person beim Entkleiden betrachten würden, wenn die Wahrscheinlichkeit, dabei entdeckt zu werden, gleich Null wäre. Wenn diese attraktive Person nun beginnen würde, Sex mit einer anderen attraktiven Person zu haben, würden 70% der Studenten und 40% der Studentinnen zusehen, wenn es keine Gefahr der Entdeckung gäbe. Wenn die Gefahr der Entdeckung stieg, sank die Absicht zuzusehen. Rye und Meaney (2007) veröffentlichten deshalb ihre Ergebnisse unter dem Titel: „Voyeurismus ist gut, solange wir nicht erwischt werden". In Deutschland wird das „reine" Zusehen juristisch kaum verfolgt, wohl aber das heimliche Fotografieren oder Filmen, wobei die Strafen hier hoch sind. Während verurteilte Exhibitionisten nahezu ausschließlich sozial gescheiterte Männer sind, findet man unter verurteilten Voyeuristen auch erfolgreiche und sozial unauffällige Männer (z. B. Ärzte).

Zu den nichteinvernehmlichen Paraphilien gehören zudem der nichteinvernehmliche sexuelle Sadismus, die Nekrophilie und die Zoophilie/Sodomie. Der *nichteinvernehmliche (periculäre) sexuelle Sadismus* zeichnet sich durch Zwanghaftigkeit und geringe Steuerungsfähigkeit aus. Zwischenmenschliche Nähe, Verbundenheit und Sympathie werden nicht gesucht, sondern es geht darum, den Willen zu brechen, dem Opfer dauerhaft Schaden zuzufügen und es eventuell auch zu töten. Typisch für solche Täter ist, dass Intimität vermieden und durch Macht ersetzt wird. Sexuell sadistische Serienmörder gab es in allen Zeiten und Kulturen. Besonders gefährlich sind erfolglos narzisstische Psychopathen, die durch sadistische sexuelle Fantasien und Handlungen ihre Machtlosigkeit kompensieren (Benecke, 2018; Fiedler, 2004). Während beim nichteinvernehmlichen Sadismus der Wille des Opfers gebrochen werden soll, lieben Nekrophile, dass es bei einer Leiche keinen Widerstand gibt. *Nekrophilie* ist sehr selten und kommt in verschiedenen Varianten vor, angefangen von den Rollenspielnekrophilen, die jemanden benötigen, der/die eine/n Tote/n spielt, bis hin zu den Nekrophilen, die jemanden töten, um Sex mit der Leiche zu haben. Zu den nichteinvernehmlichen Paraphilien gehört auch die *Zoophilie/Sodomie,* wobei manche zoophile Menschen behaupten, dass man das Einverständnis der Tiere erkennen könne. Die Zoophilie/Sodomie wird ziemlich häufig in der Kunst dargestellt und juristisch weltweit unterschiedlich beurteilt. In Deutschland war die Zoophilie/Sodomie zwischen den Jahren 1969 und 2013 erlaubt. Die Aufrechterhaltung von Zoophilie/Sodomie lässt sich am besten mit der Theorie der operanten Konditionierung erklären (Lehmiller, 2014).

Zu den Paraphilien gehört auch die vergleichsweise häufige *Pädophilie.* Man nimmt an, dass 1 bis 2 % aller Männer ein sexuelles Interesse an Kindern haben, wobei es auch pädophile Frauen gibt (Elliott, 1995). Der Begriff *Pädophilie* bezieht sich eigentlich nur auf das sexuelle Interesse an vorpubertären Kindern. Dieses Interesse erlischt, wenn das Kind in der Pubertät ist oder diese abgeschlossen hat. Der Begriff *Pädophilie* wird häufig auch für das sexuelle Interesse an Pubertierenden (= Hebephilie) sowie an postpubertären Jugendlichen (= Parthenophilie/Ephebophilie) verwendet. Sowohl die Hebephilie als auch die Parthenophilie/Ephebophilie wurden nach kontroverser Debatte nicht als Paraphilie im DSM V oder ICD 11 aufgenommen, da eine grundsätzliche sexuelle Ansprechbarkeit für pubertierende und postpubertäre Mädchen bei Männern weit verbreitet, biologisch erwartbar, möglicherweise evolutionär angelegt und in vielen früheren Kulturen weit verbreitet gewesen sei (und in einigen Kulturen noch heute anzufinden ist).

Nicht jeder Mensch mit einer pädophilen sexuellen Orientierung sucht sexuellen Kontakt zu Kindern, und umgekehrt hat nicht jeder, der Kinder sexuell missbraucht, eine pädophile sexuelle Orientierung. Sexueller Missbrauch von Kindern erfolgt manchmal nur deshalb, weil Kinder in abhängiger Position als leichte Opfer erscheinen und der Täter einen ungehinderten Zugang zu ihnen hat. Eine pädophile sexuelle Orientierung ist als solche keine Straftat. Repräsentative Erhebungen zur Pädophilie gibt es nicht, da eine valide Stichprobenerhebung nicht möglich ist: Entweder bezieht man sich auf straffällig gewordene Pädophile oder man versucht im Schneeballsystem, über den Kontakt zu Pädophilen andere mit gleicher sexueller Orientierung für die Forschung zu gewinnen. Pädophile Männer interessieren sich in der Regel ausschließlich entweder für Jungen (vermutlich der größte Anteil) oder für Mädchen. Sexuelle Erfahrungen mit Erwachsenen wurden zumeist ausprobiert oder bestehen zur Wahrung der sozialen Fassade fort. Typischerweise empfinden beispielsweise pädophile „Knabenliebhaber“ eine regelrechte Abscheu vor erwachsenen Männern als möglichen Sexualobjekten. Pädophile Lust verursacht der Charakter (viele würden selbst gerne wieder Kind sein) und der Körper des Kindes, wobei die Fantasie über die Weiterentwicklung des reifenden Körpers als besonders erregend erlebt wird (Lautmann, 1994). Die sexuelle Beziehung ist asymmetrisch, was bedeutet, dass das Kind sich zwar berühren lässt und sexuelle Handlungen erduldet, selbst aber kein Interesse am Körper des erwachsenen Pädophilen hat, was angesichts des Körpers älterer Männer aus Kinder- und Jugendlichenperspektive nicht verwunderlich ist. Typisch ist ein extremes Machtgefälle, wegen des Altersunterschieds, der finanziellen und bildungsbezogenen Überlegenheit des Pädophilen, wegen des planvollen Vorgehens und weil oft mehrere Kinder gleichzeitig gebunden und in Konkurrenz gehalten werden. Pädophile suchen gezielt nach besonders bedürftigen und vernachlässigten Kindern und bauen zunächst ein besonderes Vertrauensverhältnis auf. Dieser Abhängigkeitsfalle können sich Kinder aus eigener Kraft schlecht entziehen (Sigusch, 2005). Beim Beginn des intimen Kontakts wird häufig „Sexualaufklärung" behauptet und die kindliche Neugier geweckt und ausgenutzt. In der Autobiografie von Schult (1978/2006) wird deutlich, dass die pädophile Beziehung (bei ihm hebephile Beziehung) in erster Linie eine Art Tauschgeschäft mit einer hohen Fluktuation der Sexualpartner ist: Sex gegen Zuwendung, Betreuung, Förderung sowie materielle Geschenke. In der linksalternativen Kommune Dachsberg in Kamp-Lintford tauschte das Vorstandsmitglied der Grünen, Hermann Meer, Zigaretten, Süßigkeiten, Bargeld und Pornohefte gegen genitales Petting und Oralsex. Gleichzeitig wurde den Kommune-Kindern eingeredet, dass sie selbst entscheiden könnten und alles freiwillig sei (Peters, 2013). Unumwunden stellte auch der Gymnasiallehrer, Fotograf, Naturalist und Kanuwanderführer Hajo Ortil (1981) sein Vorgehen dar: Wenn man Jungen anwerben wolle, müsse man Mädchen mit in die Gruppe aufnehmen, denn eine gemischtgeschlechtliche Gruppe schütze einen vor Verdächtigungen durch die Eltern und eine Jugend-Nudistengruppe schütze einen vor Verdächtigungen durch die Polizei. Durch die von ihm geleiteten Kanufreizeiten habe er den Kindern einen aufregenden kostengünstigen Urlaub angeboten. Die Jungen wollten dazugehören und eine Übernachtung im Zelt des Leiters sei für sie eine große Ehre gewesen. Im Alter von 77 Jahren gab Ortil (1981) eine Lebenszeitprävalenz von 800 sexuellen Beziehungen mit Jungen an. Außerhalb der Ferienfreizeiten stellte er die Eltern der Jungen durch die kostenlose Betreuung der Hausaufgaben, die besondere schulische Förderung sowie durch die Betreuung der Jungen am Sonntagvormittag zufrieden. Von nahezu allen pädophilen Männern wird ein positiver Erziehungseinfluss behauptet, selbst dann, wenn durch die Prostitutions-, Drogen- und Kriminalitätskarrieren der früheren „Liebesobjekte" eigentlich das Gegenteil erkennbar wäre (siehe in Schult, 1978/2006). Zur Asymmetrie der pädophilen Beziehung gehört auch, dass es ziemlich oft vorkommt, dass der Pädophile von einem seiner Opfer erpresst wird (Geschenke, Vergünstigungen einfordern), da man sonst zur Polizei gehen werde (Riedo, 2015; in literarischer Form Nabokov, 1959). Traumatisch wird von den Kindern/Jugendlichen oft auch das Ende der pädophilen Beziehung erlebt, wenn das Interesse wegen der Reifung des Körpers der Kinder schwindet. So beendete ein pädophiler Mann, nachdem er mit einem zwölfjährigen Mädchen in der linksalternativen Kommune eine Beziehung begonnen hatte, diese nach drei Jahren abrupt und gefühllos mit den Worten: „Jetzt bist du zu alt, was soll ich mit dir?" (Peters, 2013).

Als Ursachen einer pädophilen sexuellen Orientierung wurden in der früheren Forschung vor allem eigene Missbrauchserfahrungen in der Kindheit genannt (Enders, 1990). In neuerer Zeit werden Befunde diskutiert, die für eine neurologische Prägung sprechen (Lehmiller, 2014). Ein aufsehenerregender Fall war in den USA der eines 40-jährigen Mannes, der plötzlich pädophil wurde, wobei die Ursache ein eigroßer Gehirntumor in der rechten vorderen Großhirnrinde war. Nach der Tumorentfernung verschwand die Pädophilie. Sieben Monate nach der Operation tauchte die Pädophilie jedoch wieder auf, wobei auch der Tumor wieder gewachsen war. Nach einer erneuten Tumorentfernung verschwand wieder die pädophile sexuelle Orientierung (Burns & Swerdlow, 2003). Eine neuere Studie (Ponseti et al., 2018) zeigte, dass die Gehirnregion, die Brutpflegeverhalten auslöst, bei pädophilen Männern stärker reagierte (bei der Präsentation von Jungtierbildern) als in einer nichtpädophilen Kontrollgruppe. Dies könnte erklären, warum Pädophile sich sehr häufig für pädagogische Berufe interessieren (wenn man nicht unterstellen will, dass dies nur mit Missbrauchsabsicht geschieht). Insgesamt ist der Forschungsstand hinsichtlich der Ursachen der Pädophilie unbefriedigend.

Die Darstellung der verschiedenen Paraphilien wäre unvollständig, wenn nicht auch die Folgen sexueller Gewalt benannt würden. Sexuellen Missbrauch gibt es sowohl im Kontext der Pädophilie als auch durch sexuelle Teenagerübergriffe aus Gelegenheit und Neugier, durch innerfamiliären Inzest, durch enthemmte Männer (durch Altersabbau oder durch Alkohol) sowie durch andere Erwachsene, oft entferntere Bekannte. Diese Täter suchen nicht bevorzugt Kinder als Sexualobjekte, sondern missbrauchen Kinder wegen der leichteren Zugänglichkeit. Insgesamt ergibt sich bei sexuellem Missbrauch ein sehr differentes Täterbild. Außerhalb der Pädophilie sind Mädchen viel häufiger Opfer als Jungen. Langfristige Folgen sexuellen Missbrauchs können Alkohol- und Drogenmissbrauch, Lernstörungen, die Posttraumatische Belastungsstörung, Schuldgefühle, Suizidversuche sowie sexuelle Störungen sein. Seit vielen Jahrzehnten besteht die skandalöse Situation, dass für Straftäter eine Psychotherapie staatlich organisiert und finanziert wird, während Opfer sich selbst um eine psychotherapeutische Behandlung kümmern müssen (Sigusch, 2005). Ähnlich ist die Situation bei Erwachsenen, die Opfer sexueller Angriffe oder von Vergewaltigungen wurden. Insbesondere nach Vergewaltigungen ist die Sexualität mit dem Partner oft stark beeinträchtigt. Typische Vergewaltigungsfolgen sind Flashbacks, Albträume, extreme Wachsamkeit, soziale Isolierung, Schlaflosigkeit und im sexuellen Bereich Vaginismus, Dyspareunie und die erektile Dysfunktion (Lehmiller, 2014).

10.2.1 Therapie von Paraphilien

Die Therapie von Paraphilien ist grundsätzlich schwierig, insbesondere auch deshalb, weil oft nur eine extrinsische Therapiemotivation besteht (Vermeidung oder Verkürzung eines Gefängnisaufenthalts). Medizinisch wurde früher häufig die chirurgische Kastration durchgeführt, die jedoch ethisch problematisch und insbesondere bei gewaltbereiten Tätern oft nicht hilfreich ist. Die chemische Kastration (Blockierung der Testosteronproduktion) ist mit dem Nachteil verbunden, dass sie von den meisten Sexualstraftätern nicht fortgesetzt wird; zudem gilt auch sie als ethisch bedenklich. Ein neuerer pharmakotherapeutischer Ansatz ist die Verabreichung von Antidepressiva (Lehmiller, 2014).

Verhaltenstherapeutisch wurde bei allen Paraphilien vornehmlich mit der Umkonditionierung gearbeitet. Bei der *umgelenkten Masturbation* sollen die Patienten von den erregenden paraphilen Gedanken (z. B. Beobachtung der sich entkleidenden Nachbarin) zu einer sozial angemessenen Fantasie wechseln. Gearbeitet wird auch mit der *Gegenkonditionierung*. Hierbei sollen die erregenden paraphilen Gedanken verbunden werden mit unangenehmen Reizen wie abschreckende Fotografien, unangenehme Gerüche oder Kopfschmerzen (durch Tabletten ausgelöst). Ein weiterer Ansatz ist die *Technik der masturbatorischen Sättigung*. Hierbei soll zuerst zu einer nichtparaphilen Fantasie bis zum Orgasmus masturbiert werden und danach soll unmittelbar in der Rückbildungsphase zur paraphilen Fantasie masturbiert werden, was aufgrund der Rückbildungsphase dann nicht gut gelingt. Ein weiterer psychotherapeutischer Ansatz ist die Verbesserung der sozialen Kompetenz mit dem Ziel, auf sozial verträgliche Weise in Kontakt mit Frauen (oder Männern) zu kommen und dabei auch mit Ablehnungen umgehen zu können.

Metaanalysen zeigen, dass bei etwa 1/3 der Patienten mit Paraphilien ein Behandlungserfolg erzielt werden kann, wobei sich beispielsweise der Exhibitionismus erfolgreicher behandeln lässt als die Pädophilie (Lehmiller, 2014). In einer Übersichtsarbeit konnten Franqué und Briken (2016) 17 Studien zum Versuch einer verhaltenstherapeutischen Umpolung pädophiler Interessen identifizieren. Es ließen sich vier Ansätze unterscheiden: Bei der *gelenkten Masturbation* sollten die Patienten ausschließlich zu nichtpädophilen Inhalten bis zum Orgasmus masturbieren (1), bei der *Technik der thematischen Verschiebung* sollten die Patienten mit pädophilen Fantasien beginnen und bei stärkerer Erregung zu nichtpädophilen Inhalten wechseln (2), bei der *Technik des Fantasiewechsels* sollten die Patienten abwechselnd zu pädophilen und nichtpädophilen Inhalten masturbieren (3) und bei der *Technik der masturbatorischen Sättigung* sollten die Patienten in der Rückbildungsphase masturbierend ihre erregendste pädophile Fantasie laut aussprechen (4). Von den betrachteten 17 Behandlungsstudien erwiesen sich 7 als erfolgreich und 3 als erfolglos. Es könnte sinnvoll sein, bei der Pädophilie wenigstens den Versuch einer Umpolung zu machen. Langfristige Daten über den Erfolg von Umpolungstherapien fehlen. Wenn man Pädophilie ähnlich wie Homosexualität als eine feste angeborene sexuelle Orientierung ansieht, könnte es effektiver sein, in der Therapie auf die Selbstregulation zu fokussieren anstatt auf die sexuelle Präferenz (Beier et al., 2001; Seto, 2012). Im Präventionsprojekt „Dunkelfeld“ werden die Therapieziele Verhaltenskontrolle (Entwicklung eines Repertoires an Kontrollstrategien), Erhöhung der Empathie mit den Opfern, Reduktion missbrauchsbegünstigender Einstellungen, Abbau von Rechtfertigungsstrategien („keines meiner Opfer hat einen Schaden erlitten"), Verantwortungsübernahme für das eigene Verhalten und die Auseinandersetzung mit der biografischen Entwicklung verfolgt (Scherner et al., 2015). Ein anderer möglicher Ansatz wäre der Einsatz von Kinder-Sexpuppen als ein ähnliches Mittel wie Methadon für Heroinabhängige. Bisher fehlen empirische Studien, in denen unter therapeutischer Kontrolle geprüft wird, ob Kinder-Sexpuppen sexuellen Kindesmissbrauch vermindern oder im Gegenteil fördern. Das Fehlen von Studien hat auch damit zu tun, dass in Bezug auf die Pädophilie, aus allerdings verständlichen Gründen, die „erregte Aufklärung" vorherrschend und wissenschaftliches Denken rar ist.

10.3 Sexualberatung

In einem normalen Beratungsgespräch erwarten die Ratsuchenden üblicherweise, dass der Themenbereich „Sexualität" von der professionellen Seite aus angesprochen wird. Dies hängt damit zusammen, dass der Bereich der Sexualität immer noch tabuisiert ist. Anders ist die Situation in auf Sexualität spezialisierten Beratungsstellen wie beispielsweise Pro Familia. In den meisten Fällen kostet es Ratsuchenden Überwindung, sexuelle Themen anzusprechen. Oft erfolgt dies in einer kryptischen Formulierung („Es klappt nicht mehr"; Buddenberg, 2005, S. 89).

In der Sexualberatung sind dieselben Haltungen wichtig wie in jeder Beratung, das heißt Empathie, Akzeptanz, Kongruenz und in der Paarberatung Neutralität. *Einfühlendes Verstehen (= Empathie)* bedeutet in der Sexualberatung, dass man die sprachlichen und emotionalen Hemmungen im Bereich der Sexualität ernst nimmt. Ein Einstieg könnte beispielsweise so erfolgen: „Ich frage mich gerade, ob es hilfreich wäre und ein Anliegen ist, den Bereich der Sexualität anzusprechen". Dies ermöglicht es dem/der Ratsuchenden, den Vorschlag anzunehmen oder abzulehnen. Einfühlendes Verstehen bedeutet auch, dass man den Ratsuchenden nicht in allen Details ausfragt, da man dann die aktive Expertenrolle einnehmen und den Ratsuchenden in die passive Rolle des „Fragenbeantworters" drängen würde. Zur Empathie gehört auch, dass der Berater/die Beraterin die jeweils bevorzugte Sexualsprache (siehe Kap. 1.3) erkennt und diese aufnimmt (Buddeberg, 2005). Heikle Themen wie Selbstbefriedigung, außereheliche Beziehungen, Homosexualität, Prostitutionsbesuche etc. sollten vorsichtig angesprochen werden, indem man zunächst die allgemeine Einstellung hierzu und erst danach das konkrete Verhalten erfragt. Bei der Exploration des Sexualverhaltens ist es sinnvoll, von der letzten sexuellen Interaktion auszugehen und diese zu erörtern, anstatt allgemein über das sexuelle

Verhalten zu reden. *Akzeptanz* bedeutet in der Sexualberatung, dass jeder Ratsuchende als Person wertgeschätzt werden muss, und zwar unabhängig von seinem (eventuell störenden) Sexualverhalten. Der Berater/die Beraterin darf nicht vom eigenen Sexualverhalten oder von der statistischen oder sozialen Norm als Bezugsrahmen ausgehen. *Kongruenz* bedeutet in der Sexualberatung, dass man die eigenen persönlichen und fachlichen Begrenzungen erkennt und reflektiert (im Beratungsgespräch oder in der externen Supervision). Kongruenz bedeutet weiter, dass man sich nicht von eigenen emotionalen oder sexuellen Motiven leiten lässt und dass man solche Motive erkennt. Zudem darf man sich nicht von Sensationslust und voyeuristischen Motiven leiten lassen.

Grundsätzlich sollte der Berater/die Beraterin nach Möglichkeit dasselbe Geschlecht haben wie der/die Ratsuchende, da das Sprechen über Sexualität leichter fällt, wenn der Gesprächspartner dasselbe Geschlecht hat. Sexualberatung bedeutet oft Paarberatung, da bei sexuellen Belastungen fast immer beide Partner betroffen sind. Die Paarberatung sollte durch zwei Personen erfolgen, und zwar durch einen Berater und eine Beraterin. Dabei sollte der Berater eher den Klienten und die Beraterin eher die Klientin stützen, sodass sich jeder Partner in der Beratung gut aufgehoben fühlen kann. Wichtig ist der Blick auf das System eines Paars. So bedeutet die sexuelle Funktionsstörung eines Partners für den anderen auch eine Entlastung, da der symptomfreie Partner der „stärkere“ Partner ist und sich den eigenen Ängsten nicht stellen muss. Man spricht deshalb auch von einem „Symptomträger“ und einem „Symptompfleger“. Manchmal sind die Vorteile des Symptoms für jeden Partner so groß, dass es „wie ein gemeinsam gezeugtes Kind gehegt und gepflegt“ (Buddeberg, 2005, S. 94) wird. Wenn das Symptom durch die Beratung verschwindet, ändert sich auch die Paarkonstellation, was nicht selten zu Abwehrhandlungen des bisher alleinigen symptomfreien Partners/des „Symptompflegers“ führt (Buddeberg, 2005; Sigusch, 2005). Wichtig in der Paarberatung ist das *Prinzip der Neutralität.* Grundsätzlich ist zu erwarten, dass jeder mit der Erwartung kommt, dass in der Sexualberatung der/die „Schuldige“ gesucht und gefunden wird, sodass die Beratung einer Gerichtsverhandlung gleicht. Dies führt dann dazu, dass jeder mit Vorsicht in die Beratung geht, da man nicht am Ende „dumm“ dastehen will. In der Beratung ist deutlich zu machen, dass es nicht um Schuld oder Unschuld geht, sondern um eine Analyse der aktuellen Beiträge jedes Partners zur sexuellen Belastung. Der Berater darf sich in der Paarberatung niemals als besserer Partner und die Beraterin niemals als bessere Partnerin darstellen. Insbesondere bei nur einem Berater ist ein Bündnis mit einem Partner unbedingt zu vermeiden, wozu man geneigt sein kann, wenn man die Beratung allein durchführt und dabei zwei Personen gegenübersitzt (Buddeberg, 2005).

Als methodischer Hintergrund dominiert in der Sexualberatung seit den bahnbrechenden Forschungen von Masters und Johnson die Verhaltenstherapie. Im verhaltenstherapeutischen Kontext ist zu erheben, ob eine Störung primär oder sekundär auftrat, ob sie praktikbezogen ist (z. B. erektile Dysfunktion nur bei versuchtem Vaginalverkehr, nicht aber bei der Selbstbefriedigung oder beim Petting), ob sie nur bei einem bestimmten Partner oder situationsbezogen auftritt und wie lange sie besteht (Buddeberg, 2005). Einen systemischen Ansatz verfolgen die „Systemische Sexualberatung“ nach Clement (2019) und die „Differenzierungsbasierte Sexualtherapie/Crucible-Ansatz“ nach Schnarch (2019). Letztere beschäftigt sich mit der Interaktion zwischen dem Partner mit dem geringeren und dem mit dem höheren sexuellen Verlangen. Eine psychoanalytische Therapie ist sinnvoll, wenn es um die Aufdeckung und das Durcharbeiten sexueller Traumata geht. Bei sexuellen Funktionsstörungen sind die psychoanalytischen Behandlungserfolge eher bescheiden, da diese durch Verstärkungsmechanismen aufrechterhalten werden, die auch wirken, wenn die tieferliegenden Konflikte bearbeitet wurden (Buddeberg, 2005).

Die Grundhaltungen der Beratung sind auch bei der Beratung von Sexualstraftätern wichtig. Die Beratung darf nicht gegen die Person erfolgen, vielmehr ist die Trennung von Person und Delikt eine Grundvoraussetzung, wobei das Verhalten des Beraters als Modell für den Selbstbezug des Sexualstraftäters dienen soll. Die bedingungslose Wertschätzung der Person des Straftäters erleichtert es, in der Beratung den Tathergang und die vorausgehenden Bedingungen zu rekonstruieren und die begleitenden Gefühle und Kognitionen zu analysieren und zu bewerten. Weitere Elemente der Beratung von Sexualstraftätern sind die Entwicklung von Empathie für die Opfer, methodisch über das Lesen von Opferberichten, das Ansehen von Videointerviews mit Opfern, das Verfassen von Entschuldigungsbriefen sowie über Rollenspiele mit Einbezug der Opferperspektive. Ähnlich wie in der Suchtberatung spielt in der Beratung von Sexualstraftätern die Rückfallprävention eine große Rolle. Erarbeitet werden sollen eine Auflistung von Rückfallbedingungen, die Planung von möglichen Bewältigungsschritten (z. B. alternative Handlungen) sowie eine Liste mit Rückfallsignalen und Ansprechpartnern (Fiedler, 2004).

Zusammenfassung

Die Bewertung sexueller Auffälligkeiten unterliegt einem starken gesellschaftlichen Wandel. Von „belasteter Sexualität“ sollte man sprechen, wenn die Person selbst oder andere Personen unter der jeweiligen sexuellen Auffälligkeit leiden und wenn dieses Leiden nicht nur mit der Abweichung von den gesellschaftlichen Normvorstellungen zu tun hat. Man kann unterscheiden zwischen den sexuellen Funktionsstörungen und den sogenannten „Paraphilien“. Zu den sexuellen Funktionsstörungen gehören die erektile Dysfunktion, der Vaginismus, die Dyspareunie und die Ejaculatio praecox. Bei der Behandlung hat sich die verhaltenstherapeutisch orientierte Sensate-Focus-Therapie nach Masters und Johnson bewährt. Daneben gibt es inzwischen bei allen sexuellen Funktionsstörungen auch pharmakotherapeutische Behandlungsmöglichkeiten. Zu den paraphilen Störungen gehören Exhibitionismus, Frotteurismus, Voyeurismus, gefährlicher sexueller Sadismus (jeweils nur bei fehlender Einvernehmlichkeit), andere nichteinvernehmliche paraphile Störungen (z. B. Sex mit Leichen oder Tieren) sowie die Pädophilie. Die therapeutische Behandlung von Paraphilien ist schwierig. Die chirurgische oder chemische Kastration senkt zwar das sexuelle Verlangen, ändert aber nichts an der paraphilen Ausrichtung. Verschiedene Methoden der Umkonditionierung (z. B. gelenkte Masturbation, Gegenkonditionierung, masturbatorische Sättigung) waren nur teilweise erfolgreich. Behandlungsziel ist deshalb oft nur die Selbstregulation, nicht aber eine Änderung der paraphilen Ausrichtung.

Das Ansprechen des Bereichs der „Sexualität" ist immer noch ein „heißes Eisen" in der Beratung. Bei der Paarberatung ist es hilfreich, wenn die Beratung durch einen Mann und eine Frau erfolgt. Es geht in der Paarberatung nicht um die Schuld der einzelnen Partner, sondern um die Paarinteraktion.

Überprüfungsfragen

a) Welche sexuelle Funktionsstörung entspricht bei Frauen der „Ejaculatio praecox" bei Männern?
b) Welche einvernehmlichen sexuellen Variationen gehören im ICD 11 (gültig ab 2022) nicht mehr zu den Paraphilien, während sie im ICD 10 noch dazugehörten?
c) Welche dieser Begriffe gehören zur Paartherapie sexueller Funktionsstörungen nach Masters und Johnson: Egozentrismusregel, Koitusregel, Koitusverbot, Sensate Focus, Vetoregel, Übertragungsregel?
d) Wie heißen die Grundhaltungen der Beratung?

Fragen zum Nachdenken/Übungsanregungen

a) Schreiben Sie auf, was für Sie im Bereich der Sexualität nicht mehr akzeptabel ist! Vergleichen Sie Ihre Einschätzung mit der von anderen Personen und diskutieren Sie!
b) Viele sexuelle Funktionsstörungen lassen sich inzwischen statt mit einer Psychotherapie medizinisch (Medikamente oder Operation) behandeln. Was sind aus Ihrer Sicht die Vorteile und Nachteile der medizinischen Behandlung?
c) Helfen Kinder-Sexpuppen sexuellen Missbrauch zu verhindern oder fördern sie ihn?

Literatur

Aalstedt, J. (2006). *Der multiple Orgasmus des Mannes. So kommen Sie nicht mehr zu früh und können mehrere Höhepunkte erleben.* Books on Demand Norderstedt.

Acton, W. (1862). *The Functions and Disorders of the Reproductive Organs in Childhood, Youth, Adult Age, and Advanced Life: Considered in Their Physiological, Social, and Moral Relations* (3rd edition). Churchill.

Aden, A. (2008). *Und nach der Vorlesung ins Bordell. Bekenntnisse einer deutschen Kunststudentin.* Schwarzkopf & Schwarzkopf.

Adriaens, P.R. (2019). In Defense of Animal Homosexuality. *Philosophy, Theory and Practice in Biology, 11(22).* http://dx.doi.org/10.3998/ptpbio.16039257.0011.022

Aggrawal, A. (2009). *Forensic and Medico-legal Aspects of Sexual Crimes and Unusual Sexual Practices.* CRC Press, Taylor & Francis Group.

Aigner, J.C. (2017). Männlichkeit und männliche Sexualität als das Andere, Fremde – wovor Genderforscher/-innen Angst haben könnten. In M. Franz, & A. Karger (Hrsg.), *Männliche Sexualität und Bindung* (S. 291–312). Vandenhoeck & Ruprecht.

Al-Jami, M.A.I.A. (2017). *Wann soll eine Frau Parfum benutzen und sich „schön machen"?* Islam Fatwa. https://islamfatwa.de/kleidung-schmuck/101-koerperpflege-a-kosmetik/513-wann-soll-eine-frau-parfuem-benutzen-und-sich-qschoen-machenq

Alwaal, A., Breyer, B.N., & Lue, T.F. (2015). Normal male sexual function: emphasis on orgasm and ejaculation. *Fertility and Sterility, 104(5),* 1051–1060. http://dx.doi.org/10.1016/j.fertnstert.2015.08.033

Alzate, H., & Hoch, Z. (1988). A reply to Zaviačič. *Journal of Sex & Marital Therapy, 14(4),* 299–301. https://doi.org/10.1080/00926238808403812

Amendt, G. (1970/1978). *Sex Front.* März.

Anderson, L. (2017). *Deviance: Social Constructions and Blurred Boundaries.* University of California Press.

Andrijasevic, R. (2010). *Migration, Agency and Citizenship in Sex Trafficking.* Palgrave Macmillan.

Anonym (1751). *Onania, oder die erschreckliche Sünde der Selbst-Befleckung mit allen ihren entsetzlichen Folgen, so dieselbe bey beyderley Geschlecht nach sich zu ziehen pfleget; nebst geist- und leiblichem Rath, vor alle diejenigen, welche sich durch diese abscheuliche Gewohnheit bereits Schaden zugefüget haben.* (Neu vermehrte Auflage). Mit Ihro Röm. Kayserl. Majest. allergnädigstem Privilegio versehen. Daniel Christian Hechtel. https://katalog.slub-dresden.de/id/0-1125339446/#detail

Argue, D., Groves, C.P., Lee, M.S.Y., & Jungers, W.L. (2017). The affinities of Homo floresiensis based on phylogenetic analyses of cranial, dental, and postcranial characters. *Journal of Human Evolution, 107,* 107–133. https://doi.org/10.1016/j.jhevol.2017.02.006

Aristoteles (351/50 v. Chr./1969). *Protreptikos.* Klostermann.

Aristoteles (1955). *Politik/Politeia* (übersetzt und herausgegeben von Olof Gigon). Artemis.

Ashley, K.B. (2013). The Science on Sexual Orientation: A Review of the Recent Literature. *Journal of Gay & Lesbian Mental Health, 17(2),* 175–182. https://doi.org/10.1080/19359705.2013.767179

Asta (2016). *Offener Brief: Stellungnahme zum Gedicht Eugen Gomringers,* an das Rektorat der Alice Salomon Hochschule, 12. April 2016. http://www.asta.asfh-berlin.de/de/News/offener-brief-gegen-gedicht-an-der-hochschulfassade.html

Augustinus (400/1955). *Bekenntnisse/Confessiones.* Kösel.

Augustinus (401/1949). *Das Gut der Ehe (Original: „De bono coniugali").* Augustinus-Verlag.

Augustinus (419/1955). *Vom Gottesstaat/De Civitate Dei.* Artemis.
Baas, S., Schmidt, M., & Wahl, H.-W. (2008). *Singles im mittleren und höheren Erwachsenenalter. Sozialwissenschaftliche und psychologische Befunde.* Kohlhammer.
Bachofen, J. (1861). *Das Mutterrecht.* Krais & Hoffmann. https://ia800206.us.archive.org/27/items/Bachofen-Johann-Mutterrecht/BachofenJohann-DasMutterrecht186149 2S.Scan.pdf
Bagemihl, B. (1999). *Biological Exuberance: Animal Homosexuality and Natural Diversity.* Stonewall Inn Editions.
Baker, R. R., & Bellis, M. A. (1993). Human sperm competition: ejaculate manipulation by females and a function for the female orgasm. *Animal Behaviour, 46(5),* 887–909. https://psycnet.apa.org/doi/10.1006/anbe.1993.1272
Baker, R. R., & Bellis, M. A. (1995). *Human Sperm Competition: copulation, masturbation and infidelity.* Chapman & Hall.
Baltes, P. B., & Baltes, M. M. (1989). Optimierung durch Selektion und Kompensation: Ein psychologisches Modell erfolgreichen Alterns. *Zeitschrift für Pädagogik, 35,* 85–105.
Barash, D. P., & Lipton, J. E. (2010). *Wie die Frauen zu ihren Kurven kamen. Die rätselhafte Evolutionsbiologie des Weiblichen.* Spektrum.
Barbach, L. G. (1977). *For Yourself. Die Erfüllung weiblicher Sexualität.* Ullstein.
Barkow, R. (1980). *Die Sexualpädagogik von 1918 bis 1945.* Inaugural-Dissertation Universität Münster Fachbereich 21.
Basedow, J. B. (1771/1965). *Das Methodenbuch für Väter und Mütter der Familien und Völker: zur elementarischen Bibliothek.* Schöningh.
Barth, J., & Bengel, J. (1998). *Prävention durch Angst? Stand der Furchtappellforschung.* BZgA.
Bateman, P. W., & Bennett, N. C. (2006). The biology of human sexuality: evolution, ecology and physiology. *Verbum et Ecclesia. Academic Journal of the Centre for Ministerial Development, 27(1),* 245–264.
Baumann, T., Hochgürtel, T., & Sommer, B. (2018). Lebensformen in der Bevölkerung und Kinder. In Statistisches Bundesamt (Hrsg.), *Familie, Lebensformen und Kinder. Auszug aus dem Datenreport 2018* (S. 51–65). https://www.destatis.de/DE/Service/Statistik-Campus/Datenreport/Downloads/datenreport-2018-kap-2.pdf?__blob=publicationFile
Beauchamp, T. L., & Childress, J. F. (2001). *Principles of Biomedical Ethics* (5th ed.). Oxford University Press.
Becker, J. C. (1816). *Der Rathgeber vor bei und nach dem Beischlafe oder faßliche Anweisung, den Beischlaf so auszuüben, daß der Gesundheit kein Nachtheil zugefügt, und die Vermehrung des Geschlechts durch schöne, gesunde und starke Kinder befördert wird.* Neuauflage der Ausgabe von 1816 mit Illustrationen von Franz v. Bayros. Panorama.
Becker, S. (2004). Transsexualität – Geschlechtsidentitätsstörung. In G. Kockott, & E.-M. Fahrner (Hrsg.), *Sexualstörungen* (S. 153–202). Thieme.
Beier, K. M., Bosinski, H. A., Hartmann, U., & Loewit, K. (Hrsg.) (2001). *Sexualmedizin.* Urban & Fischer.
Bell, A. P., Weinberg, M. S., & Hammersmith, S. K. (1981). *Sexual preference.* Indiana University Press.
Belliotti, R. A. (1993). *Good Sex. Perspectives on Sexual Ethics.* Kansas University Press.
Bellis, M., Hughes, K., Hughes, S., & Ashton, J. R. (2005). Measuring paternal discrepancy and its public health consequences. *Journal of Epidemiology and Community Health, 59(9),* 749–754. http://dx.doi.org/10.1136/jech.2005.036517
Benecke, L. (2018). Ein multidimensionales psychologisches Modell zur Unterscheidung zwischen inklinierendem und periculärem sexuellen Sadismus. In N. Saimeh (Hrsg.), *Destruktive Sexualität. Therapie und Risk-Assessment in der Forensischen Psychiatrie* (S. 11–26). Medizinisch Wissenschaftliche Verlagsgesellschaft.
Bennemann, M. (2010). *Die Evolution im Liebesrausch. Das bizarre Paarungsverhalten der Tiere.* Eichborn.

Benoit, C., Jansson, S. M., Smith, M., & Flagg, J. (2018). Prostitution Stigma and Its Effect on the Working Conditions, Personal Lives, and Health of Sex Workers. *The Journal of Sex Research, 55(4-5)*, 457–471. https://doi.org/10.1080/00224499.2017.1393652

Berenike-Schmidt, R. (2015). Von der Sexualkunde zur sexuellen Bildung. *Grundschule. Fachzeitschrift für die Grundschule, 2015(3)*, 12–15.

Bergler, E. (1947). Frigidity in the Female. Misconceptions & Facts. *Marriage Hygiene, 1*, 16–21.

Bischof-Köhler, D. (2002). *Von Natur aus anders. Die Psychologie der Geschlechtsunterschiede.* Kohlhammer.

Blake, S. M., Ledsky, R., Goodenow, C., Sawyer, R., Lohrmann, D., & Windsor, R. (2003). Condom availability programs in Massachusetts high schools: relationships with condom use and sexual behavior. *American Journal of Public Health, 93(6)*, 955–962. https://doi.org/10.2105/ajph.93.6.955

Bloch, I. (1907/1919). *Das Sexualleben unserer Zeit in seinen Beziehungen zur modernen Kultur* (10.–12. Auflage). Marcus. https://archive.org/stream/b29814133/b29814133_djvu.txt

Bloch, I. (1912). *Die Prostitution. Handbuch der gesamten Sexualwissenschaft in Einzeldarstellungen Band 1.* Marcus.

Bloch, I. (1924). *Die Prostitution. Handbuch der gesamten Sexualwissenschaft in Einzeldarstellungen Band 2.* Marcus.

Bockting, W. O., & Coleman, E. (Hrsg.) (2012). *Masturbation as a Means of Achieving Sexual Health.* Routledge.

Bode, H., & Heßling, A. (2015). *Jugendsexualität 2015. Die Perspektive der 14- bis 25-Jährigen. Ergebnisse einer aktuellen Repräsentativen Wiederholungsbefragung.* BZgA.

Bogaert, A. F. (2004). Asexuality: Prevalence and Associated Factors in a National Probability Sample. *The Journal of Sex Research, 41(3)*, 279–287. https://doi.org/10.1080/00224490409552235

Bogaert, A. F. (2012). *Understanding Asexuality.* Rowman & Littlefield.

Böhm, M., & Matthiesen, S. (2016). „Manchmal ist man sexuell erregt und der Partner nicht zur Hand …" Solosexualität im Spannungsfeld von Geschlecht und Beziehung. *Zeitschrift für Sexualforschung, 29(1)*, 21–41. https://doi.org/10.1055/s-0042-102611

Boies, S. C. (2002). University Students' Uses of and Reactions to Online Sexual Information and Entertainment: Links to Online and Offline Sexual Behavior. *The Canadian Journal of Human Sexuality, 11(2)*, 77–89.

Bolhuis, J. J., Brown, G. R., Richardson, R. C., & Laland, K. N. (2011). Darwin in Mind: New Opportunities for Evolutionary Psychology. *PLoS Biol 9(7)*: e1001109. https://doi.org/10.1371/journal.pbio.1001109

Borgogna, N. C., Lathan, E. C., & Mitchell, A. (2018). Is Women's Problematic Pornografy Viewing Related to Body Image or Relationship Satisfaction? *Sexual Addiction & Compulsivity, 25(4)*, 345–366. https://doi.org/10.1080/10720162.2018.1532360

Borneman, E. (1991). *Sex im Volksmund. Der obszöne Sprachschatz der Deutschen.* Rowohlt.

Brachat-Schwarz, W. (2017). Wenn Teenager Mutter werden. Zur Geburtenhäufigkeit von minderjährigen Frauen in Baden-Württemberg. *Statistisches Monatsheft, 3/2017*, Statistisches Landesamt Baden-Württemberg. https://www.statistik-bw.de/Service/Veroeff/Monatshefte/PDF/Beitrag17_03_02.pdf

Brambilla, M., Riva, P., & Rule, N. O. (2013). Familiarity increases the accuracy of categorizing male sexual orientation. *Personality and Individual Differences, 55(2)*, 193–195. https://psycnet.apa.org/doi/10.1016/j.paid.2013.02.023

Braun, V., Tricklebank, G., & Clarke, V. (2013). „It shouldn't stick out from your bikini at the beach": Meaning, gender, and the hairy/hairless body. *Psychology of Women Quarterly, 37(4)*, 478–493. http://dx.doi.org/10.1177/0361684313492950

Bräutigam, W., & Clement, U. (1989). *Sexualmedizin im Grundriß. Eine Einführung in Klinik, Theorie und Praxis der sexuellen Konflikte und Störungen* (3. Auflage). Thieme.

Brignoli, R., & Saller, R. (2007). Medizin in (Latein)Amerika vor der Conquista Teil I: Allgemeines und Andenregion. *Schweizerische Zeitschrift für Ganzheitsmedizin, 19*, 48–55.

Brindle, M., & Opie, C. (2016). Postcopulatory sexual selection influences baculum evolution in primates and carnivores. *Proceedings of the Royal Society. Biological Sciences, 283*: 20161736. http://dx.doi.org/10.1098/rspb.2016.1736

Brody, S. (2007). Vaginal orgasm is associated with better psychological function. *Sexual and Relationship Therapy, 22(2)*, 173–191. https://doi.org/10.1080/14681990601059669

Brody, S. (2010). The relative health benefits of different sexual activities. *The Journal of Sexual Medicine, 7(4)*, 1336–1361. https://doi.org/10.1111/j.1743-6109.2009.01677.x

Brody, S., Costa, R. M., Hess, U., & Weiss, P. (2011). Vaginal orgasm is related to better mental health and is relevant to evolutionary psychology: A response to Zietsch et al. *The Journal of Sexual Medicine, 8(12)*, 3523–3525. https://doi.org/10.1111/j.1743-6109.2011.02444.x

Brody, S., Houde, S., & Hess, U. (2010). Greater tactile sensitivity and less use of immature psychological defense mechanisms predict women's penile-vaginal intercourse orgasm. *The Journal of Sexual Medicine, 7(9)*, 3057–3065. https://doi.org/10.1111/j.1743-6109.2010.01917.x

Brody, S., & Weiss, P. (2010). Vaginal orgasm is associated with vaginal (not clitoral) sex education, focusing mental attention on vaginal sensations, intercourse duration, and a preference for a longer penis. *The Journal of Sexual Medicine, 7(8)*, 2774–2781. https://doi.org/10.1111/j.1743-6109.2009.01469.x

Brody, S., & Weiss, P. (2011). Simultaneous penile-vaginal intercourse orgasm is associated with satisfaction (sexual, life, partnership, and mental health). *The Journal of Sexual Medicine, 8(3)*, 734–741. https://doi.org/10.1111/j.1743-6109.2010.02149.x

Brownmiller, S. (1980). *Gegen unseren Willen. Vergewaltigung und Männerherrschaft*. Fischer.

Bruhat, J. (1972). Der französische Sozialismus von 1815 bis 1848. In J. Droz (Hrsg.), *Geschichte des Sozialismus Band II* (S. 106–204). Ullstein.

Brüker, D. (2011). *Das „älteste" Gewerbe der Welt. Eine Untersuchung über die Lebenslage älterer Prostitutierter*. Lit.

Buddeberg, C. (2005). *Sexualberatung. Eine Einführung für Ärzte, Psychotherapeuten und Familienberater* (4. Auflage). Thieme.

Burns, J. M., & Swerdlow, R. H. (2003). Right Orbitofrontal Tumor With Pedophilia Symptom and Constructional Apraxia Sign. *JAMA Neurology, 60(3)*, 437–40. doi: 10.1001/archneur.60.3.437

Burri, A. V., Cherkas, L. M., & Spector, T. D. (2009). Emotional intelligence and its association with orgasmic frequency in women. *The Journal of Sexual Medicine, 6(7)*, 1930–1937. https://doi.org/10.1111/j.1743-6109.2009.01297.x

Burri, A. V., Cherkas, L. M., & Spector, T. D. (2010). Genetic and Environmental Influences on self-reported G-Spots in Women: A Twin Study. *Journal of Sexual Medicine, 7(5)*, 1842–1852. https://doi.org/10.1111/j.1743-6109.2009.01671.x

Burri, A., Spector, T., & Rahman, Q. (2015). Common Genetic Factors Among Sexual Orientation, Gender Nonconformity, and Number of Sex Partners in Female Twins: Implications for the evolution of homosexuality. *Journal of Sexual Medicine, 12(4)*, 1004–1011. https://doi.org/10.1111/jsm.12847

Burriss, R. P., Welling, L. L. M., & Puts, D. A. (2011). Mate preference drives mate-choice: Men's self-rated masculinity predicts their female partner's preference for masculinity. *Personality and Individual Differences, 51(8)*, 1023–1027. https://psycnet.apa.org/doi/10.1016/j.paid.2011.08.018

Busch, W. (1877/1959). Julchen. In *Sämtliche Werke und eine Auswahl der Skizzen und Gemälde in zwei Bänden, 2. Band* (herausgegeben von Rolf Hochhuth). Bertelsmann.

Buss, D. M. (2004). *Evolutionäre Psychologie*. Pearson.

Buss, D. M., & Schmitt, D. P. (1993). Sexual Strategies Theory: An Evolutionary Perspective on Human Mating. *Psychological Review, 100(2)*, 204–232. https://psycnet.apa.org/doi/10.1037/0033-295X.100.2.204

Buss, D. M., Shackelford, T. K., Kirkpatrick, L. A., Choe, J. C., Lim, H. K., Hasegawa, M., Hasegawa, T., & Bennett, K. (1999). Jealousy and the nature of beliefs about infidelity: Tests of competing hypotheses about sex differences in the United States, Korea, and Japan. *Personal Relationships, 6(1)*, 125–150. https://psycnet.apa.org/doi/10.1111/j.1475-6811.1999.tb00215.x

Busza, J. (2004). Sex Work and Migration: The Dangers of Oversimplification: A Case Study of Vietnamese Women in Cambodia. *Health and Human Rights Journal, 7(2)*, 231–249. https://www.jstor.org/stable/4065357

Buunk, B. P., Angleitner, A., Oubaid, V., & Buss, D. M. (1996). Sex differences in jealousy in evolutionary and cultural perspective: Tests from the Netherlands, Germany, and the United States. *Psychological Science, 7(6)*, 359–363. https://psycnet.apa.org/doi/10.1111/j.1467-9280.1996.tb00389.x

BZgA (2006). *Jugendsexualität. Repräsentative Wiederholungsbefragung von 14- bis 17-Jährigen und ihren Eltern 2006*. BZgA.

Call, V., Sprecher, S., & Schwartz, P. (1995). The incidence and frequency of marital sex in a national sample. *Journal of Marriage and the Family, 57(3)*, 639–652. https://doi.org/10.2307/353919

Campanella, T. (1623/1960). Der Sonnenstaat. In E. Grassi (Hrsg.), *Der Utopische Staat. Morus: Utopia. Campanella: Sonnenstaat. Bacon: Neu-Atlantis* (S. 111–169). Rowohlt.

Campe, J. H. (1787). *Allgemeine Revision des gesammten Schul- und Erziehungswesens von einer Gesellschaft practischer Erzieher. Sechster Teil.* Wolfenbüttel: In der Schulbuchhandlung.

Carosi, M., Scalici, M., & Linn, G. S. (2017). Baubellum (Os Clitoridis). In A. Fuentes (Hrsg.), *The International Encyclopedia of Primatology* (S. 84–85). Wiley Blackwell. https://doi.org/10.1002/9781119179313.wbprim0215

Carroll, J. S., Padilla-Walker, L. M., Nelson, L. J., Olson, C. D., Barry, C. M., & Madsen, S. D. (2008). Generation XXX. Pornography acceptance and use among emerging adults. *Journal of Adolescent Research, 23(1)*, 6–30. https://psycnet.apa.org/doi/10.1177/0743558407306348

Caruso, S., Agnello, C., Malandrino, C., Lo Presti, L., Cicero, C., & Cianci, S. (2014). Do hormones influence women's sex? Sexual activity over the menstrual cycle. *Journal of Sexual Medicine, 11(1)*, S. 211–221. https://doi.org/10.1111/jsm.12348

Casey, H. W., Giles, R. C., & Kwapien, R. P. (1979). Mammary Neoplasia in Animals: Pathologic Aspects and the Effects of Contraceptive Steroids. In C. H. Lingeman (Hrsg.), *Carcinogenic Hormones. Recent Results in Cancer Research*, Vol 66 (S. 129–160). Springer.

Cass, V. C. (1979). Homosexual identity formation: A theoretical model. *Journal of Homosexuality, 4(3)*, 219–235. https://psycnet.apa.org/doi/10.1300/J082v04n03_01

Chagnon, N. A. (1988). Life histories, blood revenge, and warfare in a tribal population. *Science, 239(4843)*, 985–992. https://doi.org/10.1126/science.239.4843.985

Chapais, B. (2008). *Primeval kinship. How pair-bonding gave birth to human society*. Harvard University Press.

Chapais, B. (2010). The deep structure of human society: primate origins and evolution. In P. M. Kappeler, & J. B. Silk (Hrsg.), *Mind the Gap. Tracing the Origins of Human Universals* (S. 19–52). Springer.

Charnetski, C. J., & Brennan, F. X. (2001). *Feeling Good Is Good for You: How Pleasure Can Boost Your Immune System and Lengthen Your Life*. Rodale Books.

Charnetski, C. J., & Brennan, F. X. (2004). Sexual Frequency and Salivary Immunoglobulin A (IgA). *Psychological Reports, 94*, 839–844. https://doi.org/10.2466/pr0.94.3.839-844

Chen, W.-H., Chu, Y.-H., & Chen, K.-Y. (2018). Drug-Associated Spontaneous Orgasm: A Case Report and Systematic Review of Literature. *Clinical Neuropharmacology, 41(1),* 31–37. https://doi.org/10.1097/WNF.0000000000000259

Cheng, P., & Chanoine, J. (2001). Should the Definition of Micropenis Vary According to Ethnicity? *Hormone Research, 55(6),* 278–281. https://doi.org/10.1159/000050013

Chia, M., & Abrams, D. (2018). *Öfter, länger, besser. Der multiorgastische Mann.* mgv.

Choi, H., Kim, K.H., Jung, H., Yoon, S.J., Kim, S.W., & Kim, T.B. (2011). Second to fourth digit ratio: a predictor of adult penile length. *Asian Journal of Andrology, 13(5),* 710–714. https://doi.org/10.1038/aja.2011.75

Chuang, Y.-C., Lin, T.-K., Lui, C.-C., Chen, S.-D., Chang, C.-S. (2004). Tooth-brushing epilepsy with ictal orgasms. *Seizure, 13(3),* 179–182. https://doi.org/10.1016/S1059-1311(03)00109-2

Clark, R.D., & Hatfield, E. (1989). Gender differences in receptivity to sexual offers. *Journal of Psychology and Human Sexuality, 2(1),* 39–55. https://psycnet.apa.org/doi/10.1300/J056v02n01_04

Clark, S.K., Jeglic, E.L., Calkins, C., & Tatar, J.R. (2016). More Than a Nuisance: The Prevalence and Consequences of Frotteurism and Exhibitionism. *Sexual Abuse: A Journal of Research and Treatment, 28(1),* 3–19. https://doi.org/10.1177%2F1079063214525643

Clarke, R.J., Clarke, E.A., Roe-Sepowitz, D., & Fey, R. (2012). Age at Entry into Prostitution: Relationship to Drug Use, Race, Suicide, Education Level, Childhood Abuse, and Family Experiences. *Journal of Human Behavior in the Social Environment, 22(3),* 270–289. https://doi.org/10.1080/10911359.2012.655583

Clement, U. (2019). *Systemische Sexualtherapie* (2. Auflage). Klett Cotta.

Cohn, H. (1894). *Was kann die Schule gegen die Masturbation der Kinder thun?* Richard Schoetz.

Coleman, E. (1982). Developmental Stages of the Coming Out Process. *Journal of Homosexuality, 7 (2-3),* 31–43. https://psycnet.apa.org/doi/10.1300/J082v07n02_06

Colson, M.-H. (2010). Female orgasm: Myths, facts and controversies. *Sexuologies, 19,* 8–14. Doi: 10.1016/j.sexol.2009.11.004

Comfort, A. (1972). *The Joy of Sex. A Gourmet Guide to Love Making.* Fireside.

Comfort, A. (1972/1981). *Joy of Sex. Freude am Sex.* (Original: The Joy of Sex. A Gourmet Guide to Love Making). Ullstein.

Comfort, A. (1982). *More Joy of Sex. Noch mehr Freude am Sex.* Ullstein.

Condon, B. (2004). *Kinsey. Let's talk about sex.* Heyne.

Connellan, J., Baron-Cohen, S., Wheelwright, S., Batki, A., & Ahluwalia, J. (2000). Sex differences in human neonatal social perception. *Infant Behavior & Development, 23(1),* 113–118. https://psycnet.apa.org/doi/10.1016/S0163-6383(00)00032-1

Conrad, S., & Milburn, M. (2002). *SQ. Sexuelle Intelligenz.* Econ.

Cook, J. (1846). *The Voyages of Captain James Cook,* Vol. I. William Smith.

Coser, L.A. (2015). *Gierige Institutionen. Soziologische Studien über totales Engagement.* Suhrkamp.

Costa, R.M., & Brody, S. (2007). Women's relationship quality is associated with specifically penile-vaginal intercourse orgasm and frequency. *Journal of Sex & Marital Therapy, 33(4),* 319–327. https://doi.org/10.1080/00926230701385548

Costa, R.M., & Brody, S. (2011). Anxious and avoidant attachment, vibrator use, anal sex, and impaired vaginal orgasm. *The Journal of Sexual Medicine, 8(9),* 2493–2500. https://psycnet.apa.org/doi/10.1111/j.1743-6109.2011.02332.x

Coyle, K., Anderson, P., Laris, B. A, Unti, T., Franks, H., & Glassman, J. (2016). *Evaluation of It's Your Game: Keep It Real in Houston, Texas: Final Impact Report for University of Texas Health Science Center – Houston.* Scotts Valley, CA: ETR Associates. https://www.hhs.gov/ash/oah/sites/default/files/ash/oah/oah-initiatives/evaluation/grantee-led-evaluation/reports/uthsc-final-report.pdf

Crocker, W. H. (1990). *The Canela (Eastern Timbira), I. An Ethnografic Introduction.* Smithsonian Institution Press. http://etnolinguistica.wdfiles.com/local--files/biblio:crocker-1990-canela/crocker_1990_canela_I.pdf

Crooks, R., & Baur, K. (1990). *Our sexuality* (4th ed.). Benjamin/Cummings.

Dabhoiwala, F. (2014). *Lust und Freiheit. Die Geschichte der ersten sexuellen Revolution.* Klett.

Daly, M., & Wilson, M. (1988). *Homicide.* De Gruyter.

Darling, C. A., Davidson, J. K., & Conway-Welch, C. (1990). Female Ejaculation: Perceived Origins, the Grafenberg Spot/Area, and Sexual Responsiveness. *Archives of Sexual Behavior, 19(1),* 29–47. https://psycnet.apa.org/doi/10.1007/BF01541824

Darwin, C. (1859). *On the Origin of Species by Means of Natural Selection, or the Preservation of Favoured Races in the Struggle for Life.* John Murray.

Darwin, C. (1871/2012). *Die Abstammung des Menschen und die sexuelle Selektion (Original: The Descent of Man, and Selection in Relation to Sex).* Reclam.

Davey Smith, G., Frankel, S., & Yarnell, J. (1997). Sex and death: are they related? Findings from the Caerphilly cohort study. *British Medical Journal BMJ, 315(7123),* 1641–1644. https://doi.org/10.1136/bmj.315.7123.1641

David, M., Chen, F. C. K., & Siedentopf, J.-P. (2005). Ernst Gräfenberg: Wer (er)fand den G-Punkt? *Deutsches Ärzteblatt, 102,* A 2853–2856 [Heft 42]. https://www.aerzteblatt.de/archiv/49112

Davidson, J. K., Darling, C. A., & Conway-Welch, C. (1989). The role of the Grafenberg spot and female ejaculation in the female orgasmic response: an empirical analysis. *Journal of Sex and Marital Therapy, 15(2),* 102–120. https://psycnet.apa.org/doi/10.1080/00926238908403815

Davison, G., & Neale, J. (1996). *Klinische Psychologie* (4. Auflage). PVU.

Dawkins, R. (1976). *The selfish gene.* Oxford University Press.

Dawood, K., Kirk, K. M., Bailey, J. M., Andrews, P. W., & Martin, N. G. (2005). Genetic and environmental influences on the frequency of orgasm in women. *Twin Research and Human Genetics, 8(1),* 27–33. https://doi.org/10.1375/1832427053435427

Deaner, R., O., Khera, A. V., & Platt, M. L. (2005). Monkeys Pay Per View: Adaptive Valuation of Social Images by Rhesus Macaques. *Current Biology, 15(6),* 543–548. https://doi.org/10.1016/j.cub.2005.01.044

Degen, R. (2004). *Vom Höchsten der Gefühle. Wie der Mensch zum Orgasmus kommt.* Eichborn.

Dekker, A., & Matthiesen, S. (2015). Studentische Sexualität im Wandel: 1966 – 1981 – 1996 – 2012. *Zeitschrift für Sexualforschung, 28(3),* 245–271. DOI: 10.1055/s-0035-1553700

DeLamater, J. D. (2012). Sexual Expression in Later Life: A Review and Synthesis. *The Journal of Sex Research, 49(2-3),* 125–141. https://doi.org/10.1080/00224499.2011.603168

DeLamater, J. D., & Sill, M. (2005). Sexual Desire in Later Life. *The Journal of Sex Research, 42(2),* 138–149. https://doi.org/10.1080/00224490509552267

Demir, A., Uslu, M., & Arslan, O. E. (2016). The effect of seasonal variation on sexual behaviors in males and its correlation with hormone levels: a prospective clinical trial. *Central European Journal of Urology, 69(3),* 285–289. https://doi.org/10.5173/ceju.2016.793

Denes, A., & Afifi, T. D. (2014). Pillow Talk and Cognitive Decision-making Processes: Exploring the Influence of Orgasm and Alcohol on Communication after Sexual Activity. *Communication Monografs, 81(3),* 333–358. https://psycnet.apa.org/doi/10.1080/03637751.2014.926377

Deppert, A. (2001). Die Metapher als semantisches Wortbildungsmuster bei englischen und deutschen Bezeichnungen für Geschlechtsverkehr. In R. Hoberg (Hrsg.), *Sprache – Erotik – Sexualität* (S. 128–157). Erich Schmidt.

DeSouza, E. R., Pierce, T., Zanelli, J. C., & Hutz, C. (1992). Perceived sexual intent in the U. S. and Brazil as a function of nature of encounter, subjects' nationality, and gender. *The Journal of Sex Research, 29(2),* 251–260. https://doi.org/10.1080/00224499209551645

Diamond, J. (1994). *Der dritte Schimpanse*. Fischer.
Diamond, J. (2009). *Warum macht Sex Spaß? Die Evolution der menschlichen Sexualität*. Fischer.
Dias, B.G., & Ressler, K.J. (2013). Parental olfactory experience influences behavior and neural structure in subsequent generations. *Nature Neuroscience, 17(1)*, 89–96. https://doi.org/10.1038/nn.3594
Dixson, A.F. (2009). *Sexual Selection and the Origins of Human Mating Systems*. Oxford University Press.
Dixson, A.F. (2012). *Primate Sexuality. Comparative Studies of the Prosimians, Monkeys, Apes, and Humans* (2nd edition). Oxford University Press.
Dodson, B. (1974). *Sex for One*. Harmony Books.
Döring, N. (2004). Cybersex – Formen und Bedeutungen computervermittelter sexueller Interaktionen. In H. Richter-Appelt & A. Hill (Hrsg.), *Geschlecht zwischen Spiel und Zwang* (S. 177–208). Psychosozial.
Döring, N. (2013). Sexuell explizite Medienangebote: Produktion, Inhalte, Nutzen und Wirkungen. In W. Schweiger, & A. Fahr (Hrsg.), *Handbuch Medienwirkungsforschung* (S. 419–436). Springer VS.
Döring, N. (2014). Prostitution in Deutschland: Eckdaten und Veränderungen durch das Internet. *Zeitschrift für Sexualforschung, 27(2)*, 99–137. DOI: 10.1055/s-0034-1366591
Döring, N. (2017). Online-Sexualaufklärung auf YouTube. *Zeitschrift für Sexualforschung, 30(4)*, 349–367. DOI: 10.1055/s-0043-121973
Dover, K.J. (1983). *Homosexualität in der griechischen Antike*. Beck.
Downing, M.J., Schrimshaw, E., Scheinmann, R., Antebi-Gruszka, N., & Hirshfield, S. (2016). Sexually Explicit Media Use by Sexual Identity: A Comparative Analysis of Gay, Bisexual, and Heterosexual Men in the United States. *Archives of Sexual Behavior 46(6)*, 1763–1776. https://doi.org/10.1007/s10508-016-0837-9
Duden (1963). *Das Herkunftswörterbuch. Die Etymologie der deutschen Sprache*. Bibliografisches Institut.
Dunn, K.M., Cherkas, L.F., & Spector, T.D. (2005). Genetic influences on variation in female orgasmic function: a twin study. *Biology Letters, 1(3)*, 260–263. https://doi.org/10.1098/rsbl.2005.0308
Dunn, M.E., & Trost, J.E. (1989). Male Multiple Orgasms: A Descriptive Study. *Archives of Sexual Behavior, 18(5)*, 377–387. https://psycnet.apa.org/doi/10.1007/BF01541970
Dürerbund (Hrsg.) (1913). *Am Lebensquell. Ein Hausbuch zur geschlechtlichen Erziehung. Betrachtungen, Ratschläge und Beispiele als Ergebnisse des Dürerbund-Preisausschreibens.* Alexander Köhler.
Eicher, W. (1984). Die sexuelle Reaktion der Frau. Teil II: Gegen eine Überschätzung des Gräfenberg-Spots. *Sexualmedizin, 9*, S. 531–537.
Egger, B. (2006). Die Entwicklung der Sexualwissenschaft durch Iwan Bloch. *Sexuologie, 13*, 84–92.
Eibl-Eibesfeldt, I. (1984). *Die Biologie des menschlichen Verhaltens. Grundriß der Humanethologie*. Piper.
Elliott, M. (Hrsg.) (1995). *Frauen als Täterinnen. Sexueller Mißbrauch an Mädchen und Jungen*. Donna Vita.
Ellis, B.J., Dishion, T.J., Gray, P., Hawley, P.H., Volk, A.A., Del Giudice, M., Figueredo, A.J., Griskevicius, V., Jacobs, W.J., James, J., & Wilson, D.S. (2012). The evolutionary basis of risky adolescent behavior: implications for science, policy, and practice. *Developmental Psychology, 48(3)*, 598–623. https://psycnet.apa.org/doi/10.1037/a0026220
Ellis, H.H. (1897/1927) *Studies in the Psychology of Sex, Vol. I* (3rd ed.). www.gutenberg.net
Ellis, H.H. (1910). *Studies in the Psychology of Sex, Vol. 6, Sex in Relation to Society*. F.A. Davis Company.
Ellis, H.H. (1939). *My Life*. Houghton Mifflin company.

Ellis, L. (2011). Evolutionary Neuroandrogenic Theory and Universal Gender Differences in Cognition and Behavior. *Sex Roles: A Journal of Research, 64(9-10),* 707–722. https://doi.org/10.1007/s11199-010-9927-7

Ellis, L., & Hellberg, J. (2005). Fetal exposure to prescription drugs and adult sexual orientation. *Personality and Individual Differences, 38(1),* 225–236. https://doi.org/10.1016/j.paid.2004.04.004

Enders, U. (Hrsg.) (1990). *Zart war ich, bitter war's. Sexueller Mißbrauch an Jungen und Mädchen.* Volksblatt.

Eriksson, A., & Manica, A. (2012). Effect of ancient population structure on the degree of polymorphism shared between modern human populations and ancient hominins. *PNAS, 109(35),* 13956–13960. https://doi.org/10.1073/pnas.1200567109

Eriksson, N., Benton, G.M., Do, C.B., Kiefer, A.K., Mountain, J.L., Hinds, D.A., Francke, U., & Tung, J.Y. (2012). Genetic variants associated with breast size also influence breast cancer risk. *BMC Medical Genetics, 13(53).* https://doi.org/10.1186/1471-2350-13-53

Escasa, M., Casey, J., & Gray, P. (2011). Salivary Testosterone Levels in Men at a US Sex Club. *Archives of Sexual Behavior, 40(5),* 921–926. https://doi.org/10.1007/s10508-010-9711-3

Etschenberg, K. (2019). *Sexualerziehung: kritisch hinterfragt.* Springer.

Euler, H.A. (2015). Geschlechterunterschiede. In B.P. Lange, & S. Schwarz (Hrsg.), *Die menschliche Psyche zwischen Natur und Kultur* (S. 62–73). Pabst.

Fairchild, H.H. (1991). Scientific Racism. The Cloak of Objectivity. *Journal of Social Issues, 47(3),* 101–115. http://pzacad.pitzer.edu/~hfairchi/pdf/ScientificRacism.pdf

Farley, M. (Hrsg.) (2003). *Prostitution, Trafficking and Traumatic Stress.* Haworth

Farley, M., Cotton, A., Lynne, J., Zumbeck, S., Spiwak, F., Reyes, M.E., Alvarez, D., & Sezgin, U. (2003). Prostitution and Trafficking in Nine Countries: An Update on Violence and Posttraumatic Stress Disorder. *Journal of Trauma Practice, 2(3-4),* 33–74. https://doi.org/10.1300/J189v02n03_03

Fend, H. (2003). *Entwicklungspsychologie des Jugendalters* (3. Auflage). Verlag für Sozialwissenschaften.

Féré, C. (1899). *L'Instinct Sexuel. Évolution et Dissolution.* Félix Alcan. https://archive.org/stream/linstinctsexuel00frgoog#page/n9/mode/2up

Fiedler, P. (2004). *Sexuelle Orientierung und sexuelle Abweichung. Heterosexualität – Homosexualität – Transgenderismus und Paraphilien – sexueller Missbrauch – sexuelle Gewalt.* Beltz/PVU.

Fiedler, P. (2010). *Sexualität.* Reclam.

Fiedler, P. (2014). Sexualitäten. Hetero-, Homo-, Bi-, Trans- und Intersexualität. In K. Menne, & J. Rohloff (Hrsg.), *Sexualität und Entwicklung. Beratung im Spannungsfeld von Normalität und Gefährdung* (S. 72–93). Beltz Juventa.

Fisher, D.O., Dickman, C.R., Jones, M.E., & Blomberg, S.P. (2013). Sperm competition drives the evolution of suicidal reproduction in mammals. Proceedings of the National Academy of Sciences in the United States of America *PNAS, 110(44),* 17910–17914. doi: 10.1073/pnas.1310691110

Fisher, H. (1993). *Anatomie der Liebe. Warum Paare sich finden, sich binden und auseinandergehen.* Knaur.

Fisher, S. (1973). *The Female Orgasm: Psychology, Physiology, Fantasy.* Basic Books.

Flanders, J. (2014). *The Making of Home.* Atlantic Books.

Fliegel, S., & Veith, A. (2010). *Was jeder Mann über Sexualität und sexuelle Probleme wissen will. Ein Ratgeber für Männer und ihre Partnerinnen.* Hogrefe.

Flinn, M.V., & Leone, D.V. (2006). Early trauma and the ontogeny of glucocorticoid stress response in the human child: Grandmother as a secure base. *Journal of Developmental Processes, 1(1),* 31–68.

Flinn, M.V., Ward, C.V., & Noone, R. (2005). Hormones and the human family. In D. Buss (Hrsg.), *Handbook of Evolutionary Psychology* (S. 552–580). Wiley.

Foerster, F. W. (1907). *Sexualethik und Sexualpädagogik. Eine Auseinandersetzung mit den Modernen.* Kösel.

Foucault, M. (1983). *Sexualität und Wahrheit Bd. 1.* Suhrkamp.

Fourier, C. (1808/1968). Theorie der vier Bewegungen. In T. Ramm (Hrsg.), *Der Frühsozialismus. Quellentexte.* Kröner.

Franqué, F. von, & Briken, P. (2016). Techniken masturbatorischer Rekonditionierung zur Veränderung pädophiler Interessen – eine systematische Übersicht. *Zeitschrift für Sexualforschung, 29(03),* 224–249. DOI: 10.1055/s-0042-114625

Frappier, J., Toupin, I., Levy, J. J., Aubertin-Leheudre, M., & Karelis, A. D. (2013). Energy Expenditure during Sexual Activity in Young Healthy Couples. *PLoS ONE, 8(10):* e79342. https://doi.org/10.1371/journal.pone.0079342

Frayser, S. G. (2002). Discovering the value of cross-culturell research on human sexuality. In M. W. Wiederman, & B. E. Whitley (Hrsg.), *Handbook for Conducting Research on Human Sexuality* (S. 425–453). Lawrence Erlbaum.

Frederick, D. A., John, H. K. S., Garcia, J. R., & Lloyd, E. A. (2018). Differences in Orgasm Frequency Among Gay, Lesbian, Bisexual, and Heterosexual Men and Women in a U. S. National Sample. *Archives of Sexual Behavior, 47(1),* 273–288. https://doi.org/10.1007/s10508-017-0939-z

Frederick, D. A., Peplau, A., & Lever, J. (2008). The Barbie Mystique: Satisfaction with Breast Size and Shape across the Lifespan. *International Journal of Sexual Health, 20(3),* 200–211. https://psycnet.apa.org/doi/10.1080/19317610802240170

Freitag, T. (2013). *Fit for Love? Praxisbuch zur Prävention von Internet-Pornografie-Konsum.* Return gemeinnützige GmbH.

Freud, S. (1896/1971). *Zur Ätiologie der Hysterie.* Studienausgabe Band 6. Fischer.

Freud, S. (1898/1972). *Die Sexualität in der Ätiologie der Neurosen.* Studienausgabe Band 5. Fischer.

Freud, S. (1905/1972). *Drei Abhandlungen zur Sexualtheorie.* Studienausgabe Bd. 5. Fischer.

Freud, S. (1912/1996). *Schlußwort der Onanie-Diskussion.* Gesammelte Werke Band VIII. Fischer.

Freud, S. (1914/1982). *Zur Einführung des Narzissmus.* Studienausgabe Bd. 3. Fischer.

Freud, S. (1926/1975). *Die Frage der Laienanalyse.* Studienausgabe Ergänzungsband. Fischer.

Freud, S. (1933/1985). *Neue Folge der Vorlesungen zur Einführung in die Psychoanalyse.* Studienausgabe Bd. 1. Fischer.

Frischauer, P. (1968). *Weltgeschichte der Erotik Band I.* Droemersche Verlagsanstalt.

Furian, M. (1981/1996). *Das Buch vom Liebhaben* (9. Auflage). Quelle & Meyer.

Gallup, G. G., & Burch, R. L. (2004). Semen displacement as a sperm competition strategy in humans. *Evolutionary Psychology, 2,* 12–23. https://doi.org/10.1177%2F147470490400200105

Garcia, J. R., Lloyd, E. A., Wallen, K., & Fisher, H. E. (2014). Variation in Orgasm Occurrence by Sexual Orientation in a Sample of U. S. Singles. *The Journal of Sexual Medicine, 11(11),* 2645–2652. https://doi.org/10.1111/jsm.12669

Gathorne-Hardy, J. (2004). Kinsey: Der Mensch und der Film. In B. Condon (Hrsg.), *Kinsey. Let's talk about sex* (S. 9–16). Heyne.

Gauger, H.-M. (2012). *Das Feuchte und das Schmutzige. Kleine Linguistik der vulgären Sprache.* C. H. Beck.

Gebhard, P. H., & Johnson, A. B. (1979). *The Kinsey Data. Marginal Tabulations of the 1938–1963 Interviews Conducted by the Institute for Sex Research.* W. B. Saunders.

Gegenfurtner, A., & Gebhardt, M. (2018). Sexualpädagogik der Vielfalt. Ein Überblick über empirische Befunde. *Zeitschrift für Pädagogik, 64(3),* 379–393.

Gerheim, U. (2012). *Die Produktion des Freiers. Macht im Feld der Prostitution. Eine soziologische Studie.* transcript.

Gernet, J. (2010). *Generation Porno. Jugend, Sex, Internet.* Fackelträger.

GEW Baden-Württemberg, AK Lesbenpolitik des Vorstandbereichs Frauen (2013). *Lesbische und schwule Lebensweisen – ein Thema für die Schule.*

Ghiglieri, M.P. (1999). *The Dark Side of Man. Tracing the Origins of Male Violence.* Perseus.

Giles, G.G., Severi, G., English, D.R., McCredie, M.R., Borland, R., Boyle, P., & Hopper, J.L. (2003). Sexual Factors and Prostate Cancer. *BJU International, 92(3),* 211–16. PMID: 12887469. https://doi.org/10.1046/j.1464-410X.2003.04319.x

Glück, G., & Schliewert, H.-J. (1986). Sexualerziehung. In H.-D. Haller, & H. Meyer (Hrsg.), *Ziele und Inhalte der Erziehung und des Unterrichts. Enzyklopädie Erziehungswissenschaft Band 3* (S. 576–584). Klett.

Glück, G., Scholten, A., & Strötges, G. (1990). *Heiße Eisen in der Sexualerziehung. Wo sie stecken und wie man sie anfaßt.* Deutscher Studien Verlag.

Good, G.E., Sherrod, N.B., & Dillon, M.G. (2000), Masculine Gender Role Stressors and Men's Health. In R. Eisler, & M. Hersen (Hrsg.), *Handbook of Gender, Culture and Health* (S. 63–81). Lawrence Erlbaum Associates.

Gottschall, J.A., & Gottschall, T.A. (2003). Are per-incident rape-pregnancy rates higher than per-incident consensual pregnancy rates? *Human Nature, 14(1),* 1–20. https://doi.org/10.1007/s12110-003-1014-0

Graaf, H. de, & Rademakers, J. (2006). Sexual Development of Prepubertal Children. *Journal of Psychology & Human Sexuality, 18(1),* 1–21. https://psycnet.apa.org/doi/10.1300/J056v18n01_01

Gräfenberg, E. (1950). The role of urethra in female orgasm. *The International Journal of Sexology, 3(3),* 145–148.

Grammer, K. (1993). *Signale der Liebe. Die biologischen Gesetze der Partnerschaft.* Hoffmann & Campe.

Grampes, T. (2019). *50 Jahre Pornografiefreigabe in Dänemark. Mit Pornografie zur sexuellen Befreiung?* Deutschlandfunk Kultur, Kompressor, Beitrag vom 1.7.2019. https://www.deutschlandfunkkultur.de/50-jahre-pornografiefreigabe-in-daenemark-mit-pornografie.2156.de.html?dram:article_id=452757

Gray, P.B., & Garcia, J.R. (2013). *Evolution and Human Sexual Behavior.* Harvard University Press.

Greely, H.T. (2018). *The End of Sex and the Future of Human Reproduction.* Harvard University Press.

Grenz, S. (2007). Heterosexuelle Freier – zwischen Intimate citizenship und Sexismus. Ergebnisse einer qualitativen Interviewstudie. *Zeitschrift für Sexualforschung, 20(1),* 1–38. DOI: 10.1055/s-2007-960552

Griffith, J.D., Mitchell, S., Hart, C.L., Adams, L.T., & Gu, L.L. (2013). Pornografy Actresses: An Assessment of the Damaged Goods Hypothesis, *The Journal of Sex Research, 50(7),* 621–632. https://psycnet.apa.org/doi/10.1080/00224499.2012.719168

Griffith, S.C., Owens, I.P.F., & Thuman, K.A. (2002). Extra pair paternity in birds: a review of interspecific variation and adaptive function. *Molecular Ecology, 11(11),* 2195–2212. https://doi.org/10.1046/j.1365-294X.2002.01613.x

Grob, A., & Jaschinski, U. (2003). *Erwachsen werden. Entwicklungspsychologie des Jugendalters.* Beltz/PVU.

Grosskurth, P. (1985). *Havelock Ellis: A Biografy.* New York University Press.

Grote, S., Bürklein, D., Kanz, K.G., Mutschler, W., & Delhey, P. (2008). Was ist ab wann wieder möglich? Sexualität nach Hüftgelenksersatz. *Münchner Medizinische Wochenschrift, 159,* 51–52.

Grundmann, S. (2006). *Geschlecht und Sexualität in den medizinischen Schriften Galens.* In Geschäftsstelle des Zentrums für transdisziplinäre Geschlechterstudien der Humboldt-Universität zu Berlin, Bulletin Texte 31. https://www.gender.hu-berlin.de/de/publikationen/gender-bulletin-broschueren/bulletin-texte/texte-31

Guéguen, N. (2009). Menstrual cycle phases and female receptivity to a courtship solicitation: An evaluation in a nightclub. *Evolution and Human Behavior, 30(5),* 351–355. https://psycnet.apa.org/doi/10.1016/j.evolhumbehav.2009.03.004

Güngör, K., & Nafs, C. N. (2016). *Jugendliche in der offenen Jugendarbeit. Identitäten, Lebenslagen & abwertende Einstellungen.* https://www.wien.gv.at/freizeit/bildungjugend/pdf/studie-1.pdf

Guttenberg, K.-T. (2011). Erklärung am 18.2.2011. http://www.zeit.de/politik/deutschland/2011-02/guttenberg-erklaerung-wortlaut-

Haeberle, E. J. (1985). *Die Sexualität des Menschen* (2. Auflage). De Gruyter.

Haeberle, E. J. (1986). Sexualwissenschaft als Kulturwissenschaft: Zur Diskussion vor 1933. In R. Gindorf, & E. J. Haeberle (Hrsg.), *Sexualität als sozialer Tatbestand. Theoretische und empirische Beiträge zu einer Soziologie der Sexualitäten* (S. 37–54). De Gruyter.

Haeberle, E. J. (1991). Justitias zweischneidiges Schwert. Magnus Hirschfeld als Gutachter in der Eulenburg-Affäre. In K. M. Beier (Hrsg.), *Sexualität zwischen Medizin und Recht* (S. 5–20). Gustav Fischer.

Haeberle, E. J. (1993). Alfred C. Kinsey als Homosexualitätsforscher. In R. Lautmann (Hrsg.), *Homosexualität – Handbuch der Theorie- und Forschungsgeschichte* (S. 230–238). Campus.

Haeberle, E. J. (2006). Deutsche Sexualwissenschaft in der Emigration. Eine transatlantische Spurensuche. *Sexuologie, 13,* 93–100.

Hagner, M. (2010). *Der Hauslehrer. Die Geschichte eines Kriminalfalls.* Suhrkamp.

Hardy, J. W., & Easton, D. (2017). *The Ethical Slut. A Practical Guide to Polyamory, Open Relationships and Other Freedoms in Sex and Love* (3rd edition). Ten Speed Press.

Harris, J. M., Cherkas, L. F., Kato, B. S., Heiman, J. R., & Spector, T. D. (2008). Normal variations in personality are associated with coital orgasmic infrequency in heterosexual women: A population-based study. *The Journal of Sexual Medicine, 5(5),* 1177–1183. https://doi.org/10.1111/j.1743-6109.2008.00800.x

Harten, H.-C., Neirich, U., & Schwerendt, M. (2006). *Rassenhygiene als Erziehungsideologie des Dritten Reichs. Bio-bibliografisches Handbuch.* Akademie Verlag.

Hartman, W., & Fithian, M. (1990). *Jeder Mann kann. Die Erfüllung männlicher Sexualität* (Orig. 1984: Any Man Can). Ullstein.

Haselton, M. G., & Gildersleeve, K. (2011). Can men detect ovulation? *Current Directions in Psychological Science, 20(2),* 87–92. http://www2.psych.ubc.ca/~schaller/358Readings/HaseltonGildersleeve2011.pdf

Hatipoğlu, N., & Kurtoğlu, S. (2013). Micropenis: Etiology, Diagnosis and Treatment Approaches. *Journal of Clinical Research in Pediatric Endocrinology, 5(4),* 217–223. https://doi.org/10.4274/Jcrpe.1135

Hauch, M., Linzer, P., & Preuss, W. F. (2013). Arbeit mit den Verhaltensvorgaben: Die Paarebene. In M. Hauch (Hrsg.), *Paartherapie bei sexuellen Störungen. Das Hamburger Modell – Konzept und Technik* (S. 105–143). Thieme.

Haversath, J., Gärttner, K. M., Kliem, S., Vasterling, I., Strauss, B., & Kröger, C. (2017). Sexualverhalten in Deutschland. Ergebnisse einer repräsentativen Befragung. *Deutsches Ärzteblatt, 114,* 545–50; DOI: 10.3238/arztebl.2017.0545

Hawkes, K., O'Connell, J. F., Blurton Jones, N. G., Alvarez, H., & Charnov, E. L. (1998). Grandmothering, menopause, and the evolution of human life histories. *Proceedings of the National Academy of Science, 95,* 1336–1339. http://pages.nbb.cornell.edu/wkoenig/wicker/NB4340/Hawkes%20et%20al%201998.pdf

Heberer, E.-M. (2014). *Prostitution. An Economic Perspective on its Past, Present, and Future.* Springer VS.

Heckhausen, H., & Gollwitzer, P. M. (1987). Thought contents and cognitive functioning in motivational versus volitional states of mind. *Motivation and Emotion, 11,* 101–120. https://link.springer.com/content/pdf/10.1007/BF00992338.pdf

Hegener, W. (2005). 100 Jahre Drei Abhandlungen zur Sexualtheorie. Sexualität im Zeitalter ihrer technischen Reproduzierbarkeit. *Psyche. Zeitschrift für Psychoanalyse, 59,* 1081–1106.

Heidegger, P. (2011). Der stille Kampf der „Kriegsheldinnen". Frauen und der Unabhängigkeitskrieg von 1971. *Netz – Bangladesch Zeitschrift, 33(1),* 20–22. https://bangladesch.org/fileadmin/redaktion/Bilder/B_Globales_Lernen/B3.1_Zeitschrift/2011/NETZ-Zeitschrift-1-2011.pdf

Heider, F. (1958). *The Psychology of Interpersonal Relations.* Lawrence Erlbaum.

Heiman, J., LoPiccolo, L., & LoPiccolo, J. (1978). *Gelöst im Orgasmus. Entwicklung des sexuellen Selbst-Bewußtseins für Frauen.* Verlag für humanistische Psychologie Werner Flach KG.

Heldmaier, G., & Neuweiler, G. (2004). *Vergleichende Tierphysiologie, Band 2.* Springer.

Henschel, A. (1820). *Von der Sexualität der Pflanzen. Studien.* Korn.

Herbenick, D. (2015). *The Coregasm Workout.* Seal Press.

Herbenick, D., Bowling, J., Fu, T.-C., Dodge, B., Guerra-Reyes, L., & Sanders, S. (2017). Sexual diversity in the United States: Results from a nationally representative probability sample of adult women and men. *PLoS ONE 12(7):* e0181198. https://doi.org/10.1111/j.1743-6109.2010.02012.x

Herbenick, D., Reece, M., Schick, V., Sanders, S. A., Dodge, B., & Fortenberry, J. D. (2010). Sexual behavior in the United States: results from a national probability sample of men and women ages 14–94. *Journal of Sexual Medicine, 7(5),* 255–265. doi: 10.1111/j.1743-6109.2010.02012.x.

Herdt, G. H. (1982). *Rituals of Manhood: Male Initiation in Papua New Guinea.* University of California Press.

Hergemöller, B.-U. (2000). *Sodom und Gomorrha. Zur Alltagswirklichkeit und Verfolgung Homosexueller im Mittelalter* (2. Auflage). Männerschwarm.

Herold, C., Motamedi, M., Hartmann, U., & Allert, S. (2015). G-spot augmentation with autologous fat transplantation. *Journal oft he Turkish-German Gynecological Association, 16(3),* 187–188. https://doi.org/10.5152/jtgga.2015.15027

Herrath, F., & Sielert, U. (1991). *Lisa und Jan. Ein Aufklärungsbuch für Kinder und ihre Eltern.* Beltz.

Herzog, D. (2005). *Die Politisierung der Lust. Sexualität in der deutschen Geschichte des 20. Jahrhunderts.* Siedler.

Hess, J. A., & Coffelt, T. A. (2012). Verbal Communication about Sex in Marriage: Patterns of Language Use and Its Connection with Relational Outcomes. *Journal of Sex Research, 49(6),* 603–612. https://doi.org/10.1080/00224499.2011.619282

Hesse, H. (1930/1975). *Narziß und Goldmund.* Suhrkamp.

Hessisches Kultusministerium (2016). *Lehrplan Sexualerziehung für allgemeinbildende und berufliche Schulen in Hessen.* Wiesbaden.

Higgins, J. A., Trussell, J., Moore, N. B., & Davidson, J. K. (2010). Virginity lost, satisfaction gained? Physiological and psychological sexual satisfaction at heterosexual debut. *Journal of Sex Research, 47(4),* 384–394. https://doi.org/10.1080/00224491003774792

Hill, K. R., Walker, R. S., Bozicevic, M., Eder, J., Headland, T., Hewlett, B., Hurtado, A. M., Marlowe, F., Wiessner, P., & Wood, B. (2011). Co-residence patterns in hunter-gatherer societies show unique human social structure. *Science, 331(6022),* 1286–1289. https://psycnet.apa.org/doi/10.1126/science.1199071

Hines, M., Spencer, D., Kung, K. T., Browne, W. V., Constantinescu, M., & Noorderhaven, R. M. (2016). The early postnatal period, mini-puberty, provides a window on the role of testosterone in human neurobehavioural development. *Current Opinion in Neurobiology, 38,* 69–73. doi: 10.1016/j.conb.2016.02.008.

Hines, T. M. (2001). The G-Spot. A modern gynecologic myth. *Journal of Obstetrics and Gynecology, 185(2),* 359–362. https://doi.org/10.1067/mob.2001.115995

Hinz, A. (2003). Sexualerziehung. Erfahrungen, Einstellungen und Kompetenzerwartungen angehender Lehrerinnen und Lehrer. In G. Krampen, & H. Zayer (Hrsg.), *Psychologie-*

didaktik und Evaluation IV. Neue Medien, Konzepte, Untersuchungsbefunde und Erfahrungen zur psychologischen Aus-, Fort- und Weiterbildung (S. 400–422). Deutscher Psychologen Verlag.

Hinz, A. (2005). Verhaltenstrainings zur Prävention von Aids, Teenagerschwangerschaften und sexuell übertragbaren Krankheiten. *Schulmagazin 5–10, 6*, 53–56.

Hinz, A. (2006). *Stark im Leben. Geschlechtergerechte Gesundheitsförderung für Jungen und Mädchen der Klassen 7 und 8*. Dgvt.

Hinz, A. (2008). Was Jungen und Mädchen über Sexualität wissen wollen. Eine Inhaltsanalyse anonymer Fragen von Viert-, Siebt- und Zehntklässlern. *Zeitschrift für Soziologie der Erziehung und Sozialisation, 28*, 75–90.

Hinz, A. (2014a). Jungen- und Männergesundheit aus evolutionspsychologischer Perspektive. In N. Neuber, & C. Blomberg (Hrsg.), *Männliche Selbstvergewisserung im Sport – Beiträge zur geschlechtssensiblen Förderung von Jungen* (S. 77–96). Springer VS.

Hinz, A. (2014b). Forschungsmethoden. In R. Wagner, A. Hinz, A. Rausch, & B. Becker, *Modul Pädagogische Psychologie* (2. Auflage). UTB/Klinkhardt.

Hinz, A., & Petrova, N. (2013). Sexuelle Erfahrungen, Gesundheitsverhalten und Zukunftsvorstellungen von Prostituierten aus Bulgarien in Deutschland. Ergebnisse einer qualitativen Interviewstudie. *Zeitschrift für Sexualforschung, 26(2)*, 122–142. DOI: 10.1055/s-0033-1335599

Hinz, A. & Wagner, R. (2014). Entwicklung. In R. Wagner, A. Hinz, A. Rausch, & B. Becker, *Modul Pädagogische Psychologie* (2. Auflage) (S. 59–92). UTB/Klinkhardt.

Hite, S. (1977). *Hite Report. Das sexuelle Erleben der Frau* (Orig. 1976: The Hite Report. A Nationwide Study of Female Sexuality). Bertelsmann.

Hite, S. (1982). *Hite Report. Das sexuelle Erleben des Mannes* (Orig. 1978: The Hite Report on Male Sexuality). Bertelsmann.

Hoag, N., Keast, J. R., & O'Connell, H. E. (2017). The „G-Spot" Is Not a Structure Evident on Macroscopic Anatomic Dissection of the Vaginal Wall. *Journal of Sexual Medicine, 14(12)*, 1524–1532. https://doi.org/10.1016/j.jsxm.2017.10.071

Hockings, K. J., Humle, T., Anderson, J. R., Biro, D., Sousa, C., Ohashi, G., & Matsuzawa, T. (2007). Chimpanzees Share Forbidden Fruit. *PLoS ONE 2(9)*: e886. http://www.plosone.org/article/info:doi%2F10.1371%2Fjournal.pone.0000886

Hodann, M. (1928a). Was müssen unsere Genossen von der Eugenik wissen? In M. Hodann, *Sexualpädagogik. Erziehungshygiene und Gesundheitspolitik* (S. 66–73). Greifenverlag.

Hodann, M. (1928b). *Bringt uns wirklich der Klapperstorch? Ein Lehrbüchlein für Kinder lesbar.* Universitas Deutsche Verlags-Aktiengesellschaft.

Hohmann, J. S. (1985). *Sexualforschung und -aufklärung in der Weimarer Republik.* Foerster.

Holl, P. (1986). *Studien zu einer Geschichte der Sexualerziehung.* Dissertation Universität Gesamthochschule Essen. Wassermann.

Holmström, C., & Skilbrei, M.-L. (2017). The Swedish Sex Purchase Act: Where Does it Stand? *Oslo Law Review, 4(2)*, 82–104. https://doi.org/10.18261/issn.2387-3299-2017-02-02

Höpflinger, F. (2013). Das vierte Lebensalter. Gesellschaftliche und individuelle Dimensionen. In T. Meireis (Hrsg.), *Altern in Würde. Das Konzept der Würde im vierten Lebensalter* (S. 39–58). Theologischer Verlag.

Hörnle, T. (2018). Taten nach § 177 StGB in der Polizeilichen Kriminalstatistik. Zusammenhänge mit Zuwanderung. *KriPoZ 4 | 2018*, 218–223.

Horst, E. (2013). *Die Nackten und die Tobenden. FKK – Wie der freie Körper zum deutschen Kult wurde.* Karl Blessing.

Hoyndorf, S., Reinhold, M., & Christmann, F. (1995). *Behandlung sexueller Störungen. Ätiologie, Diagnostik, Therapie: Sexuelle Dysfunktionen, Mißbrauch, Delinquenz.* Beltz Psychologie Verlags Union.

Hsu, B., Cumming, R. G., Blyth, F. M., Naganathan, V., Le Couteur, D. G., Seibel, M. J., Waite, L. M., & Handelsman, D. J. (2015). The Longitudinal Relationship of Sexual Function and

Androgen Status in Older Men: The Concord Health and Ageing in Men Project. *The Journal of Clinical Endocrinology & Metabolism, 100(4)*, S. 1350–1358. https://doi.org/10.1210/jc.2014-4104
Hublin, J.-J., Ben-Ncer, A., Bailey, S. E., Freidline, S. E., Neubauer, S., Skinner, M. M., Bergmann, I., Le Cabec, A., Benazzi, S., Harvati, K., & Gunz, P. (2017). New fossils from Jebel Irhoud, Morocco and the pan-African origin of Homo sapiens. *Nature, 546(7657)*, 289–292. https://doi.org/10.1038/nature22336
Huck, M., Fernandez-Duque, E., Babb, P., & Schurr, T. (2014). Correlates of genetic monogamy in socially monogamous mammals: insights from Azara's owl monkeys. *Proceedings of the Royal Society Biological Sciences, 281*: 20140195. http://dx.doi.org/10.1098/rspb.2014.0195
Hunger, H. (1954). *Das Sexualwissen der Jugend. Sexualpädagogische Schriftenreihe 1*. E. Reinhardt.
Hunger, H. (1959). *Lexikon der griechischen und römischen Mythologie*. Hollinek.
Hurlbert, D. F. (1991). The role of assertiveness in female sexuality: A comparative study between sexually assertive and sexually non-assertive women. *Journal of Sex and Marital Therapy, 17(3)*, 183–190. https://psycnet.apa.org/doi/10.1080/00926239108404342
Hyde, J. S. (2005). The gender similarities hypothesis. *American Psychologist, 60(6)*, 581–592. https://psycnet.apa.org/doi/10.1037/0003-066X.60.6.581
Hyde, J. S., & DeLamater, J. D. (2006). *Unterstanding Human Sexuality* (9th ed.). McGraw Hill.
Jacobi, P., Kriedemann, H., Maier, L., & Peters, I. (1972). *Sexfibel*. Leske.
Jacobovits, A. A. (2001). Intrauterine penile erection. *Ultrasound in Obstretics Gynecology, 18(4)*, 405. https://obgyn.onlinelibrary.wiley.com/doi/pdf/10.1046/j.0960-7692.2001.00477.x
Jeffreys, S. (1990). *Anticlimax: A Feminist Perspective on the Sexual Revolution*. New York University Press.
Johow, J., & Voland, E. (2011). Das geteilte Leben. Evolutionäre Gründe der Geschlechterdifferenz. In H. Fink, & R. Rosenzweig (Hrsg.), *Mann, Frau, Gehirn. Geschlechterdifferenz und Neurowissenschaft* (S. 133–146). Mentis.
Jones, R. E., & López, K. H. (2006). *Human Reproductive Biology* (3rd ed.). Elsevier Academic Press.
Joseph, P. N., Sharma, R. K., Agarwal, A., & Sirot, L. K. (2015). Men Ejaculate Larger Volumes of Semen, More Motile Sperm, and More Quickly when Exposed to Images of Novel Women. *Evolutionary Psychological Science 1*, 195–200. doi:10.1007/s40806-015-0022-8
Junker, T. (2006). *Die Evolution des Menschen*. Beck.
Junker, T. (2016). *Die verborgene Natur der Liebe. Sex und Leidenschaft und wie wir die Richtigen finden*. Beck.
Junker, T. & Paul, S. (2009). *Der Darwin-Code. Die Evolution erklärt unser Leben*. Beck.
Kahl, H., Schaffrath Rosario, A., & Schlaud, M. (2007). Sexuelle Reifung von Kindern und Jugendlichen in Deutschland. Ergebnisse des Kinder- und Jugendgesundheitssurveys (KiGGS). *Bundesgesundheitsblatt – Gesundheitsforschung – Gesundheitsschutz, 50*, 677–685.
Kappeler, P. M. (2012). *Verhaltensbiologie* (3. Auflage). Springer.
Karacan, I., Rosenbloom, A. L., & Williams, R. L. (1970). The clitoral erection cycle during sleep. *Sleep Research, 7*, 338.
Karraker, A., & Delamater, J. (2013). Past-year sexual inactivity among older married persons and their partners. *Journal of Marriage and Family, 75(1)*, 142–163. https://doi.org/10.1111/j.1741-3737.2012.01034.x
Katechismus der Katholischen Kirche (1997). *Verstöße gegen die Keuschheit*. http://www.vatican.va/archive/DEU0035/_P8B.HTM
Kater, M. H. (2005). *Hitler-Jugend*. Primus.
Kavemann, B., & Steffan, E. (2013). Zehn Jahre Prostitutionsgesetz und die Kontroverse um die Auswirkungen. *Aus Politik und Zeitgeschichte, 9*, 9–15.

Kennedy, P. (2008). *The Dangerous Joy of Dr. Sex and Other True Stories.* Santa Fe Writers Project SFWP.
Kentler, H. (1970). *Sexualerziehung.* Rowohlt.
Kentler, H. (1975). *Eltern lernen Sexualerziehung.* Rowohlt.
Kentler, H. (1982). *Taschenlexikon Sexualität.* Schwann.
Kilchevsky, A., Vardi, Y., Lowenstein, L., & Gruenwald, I. (2012). Is the female G-spot truly a distinct anatomic entity? *Journal of Sexual Medicine, 9(3),* 719–726. https://doi.org/10.1111/j.1743-6109.2011.02623.x
Kilmartin, C. T. (2000). *The masculine self* (2nd ed.). McGraw-Hill.
Kimmel, B., Rack, S., Schnell, C., Hahn, F., Hartl., J., Echtler, B., Kempf, S., & Bounin, I. (2018). *Let's talk about Porno. Jugendsexualität, Internet und Pornografie. Arbeitsmaterialien für Schule und Jugendarbeit.* Klicksafe.de/Landesmedienzentrum Baden-Württemberg/Profamilia Bayern.
Kinsey, A. C., Pomeroy, W. B., & Martin, C. E. (1964). *Das sexuelle Verhalten des Mannes* (Orig. 1948: Sexual Behavior in the Human Male). Fischer.
Kinsey, A. C., Pomeroy, W. B., Martin, C. E., & Gebhard, P. H. (1954). *Das sexuelle Verhalten der Frau* (Orig. 1953: Sexual Behavior in the Human Female). Fischer.
Klawitter, M. (2015). Meta-analysis of the effects of sexual orientation on earnings. Industrial Relations. *A Journal of Economy and Society, 54(1),* 4–32. https://doi.org/10.1111/irel.12075
Kleber, R. A., Linzer, P., & Preuss, W. F. (2013). Kap. 9.4–9.5. In M. Hauch (Hrsg.), *Paartherapie bei sexuellen Störungen. Das Hamburger Modell – Konzept und Technik* (S. 163–175). Thieme.
Kleinplatz, P. J., & Diamond, L. M. (2014). Sexual Diversity. In D. L Tolman, L. M. Diamond, J. A. Baumeister, W. H. George, J. G. Pfaus, & L. M. Ward (Hrsg.), *APA Handbook of Sexuality and Psychology, Vol. 1: Person-based approaches* (S. 245–267). Washington, APA.
Kleiber, D., & Veiten, D. (1994). Ergebnisse der Freier-Studie. In D. Kleiber, & D. Veiten (Hrsg.), *Prostitutionskunden. Eine Untersuchung über soziale und psychologische Charakteristika von Besuchern weiblicher Prostituierter in Zeiten von AIDS* (S. 52–122). Band 30 Schriftenreihe des Bundesministeriums für Gesundheit. Nomos Verlagsgesellschaft.
Kleiber, D., & Wilke, M. (1993). Sextourismus, ein Motor für die Ausbreitung von HIV und AIDS? *Südostasien Informationen 4/93,* 41–42.
Kleist, M. (2017). *Geheimwissen Männlicher Multi-Orgasmus.* Heller.
Klesse, C. (2007). Polyamorie – von dem Versprechen, viele zu lieben – Ein Kommentar zum Forschungsstand. *Zeitschrift für Sexualforschung, 20(4),* 316–330. DOI: 10.1055/s-2007-981350
Klocke, U. (2012). *Akzeptanz sexueller Vielfalt an Berliner Schulen: Eine Befragung zu Verhalten, Einstellungen und Wissen zu LSBT und deren Einflussvariablen.* Senatsverwaltung für Bildung, Jugend und Wissenschaft Berlin. http://www.psychologie.hu-berlin.de/prof/org/download/klocke2012_1.
Kluge, N. (1998). *Sexualverhalten Jugendlicher heute.* Juventa.
Klusmann, D., & Berner, W. (2011). Veränderungen weiblicher Partnerpräferenzen im Menstruationszyklus. *Zeitschrift für Sexualforschung, 24(2),* 170–186. https://psycnet.apa.org/doi/10.1055/s-0031-1271481
Knott, C. D., & Kahlenberg, S. (2007). Orangutans in Perspective. Forced Copulations and Female Mating Resistance. In S. Bearder, C. J. Campbell, A. Fuentes, K. C. MacKinnon, & M. Panger (Hrsg.), *Primates in Perspective* (S. 290–305). Oxford University Press.
Knott, C. D., Thompson, M. E., Stumpf, R. M., & McIntyre, M. H. (2010). Female reproductive strategies in orangutans, evidence for female choice and counterstrategies to infanticide in a species with frequent sexual coercion. *Proceedings of the Royal Society Biological Sciences, 277(1678),* 105–113. https://doi.org/10.1098/rspb.2009.1552

Koch, F. (1983). Sexualerziehung. In E.-G. Skiba, C. Wulf, & K. Wünsche (Hrsg.), *Erziehung im Jugendalter – Sekundarstufe I Enzyklopädie Erziehungswissenschaft* (Hrsg. v. D. Lenzen) (S. 564–568). Klett.

Koch, F. (1992). „Christiane F. Wir Kinder vom Bahnhof Zoo." Ein Film für die Drogenerziehung? In J. Bastian (Hrsg.), *Drogenprävention und Schule. Grundlagen, Erfahrungsberichte, Unterrichtsbeispiele* (S. 157–166). Bergmann & Helbig.

Koch, F. (2000). *Sexualität, Erziehung und Gesellschaft. Von der geschlechtlichen Unterweisung zur emanzipatorischen Sexualpädagogik.* Peter Lang.

Kohler, P.K., Manhart, L.E., & Lafferty, W.E. (2008). Abstinence-Only and Comprehensive Sex Education and the Initiation of Sexual Activity and Teen Pregnancy. *Journal of Adolescent Health, 42(4),* 344–351. https://doi.org/10.1016/j.jadohealth.2007.08.026

Kohut, T., Fisher, W.A., & Campbell, L. (2017). Perceived Effects of Pornografy on the Couple Relationship: Initial Findings of Open-Ended, Participant-Informed, „Bottom-Up" Research. *Archives of Sexual Behavior, 46(2),* 585–602. https://doi.org/10.1007/s10508-016-0783-6

Komisaruk, B.R., & Whipple, B. (2011). Non-Genital Orgasms. *Sexual and Relationship Therapy, 26(4),* 356–372. https://doi.org/10.1080/14681994.2011.649252

Komisaruk, B.R., Whipple, B., Nasserzadeh, S., & Beyer-Flores, C. (2010). *The Orgasm Answer Guide.* The Johns Hopkins University Press.

Kontula, O., & Miettinen, A. (2016). Determinants of Female Sexual Orgasms. *Socioaffective Neuroscience & Psychology, 6(1),* 31624. http://dx.doi.org/10.3402/snp.v6.31624

Kosinski, M., & Wang, Y. (2017). Deep neural networks are more accurate than humans at detecting sexual orientation from facial images. *Journal of Personality and Social Psychology, 114(2),* 246–257. https://psycnet.apa.org/doi/10.1037/pspa0000098

Kossat, J. (2018). *Sexualität. Das Wichtigste für Ärzte aller Fachrichtungen.* Elsevier.

Kotowski, E.-V. (2006). Magnus Hirschfeld und seine Zeit. Eigen- und Fremdbild Berliner Juden um 1900. *Sexuologie, 13,* 80–83.

Kotsadam, A., & Jakobsson, N. (2012). Shame on You, John! Laws, Stigmatization, and the Demand for Sex. *European Journal of Law and Economics, 37,* 393–404. https://doi.org/10.1007/s10657-012-9339-y

Kracke, B., & Silbereisen, R.K. (1994). Körperliches Entwicklungstempo und psychosoziale Anpassung im Jugendalter: Ein Überblick zur neueren Forschung. *Zeitschrift für Entwicklungspsychologie und Pädagogische Psychologie, 4,* 293–330.

Kraemer, B., Noll, T., Delsignore, A., & Hepp, U. (2007). Finger length ratio (2D:4D) in adults with Gender Identity Disorder. *Archives of Sexual Behavior, 38(3),* 359–363. https://doi.org/10.1007/s10508-007-9262-4

Krafft-Ebing, R. von (1886/1997). *Psychopathia sexualis.* Matthes & Seitz.

Kramer, L.A., & Berg, E.C. (2003). A Survival Analysis of Timing of Entry into Prostitution: The Differential Impact of Race, Educational Level, and Childhood/Adolescent Risk Factors. *Sociological Inquiry, 73(4),* 511–528. https://doi.org/10.1111/1475-682X.00069

Kraus, S.W., Voon, V., & Potenza, M.N. (2016). Should compulsive sexual behavior be considered an addiction? *Addiction, 111(12),* 2097–2106. https://doi.org/10.1111/add.13297

Krüger, T.H., Haake, P., Chereath, D., Knapp, W., Janssen, O.E., Exton, M.S., Schedlowski, M., & Hartmann, U. (2003). Specificity of the neuroendocrine response to orgasm during sexual arousal in men. *Journal of Endocrinology, 177(1),* 57–64. https://doi.org/10.1677/joe.0.1770057

Krüger, T.H., Haake, P., Hartmann, U., Schedlowski, M., & Exton, M.S. (2002). Orgasm-induced prolactin secretion: feedback control of sexual drive? *Neuroscience & Biobehavioral Reviews, 26(1),* 31–44. DOI: 10.1016/s0149-7634(01)00036-7

Kuegler, S. (2005). *Dschungelkind.* Droemersche Verlagsanstalt.

Kuhle, B.X., & Radtke, S. (2013). Born Both Ways: The Alloparenting Hypothesis for Sexual Fluidity in Women. *Evolutionary Psychology 11(2),* 304–323. https://doi.org/10.1177/147470491301100202

Kühn, S., & Gallinat, J. (2014). Brain Structure and Functional Connectivity Associated With Pornografy Consumption. The Brain on Porn. *JAMA Psychiatry, 71(7),* 827–834. https://doi.org/10.1001/jamapsychiatry.2014.93

Kutschera, U. (2016). *Das Gender-Paradoxon. Mann und Frau als evolvierte Menschentypen.* LIT.

Kvalem, I.L., Træen, B., Lewin, B., & Štulhofer, A. (2014). Self-perceived effects of Internet pornografy use, genital appearance satisfaction, and sexual self-esteem among young Scandinavian adults. *Cyberpsychology: Journal of Psychosocial Research on Cyberspace, 8(4),* Article 4. https://doi.org/10.5817/CP2014-4-4

Laan, E., & Rellini, A.H. (2011). Can we treat anorgasmia in women? The challenge to experiencing pleasure. *Sexual and Relationship Therapy, 26(4),* 329–341. https://doi.org/10.1080/14681994.2011.649691

Lachs, J. (1902). *Die Gynäkologie des Soranus von Ephesus.* Breitkopf und Härtel.

Ladas, A.K., Whipple, B., & Perry, J. (1982). *The G Spot and Other Recent Discoveries about Human Sexuality.* Holt, Rinehart & Winston.

Lahdenperä, M., Lummaa, V., Helle, S., & Russell, A.F. (2004). Fitness Benefits of Prolonged Post-Reproductive Lifespan in Women. *Nature, 428,* 178–181. https://doi.org/10.1038/nature02367

Landolt, K., Koch, U., Lauber, C., Hass, A.K., Altwegg, M., Ajdacic-Gross, V., & Rössler, W. (2010). Psychische Erkrankungen bei Sexarbeiterinnen. Verbreitung und Einflussfaktoren. *Kriminalistik, 64(8-9),* 518–524.

Lange, C., & Rethemeier, A. (2013). Kap. 9.1 bis 9.3. In M. Hauch (Hrsg.), *Paartherapie bei sexuellen Störungen. Das Hamburger Modell – Konzept und Technik* (S. 144–163). Thieme.

Laqueur, T.W. (2008). *Die einsame Lust. Eine Kulturgeschichte der Selbstbefriedigung.* Osburg.

Larmuseau, M.H.D., Matthijs, K., & Wenseleers, T. (2016). Cuckolded Fathers Rare in Human Populations. *Trends in Ecology and Evolution, 31(5),* 327–329. https://doi.org/10.1016/j.tree.2016.03.004

Larsson I., & Svedin, C.G. (2002). Sexual Experiences in Childhood: Young Adults' Recollections. *Archives of Sexual Behavior, 31(3),* 263–273.

Laska, B.A. (1996). Sexuelle Revolution (Wilhelm Reich) vs. Neosexuelle Revolution (Volkmar Sigusch). *Sexuologie, 4,* 232–241. https://doi.org/10.1023/a:1015252903931

Laura, D. (2008). *Mein teures Studium. Studentin, 19 Jahre, Nebenjob: Prostituierte.* C. Bertelsmann.

Lautmann, R. (Hrsg.) (1977). *Seminar: Gesellschaft und Homosexualität.* Suhrkamp.

Lautmann, R. (1994). *Die Lust am Kind. Portrait des Pädophilen.* Klein.

Law Smith, M.J., Perrett, D.I., Jones, B.C., Cornwell, R.E., Moore, F.R., Feinberg, D.R., Boothroyd, L.G., Durrani, S.J., Stirrat, M.R., Whiten, S., Pitman, R.M., & Hillier, S.G. (2006). Facial appearance is a cue to oestrogen levels in women. *Proceedings of the Royal Society Biological Sciences, 273,* 135–140. https://doi.org/10.1098/rspb.2005.3296

Lehmiller, J.J. (2014). *The Psychology of Human Sexuality.* Wiley Blackwell.

Leitzmann, M.F., Platz, E.A., Stampfer, M.J., Willett, W.C., & Giovannucci, E. (2004). Ejaculation frequency and subsequent risk of prostate cancer. *JAMA, 291(13),* 1578–1586. http://pmmp.cnki.net/Resources/CDDPdf/evd%5C200801%5CJAMA%5C%E9%98%9F%E5%88%97%E7%A0%94%E7%A9%B6%5Cjama2004291041578.pdf

Lesben- und Schwulenverband Schleswig-Holstein e.V./PETZE-Institut für Gewaltprävention (2014). *Echte Vielfalt unter dem Regenbogen. Methodenschatz für Grundschulen zu Lebens- und Liebesweisen.* https://demofueralle.files.wordpress.com/2014/11/141110-schulmaterial-ev.pdf

Lester, G.L., & Gorzalka, B. B. (1988). Effect of novel and familiar mating partners on the duration of sexual receptivity in the female hamster. *Behavioral and Neural Biology, 49(3),* 398–405. https://doi.org/10.1016/s0163-1047(88)90418-9

LeVay, S. (1994). *Keimzellen der Lust. Die Natur der menschlichen Sexualität.* Spektrum Akademischer Verlag.

LeVay, S. (2011). *Gay, straight, and the reason why. The science of sexual orientation.* Oxford University Press.

Levin, R.J. (2012). The human female orgasm: A critical evaluation of its proposed reproductive functions. *Sexual and Relationship Therapy, 26(4),* 301–314. https://doi.org/10.1080/14681994.2011.649692

Levin, R.J. (2014). Should the clitoris become a vestigial organ by personal ‚psychological clitoridectomy'? A critical examination of the literature. *Journal of Women's Health, Issues & Care, 3:5.* http://dx.doi.org/10.4172/2325-9795.1000159

Levin, R.J. (2018). Prostate-Induced Orgasms: A Concise Review Illustrated with a Highly Relevant Case Study. *Clinical Anatomy, 31(1),* 81–85. https://doi.org/10.1002/ca.23006

Lever, J., Frederick, D.A., & Peplau, L.A. (2006). Does Size Matter? Men's and Women's Views on Penis Size Across the Lifespan. *Psychology of Men & Masculinity, 7(3),* 129–143. https://psycnet.apa.org/doi/10.1037/1524-9220.7.3.129

Levy, J.C. (1994). Impotence and its medical and psychosocial correlates: results of the Massachusetts Male Aging Study. *Journal of Urology, 151(1),* 54–61. https://doi.org/10.1016/s0022-5347(17)34871-1

Ley, D.J. (2012). *The Myth of Sex Addiction.* Rowman & Littlefield.

Linse U. (1987). Über den Prozeß der Syphilisation – Körper und Sexualität um 1900 aus ärztlicher Sicht. In A. Schuller, & N. Heim (Hrsg.) *Vermessene Sexualität* (S. 163–185). Springer. https://doi.org/10.1007/978-3-642-72743-6_9

Lippa, R.A. (2009). Sex Differences in Sex Drive, Sociosexuality, and Height across 53 Nations: Testing Evolutionary and Social Structural Theories. *Archives of Sexual Behavior, 38(5),* 631–651. https://doi.org/10.1007/s10508-007-9242-8

Lischke, G. (1995). Die Sexualforschung der jüngsten Zeit. In G. Lischke, & A. Tramitz, *Weltgeschichte der Erotik Bd. 4. Von Marilyn bis Madonna* (S. 103–128). Droemersche Verlagsanstalt.

Lister, K. (2020). *A Curious History of Sex.* Unbound.

Liu, H., Waite, L., Shen, S., & Wang, D. (2016). Is sex good for your health? A national study on partnered sexuality and cardiovascular risk among older men and women. *Journal of Health and Social Behavior, 57(3),* 276–296. https://doi.org/10.1177/0022146516661597

Lloyd, E.A. (2001). All about Eve: Bias in evolutionary explanations of women's sexuality. *Proceedings of the Pittsburgh Workshop in History and Philosophy of Biology,* Center for Philosophy of Science, University of Pittsburgh, March 23–24, 2001. Session 2: female Orgasms and Evolutionary theory (S. 22–46). Retrieved from http://philsci-archive.pitt.edu/853/1/chapter_2.pdf

Lloyd, E.A. (2005). *The case of female orgasm. Bias in the science of evolution.* Harvard University Press.

Lofgren-Mårtenson, L., & Månsson, S.A. (2010). Lust, Love, and Life: A Qualitative Study of Swedish Adolescents' Perceptions and Experiences with Pornografy. *Journal of Sexual Research, 47(6),* 568–579. https://doi.org/10.1080/00224490903151374

Lough-Stevens, M., Schultz, N.G., & Dean, M.D. (2017). The baubellum is more developmentally and evolutionarily labile than the baculum. *Ecology and Evolution, 8(2),* 1073–1083. https://doi.org/10.1002/ece3.3634

Love, T., Laier, C., Brand, M., Hatch, L., & Hajela, R. (2015). Neuroscience of Internet Pornografy Addiction: A Review and Update. *Behavioral Sciences, 5(3),* 388–433. https://doi.org/10.3390/bs5030388

Lukrez (Titus Lucretius Carus) (ca. 55 v. Chr.). De rerum natura/Über die Natur der Dinge. http://www.textlog.de/lukrez-natur-dinge.html

Lütkehaus, L. (1992). *„O Wollust, o Hölle" – Die Onanie – Stationen einer Inquisition*. Fischer.

Lynn, R. (2012). An examination of Rushton's theory of differences in penis length and circumference and r-K life history theory in 113 populations. *Personality and Individual Differences, 55*, 261–266. doi: 10.1016/j.paid.2012.02.016

Maake, C. (2005). Biologische Grundlagen der Sexualität. In C. Buddeberg, *Sexualberatung. Eine Einführung für Ärzte, Psychotherapeuten und Familienberater* (S. 19–29) (4. Auflage). Thieme.

MacNeil, S., & Byers, E.S. (2005). Dyadic assessment of sexual self-disclosure and sexual satisfaction in heterosexual dating couples. *Journal of Social and Personal Relationships, 22(2)*, 169–181. https://psycnet.apa.org/doi/10.1177/0265407505050942

Maddox, A.M., Rhoades, G.K., & Markman, H.J. (2011). Viewing Sexually-Explicit Materials Alone or Together: Associations with Relationship Quality. *Archives of Sexual Behavior, 40(2)*, 441–448. https://psycnet.apa.org/doi/10.1007/s10508-009-9585-4

Mah, K., & Binik, Y.M. (2001). The nature of human orgasm: a critical review of major trends. *Clinical Psychology Review, 21(6)*, 823–856. https://doi.org/10.1016/s0272-7358(00)00069-6

Maier, T. (2009). *Masters of Sex. The Life and Time of William Masters and Virginia Johnson, the Couple Who Taught America How to Love*. Perseus.

Malamuth, N.M., Addison, T., & Koss, M. (2000). Pornografy and Sexual Aggression: Are there Reliable Effects and Can We Understand Them? *Annual Review of Sex Research, 11(1)*, 26–91. doi: 10.1080/10532528.2000.10559784

Malamuth, N.M., & Check, J.V. (1980). Penile tumescence and perceptual responses to rape as a function of victim's perceived reactions. *Journal of Applied Social Psychology, 10(6)*, 528–547. https://psycnet.apa.org/doi/10.1111/j.1559-1816.1980.tb00730.x

Maravilla, K., Heiman, J., Garland, P., Cao, Y., Carter, W., Peterson, B., & Weisskoff, R. (2003). Dynamic MR Imaging of the Sexual Arousal Response in Women. *Journal of Sex and Marital Therapy, 29(1)*, 71–76. https://doi.org/10.1080/713847132

Marcus, U. (2000). Risiken und Wege der HIV-Übertragung. Auswirkungen auf Epidemiologie und Prävention der HIV-Infektion. *Bundesgesundheitsblatt – Gesundheitsforschung – Gesundheitsschutz, 43*, 449–458.

Marcuse, H. (1957/1980). *Triebstruktur und Gesellschaft*. Suhrkamp.

Marcuse, M. (1917). *Der eheliche Präventivverkehr, seine Verbreitung, Verursachung und Methodik. Dargestellt und beleuchtet an 300 Ehen*. Ferdinand Enke. http://bib.muvs.org/data/mvs_000960/volume_2.pdf

Marengo, A., & Hepton, B. (Directors) (2014). *Porn on the Brain* [Film]. XiveTV.

Markham, C.M., Tortolero, S.R., Peskin, M.F., Shegog, R., Thiel, M., Baumler, E.R., Addy, R.C., Escobar-Chaves, S.L., Reininger, B., & Robin, L. (2012). Sexual Risk Avoidance and Sexual Risk Reduction Interventions for Middle School Youth: A Randomized Controlled Trial. *Journal of Adolescent Health, 50(3)*, 279–288. https://www.ncbi.nlm.nih.gov/pmc/articles/PMC4882098/pdf/nihms785421.pdf

Marlowe, F.W. (2003). The mating system of foragers in the standard cross-cultural sample. *Cross-Cultural Research: The Journal of Comparative Social Science, 37(3)*, 282–306. https://doi.org/10.1177/1069397103254008

Marra, G., Drury, A., Tran, L., Veale, D., & Muir, G.H. (2019). Systematic Review of Surgical and Nonsurgical Interventions in Normal Men Complaining of Small Penis Size. *Sexual Medicine Reviews, 8(1)*, 158–180. https://doi.org/10.1016/j.sxmr.2019.01.004

Martyniuk, U., & Dekker, A. (2018). Pornografienutzung von Erwachsenen in Deutschland. Ergebnisse einer Pilotstudie. *Zeitschrift für Sexualforschung, 31(3)*, 237–249. DOI: 10.1055/a-0664-4441

Masters, W. H., & Johnson, V. E. (1967). *Die sexuelle Reaktion* (Orig. 1966: Human Sexual Response). Akademische Verlagsgesellschaft.

Masters, W. H., & Johnson, V. E. (1979). *Homosexualität*. Ullstein.

Masters, W. H., Johnson, V. E., & Kolodny, R. C. (1987). *Liebe und Sexualität* (Orig.: Masters and Johnson on Sex and Human Loving). Ullstein.

Mathieu, P. (2003). *Sex Pots. Eroticism in Ceramics*. Rutgers University Press.

Matthiesen, S. (2013). Jungensexualität. In B. Stier, & R. Winter (Hrsg.), *Jungen und Gesundheit. Ein interdisziplinäres Handbuch für Medizin, Psychologie und Pädagogik* (S. 254–266). Kohlhammer.

Matthiesen, S. (2014). Was machen Jugendliche mit Internetpornografie? Ergebnisse einer Interviewstudie. In K. Menne, & J. Rohloff (Hrsg.), *Sexualität und Entwicklung. Beratung im Spannungsfeld von Normalität und Gefährdung* (S. 171–190). Beltz Juventa.

Matthiesen, S., Dekker, A., Brunner, F., Klein, V., Martyniuk, U., Schmidt, D., Wendt, J., & Briken, P. (2017). *Sexuelles Verhalten, Einstellungen und sexuelle Gesundheit in Deutschland. Erste Ergebnisse einer Pilotstudie zur Erwachsenensexualität*. UKE Hamburg/BZgA. https://gesid.eu/wp-content/uploads/2018/09/Endbericht-Pilotstudie-2017.pdf

Matthiesen, S., Martyniuk, U., & Dekker, A. (2011). „What do girls do with porn?" Ergebnisse einer Interviewstudie, Teil 1. *Zeitschrift für Sexualforschung, 24(4)*, 326–352. DOI 10.1055/s-0031-1283839

Maunder, L., Schoemaker, D., & Pruessner, J. C. (2017). Frequency of Penile-Vaginal Intercourse is Associated with Verbal Recognition Performance in Adult Women. *Archives of Sexual Behavior, 46(2)*, 441–453. https://doi.org/10.1007/s10508-016-0890-4

Mautz, B. S., Wong, B. B. M., Peters, R. A., & Jennions, M. D. (2013). Penis size interacts with body shape and height to influence male attractiveness. *PNAS, 110(17)*, 6925–6930. https://doi.org/10.1073/pnas.1219361110

McBride, W., & Fleischhauer-Hardt, H. (1974/1986). *Zeig Mal! Ein Bilderbuch für Kinder und Eltern*. Jugenddienst Verlag.

McKee, A., Lumby, C., & Albury, K. (2008). *The Porn Report*. Melbourne University Press.

McNair, B. (2013). *Porno? Chic! How Pornografy Changed the World and Made it a Better Place*. Abingdon.

McVary, K. T. (2016). Sexuelle Dysfunktion. In N. Suttorp, M. Möckel, B. Siegmund, & M. Dietel (Hrsg.), *Harrisons Innere Medizin* (19. Auflage). ABW Wissenschaftsverlag.

Meston, C. M., Levin, R., Sipski, M. L., Hull, E. M., & Heiman, J. R. (2004). Women's Orgasm. *Annual review of sex research: An integrative and interdisciplinary review, 15*, 173–257.

Metzger, J. (2016). *Und doch ist es Heimat*. Kindler.

Metzinger, A. (2011). *Sexualerziehung in der Vor- und Grundschule. Ein Praxishandbuch mit Arbeitsblättern und Unterrichtsanregungen*. Brigg.

Meyer, A. (2015). *Adams Apfel und Evas Erbe. Wie die Gene unser Leben bestimmen und warum Frauen anders sind als Männer* (2. Auflage). Bertelsmann.

Michael, R. T., Gagnon, J. H., Laumann, E. O., & Kolata, G. (1994). *Sexwende. Liebe in den 90ern. Der Report* (Original 1994: Sex in America). Droemersche Verlagsanstalt.

Michelsen, J. (2016). Die Verfolgung des Delikts Sodomie im 18. Jahrhundert in Brandenburg-Preußen. In N. Finzsch, & M. Velke (Hrsg.), *Queer/Gender/Historiografie – Aktuelle Tendenzen und Projekte* (S. 217–252). Lit.

Mildenberger, F. (2004). *Allein unter Männern. Helene Stourzh-Anderle in ihrer Zeit (1890–1966)*. Centaurus.

Miller, G. (2001). *Die sexuelle Evolution. Partnerwahl und die Entstehung des Geistes*. Spektrum.

Miller, G., Tybur, J. M., & Jordan, B. D. (2007). Ovulatory cycle effects on Tip earnings by lap dancers: economic evidence for human estrus? *Evolution and Human Behavior, 28(6)*, 375–381. https://psycnet.apa.org/doi/10.1016/j.evolhumbehav.2007.06.002

Millet, C. (2001). *Das sexuelle Leben der Catherine M.* Goldmann.

Milton, H.L., & MacDonald, G.J. (1984). Homosexual identity formation as a developmental process. *Journal of Homosexuality, 9(2-3)*, 91–104.
Milton, R. (1996). *Verbotene Wissenschaften*. Zweitausendeins.
Ministerium für Kultus, Jugend und Sport Baden-Württemberg (2016). *Bildungspläne allgemein bildenden Schulen, Bildung für Toleranz und Akzeptanz von Vielfalt* (BTV).
Ministerium für Schule, Wissenschaft und Forschung des Landes NRW (1999), *Richtlinien für die Sexualerziehung in NRW*.
Mitrovic, E. (2006). *Arbeitsplatz Prostitution: Ein Beruf wie jeder andere?* Lit.
Mock, S.E., & Eibach, R.P. (2012). Stability and change in sexual orientation identity over a 10-year period in adulthood. *Archives of Sexual Behavior, 41(3)*, 641–648. https://psycnet.apa.org/doi/10.1007/s10508-011-9761-1
Moll, A. (1891). *Die Conträre Sexualempfindung*. Fischer Medizinische Buchhandlung.
Møller, L. (1987). *Sex. Eine Gebrauchsanweisung für Jugendliche*. [Film]. Dänemark.
Mondaini, N., Ponchietti, R., Gontero, P., Muir, G.H., Natali, A., Di Loro, F., Caldarera, E., Biscioni, S., & Rizzo, M. (2002). Penile length is normal in most men seeking penile lengthening procedures. *International Journal of Impotence Research, 14(4)*, 283–286. https://doi.org/10.1038/sj.ijir.3900887
Montesi, J.L., Fauber, R.L., Gordon, E.A., & Heimberg, R.G. (2011). The specific importance of communicating about sex to couples' sexual and overall relationship satisfaction. *Journal of Social and Personal Relationships, 28(5)*, 591–609. https://psycnet.apa.org/doi/10.1177/0265407510386833
Monto, M.A., & McRee, N. (2005). A Comparison of the Male Customers of Female Street Prostitutes with National Samples of Men. *International Journal of Offender Therapy and Comparative Criminology, 49(5)*, 505–529. https://doi.org/10.1177%2F0306624X04272975
Morris, D. (1968). *Der nackte Affe*. Droemer.
Morris, D. (2005). *Die nackte Eva. Der weibliche Körper im Wandel der Kulturen* (2. Auflage). Wilhelm Heyne.
Moser, C. (2019). DSM-5, Paraphilias, and the Paraphilic Disorders: Confusion Reigns. *Archives of Sexual Behavior, 48(3)*, 681–689. https://doi.org/10.1007/s10508-018-1356-7
Moser, C., & Kleinplatz, P.J. (2006) DSM-IV-TR and the Paraphilias: An Argument for Removal. *Journal of Psychology & Human Sexuality, 17(3-4)*, 91–109. https://psycnet.apa.org/doi/10.1300/J056v17n03_05
Moser, K., & Hertel, G. (1998). Der Dritte-Person-Effekt in der Werbung. *Zeitschrift für Sozialpsychologie, 29*, 147–155.
Mottier, V. (2015). *Sexualität. Eine sehr kurze Einführung*. Huber.
Muehlenhard, C.L., & Shippee, S.K. (2010). Men's and Women's Reports of Pretending Orgasm. *The Journal of Sex Research, 47(6)*, 552–567. https://doi.org/10.1080/00224490903171794
Müller, W. (2001). Seid reinlich bei Tage und säuisch bei Nacht (Goethe) oder: Betrachtungen über die schönste Sache der Welt im Spiegel der deutschen Sprache – einst und jetzt. In R. Hoberg (Hrsg.), *Sprache – Erotik – Sexualität* (S. 11–61). Erich Schmidt.
Munding, R. (1996). Heterosexuelle Männer und Aids. In A. Haase, N. Jösting, K. Mücke, & D. Vetter (Hrsg.), *Auf und nieder – Aspekte männlicher Sexualität und Gesundheit* (S. 213–223). Dgvt.
Mustanski, B.S., Viken, R.J., Kaprio, J., Pulkkinen, L., & Rose, R.J. (2004). Genetic and environmental influences on pubertal development: Longitudinal data from Finnish twins at ages 11 and 14. *Developmental Psychology, 40(6)*, 1188–1198. https://psycnet.apa.org/doi/10.1037/0012-1649.40.6.1188
Nabokov, V. (1959). *Lolita*. Rowohlt.
Nagel, S. (2017). *Schaubuden. Geschichte und Erscheinungsformen*. http://www.schaubuden.de/Schaubuden_Dateien/Schaubuden_Dateien_pdf/b%20Kapitel%201%20Panoptikum.pdf
Natascha (2009). *Seelenficker*. Ubooks.

Nessler, S.N., Uhl, G., & Schneider, J.M. (2007). Genital damage in orb-web spider Argiope bruennichi (Araneae Araneidae) increases paternity success. *Behavioral Ecology, 18,* 174–181. doi:10.1093/beheco/arl074

Neubauer, G. (1999). Die 10- bis 13jährigen und ihre mediale Aufklärung. In J. Fromme, S. Kommer, J. Mansel, & K.P. Treumann (Hrsg.), *Selbstsozialisation, Kinderkultur und Mediennutzung* (S. 316–326). Leske + Budrich.

Neubauer, S., & Neubauer, G. (2012). Sexuelle Erziehung. In U. Sandfuchs, W. Melzer, B. Dühlmeier, & A. Rausch (Hrsg.), *Handbuch Erziehung* (S. 696–701). Klinkhardt/UTB.

Neutzling, R. (2000). Vom Kämpfer zum Liebhaber. Heterosexuelle Jungen in der Pubertät. In S. Düring, & M. Hauch (Hrsg.), *Heterosexuelle Verhältnisse* (S. 39–55). Psychosozial.

Nieden, S. zur (2004). *Weibliche Ejakulation.* Psychosozial.

Nitzschke, B. (2007). Vorwärts zur Freiheit! Zurück zur Natur? Wilhelm Reich (1897–1957) zum 50. Todestag. *Zeitschrift für Sexualforschung, 20(3),* 199–209. DOI: 10.1055/s-2007-981209

Nummenmaa, L., Hietanen, J.K., Santtila, P., & Hyönä, J. (2012). Gender and Visibility of Sexual Cues Influence Eye Movements While Viewing Faces and Bodies. *Archives of Sexual Behavior, 41(6),* 1439–1451. https://psycnet.apa.org/doi/10.1007/s10508-012-9911-0

O'Connell, J.F., Hawkes, K., & Blurton-Jones, N.G. (1999). Grandmothering and the evolution of homo erectus. *Journal of Human Evolution, 36(5),* 461–485. https://doi.org/10.1006/jhev.1998.0285

O'Connell, H.E., Hutson, J.M., Anderson, C.R., & Plenter, R.J. (1998). Anatomical relationship between urethra and clitoris. *The Journal of Urology, 15910,* 1892–1897. https://doi.org/10.1097/01.ju.0000173639.38898.cd

O'Connell, H.E., Sanjeevan, K.V., & Hutson, J.M. (2005). Anatomy of the clitoris. *The Journal of Urology, 174(4),* 1189. doi:10.1097/01.ju.0000173639.38898.cd

Odimegwu, C. & Mkwananzi, S. (2016). Factors Associated with Teen Pregnancy in sub-Saharan Africa: A Multi-Country Cross-Sectional Study. *African Journal of Reproductive Health, 20(3),* 94–107.

Oerter, R., & Dreher, E. (2008). Jugendalter. In R. Oerter, & L. Montada (Hrsg.), *Entwicklungspsychologie* (S. 271–332). Beltz/PVU.

Olesen, T.B., Jensen, K.E., Nygård, M., Tryggvadottir, L., Sparén, P., Hansen, T.B., Liaw, K.-L., & Kjær, S.K. (2011). Young age at first intercourse and risk-taking behaviours. A study of nearly 65 000 women in four Nordic countries. *European Journal of Public Health, 22(2),* 220–224.

Online *Etymology Dictionary* (2017). http://www.etymonline.com/word/sex

Ortil, H. (1981). Interview with Hajo Ortil. *Pan. A Magazine about Boy-Love, 9,* 18–26.

Ovid/Publius Ovidius Naso (16 v. Chr.). *Amores.* Zitiert aus P. Quignard (2015), Sexualität und Schrecken. Diaphanes.

Ovid/Publius Ovidius Naso (1 v.–4 n.Chr./1992). *Ars amatoria/Liebeskunst* (lateinisch/deutsch). Reclam.

Parzeller, M., Raschka, C., & Bratzke, H. (1999). Der plötzliche kardiovaskuläre Tod bei der sexuellen Betätigung - Ergebnisse einer rechtsmedizinischen Obduktionsstudie. *Zeitschrift für Kardiologie, 88,* 44–48.

Pates, R., & Schmidt, D. (2008). Wahrheiten über Opfer: Menschenhandelsdiskurse im Vergleich. In: Humboldt-Universität zu Berlin, Zentrum für transdisziplinäre Geschlechterstudien, *Bulletin Texte 35 Der involvierte Blick: Zwangsprostitution und ihre Repräsentation* (S. 90–105). https://www.gender.hu-berlin.de/de/publikationen/gender-bulletin-broschueren/bulletin-texte/texte-35

Paul VI. (1968). *Humanae vitae.* http://www.vatican.va/content/paul-vi/de/encyclicals/documents/hf_p-vi_enc_25071968_humanae-vitae.html

Pavličev, M., & Wagner, G. (2016). The evolutionary origin of female orgasm. *Journal of Experimental Zoology, 326(6),* 326–337. https://doi.org/10.1002/jez.b.22690

Pawlowski, B., & Jasienska, G. (2008). Women's body morphology and preferences for sexual partners' characteristics. *Evolution and Human Behavior, 29(1)*, 19–25. https://doi.org/10.1016/j.evolhumbehav.2007.07.003

Perry, S.L. (2017). Does Viewing Pornografy Reduce Marital Quality Over Time? Evidence from Longitudinal Data. *Archives of Sexual Behavior, 46(2)*, 549–559. https://doi.org/10.1007/s10508-016-0770-y

Persson, G. (1981). Five-year mortality in a 70-year-old urban population in relation to psychiatric diagnosis, personality, sexuality and early parental death. *Acta Psychiatrica Scandinavica, 64(3)*, 244–253. https://psycnet.apa.org/doi/10.1111/j.1600-0447.1981.tb00780.x

Peter, J., & Valkenburg, P.M. (2007). Adolescents' Exposure to a Sexualized Media Environment and Their Notions of Women as Sex Objects. *Sex Roles 56(5-6)*, 381–395. https://doi.org/10.1007/s11199-006-9176-y

Peters, F. (2013). *Der alltägliche Missbrauch in einer grünen Kommune.* Welt, 21.7.2013. https://www.welt.de/politik/deutschland/article118234356/Der-alltaegliche-Missbrauch-in-einer-gruenen-Kommune.html

Petersen, J., & Hyde, J.S. (2010). Gender differences in sexuality. In J.C. Chrisler, & D.R. McCreary (Hrsg.), *Handbook of Gender Research in Psychology Vol. 1* (S. 471–494). Springer.

Philipps, J. (2008). Female Sex Tourism in Barbados: A Postcolonial Perspective. *The Brown Journal of World Affairs, 14(2)*, 201–212. https://www.jstor.org/stable/24590725

Pilgrim, V.E. (1977). *Der selbstbefriedigte Mensch.* Goldmann.

Pinker, S. (2008). *Begabte Mädchen, schwierige Jungs. Der wahre Unterschied zwischen Männern und Frauen.* Random House.

Platon (1959). *Nomoi. Sämtliche Werke Bd. 6* (nach der Übersetzung von Hieronymus Müller mit der Stephanus-Nummerierung, herausgegeben von W.F. Otto, E. Grassi & G. Plamböck). Rowohlt.

Plöderl, M., Kralovec, K., Fartacek, C., & Fartacek, R. (2009). Homosexualität als Risikofaktor für Depression und Suizidalität bei Männern. *Blickpunkt der Mann. Wissenschaftliches Journal für Männergesundheit, 7(4)*, 28–37.

Ponseti, J., & Stirn, A. (2019). Wie viele Geschlechter gibt es und kann man sie wechseln? *Zeitschrift für Sexualforschung, 32(3)*, 131–147. DOI: 10.1055/a-0978-7137

Ponseti, J., Bruhn, D., Nolting, J., Gerwinn, H., Pohl, A., Stirn, A., Granert, O., Laufs, H., Deuschl, G., Wolff, S., Jansen, O., Siebner, H., Briken, P., Mohnke, S., Amelung, T., Kneer, J., Schiffer, B., Walter, H., & Kruger, T.H.C. (2018). Decoding Pedophilia: Increased Anterior Insula Response to Infant Animal Pictures. *Frontiers in Human Neuroscience 11(645)*, 645. https://doi.org/10.3389/fnhum.2017.00645

Potter, S.C., Coyle, K.K., Glassman, J.R., Kershner, S., & Prince, M.S. (2016). It's Your Game… Keep it Real in South Carolina: A Group Randomized Trial Evaluating the Replication of an Evidence-Based Adolescent Pregnancy and Sexually Transmitted Infection Prevention Program. *American Journal of Public Health, 106*, 60–S69. doi:10.2105/AJPH.2016.303419

Pourmand, G., Alidaee, M.R., Rasuli, S., Maleki, A., & Mehrsai, A. (2004). Do cigarette smokers with erectile dysfunction benefit from stopping? A prospective study. *BJU International, 94(9)*, 1310–1313. https://doi.org/10.1111/j.1464-410X.2004.05162.x

Prause, N. (2012a). The human female orgasm: Critical evaluations of proposed psychological sequelae. *Sexual and Relationship Therapy, 26(4)*, 315–328. https://doi.org/10.1080/14681994.2011.651452

Prause, N. (2012b). A response to Brody, Costa and Hess (2012): Theoretical, statistical and construct problems perpetuated in the study of female orgasm. *Sexual and Relationship Therapy, 27(3)*, 260–271. https://doi.org/10.1080/14681994.2012.732262

Prause, N., Park, J., Leung, S., & Miller, G. (2015). Women's Preferences for Penis Size: A New Research Method Using Selection among 3D Models. *PLoS ONE 10(9)*: e0133079. https://doi.org/10.1371/journal.pone.0133079

Prause, N., & Pfaus, J. (2015). Viewing Sexual Stimuli Associated with Greater Sexual Responsiveness, Not Erectile Dysfunction. *Journal of Sexual Medicine, 3(2)*, 90–98. https://doi.org/10.1002/sm2.58

Prendergast, L. E., Leung, R., Toumbourou, J. W., Taft, A., McMorris, B. J., & Catalano, R. F. (2017). Sexual behaviour in early adolescence: a cross-national comparison of Australian and United States youth. *Australian Journal of Psychology, 69(1)*, 3–11. https://doi.org/10.1111/ajpy.12118

Proust, M. (1964). *Auf der Suche nach der verlorenen Zeit. Erster Teil. In Swanns Welt.* Suhrkamp.

Puente, X. S., Velasco, G., Gutiérrez-Fernández, A., Bertranpetit, J., King, M.-C., & López-Otín, C. (2006). Comparative analysis of cancer genes in the human and chimpanzee genomes. *BMC Genomics, 7,* 15. https://doi.org/10.1186/1471-2164-7-15

Pullien, A. H. (2006). *Multi-Orgasmus Sex, in drei Tagen. Ein Übungsbuch für Männer zum Erlernen des Multiplen Orgasmus.* books. lieléphant.

Puppo, V., & Gruenwald, I. (2012). Does the G-spot exist? A review of the current literature. *International Urogynecological Journal, 23(12)*, 1665–1669. https://doi.org/10.1007/s00192-012-1831-yDOI 10.1007/s00192-012-1831-y

Purcell, C. (2003). Lust Murder. In E. Hickey (Hrsg.), *Encyclopedia of Murder & Violent Crime* (S. 281–283). Sage.

Raboch, J., & Raboch, J. (1992). Infrequent orgasms in women. *Journal of Sex & Marital Therapy, 18(2)*, 114–120. https://psycnet.apa.org/doi/10.1080/00926239208404363

Raines-Milenkov, A. L. (2011). *Health and Pregnancy Among Women with Prostitution Experience.* ProQuest.

Rathus, S. A., Nevid, J. S., & Fichner-Rathus, L. (2011). *Human Sexuality in a World of Diversity* (8th ed.). Allyn & Bacon.

Rattay, P., Lippe, E. von der, & Lampert, T. (2014). Gesundheit von Kindern und Jugendlichen in Eineltern-, Stief- und Kernfamilien. Ergebnisse der KiGGS-Studie – Erste Folgebefragung (KiGGS Welle 1). *Bundesgesundheitsblatt, 57,* 860–868. DOI 10.1007/s00103-014-1988-2

Rauh, H. (2008). Vorgeburtliche Entwicklung und frühe Kindheit. In R. Oerter, & L. Montada (Hrsg.), *Entwicklungspsychologie* (6. Auflage) (S. 149–224). Beltz/PVU.

Rees, M., O'Connell, H., Plenter, R., & Hutson, J. (2000). The Suspensory Ligament of the Clitoris: Connective Tissue Supports of the Erectile Tissues of the Female Urogenital Region. *Clinical Anatomy, 13(6)*, 397–403. https://doi.org/10.1002/1098-2353(2000)13:6<397::AID-CA1>3.0.CO;2-2

Regnerus, M., Price, J., & Gordon, D. (2017). Masturbation and Partnered Sex: Substitutes or Complements? *Archives of Sexual Behavior, 46(7)*, 2111–2121. https://doi.org/10.1007/s10508-017-0975-8

Rehman, U. S., Rellini, A. H., & Fallis, E. (2011). The importance of sexual self-disclosure to sexual satisfaction and functioning in committed relationships. *The Journal of Sexual Medicine, 8(11)*, 3108–3115. https://doi.org/10.1111/j.1743-6109.2011.02439.x

Reich, W. (1936/1966). *Die sexuelle Revolution.* Fischer.

Reich, W. (1933/1971). *Die Massenpsychologie des Faschismus.* Kiepenheuer & Witsch.

Reichel, R., & Topper, K. (2003). Prostitution: Der verkannte Wirtschaftsfaktor. *Aufklärung und Kritik. Zeitschrift für freies Denken und humanistische Philosophie, 10(2)*, 3–29. http://www.gkpn.de/reichel_topper.pdf

Reiersøl, O., & Skeid, S. (2006). The ICD Diagnoses of Fetishism and Sadomasochism. In P. J. Kleinplatz, & C. Moser (Hrsg.), *Sadomasochism: Powerful Pleasures* (S. 243–262). Routledge.

Reuter, T. (2019). *Warten. Eine verlernte Kunst.* Westend.

Richters, J., Visser, R.O. de, Badcock, P.B., Smith, A.M.A., Rissel, C., Simpson, J.M., & Grulich, A.E. (2014). Masturbation, Paying for Sex, and other Sexual Activities: The Second Australian Study of Health and Relationships. *Sexual Health, 11(5),* 461–471. http://dx.doi.org/10.1071/SH14116

Rider, J.R., Wilson, K.M., Sinnott, J.A., Kelly, R.S., Mucci, L.A., & Giovannucci, E.L. (2016). Ejaculation Frequency and Risk of Prostate Cancer: Updated Results with an Additional Decade of Follow-up. *European Urology, 70(6),* 974–982. https://doi.org/10.1016/j.eururo.2016.03.027

Riedo, D. (2015). *Nur das Leben war dann anders. Nekrolog auf meinen pädophilen Vater.* Offizin.

Rindermann, H. (1999). Sexuelle Beziehungen zwischen Touristen und Einheimischen auf Kuba. Formen und Erleben aus Sicht der Kubanerinnen und Kubaner. *Zeitschrift für Sexualforschung, 12(2),* 159–177.

Rindermann, H. (2003). Evolutionäre Psychologie im Spannungsfeld zwischen Wissenschaft, Gesellschaft und Ethik. *Journal für Psychologie, 11,* 331–367.

Ringbäck Weitoft, G., Hjern, A., Haglund, B., & Rosén, M. (2003). Mortality, severe morbidity, and injury in children living with single parents in Sweden: a population-based study. *The Lancet, 361,* 289–295. http://forumdafamilia.com/arquivo/mortality-single-parents.pdf

Roach, M. (2009). *Bonk. Alles über Sex – von der Wissenschaft erforscht.* Fischer.

Robert Koch Institut (2014). *Beiträge zur Gesundheitsberichterstattung des Bundes. Gesundheitliche Lage der Männer in Deutschland. Kapitel 5 Lebensformen und Gesundheit von Männern.* http://www.rki.de/DE/Content/Gesundheitsmonitoring/Gesundheitsberichterstattung/GBEDownloadsB/maennerbericht/kapitel_5_lebensformen_gesundheit.pdf?__blob=publicationFile

Robert Koch Institut (2020a). Epidemiologisches Bulletin 26. November 2020/Nr. 48. https://www.rki.de/DE/Content/Infekt/EpidBull/Archiv/2020/Ausgaben/48_20.pdf?__blob=publicationFile

Robert Koch Institut (2020b). Epidemiologisches Bulletin 3. Dezember 2020/Nr. 49. https://www.rki.de/DE/Content/Infekt/EpidBull/Archiv/2020/Ausgaben/49_20.pdf?__blob=publicationFile

Roberts, S.C., Havlíček, J., Flegr, J., Hrušková, M., Little, A.C., Jones, B.C., Perrett, D.I., & Petrie, M. (2004). Female facial attractiveness increases during the fertile phase of the menstrual cycle. *Proceedings of the Royal Society London, Biology Letters 271,* 270–272. Suppl. 5. doi: 10.1098/rsbl.2004.0174.

Rohleder, H. (1899). *Die Masturbation. Eine Monografie für Ärzte und Pädagogen.* Fischer's Medicin. Buchhandlung H. Kornfeld.

Rohleder, H. (1912). *Grundzüge der Sexualpädagogik für Ärzte, Pädagogen und Eltern.* Fischer's Medicin. Buchhandlung H. Kornfeld.

Rosario, M., & Schrimshaw, E.W. (2014). Theories and etiologies of sexual orientation. In D.L. Tolman, L.M. Diamond, J.A. Bauermeister, W.H. George, J.G. Pfaus, & L.M. Ward (Hrsg.), *APA handbook of sexuality and psychology, Vol. 1: Person-based approaches* (S. 555–596). American Psychological Association.

Rössler, W., Koch, U., Lauber, C., Hass, A.K., Altwegg, M., Ajdacic-Gross, V., & Landolt, K. (2010). The Mental Health of Female Sex Workers. *Acta Psychiatrica Scandinavica, 122(2),* 143–152. https://doi.org/10.1111/j.1600-0447.2009.01533.x

Rousseau, J.-J. (1762/1970). *Emile oder Über die Erziehung.* Reclam.

Ruch, F.L., & Zimbardo, P.G. (1975). *Lehrbuch der Psychologie. Eine Einführung für Studenten der Psychologie, Medizin und Pädagogik.* Springer.

Ruddock, A. (2015). Pornografy and Effects Studies: What Does the Research Actually Say? In L. Comella, & S. Tarrant (Hrsg.), *New Views on Pornografy. Sexuality, Politics, and the Law* (S. 297–318). ABC-CLIO.

Ruhne, R. (2008). Forschen im Feld der Prostitution. *Soziale Probleme. Zeitschrift für soziale Probleme und soziale Kontrolle, 19,* 72–89. http://nbn-resolving.de/urn:nbn:de:0168-ssoar-244655

Rushton, J. P. (2005). *Rasse, Evolution und Verhalten. Eine Theorie der Entwicklungsgeschichte.* Ares.

Ryan, C., & Jethá, C. (2016). *Sex. Die wahre Geschichte* (2. Auflage). Klett-Cotta.

Rye, B. J., & Meaney, G. J. (2007). Voyeurism: It Is Good as Long as We Do Not Get Caught. *International Journal of Sexual Health, 19(1),* 47–56. https://psycnet.apa.org/doi/10.1300/J514v19n01_06

Salama, S., Boitrelle, F., Gauquelin, A., Malagrida, L., Thiounn, N., & Desvaux, P. (2015). Nature and Origin of „Squirting" in Female Sexuality. *The Journal of Sexual Medicine, 12(3),* 661–666. https://doi.org/10.1111/jsm.12799

Sander, H., & Johr, B. (Hrsg.) (1992). *Befreier und Befreite. Krieg, Vergewaltigungen, Kinder.* Kunstmann.

Sanders, T. (2005a). *Sex Work. A Risky Business.* Willan Publishing.

Sanders T. (2005b). „It's just acting": Sex workers' strategies for capitalizing on sexuality. *Gender, Work and Organization, 12(4),* 319–342. https://doi.org/10.1111/j.1468-0432.2005.00276.x

Sanders, T. (2008). *Paying for Pleasure. Men who Buy Sex.* Willan Publishing.

Sanders, T. (2009). UK Sex Work Policy: Eyes Wide Shut to Voluntary and Indoor Sex Work. In J. Phoenix (Ed.), *Regulating Sex for Sale* (S. 67–82). Bristol University Press, Policy Press.

Sanders, T., O'Neill, M., & Pitcher, J. (2009). *Prostitution. Sex work, Policy & Politics.* Sage.

Sandfort, T. G. M., & Cohen-Kettenis, P. T. (2000). Sexual Behavior in Dutch and Belgian Children as Observed by Their Mothers. *Journal of Psychology & Human Sexuality 12(1-2),* 105–115. https://doi.org/10.1300/J056v12n01_07

Sauerteig, L. (1999). *Krankheit, Sexualität, Gesellschaft. Geschlechtskrankheiten und Gesundheitspolitik in Deutschland im 19. und frühen 20. Jahrhundert.* Franz Steiner.

Savic, I., & Lindström, P. (2008). PET and MRI show differences in cerebral asymmetry and functional connectivity between homo- and heterosexual subjects. *PNAS, 105(27),* 9403–9408. https://doi.org/10.1073/pnas.0801566105

Sawall, A. (2013). *12,5 Prozent aller Webaufrufe in Deutschland zu Pornografie.* 29. Juli 2013. https://www.golem.de/news/similarweb-12-5-prozent-aller-webaufrufe-in-deutschland-zu-pornografie-1307-100662.html

Sayin, H. Ü. (2012). Doors of Female Orgasmic Consciousness: New Theories on the Peak Experience and Mechanisms of Female Orgasm and Expanded Sexual Response. *NeuroQuantology, 10(4),* 692–714. DOI: 10.14704/nq.2012.10.4.627

Scambler, G. (2007). Sex Work Stigma: Opportunist Migrants in London. *Sociology, 41(6),* 1079–1096. https://doi.org/10.1177/0038038507082316

Scherner, G., Konrad, A., & Grundmann, D. (2015). Therapie im Präventionsprojekt Dunkelfeld. *Sexuologie, 22(3-4),* 165–174.

Scheunpflug, A. (2001). *Biologische Grundlagen des Lernens.* Cornelsen Scriptor.

Schiefenhövel, W. (2003). Geschlechterverhältnisse und Sexualität auf den Trobriand-Inseln. *Sexuologie, 10(1),* 2–13.

Schleiermacher, F. (1957). *Pädagogische Schriften, Erster Band. Die Vorlesungen aus dem Jahre 1826.* Küpper.

Schlömer, H. (1992). Weniger über Drogen reden, mehr gegen Suchtverhalten tun. Neue Überlegungen zur Suchtprävention in der Schule. In J. Bastian (Hrsg.), *Drogenprävention und Schule. Grundlagen, Erfahrungsberichte, Unterrichtsbeispiele* (S. 27–39). Bergmann & Helbig.

Schmidt, A. (2017). Pornografie: Verbot – Regulierung – Freigabe? In U. Lemke (Hrsg.), *Regulierungen des Intimen. Sexualität und Recht im modernen Staat* (S. 333–352). Springer VS.

Schmidt, D. (2006). „It's not an Entertainment." Prostitution an Grenzen. In M. Eigmüller, & G. Vobruba (Hrsg.), *Grenzsoziologie. Die politische Strukturierung des Raumes* (S. 267–273). Springer VS.

Schmidt, G. (1982). Jenseits des Triebprinzips. Überlegungen zur sexuellen Motivation. In H. Scarbath, & B. Tewes (Hrsg.), *Sexualerziehung und Persönlichkeitsentfaltung* (S. 27–39). Urban & Schwarzenberg.

Schmidt, G. (1996). *Das Verschwinden der Sexualmoral – Über sexuelle Verhältnisse.* Kleine.

Schmidt, G. (2004a). *Das neue Der Die Das. Über die Modernisierung des Sexuellen.* Psychosozial.

Schmidt, G. (2004b). Kindersexualität. Konturen eines dunklen Kontinents. *Zeitschrift für Sexualforschung, 17(4),* 312–322. DOI: 10.1055/s-2004-832437

Schmidt, G. (2004c). Sexualität und Kultur. Soziokultureller Wandel der Sexualität. In R. Hornung, C. Buddeberg, & T. Bucher (Hrsg.), *Sexualität im Wandel* (S. 11–28). VDF-Hochschulverlag.

Schmidt, G., Klusmann, D., & Zeitzschel, U. (1992). Veränderungen der Jugendsexualität zwischen 1970 und 1990. *Zeitschrift für Sexualforschung, 5,* 191–218.

Schmidt, G., Klusmann, D., & U. Zeitzschel (1993). Veränderungen 1970–1990. In G. Schmidt (Hrsg.), *Jugendsexualität* (S. 27–48). Enke.

Schmidt, G., & Matthiesen, S. (2011). „What do boys do with porn?" Ergebnisse einer Interviewstudie, Teil 2. *Zeitschrift für Sexualforschung, 24(4),* 353–378. DOI 10.1055/s-0031-1283840

Schmidt, G., Matthiesen, S., & Meyerhof, U. (2004). Alter, Beziehungsform und Beziehungsdauer als Faktoren sexueller Aktivität in heterosexuellen Beziehungen. Eine empirische Studie an drei Generationen. *Zeitschrift für Sexualforschung, 17,* 116–133. DOI: 10.1055/s-2004-822802

Schnabl, S. (1969). *Mann und Frau intim.* Greifenverlag.

Schnack, D., & Neutzling, R. (1993). *Die Prinzenrolle. Über die männliche Sexualität.* Rowohlt.

Schnarch, D. (2019). *Intimität und Verlangen* (9. Auflage). Klett Cotta.

Schneider, T., Sperling, H., & Rübben, H. (2003). Apomorphin und Yohimbin als zentrale Substanzen zur Therapie der erektilen Dysfunktion. *Sexuologie 10(1),* 27–32.

Schott, H. (2017). *Himmel oder Hölle. Ansichten zur menschlichen Sexualität.* Norderstedt, Book on Demand.

Schrenk, J., & Moorstedt, T. (2016). Spezies der Voyeure. *Neue Zürcher Zeitung am Sonntag, 28. 6. 2016.*

Schuhrke, B. (1994). Die Entwicklung kindlicher Sexualität – beobachtet. In K. Rutschky, & R. Wolff (Hrsg.), *Handbuch Sexueller Mißbrauch* (S. 149–181). Ingrid Klein.

Schuhrke, B. (2015). Kindliche Ausdrucksformen von Sexualität. Zum aktuellen Wissensstand und dessen Relevanz für Eltern und Institutionen bei der Sexualaufklärung. *Zeitschrift für Sexualforschung, 28,* 161–170. DOI: 10.1055/s-0035-1553

Schult, P. (1978/2006). *Besuche in Sackgassen. Aufzeichnungen eines homosexuellen Anarchisten.* Bibliothek rosa Winkel.

Schultz, W. W., Andel, P. van, Sabelis, I., & Mooyaart, E. (1999). Magnetic resonance imaging of male and female genitals during coitus and female sexual arousal. *BMJ, 319(7225),* 1596. https://doi.org/10.1136/bmj.319.7225.1596

Schulz, H., Radebold, H., & Reulecke, J. (2004). *Söhne ohne Väter. Erfahrungen der Kriegsgeneration.* Christoph Links.

Schuster, B. (1996). *Die unendlichen Frauen: Prostitution und städtische Ordnung in Konstanz im 15. und 16. Jahrhundert.* Universitätsverlag Konstanz.

Schuster, M. (1990). Sexualaufklärung im Kaiserreich. In A. Bagel-Bohlan, & M. Salewski (Hrsg.), *Sexualmoral und Zeitgeist im 19. und 20. Jahrhundert* (S. 71–81). Leske + Budrich.

Schuster, M. (2005). Mit Professionalität gegen Burn-out. In E. v. Dücker, & Museum der Arbeit (Hrsg.), *Sexarbeit - Prostitution - Lebenswelten und Mythen* (S. 80–81). Edition Temmen.

Schützwohl, A. (2011). Eifersucht in Liebesbeziehungen. *Zeitschrift für Sexualforschung, 24(2)*, 134–154. DOI: 10.1055/s-0031-1271523

Schwartz, P., & Kempner, M. (2015). *50 Great Myths of Human Sexuality*. John Wiley & Sons.

Schwarzer, A. (1975). *Der kleine Unterschied und seine großen Folgen. Frauen über sich - Beginn einer Befreiung*. Fischer.

Seldin, D. R., Friedman, H. S., & Martin, L. R. (2002). Sexual Activity as a Predictor of Life-Span Mortality Risk. *Personality and Individual Differences, 33(3)*, 409–425.

Selg, H., Glombitza, C., & Lischke, G. (1979). *Psychologie des Sexualverhaltens*. Kohlhammer.

Seneca, Lucius Annaeus (41 n. Chr./1989). *Trostschrift an die Mutter Helvia/Ad Helviam matrem de consolatione*. Philosophische Schriften, Zweiter Band. Wissenschaftliche Buchgesellschaft.

Seto, M. C. (2012). Is Pedophilia a Sexual Orientation? *Archives of Sexual Behavior, 41(1)*, 231–236. https://doi.org/10.1007/s10508-011-9882-6

Shackelford, T. K., Weekes-Shackelford, V. A., LeBlanc, G. J., Bleske, A. L., Euler, H. A., & Hoier, S. (2000). Female Coital Orgasm and Male Attractiveness. *Human Nature, 11(3)*, 299–306. https://psycnet.apa.org/doi/10.1007/s12110-000-1015-1

Sheets-Johnstone, M. (1990). *The Roots of Thinking*. Temple University Press.

Sherfey, M. J. (1972). *The Nature and Evolution of Female Sexuality*. Random House.

Sielert, U. (1993). *Sexualpädagogik. Konzeption und didaktische Anregungen*. Beltz.

Sielert, U. (2004). Gender mainstreaming im Kontext einer Sexualpädagogik der Vielfalt von Geschlecht, Generativität, Lebensweise und Begehren. In S. Timmermanns, E. Tuider, & U. Sielert (Hrsg.), *Sexualpädagogik weiter denken. Postmoderne Entgrenzungen und pädagogische Orientierungsversuche* (S. 97–112). Juventa.

Sielert, U. (2005). *Einführung in die Sexualpädagogik*. Beltz.

Siggelkow, B., & Büscher, W. (2008). *Deutschland sexuelle Tragödie. Wenn Kinder nicht mehr lernen, was Liebe ist*. Gerth Medien.

Sigle-Rushton, W., & McLanahan, S. (2004). Father absence and child well-being: A critical review. In D. Moynihan, L. Rainwater, & T. Smeeding (Hrsg.), *The future of the family* (S. 116–155). Russell Sage Foundation.

Sigusch, V. (1984). Lob des Triebes. In V. Sigusch, *Vom Trieb und von der Liebe* (S. 27–42). Campus.

Sigusch, V. (2005). *Praktische Sexualmedizin. Eine Einführung*. Deutscher Ärzte-Verlag.

Sigusch, V. (2008). *Geschichte der Sexualwissenschaft*. Campus.

Sigusch, V., & Grau, G. (Hrsg.) (2009). *Personenlexikon der Sexualforschung*. Campus.

Simon, B. (2008). Einstellungen zur Homosexualität: Ausprägungen und psychologische Korrelate bei Jugendlichen ohne und mit Migrationshintergrund (ehemalige UdSSR und Türkei). *Zeitschrift für Entwicklungspsychologie und Pädagogische Psychologie, 40*, 87–99. https://doi.org/10.1026/0049-8637.40.2.87

Singer, J., & Singer, I. (1972). Types of Female Orgasm. *The Journal of Sex Research, 8*, 255–267.

Singh, D., & Bronstad, P. M. (2001). Female body odour is a potential cue to ovulation. *Proceedings of the Royal Society Biological Sciences, 268(1469)*, 797–801. https://doi.org/10.1098/rspb.2001.1589

Singh, D., & Young, R. K. (1995). Body Weight, Waist-to-Hip Ratio, Breasts and Hips: Role in Judgments of Female Attractiveness and Desirability for Relationships. *Ethology and Sociobiology, 16*, 483–507. http://citeseerx.ist.psu.edu/viewdoc/download;jsessionid=F639052D0B2A6EA7C91130366B732FA0?doi=10.1.1.470.1433&rep=rep1&type=pdf

Smith, P. (2010). Vom Onanierverbot zur Sex-Aufklärung. *Ärzte-Zeitung, 2.9. 2010.* https://www.aerztezeitung.de/panorama/article/617354/onanierverbot-sex-aufklaerung.html

Sombart, N. (1995). *Über die schöne Frau. Der männliche Blick auf den weiblichen Körper.* Elster.

Sommer, F. (2007). *Warum Frauen Pornos mögen und Männer einen G-Punkt haben. 296 Wahrheiten über Sex.* Südwest Verlag.

Sommer, F., & Schmitges, J. (2007). Störungen der Ejakulation. *Blickpunkt der Mann – Wissenschaftliches Journal für Männergesundheit, 5(4),* 21–27. https://www.kup.at/kup/pdf/6716.pdf

Sommer, V. (1989). *Die Affen. Unsere wilde Verwandtschaft.* Gruner + Jahr.

Sommer, V. (1994). Vorwort zur deutschen Ausgabe von S. LeVay, *Keimzellen der Lust. Die Natur der menschlichen Sexualität.* Spektrum Akademischer Verlag.

Sommer, V. (1999). *Von Menschen und anderen Tieren. Essays zur Evolutionsbiologie.* Hirzel.

Sommer, V. (2011). Mann und Frau als Männchen und Weibchen. Sexualbiologie. In H. Fink & R. Rosenzweig (Hrsg.), *Mann, Frau, Gehirn. Geschlechterdifferenz und Neurowissenschaft* (S. 147–155). Mentis.

Sperling, H., Hartmann, U., Weidner, W., & Stieg, C. G. (2005). Erektile Dysfunktion: Pathophysiologie, Diagnostik und Therapie. *Deutsches Ärzteblatt, 102(23),* A1664—A1669.

Spielberger, J., Gouvêa, M., Dinata, E., & Fleischman, L. (2015). *Father involvement in early childhood development: A brief report from the Palm Beach County Family Study.* Chapin Hall at the University of Chicago.

Spitzer, M. (2015). *Cyberkrank! Wie das digitalisierte Leben unsere Gesundheit ruiniert.* Droemer.

Stallberg, F. W. (1991). Prostitution – ein Beruf wie andere auch? Zur Kritik einer aktuellen Perspektive. *Soziale Probleme, 2(1),* 97–101. https://nbn-resolving.org/urn:nbn:de:0168-ssoar-246995

Stanger-Hall, K.-F., & Hall, D. W. (2011) Abstinence-Only Education and Teen Pregnancy Rates: Why We Need Comprehensive Sex Education in the U. S. *PLoS ONE 6(10): e24658.* https://doi.org/10.1371/journal.pone.0024658

Stark, F. (2016). *Warum Dschingis Khan 16 Millionen Nachkommen hat.* Welt online 08.09. 2016. https://www.welt.de/geschichte/article157995653/Warum-Dschingis-Khan-16-Millionen-Nachkommen-hat.html

Starke, K. (2008). Sexualität im Erwachsenenalter. In R.-B. Schmidt, & U. Sielert (Hrsg.), *Handbuch Sexualpädagogik und sexuelle Bildung* (S. 399–414). Juventa.

Statista (2019). *Häufigste Schönheitsoperationen weltweit nach Art des Eingriffs im Jahre 2018.* https://de.statista.com/statistik/daten/studie/244676/umfrage/haeufigste-schoenheitsoperationen-weltweit-nach-art-des-eingriffs/

Statistics South Africa (2013). *South Africa's Young Children: Their Family and Home Environment.* http://www.statssa.gov.za/publications/Report-03-10-07/Report-03-10-072012.pdf

Statistisches Bundesamt (1958). *Handbuch der Internationalen Statistischen Klassifikation der Krankheiten, Verletzungen und Todesursachen.* Kohlhammer. https://www.dimdi.de/dynamic/.downloads/klassifikationen/icd-vorrevisionen/icd-7syst-west.pdf

Statistisches Bundesamt (2018a). *Maßzahlen zu Ehescheidungen.* https://www.destatis.de/DE/Themen/Gesellschaft-Umwelt/Bevoelkerung/Eheschliessungen-Ehescheidungen-Lebenspartnerschaften/Tabellen/masszahlen-ehescheidungen.html;jsessionid=B8932CD9AA13AEDC62D79D2900BFD711.internet8732

Statistisches Bundesamt (2018b). *Gültig angemeldete Prostituierte in Deutschland am 31.12. 2018 nach Bundesländern.* https://www.destatis.de/DE/Themen/Gesellschaft-Umwelt/Soziales/Prostituiertenschutz/Tabellen/prostitutionstaetigkeit2018.html

Statistisches Bundesamt (2020a). *Lebendgeborene: Deutschland, Monate, Geschlecht.* https://www.genesis.destatis.de/genesis/online?sequenz=tabelleErgebnis&selectionname=12612-0002

Statistisches Bundesamt (2020b). *Daten zum durchschnittlichen Alter der Mutter bei Geburt insgesamt und 1. Kind nach Bundesländern.* https://www.destatis.de/DE/Themen/Gesellschaft-Umwelt/Bevoelkerung/Geburten/Tabellen/geburten-mutter-alter-bundeslaender.html

Steele, V.R., Staley, C., Fong, T., & Prause, N. (2013). Sexual desire, not hypersexuality, is related to neurophysiological responses elicited by sexual images. *Socioaffective Neuroscience & Psychology, 16(3),* 20770. https://doi.org/10.3402/snp.v3i0.20770

Steiner, S. (2014). *Rückkehr unerwünscht. Deportationen in der Habsburgermonarchie in der Frühen Neuzeit und ihr europäischer Kontext.* Böhlau.

Steinke, R. (2005). „Ein Mann, der mit einem anderen Mann…" – Eine kurze Geschichte des § 175 in der BRD, *Forum Recht, Heft 2/2005,* S. 60–63. http://www.forum-recht-online.de/2005/205/205steinke.htm

Stekel, W. (1912). In Wiener Psychoanalytischer Verein (Hrsg.), *Onanie. Vierzehn Beiträge zu einer Diskussion der „Wiener Psychoanalytischen Vereinigung".* J.F. Bergmann.

Stengers, J., & van Neck, A. (2001). *Masturbation: The history of a great terror.* Palgrave.

Stölken, I. (1990). „Komm, laß uns den Geburtenrückgang pflegen!" Die neue Sexualmoral der Weimarer Republik. In A. Bagel-Bohlan, & M. Salewski (Hrsg.), *Sexualmoral und Zeitgeist im 19. und 20. Jahrhundert* (S. 83–105). Leske + Budrich.

Strassberg, D.S., & Lowe, K. (1995). Volunteer bias in sexuality research. *Archives of Sexual Behavior, 24(4),* 369–382. https://doi.org/10.1007/BF01541853

Sydow, K. von (1993). *Lebenslust – Weibliche Sexualität von der frühen Kindheit bis ins hohe Alter.* Huber.

Sydow, K. v. (2014). Sexualität in der elterlichen Paarbeziehung. In K. Menne, & J. Rohloff (Hrsg.), *Sexualität und Entwicklung. Beratung im Spannungsfeld von Normalität und Gefährdung* (S. 138–149). Beltz Juventa.

Symons, D. (1979). *The Evolution of Human Sexuality.* Oxford University Press.

Szasz, T. (1980). *Sex by Prescription. The Startling Truth about Today's Sex Therapy.* Syracuse University Press.

Talese, G. (2017). *Der Voyeur.* Hoffmann & Campe.

TAMPEP International Foundation (2009). *Sex Work in Europe. A Mapping of Prostitution Scene in 25 European Countries.* https://tampep.eu/wp-content/uploads/2017/11/TAMPEP-2009-European-Mapping-Report.pdf

TAMPEP International Foundation (2015). *TAMPEP zur Situation von inländischen und migrierten Sexarbeiter_innen in Europa.* https://tampep.eu/wp-content/uploads/2017/11/TAMPEP-paper-GER.de_.pdf

Tarrant, S. (2015). Pornografy and Pedagogy: Teaching Media Literacy. In L. Comella, & S. Tarrant (Hrsg.), *New Views on Pornografy. Sexuality, Politics, and the Law* (S. 417–430). ABC-CLIO.

Taylor, J.S. (2006). Female Sex Tourism: A Contradiction in Terms? *Feminist Review, 83(1),* Sexual Moralities, 42–59. https://doi.org/10.1057%2Fpalgrave.fr.9400280

Templin, C. (2016). *Medialer Schmutz. Eine Skandalgeschichte des Nackten und Sexuellen im Deutschen Kaiserreich 1890–1914.* transcript.

Theißen, G. (1997). Eros und Urchristentum. Am Beispiel des Paulus. In H.-G. Pott (Hrsg.), *Liebe und Gesellschaft. Das Geschlecht der Musen* (S. 9–30). Wilhelm Fink.

Therrien, S., & Brotto, L.A. (2016). A Critical Examination of the Relationship Between Vaginal Orgasm Consistency and Measures of Psychological and Sexual Functioning and Sexual Concordance in Women with Sexual Dysfunction. *The Canadian Journal of Human Sexuality, 25(2),* 109–118. https://doi.org/10.3138/cjhs.252-A2

Thornhill, R., Gangestad, S. W., & Comer, R. (1995). Human female orgasm and mate fluctuating asymmetry. *Animal Behaviour, 50(6),* 1601–1615. https://doi.org/10.1016/0003-3472(95)80014-X

Thornhill, R., & Palmer, C. T. (2000). *A Natural History of Rape. Biological Bases of Sexual Coercion.* Massachusetts Institute of Technology.

Thornhill, R., & Thornhill, N. (1983). Human rape: an evolutionary analysis. *Ethology and Sociobiology 4(3),* 137–173. https://doi.org/10.1016/0162-3095(83)90027-4

Tiggemann, M., Martins, Y., & Churchett, L. (2008). Beyond muscles: unexplored parts of men's body image. *Journal of Health Psychology, 13(8),* 1163–1172. https://doi.org/10.1177%2F1359105308095971

Tissot, S. A. (1782). *Von der Onanie, oder Abhandlung über die Krankheiten, die von der Selbstbefleckung herrühren* (4. Auflage). Johann Thomas Edlen von Trattnern. http://dl.ub.uni-freiburg.de/diglit/tissot1782

Træen, B., & Daneback, K. (2013). The Use of Pornografy and Sexual Behaviour Among Norwegian Men and Women of Differing Sexual Orientation. *Sexologies, 22(2),* 69–74. doi:10.1016/j.sexol.2012.03.001

Trautner, H. M. (1991). *Lehrbuch der Entwicklungspsychologie, Band 2: Theorien und Befunde.* Hogrefe.

Trautner, H. M. (2008). Entwicklung der Geschlechtsidentität. In R. Oerter, & L. Montada (Hrsg.), *Entwicklungspsychologie* (6. Auflage) (S. 625–651). Beltz/PVU.

Tuider, E., Müller, M., Timmermanns, S., Bruns-Bachmann, P., & Koppermann, C. (2012). *Sexualpädagogik der Vielfalt. Praxismethoden zu Identitäten, Beziehungen, Körper und Prävention für Schule und Jugendarbeit* (2. Auflage). Beltz.

Turner, J. S., & Robinson, L. (1993). *Contemporary Human Sexuality.* Prentice Hall.

Uhl, M., & Voland, E. (2002). *Angeber haben mehr vom Leben.* Spektrum.

United States Census Bureau (2016). *Living Arrangements of Children.* URL: http://www.census.gov/hhes/families/data/children.html

Van de Velde, T. H. (1926). *Die vollkommene Ehe. Eine Studie über ihre Physiologie und Technik.* Albert Müller.

Van der Neut, D. (2016). *Tierischer Sex. Liebeslektionen aus dem Tierreich.* Kiepenheuer & Witsch.

Vance, E. B., & Wagner, N. N. (1976). Written descriptions of orgasm: A study of sex differences. *Archives of Sexual Behavior, 5(1),* 87–98. https://doi.org/10.1007/BF01542242

Vasey, P. L., & Sommer, V. (2006). Homosexual behaviour in animals: topics, hypotheses and research trajectories. In V. Sommer, & P. L. Vasey (Hrsg.), *Homosexual Behaviour in Animals. An Evolutionary Perspective* (S. 3–44). Cambridge University Press.

Vatsyayana Mallanaga (200–300/2007). *Kamasutra.* Dörfler.

Veale, D., Miles, S., Bramley, S., Muir, G., & Hodsoll, J. (2015). Am I normal? A systematic review and construction of nomograms for flaccid and erect penis length and circumference in up to 15521 men. *BJU International, 115(6),* 978–986. https://doi.org/10.1111/bju.13010

Veale, D., Miles, S., Read, J., Troglia, A., Wylie, K., & Muir, G. (2015). Sexual Functioning and Behavior of Men with Body Dysmorphic Disorder Concerning Penis Size Compared with Men Anxious about Penis Size and with Controls: A Cohort Study. *Sexual Medicine, 3(3),* 147–155. https://doi.org/10.1002/sm2.63

Voland, E. (2000). *Grundriss der Soziobiologie* (2. Auflage). Spektrum.

Voland, E., & Paul, A. (1998). Vom „egoistischen Gen" zur Familiensolidarität – Die soziobiologische Perspektive von Verwandtschaft. In M. Wagner, & Y. Schütze (Hrsg.), *Verwandtschaft – Sozialwissenschaftliche Beiträge zu einem vernachlässigten Thema* (S. 35–58). Enke.

Voland, E., & Stephan, P. (2000). ‚The hate that love generated' – Sexually selected neglect of one's own offspring in humans. In C. P. Van Schaik, & C. H. Janson (Hrsg.), *Infanticide by Males and Its Implications* (S. 447–465). University Press.

Voon, V., Mole, T. B., Banca, P., Porter, L., Morris, L., Mitchell, S., Lapa, T. R., Karr, J., Harrison, N. A., Potenza, M. N., Irvine, M. (2014). Neural Correlates of Sexual Cue Reactivity in Individuals with and without Compulsive Sexual Behaviours. *PLoS ONE, 9(7)*, e102419. https://doi.org/10.1371/journal.pone.0102419

Waal, F. B. M. de (2006). *Der Affe in uns. Warum wir sind, wie wir sind.* Carl Hanser.

Waal, F. B. M. de (2015). *Der Mensch, der Bonobo und die zehn Gebote. Moral ist älter als Religion.* Klett-Cotta.

Wagstaff, D. A., Abramson, P. R., & Pinkerton, S. D. (2000). Research in Human Sexuality. In L. Szuchman, & F. Muscarella (Eds.), *Psychological Perspectives on Human Sexuality* (S. 3–59). John Wiley & Sons.

Waldinger, M. D., Quinn, P., Dilleen, M., Mundayat, R., Schweitzer, D. H., & Boolell, M. (2005). A multinational population survey of intravaginal ejaculation latency time. *Journal of Sexual Medicine, 2(4)*, 492–497. https://doi.org/10.1111/j.1743-6109.2005.00070.x

Wallen, K., & Lloyd, E. A. (2011). Female sexual arousal: Genital anatomy and orgasm in intercourse. *Hormones and Behavior, 59(5)*, 780–792. https://doi.org/10.1016/j.yhbeh.2010.12.004

Walter, T. (1998). *Unkeuschheit und Werk der Liebe. Diskurse über Sexualität am Beginn der Neuzeit in Deutschland.* De Gruyter.

Walter, T. (1999). Plädoyer für die Abschaffung des Orgasmus. Lust und Sprache am Beginn der Neuzeit. *Zeitschrift für Sexualforschung, 12*, 25–49.

Wanielik, R. (2013). Jungen – Sexuelle Beziehungen und Orientierungen. In B. Stier, & R. Winter (Hrsg.), *Jungen und Gesundheit. Ein interdisziplinäres Handbuch für Medizin, Psychologie und Pädagogik* (S. 267–272). Kohlhammer.

Wedekind, C., Seebeck, T., Bettens, F., & Paepke, A. J. (1995). MHC-dependent mate preferences in humans. *Proceedings of the Royal Society B, 260(1359)*, 245–249. https://doi.org/10.1098/rspb.1995.0087

Wedemeyer-Kolwe, B. (2004). *„Der neue Mensch". Körperkultur im Kaiserreich und in der Weimarer Republik.* Königshausen & Neumann.

Welke, K. W., & Schneider, J. M. (2010). Males of the orb-web spider Argiope bruennichi sacrifice themselves to unrelated females. *Biology Letters, 6(5)*, 585–588. https://doi.org/10.1098/rsbl.2010.0214

Weingrill, T., & van Schaik, C. (2011). Sexueller Zwang bei Primaten: Evolutionäre Ursachen und Gegenstrategien der Weibchen. *Zeitschrift für Sexualforschung, 24(2)*, 111–133. DOI: 10.1055/s-0031-1271474

Weitzer, R. (2009). Sociology of Sex Work. *Annual Review of Sociology, 35*, 213–234. http://dx.doi.org/10.1146/annurev-soc-070308-120025

Weitzer, R. (2015). Interpreting the Data: Assessing Competing Claims in Pornografy Research. In L. Comella, & S. Tarrant (Hrsg.), *New Views on Pornografy. Sexuality, Politics, and the Law* (S. 257–276). ABC-CLIO.

Wessells, H., Lue, T. F., & McAninch, J. W. (1996). Penile length in the flaccid and erect states: guidelines for penile augmentation. *Journal of Urology, 156(3)*, 995–997.

Westheimer, R. K. (2008). *Silver Sex. Wie Sie Ihre Liebe lustvoll genießen.* Campus.

Westheimer, R. K., & Lehu, P. A. (2007/2018). *Sex für Dummies* (4. Auflage). Wiley.

Wettstein, E. (1958). *Die Geschichte der Todesstrafe im Kanton Zürich.* Dissertation Winterthur.

Whipple, B., Myers, B. R., & Komisaruk, B. R. (1998). Male Multiple Ejaculatory Orgasms: A Case Study. *Journal of Sex Education and Therapy, 23(2)*, 157–162. https://doi.org/10.1080/01614576.1998.11074222

Wibowo, E., & Wassersug, R.J. (2016). Multiple Orgasms in Men – What We Know So Far. *Sexual Medicine Reviews, 4(2),* 136–148. https://doi.org/10.1016/j.sxmr.2015.12.004

Widom, C.S., & Kuhns, J.B. (1996). Childhood Victimization and Subsequent Risk for Promiscuity, Prostitution, and Teenage Pregnancy: A Prospective Study. *American Journal of Public Health, 86(11),* 1607–1612. https://doi.org/10.2105/ajph.86.11.1607

Wiederman, M.W. (2001). Gender Differences in Sexuality: Perceptions, Myths, and Realities. *The Family Journal, 9(4),* 468–471. https://doi.org/10.1177%2F1066480701094019

Wigger, L. (2012). Erziehung. In K.-D. Horn, H. Kemnitz, W. Marotzki, & U. Sandfuchs (Hrsg.), *Klinkhardt Lexikon Erziehungswissenschaft.* Klinkhardt/UTB.

Wilson, G. (2014). *Your Brain on Porn. Internet Pornografy and the Emerging Science of Addiction.* Commonwelth Publishing.

Wilson, G.D. (1987). Biological and social aspects of femal sexual functioning. In E. Karas (Hrsg.), *Current Issues in Clinical Psychology Vol. 3* (S. 65–72). Plenum.

Wilson, H.W., & Widom, C.S. (2010). The Role of Youth Problem Behaviors in the Path From Child Abuse and Neglect to Prostitution: A Prospective Examination. *Journal of Research on Adolescence: The Official Journal of the Society for Research on Adolescence, 20(1),* 210–236. https://doi.org/10.1111/j.1532-7795.2009.00624.x

Wilson, J.R., Kuehn, R.E., & Beach, F.A. (1963). Modification in the sexual behavior of male rats produced by changing the stimulus female. *Journal of Comparative and Physiological Psychology, 56(3),* 636–644. https://doi.org/10.1037/h0042469

Winter, R. (1994). No risk, no fun? Jungensozialisation, Gesundheitsprobleme und „präventive" Jungenarbeit. In P. Kolip (Hrsg.), *Lebenslust und Wohlbefinden. Beiträge zur geschlechtsspezifischen Jugendgesundheitsforschung* (S. 193–219). Juventa.

Wolfe, L. (2004). Eine kurze Geschichte Alfred Kinseys. In B. Condon (Hrsg.), *Kinsey. Let's talk about sex* (S. 17–95). Heyne.

Wolter, J. (2016). *Der Multi-Orgasmus: ...für Männer die öfter kommen wollen.* Stephenson.

World Health Organization (2020). *Adolescent Pregnancy.* https://www.who.int/news-room/fact-sheets/detail/adolescent-pregnancy

Wright, H., Jenks, R.A., & Demeyere, N. (2019). Frequent Sexual Activity Predicts Specific Cognitive Abilities in Older Adults. *The Journals of Gerontology. Series B, Psychological Sciences and Social Sciences, 74(1),* 47–51. https://doi.org/10.1093/geronb/gbx065

Wright, P.J., Tokunaga, R.S., & Bae, S. (2014). More than a dalliance? Pornografy consumption and extramarital sex attitudes among married U.S. adults. *Psychology of Popular Media Culture, 3(2),* 97–109. https://doi.org/10.1037/ppm0000024

Wundt, W. (1897). *Vorlesungen über die Menschen- und Thierseele* (Dritte umgearbeitete Auflage). Leopold Voss. http://digital.bib-bvb.de/view/bvbmets/viewer.0.6.1.jsp?folder_id=0&dvs=1511791481743~398&pid=5907088&locale=de&usePid1=true&usePid2=true#

Wylie, K., & Eardley, I. (2007). Penile Size and the ‚Small Penis Syndrome'. *BJU International, 99(6),* 1449–1455. https://doi.org/10.1111/j.1464-410X.2007.06806.x

Yang, X.Y. (2016). Is social status related to Internet pornografy use? Evidence from the early 2000s in the United States. *Archives of Sexual Behavior, 45(4),* 997–1009. https://doi.org/10.1007/s10508-015-0584-3

Zaviačič, M., Holomáň, I.K., Molčan, J., & Zaviačičová, A. (1988). Weibliche Ejakulation klinisch provoziert. *Sexualmedizin, 17,* 196–200.

Zawisza, K.A. (2011). *The Ins and Outs of Prostitution: A Moral Analysis.* Theses and Dissertations. University of Arkansas, Fayetteville. https://scholarworks.uark.edu/cgi/viewcontent.cgi?referer=https://www.google.com/&httpsredir=1&article=1172&context=etd

Zerjal, T., Xue, Y., Bertorelle, G., Wells, R.S., Bao, W., Zhu, S., Qamar, R., Ayub, Q., Mohyuddin, A., Fu, S., Li, P., Yuldasheva, N., Ruzibakiev, R., Xu, J., Shu, Q., Du, R., Yang, H., Hurles, M.E., Robinson, E., Gerelsaikhan, T., Dashnyam, B., Mehdi, S.Q., & Tyler-Smith, C. (2003). The Genetic Legacy of the Mongols. *The American Journal of Human Genetics, 72(3),* 717–721. https://doi.org/10.1086/367774

Ziemann, A. (2017). Kontrollfiktionen der Prostitution. Das Prostituiertenschutzgesetz im historischen Kontext. *Zeitschrift für Sexualforschung, 30(3),* 248–266. DOI: 10.1055/s-0043-117323

Zietsch, B.P., Miller, G.F., Bailey, J.M., & Martin, N.G. (2011). Female orgasm rates are largely independent of other traits: Implications for „Female orgasmic disorder" and evolutionary theories of orgasm. *The Journal of Sexual Medicine, 8(8),* 2305–2316. https://doi.org/10.1111/j.1743-6109.2011.02300.x

Zietsch, B.P., & Santtila, P. (2011). Genetic analysis of orgasmic function in twins and siblings does not support the byproduct theory of female orgasm. *Animal Behaviour, 82,* 1097–1101. doi:10.1016/j.anbehav.2011.08.002

Zietsch, B.P., & Santtila, P. (2013). No direct relationship between human female orgasm rate and number of offspring. *Animal Behaviour, 86,* 253–255. http://dx.doi.org/10.1016/j.anbehav.2013.05.011

Zilbergeld, B. (1996). *Die neue Sexualität der Männer.* Dgvt.

Zook, M. (2007). Report on the Location of the Internet Adult Industry. In K. Jacobs, M. Janssen, & M. Pasquinelli (Hrsg.), *C'Lick Me: A Netporn Studies Reader* (S. 103–124). Institute of Network Cultures.

Anhang

Lösungsschlüssel zu „Testen Sie Ihr Wissen über Sexualität“

Richtige Antworten: 1e, 2b, 3e, 4e, 5c, 6d, 7a, 8a, 9d, 10a, 11c, 12e, 13e, 14e, 15d, 16e, 17b, 18b

Antworten zu den Überprüfungsfragen

Zu 1.: Einführung

a) im 19. Jahrhundert
b) Prinzip der zweigeschlechtlichen Fortpflanzung; biologisches Geschlecht; Fusion von Eizelle und Spermium; jede sexuelle Tätigkeit; Aspekt der Identität; sexuelle Attraktivität; sexuelle Orientierung; sexuelles Verlangen
c) Identitätsfunktion
d) sexuelle Enthaltsamkeit führt nicht zum Tod; nach sexuellem Verhalten steigt der Hormonblutspiegel; Enthaltsamkeit senkt, sexuelle Aktivität erhöht die Sexlust; es gibt keine sexuelle „Sattheit“, nur körperliche Müdigkeit; bei multiplen Orgasmen ist der erste Orgasmus nicht besser als die späteren; Lust auf Sex ist nicht unangenehm; Lust auf Sex ist störanfällig; große Unterschiede hinsichtlich der „Lust auf Sex“ bei körperlich ähnlichen Menschen; asexuelle Menschen sind nicht krank.
e) coitus a tergo: medizinisch-lateinische Fachsprache (= von hinten); Liebe machen: verhüllende Hochsprache; Mumu: Kindersprache; FO: Geheimsprache in sexuellen Subkulturen (= Fellatio/Französisch ohne Kondom); Möse: Vulgärsprache; Skrotum: lateinisch-medizinische Fachsprache (= Hodensack); miteinander schlafen: verhüllende Hochsprache; bumsen: Vulgärsprache; Scheide: bürokratisch-verhüllende Hochsprache; Vagina: lateinische-medizinische Fachsprache; Griechisch: Geheimsprache in sexuellen Subkulturen (= Analverkehr), Eier: Vulgärsprache; penis captivus: lateinisch-medizinische Fachsprache (= festgehaltener Penis in der Vagina, bei Wölfen und Hunden normal, Existenz beim Menschen als Folge eines Scheidenkrampfes umstritten); Doggystyle: Vulgärsprache, Intimverkehr: bürokratisch-verhüllende Hochsprache; Piephahn: Kindersprache

Zu 2.: Geschichte der Sexualforschung

a) Dionysos
b) Hippokrates

c) Augustinus
d) Havelock Ellis
e) Alfred Kinsey
f) Wilhelm Reich
g) Richard von Krafft-Ebing
h) richtig
i) quantitativ, nicht-experimentell, Feldforschung
j) falsch; richtig wäre: Erregungsphase, Plateauphase, Orgasmusphase, Rückbildungsphase
k) Magnus Hirschfeld
l) keine Informationen über die individuellen Abweichungen von den Durchschnittswerten; geringe ökologische Validität (durch die Messinstrumente im Labor); geringe Populationsvalidität (durch die besondere Stichprobe); physiologische Messwerte sagen nichts über das Erleben aus; fehlende Angabe der Kriterien für Therapieerfolg
m) richtig

Zu 3.: Evolutionäre Perspektive

a) nein
b) bessere Anpassung an veränderte Umweltbedingungen wie Nahrungsangebot, Klimawechsel, neue Raubtiere, neue Krankheiten und Viren
c) von der Großmutter mütterlicherseits, da sie mit ihren Enkeln auf jeden Fall genetisch verwandt ist, während dies bei der Großmutter väterlicherseits wegen der Vaterunsicherheit ihres Sohnes nicht sicher ist
d) ein Mann kümmert sich eher um die Kinder der Schwester, da er mit diesen Kindern auf jeden Fall genetisch verwandt ist (bei den Kindern des Bruders ist dies unsicher)
e) der Bettler müsste sich mehr über eine Tochter freuen (da hier auf jeden Fall Nachwuchs zu erwarten ist, während ein armer Sohn möglicherweise leer ausgeht), der reiche Mann hingegen mehr über einen Sohn freuen (da der Sohn durch den Reichtum viele Frauen anziehen kann und mehr Nachwuchs erzeugen kann als im Vergleich dazu eine reiche Tochter)
f) von der Schwiegertochter sind bei sexueller Untreue „Kuckuckskinder" zu erwarten, während der Nachwuchs der leiblichen Tochter immer mit einem genetisch verwandt ist
g) die Schwiegertocher kann untreu sein und „Kuckuckskinder" unterschieben, und sie hält den eigenen Sohn davon ab, zusätzlich noch bei anderen Frauen für Nachwuchs zu sorgen
h) Sportler demonstrieren anders als Ärzte oder Lehrer ihren Wert nach dem Handicapprinzip gerade dadurch, dass ihre Tätigkeit völlig nutzlos ist und sie sich diesen teuren Luxus leisten können
i) sexuelle Selektion

j) Darwin
k) kostspielig = behindernd beim Laufen und beim Kampf, verletzungsanfällig durch hervorgehobene Position, Nacken- und Rückenschmerzen, hohes Brustkrebsrisiko; unnütz = Fettgewebe behindert die Milchproduktion, Form der Brustwarze ungeeignet für das Saugen; fälschungssicher = in Jäger- und Sammlerkulturen nicht fälschbar, aber heute durch chirurgische Eingriffe und Push-up-BHs
l) Die männliche Selbstaufopferung (sexueller Kannibalismus) ist evolutionär sinnvoll, wenn es für das Männchen kaum die Möglichkeit einer weiteren Paarung gibt, wenn die Paarung dadurch länger dauert und das Männchen dadurch mehr Sperma weitergeben kann und das Weibchen dadurch weniger Lust auf eine Paarung mit einem weiteren Männchen hat (intrasexuelle Selektion) und wenn das Weibchen dadurch mehr Eier legt.
m) neben Vaginalsex Masturbation, Arm-in-Arm-Gehen, Zungenküsse, Petting, Oralsex, gegenseitigiges Klitorisreiben (GG-rubbing) zwischen Weibchen und Penisfechten zwischen Männchen
n) Orang-Utans
o) Bonobos
p) … des Gebrauchs von Waffen
q) Promiskuität

Zu 4.: Männliche und Weibliche Sexualität

a) … des Lächerlichen und Erhabenen
b) leicht: Verhältnis von Zeigefinger- zur Ringfingerlänge, Körpergröße; nicht: Nasenlänge, Schuhgröße, Handgröße, Hodengröße
c) 9.16 cm im schlaffen Zustand und 13.12 cm im erigierten Zustand
d) Spitze (Glans clitoridis), Körper (Corpus clitoridis), zwei Schenkel (Crura clitoridis) und zwei Schwellkörper (Corpora cavernosa clitoridis)
e) 7–8 cm
f) Paarbindungstheorie von Desmond Morris
g) Jackpot-Theorie

Zu 5.: Sexuelle Orientierung

a) erlaubt war der Schenkelverkehr, verpönt war der Analverkehr
b) Iran, Jemen, Sudan, Saudi-Arabien, Nigeria, die Vereinigten Arabischen Emirate, Mauretanien, Irak, Katar, Somalia, Afghanistan
c) nein
d) Theorie der Verwandtenselektion; Theorie der fruchtbaren weiblichen Verwandten; Theorie der attraktiven männlichen Verwandten
e) Sexbereite Männer finden sich an bestimmten Orten (Baggerseen, Parkplätze, öffentliche Toiletten) ein und suchen schnellen, unverbindlichen und anonymen Sex.

f) größere Anzahl der Sexualpartner und größeres Risiko einer Ansteckung beim Analverkehr
g) Leiden unter Diskriminierung oder Stress durch Verheimlichen der sexuellen Orientierung, erhöhte HIV-Rate, weniger Schutz durch Religiosität, seltener Schutz durch eigene Kinder, häufiger Missbrauchs-/Gewalterfahrungen in der Kindheit, Mobbingopfer in der Kindheit, Stress durch häufigen Sexpartnerwechsel

Zu 6.: Sexualität im Lebenslauf

a) durch das Spermium des Vaters
b) Ringfinger
c) bereits vor der Geburt (vor der 16. Schwangerschaftswoche)
d) … spätestens vom vierten bis fünften Lebensmonat an
e) … drei bis vier Jahre früher
f) Die Abkürzung SOK steht für Selektion, Optimierung und Kompensation als Modell erfolgreichen Alterns. Im Bereich der Sexualität ist damit gemeint, dass man gesundheitsbelastende oder schwer zu erreichende Sexformen abwählt und andere dafür auswählt (z. B. Oralsex anstelle von Vaginalsex). Optimierung bedeutet, dass man im ausgewählten Bereich seine Fertigkeiten verbessert. Kompensation bedeutet beispielsweise von Hilfsmittel wie Vibratoren oder Gleitmittel zu benutzen.

Zu 7.: Prostitution

a) ausgehaltene Geliebte, Heiratstourismus/Katalogehe, „Sich-Hochschlafen", Status-Austausch-Ehe/-Beziehung, Zwangsverheiratung aus finanziellen Motiven, Sex für ein Geschenk in einer Beziehung
b) die Prostituierte stabilisierte die sexarme viktorianische Ehe
c) 1.5 % aller Frauen
d) Escort-Service-Prostitution; Modellwohnungs-Prostitution; Bordell-Prostitution (FKK-Saunaclub-Prostitution; Massagesalon-Prostitution, Nachtclub-Prostitution, Strip-Club-Prostitution); Straßenstrich-Prostitution; Urlaubsbegleitungs-Prostitution; Gigolo-Prostitution; Sugardaddy-Sugarbaby-Prostitution; Spionage-Prostitution; Internet-Versteigerungen der Jungfräulichkeit
e) Trennung zwischen beruflicher und privater Sexualität; keine emotionale Bindung an Freier; emotional berührende Kunden meiden; Anlegen einer von einem selbst getrennten beruflichen Identität; Prostitution als Schauspieltätigkeit ansehen; Tabus; zeitliche Grenze; Abschalten der Gefühle; unterstützende Freundschaft mit anderen Prostituierten
f) Analverkehr, Oralsex, BDSM, Paraphilien
g) Prostituierte sind nicht abhängig und handeln nicht aus ökonomischer Not, suchen Freier selbst aus und bestimmen ihre Arbeitsbedingungen, erleben ihre Arbeit als Ausdruck von Kreativität, erleben keine Missbilligung wegen

ihrer Berufswahl, werden nicht nur instrumentell, sondern als Person wahrgenommen.

Zu 8.: Pornografie

a) falsch (die Ausgrabungen waren nicht in Ägypten, sondern in Pompeji/Italien)
b) falsch, nach Erfindung des Films wurden sofort Pornos gedreht
c) siehe Tabelle 6, Kap. 8.5
d) wenn man bei einer wechselseitigen Kausalbeziehung zwischen zwei Variablen nicht weiß, was die Ursache und was die Wirkung ist
e) der Glaube, dass Massenmedien andere Menschen stärker beeinflussen als einen selbst

Zu 9.: Sexualerziehung

a) die gewollte, geplante, gezielte und organisierte Einflussnahme auf sexuelle Wahrnehmungen, Einstellungen, Intentionen und Verhaltensweisen
b) Rousseau, Basedow, Salzmann, Campe, Kant
c) katholische Sexualpädagogen in den 1950er Jahren
d) Bei der traditionellen Sexualmoral waren einzelne sexuelle Verhaltensweisen verboten (z. B. Masturbation, Analsex, Oralsex), bei der heutigen Verhandlungs- und Konsensmoral sind Zwang und fehlende Information verboten.
e) erstens niemals etwas tun, das man nicht wirklich mag, und zweitens die Wünsche des Partners erkennen und sie, wenn möglich, nicht behindern
f) von der Einstellung gegenüber der Kondomverwendung, von der sozialen Norm und von den Selbstwirksamkeitserwartungen

Zu 10.: Belastete Sexualität und Sexualberatung

a) keine
b) Fetischismus, transvestitischer Fetischismus, Sadomasochismus
c) Koitusverbot, Sensate Focus, Vetoregel
d) Empathie, Akzeptanz, Kongruenz und Neutralität (in der Paarberatung)